Wissenszurechnung im Umsatzsteuerrecht

FINANZ- UND STEUERRECHT
IN DEUTSCHLAND UND EUROPA

Herausgegeben von Klaus-Dieter Drüen,
Hanno Kube und Rainer Wernsmann

BAND 51

Anna Viktoria Wilhelmine Karg

Wissenszurechnung im Umsatzsteuerrecht

PETER LANG
Berlin · Bruxelles · Chennai · Lausanne · New York · Oxford

Bibliografische Information der Deutschen Nationalbibliothek
Die Deutsche Nationalbibliothek verzeichnet diese Publikation in der Deutschen Nationalbibliografie; detaillierte bibliografische Daten sind im Internet über http://dnb.d-nb.de abrufbar.

Zugl.: Diss., Ludwig-Maximilians-Universität München, 2025

DE-19
ISSN 1863-141X
ISBN 978-3-631-94651-0 (Print)
ISBN 978-3-631-94662-6 (ePDF)
ISBN 978-3-631-94663-3 (ePUB)
DOI 10.3726/b23407

Verlegt durch Peter Lang GmbH, Berlin, Deutschland

info@peterlang.com

www.peterlang.com

Kontakt zur Verordnung über die allgemeine Produktsicherheit (GPSR):
gpsr@peterlang.com

Inhaltsverzeichnis

Vorwort

Die vorliegende Arbeit wurde im Sommersemester 2025 von der Juristischen Fakultät der Ludwig-Maximilians-Universität München als Dissertation angenommen.

Für die Drucklegung wurden Gesetzesänderungen, Literatur und Rechtsprechung bis September 2025 berücksichtigt.

Mein besonderer Dank gilt zuvorderst meinem Doktorvater, Herrn Prof. Dr. Klaus-Dieter Drüen, für seine hervorragende Betreuung, seine konstruktiven Anregungen und seine Geduld bei der Erstellung dieser Arbeit.

Ebenso danke ich Herrn Prof. Dr. h.c. Rudolf Mellinghoff für die freundliche Übernahme und rasche Erstellung des Zweitgutachtens sowie Herrn Prof. Dr. Dr. h.c. Wolfgang Schön für seine Partizipation als Mitglied der Prüfungskommission der mündlichen Prüfung.

Meinen Dank möchte ich auch Herrn Prof. Dr. Oliver Zugmaier aussprechen, der meine akademische Laufbahn maßgeblich beeinflusst und mein Interesse am Umsatzsteuerrecht erst geweckt hat.

Herzlich bedanken möchte ich mich zudem bei Herrn Prof. Dr. Klaus-Dieter Drüen, Herrn Prof. Dr. Hanno Kube und Herrn Prof. Dr. Rainer Wernsmann für die Aufnahme meiner Dissertation in ihre Schriftenreihe „Finanz- und Steuerrecht in Deutschland und Europa".

Mein größter Dank jedoch gilt meiner Familie. Besonders bedanken möchte ich mich bei meinen Eltern für ihre jahrelange Unterstützung und Motivation, sowie bei meinem Mann für sein Verständnis und seinen Zuspruch.

München, im Oktober 2025
Anna V. W. Karg

Abkürzungsverzeichnis

a.A.	anderer Ansicht
ABl. EG / EU	Amtsblatt der Europäischen Gemeinschaft / Europäischen Union
Abs.	Absatz
Abschn.	Abschnitt
AcP	Archiv für die civilistische Praxis
a.E.	am Ende
AEAO	Anwendungserlass zur Abgabenordnung
AEUV	Vertrag über die Arbeitsweise der Europäischen Union
a.F.	alte Fassung
AG	Die Aktiengesellschaft
AktG	Aktiengesetz
Anm.	Anmerkung
AO	Abgabenordnung
AO-StB	AO-Steuerberater
Art.	Artikel
Aufl.	Auflage
BB	Betriebs-Berater
Bd.	Band
BeckOGK	beck-online.Grosskommentar zum Zivilrecht
BeckOK	Beck`scher Online-Kommentar
Begr.	Begründer
BGB	Bürgerliches Gesetzbuch
BGBl.	Bundesgesetzblatt

BGH	Bundesgerichtshof
BGHSt	Sammlung der Entscheidungen des Bundesgerichtshofs in Strafsachen
BGHZ	Sammlung der Entscheidungen des Bundesgerichtshofs in Zivilsachen
BFH	Bundesfinanzhof
BFHE	Sammlung der Entscheidungen des Bundesfinanzhofs
BFH/NV	Sammlung amtlich nicht veröffentlichter Entscheidungen des Bundesfinanzhofs
BHO	Bundeshaushaltsordnung
BMF	Bundesministerium der Finanzen
BStBl.	Bundessteuerblatt
BR-Drs.	Bundesrats-Drucksache
BT-Drs.	Bundestags-Drucksache
Buchst.	Buchstabe
BVerfG	Bundesverfassungsgericht
BVerfGE	Sammlung der Entscheidungen des Bundesverfassungsgerichts
BVerwG	Bundesverwaltungsgericht
BVerwGE	Sammlung der Entscheidungen des Bundesverwaltungsgerichts
BZSt	Bundeszentralamt für Steuern
bzw.	beziehungsweise
CCZ	Corporate Compliance Zeitschrift
CMS	Compliance Management System
DB	Der Betrieb
d.h.	das heißt
DStJG	Deutsche Steuerjuristische Gesellschaft
DStR	Deutsches Steuerrecht
DStR-Beih.	Deutsches Steuerrecht-Beihefter
DStRE	Deutsches Steuerrecht-Entscheidungsdienst
DVBl.	Deutsches Verwaltungsblatt
EFG	Entscheidungen der Finanzgerichte
EnWZ	Zeitschrift für das gesamte Recht der Energiewirtschaft
EStG	Einkommensteuergesetz
EuG	Gericht der Europäischen Union

EuGH	Europäischer Gerichtshof
EU-UStB	EU-Umsatz-Steuerberater
EUV	Vertrag über die Europäische Union
EuZW	Europäische Zeitschrift für Wirtschaftsrecht
EWGV	Vertrag über die Europäische Wirtschaftsgemeinschaft
f.	folgend
ff.	folgende
FG	Finanzgericht
FGO	Finanzgerichtsordnung
Fn.	Fußnote
FR	FinanzRundschau
GenG	Gesetz betreffend die Erwerbs- und Wirtschaftsgenossenschaften (Genossenschaftsgesetz)
GG	Grundgesetz
Gl.A.	Gleicher Ansicht
GmbH	Gesellschaft mit beschränkter Haftung
GmbHG	Gesetz betreffend die Gesellschaften mit beschränkter Haftung
GRC / GrCh	Charta der Grundrechte der Europäischen Union
GStB	Gestaltende Steuerberatung
GWB	Gesetz gegen Wettbewerbsbeschränkungen
HFR	Höchstrichterliche Finanzrechtsprechung
HGB	Handelsgesetzbuch
Hrsg.	Herausgeber
IDW	Institut der Wirtschaftsprüfer in Deutschland e.V.
ISO	Internationale Organisation für Normung
ISR	Internationale SteuerRundschau
IStR	Internationales Steuerrecht
i.S.	im Sinne
i.S.v.	im Sinne von
i.V.m.	in Verbindung mit
JA	Juristische Arbeitsblätter
JbFSt	Jahrbuch der Fachanwälte für Steuerrecht
JR	Juristische Rundschau
jurisPR-StrafR	juris PraxisReport Strafrecht
JuS	Juristische Schulung

JW	Juristische Wochenschrift
JZ	JuristenZeitung
KG	Kommanditgesellschaft
KStG	Körperschaftsteuergesetz
LG	Landgericht
Ltd.	Limited
m.E.	meines Erachtens
MoPeG	Personengesellschaftsrechtsmodernisierungsgesetz
MüKo	Münchener Kommentar
m.w.N.	mit weiteren Nachweisen
MwStR	Mehrwertsteuerrecht
MwStSystRL	Mehrwertsteuersystemrichtlinie
MwStVO	Mehrwertsteuer-Durchführungsverordnung
n.F.	neue Fassung
NJW	Neue Juristische Wochenschrift
NJW-RR	Neue Juristische Wochenschrift-Rechtsprechungs-Report Zivilrecht
Nr.	Nummer
NStZ	Neue Zeitschrift für Strafrecht
NVwZ	Neue Zeitschrift für Verwaltungsrecht
NVwZ-RR	Neue Zeitschrift für Verwaltungsrecht-Rechtsprechungs-Report
NWB	NWB – Steuer- und Wirtschaftsrecht
NZA	Neue Zeitschrift für Arbeitsrecht
NZWiSt	Neue Zeitschrift für Wirtschafts-, Steuer- und Unternehmensstrafrecht
OHG	Offene Handelsgesellschaft
OLG	Oberlandesgericht
ÖStZB	Österreichische Steuerzeitung-Beilage
OVG	Oberverwaltungsgericht
OWiG	Gesetz über Ordnungswidrigkeiten
PartG	Parteiengesetz
PS	Prüfungsstandard
PStR	Praxis Steuerstrafrecht
RdTW	Recht der Transportwirtschaft

REITG	Gesetz über deutsche Immobilien-Aktiengesellschaften mit börsennotierten Anteilen
RG	Reichsgericht
RGZ	Sammlung der Entscheidungen des Reichsgerichts in Zivilsachen
Rspr.	Rechtsprechung
Rz.	Randziffer
s.	siehe
S.	Seite
Slg.	Sammlung der Rechtsprechung des Europäischen Gerichtshofs
s.o.	siehe oben
sog.	sogenannt
SPRL	Société privée à responsabilité limitée
StGB	Strafgesetzbuch
StuW	Steuer und Wirtschaft
Tz.	Textziffer
u.a.	unter anderem
UAbs.	Unterabsatz
UR	UmsatzsteuerRundschau
UStAE	Umsatzsteuer-Anwendungserlass
UStB	Umsatz-Steuerberater
UStDV	Umsatzsteuer-Durchführungsverordnung
UStG	Umsatzsteuergesetz
UWG	Gesetz gegen den unlauteren Wettbewerb
v.	vom
VersR	Versicherungsrecht
VG	Verwaltungsgericht
VGH	Verwaltungsgerichtshof
vgl.	vergleiche
VO	Verordnung
VR	Verwaltungsrundschau
VVDStRL	Veröffentlichungen der Vereinigung der Deutschen Staatsrechtslehrer
VwVfG	Verwaltungsverfahrensgesetz
wistra	Zeitschrift für Wirtschafts- und Steuerstrafrecht

WM	Zeitschrift für Wirtschafts- und Bankrecht
WRP	Wettbewerb in Recht und Praxis
WuB	Entscheidungsanmerkungen zum Wirtschafts- und Bankrecht
WuW	Wirtschaft und Wettbewerb
z.B.	zum Beispiel
ZG	Zollgesetz
ZGR	Zeitschrift für Unternehmens- und Gesellschaftsrecht
ZHR	Zeitschrift für das gesamte Handelsrecht und Wirtschaftsrecht
ZIP	Zeitschrift für Wirtschaftsrecht
ZWH	Zeitschrift für Wirtschaftsstrafrecht und Haftung im Unternehmen

Einleitung

Mit Wirkung vom 1.1.2020 wurde durch das „Gesetz zur weiteren steuerlichen Förderung der Elektromobilität und zur Änderung weiterer steuerlicher Vorschriften“[1] – das „Jahressteuergesetz 2019“ – § 25f UStG zur Umsetzung der sogenannten „Missbrauchsrechtsprechung“ des Europäischen Gerichtshofs (EuGH), wonach gewisse mehrwertsteuerliche Rechte aufgrund Bösgläubigkeit des Steuerpflichtigen zu versagen sind, in das deutsche Umsatzsteuergesetz eingefügt. Gleichzeitig und in gewisser Weise spiegelbildlich ist nach wie vor die Frage des Gutglaubens- bzw. Vertrauensschutzes – also der Gewährung von Steuervergünstigungen aufgrund Gutgläubigkeit – in aller Munde, wobei insbesondere die Reichweite des Gutglaubensschutzes sowie dessen verfahrensrechtliche Durchsetzung im Mittelpunkt der Diskussion steht. Eine überaus praxisrelevante Problematik, die hierbei jedoch lange Zeit nahezu unbeachtet blieb, hängt mit der Tatsache zusammen, dass Gut- und Bösgläubigkeit stets ein bestimmtes Wissen oder Nicht-Wissen voraussetzen. Ob ein Steuerpflichtiger eine bestimmte Kenntnis hat, ist – rein tatsächlich und ohne Beachtung der Nachweisthematik – jedenfalls bei natürlichen Einzelpersonen nicht weiter problematisch. Die wenigsten Umsätze im sogenannten „B2B“-Bereich, also von Unternehmer zu Unternehmer, werden jedoch von vollständig allein agierenden Einzelpersonen ausgeführt. Meist agieren Personenzusammenschlüsse in Form von Personen- oder Kapitalgesellschaften. Diese Rechtsgebilde selbst besitzen jedoch nicht die Fähigkeit des „Wissens“. Sie bedürfen einer wissensfähigen natürlichen Person, deren

---

1 BGBl. I 2019, 2451.

Wissen dem Rechtsgebilde zugerechnet wird. Dabei stellt sich auch die Frage, welche „Voraussetzungen“ an eine natürliche Person zu stellen sind, damit ihr Wissen zugerechnet werden kann oder muss bzw. – anders formuliert – wie sind natürliche Personen hinsichtlich der Frage der Wissenszurechnung voneinander abzugrenzen?

Im Zivilrecht, in welchem die Thematik der Wissenszurechnung – anders als im Umsatzsteuerrecht – bereits seit Jahrzehnten zum Kreis der Grundlagenthemen[2] gehört, wurde hierzu eine kaum noch zu überblickende Anzahl wissenschaftlicher Arbeiten hervorgebracht. Und auch die zivilrechtliche Rechtsprechung muss sich schon erheblich länger und umfassender mit dieser Thematik auseinandersetzen, so dass die dort formulierten Thesen und Grundsätze insbesondere auch der umsatzsteuerlichen Rechtsprechung als Vorbild dienen.

Dass die Frage der Zurechnung von Wissen aber nicht nur im Zivilrecht, sondern ebenso im Umsatzsteuerrecht höchst praxisrelevant ist, wird auch vor dem Hintergrund eines Beschlusses des I. Strafsenats des Bundesgerichtshofs (BGH) aus dem Jahr 2015[3] deutlich. Dort wurde einer GmbH die Versagung des Vorsteuerabzugs in Millionenhöhe bestätigt, weil einer ihrer Mitarbeiter – der Angeklagte, ein technischer Leiter – jedenfalls wissen musste, dass sich die GmbH mit gewissen Erwerbsvorgängen an Umsätzen beteiligt hatte, die in eine Mehrwertsteuerhinterziehung einbezogen waren. Dieses Wissen wurde der GmbH zugerechnet, wobei der BGH die Wissenszurechnung nicht weiter problematisierte und sie unter Verweis auf ein Urteil des Bundesfinanzhofs (BFH) aus dem Jahr 2010 schlichtweg bejahte.

Diese Entscheidung macht die schwerwiegenden Folgen, die eine solche Wissenszurechnung mit sich bringen kann, deutlich: so kann es nicht nur zu erheblichem finanziellen Schaden kommen, sondern auch zu steuerstrafrechtlichen und, damit meist einhergehend, reputationsschädlichen Auswirkungen.

Insofern wirkt nicht nur das Vorgehen des BGH unbedacht, sondern auch das des in Bezug genommenen BFH, wenn er die Zurechnung von Kenntnissen im Umsatzsteuerrecht mittels § 166 BGB – einer nationalen Norm des Zivilrechts – zu begründen gedenkt. Insbesondere in Anbetracht

---

2 *Linke*, Digitale Wissensorganisation, 2021, S. 17.

3 BGH, Beschluss v. 29.1.2015 – 1 StR 216/14, NStZ 2015, 283 ff.

der weitreichenden Harmonisierung der Umsatzsteuer erscheint eine solche Begründung dogmatisch jedenfalls auf „wackeligen Beinen" zu stehen. Ziel der Untersuchung soll es daher sein, die Zurechnung von Wissen im Umsatzsteuerrecht dogmatisch auf „festen Boden" zu stellen, ihre Reichweite zu bestimmen und den Unternehmen einen – meines Erachtens zwingend erforderlichen – Ausweg aus der „Zurechnungs-Falle" aufzuzeigen.

Im Folgenden wird daher zunächst beleuchtet, in welchen Bereichen des Umsatzsteuerrechts Rechtsfolgen an die „Kenntnis" geknüpft werden – eine Zurechnung von Wissen also potentiell in Betracht kommt (sub A.). In Anbetracht deren überragender Relevanz, der Verfahrensautonomie der Mitgliedstaaten und – dem entgegengesetzt – der nahezu umfassenden Harmonisierung der Mehrwertsteuer in ihren materiell-rechtlichen Fragen, werden dabei in dieser Arbeit ausschließlich „Wissensnormen"[4] mit materiellem Gehalt betrachtet. Hierzu zählen die Themengebiete des Gutglaubensschutzes (sub A. II.), der Missbrauchsrechtsprechung bzw. § 25f UStG (sub A. III.) sowie die Haftungsnorm des § 25e UStG[5] (sub A. IV.).

Anschließend wird überblicksartig aufgezeigt, wie die Problematik der Wissenszurechnung in anderen Rechts- bzw. Teilrechtsgebieten, namentlich dem Zivilrecht (sub B. I.), dem Steuerverfahrens- und Ertragsteuerrecht (sub B. II.), dem sonstigen Verwaltungsrecht (sub B. III.) sowie dem Kartellrecht (sub B. IV.) gelöst wird, ehe eine Bestandsaufnahme sowohl der Rechtsprechung des EuGH (sub C. I. 1.) als auch der nationalen Rechtsprechung (sub C. I. 2.) sowie des Schrifttums (sub C. I. 3.) zur Frage der Wissenszurechnung im Umsatzsteuerrecht erfolgt.

Da sich insbesondere das Vorgehen der nationalen Rechtsprechung, die zivilrechtlichen Prinzipien zur Wissenszurechnung auch dem Umsatzsteuerrecht zu Grunde zu legen, dogmatisch nicht begründen lässt (sub C. II.), wird schließlich erörtert, inwiefern eine Zurechnung von Wissen durch Auslegung des umsatzsteuerlichen Unternehmerbegriffs gelingen kann (sub D.). Hierzu werden verschiedene Fallgruppen gebildet, durch welche „Schritt für Schritt" eine Definition des wissenskontextualen Unternehmerbegriffs ermittelt und

---

4 Hiermit sind selbstredend nicht lediglich kodifizierte Rechtsnormen gemeint, sondern insbesondere auch richterrechtlich entwickelte Grundsätze.

5 Wie alle Haftungsvorschriften an sich Normen materiellen Rechts sind (vgl. *Boeker*, in Hübschmann/Hepp/Spitaler, AO/FGO, § 191 AO Rz. 19 [Juni 2021]), gilt dies auch für § 25e UStG, vgl. *Ruß/Ismer/Margolf*, DStR 2019, 409 (414).

so der Kreis derjenigen natürlichen Personen bestimmt wird, deren Wissen dem Unternehmen ohne Einschränkung zuzurechnen ist (sub D. II.).

Da – wie aufzuzeigen sein wird – „einfache" Mitarbeiter des Unternehmens kein Teil dieses Kreises sind (sub D. II. 4.), ist schließlich zu beleuchten, inwiefern eine „Zurechnung" derer Kenntnisse mittels des wissenskontextualen Tatbestandsmerkmals der „fahrlässigen Unkenntnis" erfolgen kann (sub D. III.). Dabei wird deutlich, dass es nicht nur einer personellen Eingrenzung der für diese Art der „Wissenszurechnung" in Betracht kommenden Mitarbeiter bedarf, sondern auch der Möglichkeit, die „Fahrlässigkeit" der Unkenntnis zu widerlegen – mit anderen Worten: sich zu exkulpieren (sub D. III. 3. b]). Hierfür kommt der Einsatz eines Tax Compliance Management Systems in Betracht, welches in seinen Grundelementen dargestellt und mit Ansatzmöglichkeiten im Hinblick auf die Organisation umsatzsteuerlichen Wissens gefüllt wird (sub D. III. 3. b] bb] [2]).

Abschließend werden die wesentlichen Ergebnisse der Arbeit in kurzen Thesen zusammengefasst (sub E.).

In Anbetracht der Tatsache, dass die meisten umsatzsteuerlichen Unternehmen – ebenso wie die in den, dieser Untersuchung zugrundeliegenden, Entscheidungen von BFH und BGH auftretenden Unternehmen – privatrechtsförmig ausgestaltet sind, wird in der folgenden Untersuchung ausschließlich auf diese privatrechtlich organisierten Unternehmen eingegangen und nicht auf juristische Personen des öffentlichen Rechts im Sinne von § 2b UStG.

Ebenso klammert diese Arbeit absichtlich die Frage der Wissenszurechnung auf Konzernebene bzw. hinsichtlich umsatzsteuerlicher Organschaften im Sinne von § 2 Abs. 2 Nr. 2 UStG aus. Diese Frage – als „nächster Schritt" zur Lösung der Wissenszurechnungs-Problematik im Umsatzsteuerrecht – setzt zwingend auf der folgenden Untersuchung auf und muss, um den Rahmen dieser Arbeit nicht zu sprengen, einer gesonderten Arbeit vorbehalten bleiben.

A. Anwendungsfelder der Wissenszurechnung im Umsatzsteuerrecht

I. Einführung

Prinzipiell knüpft das Umsatzsteuerrecht an objektive, also die äußeren Umstände betreffende,[6] Merkmale an. Daneben lassen sich jedoch vereinzelt auch subjektive Tatbestandsmerkmale finden, die sich auf innere Vorgänge und Zustände, wie „Absichten, Vorhaben, Vorstellungen, Kenntnisse (Wissen), Gesinnungen u. dergl" beziehen.[7] Für diese Arbeit von Interesse sind dabei ausschließlich jene Rechtsnormen und von der Rechtsprechung entwickelten, unkodifizierten Grundsätze, die das subjektive Element der „Kenntnis" aufgreifen und damit den Eintritt gewisser Rechtsfolgen vom Wissen des umsatzsteuerlichen Unternehmers abhängig machen.[8]

Diese subjektive Komponente hat vor allem in den letzten Jahren vermehrt Einzug in das Umsatzsteuerrecht gefunden – dies nur teilweise bzw. nach langjähriger unkodifizierter Phase aufgrund ausdrücklicher gesetzlicher Normierung, wie beispielsweise in § 25f UStG. Vor allem aber wurde der subjektive Umstand der „Kenntnis" aufgrund rechtsfortbildenden Richterrechts immer relevanter. So enthält das UStG mit § 6a Abs. 4 zwar lediglich eine einzige ausdrückliche Fixierung des Gutglaubensschutzes.[9] Dieser Gutglaubensschutz

---

6 *Dötsch*, FR 2007, 589 (590).

7 *Dötsch*, FR 2007, 589 (590).

8 Die Frage, inwieweit beispielsweise auch der Unternehmerbegriff nach § 2 UStG oder die Verwendung eines gelieferten Gegenstands für die Zwecke des Unternehmens ein subjektives Tatbestandsmerkmal beinhalten (hierzu *Reiß*, DStR-Beih. zu Heft 39/2007, 27 ff.) kann daher dahinstehen.

9 Zum Begriff „Gutglaubensschutz" s. sogleich A. II. 1.

kann heute jedoch als allgemein geltendes Prinzip betrachtet werden,[10] welches der EuGH mittlerweile auch auf andere Themenbereiche anwendet. Darüber hinaus kommen Gebiete als für den Gutglaubensschutz – und somit für die Frage der Wissenszurechnung – relevant in Betracht, die zwar bisher vom EuGH noch nicht thematisiert wurden, die hierfür aber erhebliches Potential bieten und deren Einbeziehung in den Gutglaubensschutz durchaus angebracht erscheint. Als „Kehrseite"[11] des Gutglaubensschutzes fungiert die sogenannte Missbrauchsrechtsprechung des EuGH mit ihrer deutschen Kodifizierung in § 25f UStG,[12] welche eben nicht an die „Gutgläubigkeit" des Unternehmers anknüpft, sondern an seine „Bösgläubigkeit" und die damit das zweite große Anwendungsfeld der Wissenszurechnung ausmacht. Daneben stellt die Haftung der Schnittstellenbetreiber nach § 25e UStG eine für die Frage der Zurechnung von Wissen ebenfalls relevante umsatzsteuerrechtliche Materie dar.

II. Gutglaubensschutz

1. Begrifflichkeit: Gutglaubens- oder Vertrauensschutz?

Da – wie bereits angedeutet – der Themenkomplex des Gutglaubensschutzes für die Frage der Wissenszurechnung im Umsatzsteuerrecht einen erheblichen Anwendungsbereich liefert, ist zunächst die Frage angebracht, was unter Gutglaubensschutz überhaupt zu verstehen ist. Denn auch der Begriff des „Vertrauensschutzes" taucht hier immer wieder auf und führt zu einem Begriffs- und Abgrenzungs-„Wirrwarr". So werden die Termini „Gutglaubensschutz" und „Vertrauensschutz" im Umsatzsteuerrecht sowohl von der Rechtsprechung als auch im Schrifttum zuweilen noch immer synonym verwendet.[13] *Mann* demgegenüber gedenkt die beiden Begriffe mitunter anhand des Anlasses der Vorstellung abzugrenzen. Gehe es um den Schutz

---

10 *Drüen*, DB 2010, 1847 (1848); *Nieskens*, UR 2008, 812 (813).

11 *Lange*, UR 2020, 595 (599).

12 Zur Frage, ob § 25f UStG tatsächlich als „Kodifizierung" der Missbrauchsrechtsprechung angesehen werden kann, s. A. III. 2.

13 Z.B. BFH, Urteil v. 22.7.2015 – V R 23/14, BStBl. II 2015, 914 ff.; BFH, Urteil v. 11.3.2020 – XI R 38/18, BFHE 268, 376 ff.; *Burgmaier*, in Wäger, UStG, 3. Aufl. 2024, § 6a Rz. 243, 246; *Frye*, in Rau/Dürrwächter, UStG, § 6a Rz. 804, 806, 826 u.a. (Sept. 2022); *Lange*, UR 2020, 595 ff.

der Vorstellung des Betroffenen an den Sachverhalt, liege Gutglaubensschutz vor. Gehe es stattdessen um das Vertrauen auf Handlungen von Personen, liege Vertrauensschutz vor.[14] Auch der EuGH hat bereits klargestellt, dass zwischen den beiden Begriffen zu differenzieren ist. Demnach könne sich jeder auf den Grundsatz des Vertrauensschutzes berufen, „bei dem eine Verwaltungsbehörde aufgrund bestimmter Zusicherungen, die sie ihm gegeben hat, begründete Erwartungen geweckt hat".[15] Geht es jedoch um die Kenntnis des Unternehmers von Umständen, die aus der Sphäre seines Geschäftspartners herrühren, so verwendet der EuGH stets die Formulierung des „guten Glaubens" oder der „Gutgläubigkeit".[16]

Unabhängig von der Verortung des Gutglaubensschutzes als lediglich speziellen Ausschnitt bzw. Anwendungsfall des übergreifenden Vertrauensschutzprinzips,[17] geht es in den für die Frage der Wissenszurechnung relevanten Fällen stets um die Gutgläubigkeit bzw. die Kenntnis des Unternehmers betreffend die (falschen) Angaben eines Geschäftspartners und nicht um etwaige Äußerungen einer Verwaltungsbehörde. Für jene Fälle bietet der – gegebenenfalls enger zu verstehende[18] – Begriff Gutglaubensschutz die Möglichkeit der eindeutigen Ab- und Eingrenzung im Verhältnis zum umfassenderen bzw. anders gelagerten Terminus des Vertrauensschutzes. Deshalb kann und wird im Folgenden ausschließlich der Begriff Gutglaubensschutz verwendet.[19]

2. Innergemeinschaftliche Lieferung

Der wohl „prominenteste" – weil im deutschen UStG ausschließlich geregelte – Fall des Gutglaubensschutzes findet sich im Bereich der innergemeinschaftlichen Lieferung.

---

14 *Mann*, Der Schutz des guten Glaubens im Umsatzsteuerrecht im Spannungsfeld des Umsatzsteuerbetrugs, 2017, S. 5, 112.

15 EuGH, Urteil v. 9.7.2015 – C-183/14, *Salomie und Oltean*, UR 2015, 594, Rz. 44; EuGH, Urteil v. 14.6.2017 – C-26/16, *Santogal*, MwStR 2017, 617, Rz. 76; EuGH, Urteil v. 21.2.2018 – C-628/16, *Kreuzmayr*, DStR 2018, 461, Rz. 46.

16 Z.B. EuGH, Urteil v. 27.9.2007 – C-409/04, *Teleos*, BStBl. II 2009, 70, Rz. 66 ff.; EuGH, Urteil v. 18.5.2017 – C-624/15, *Litdana*, UR 2017, 552, Rz. 36 ff.

17 *Drüen*, DB 2010, 1847; in diese Richtung könnte auch der EuGH verstanden werden, s. EuGH, Urteil v. 21.2.2008 – C-271/06, *Netto Supermarkt*, DStR 2008, 450 ff.

18 S.o. *Drüen* Fn. 17.

19 So schon *Drüen*, DB 2010, 1847 ff.

a) Steuerfreiheit der innergemeinschaftlichen Lieferung als Ausfluss des Bestimmungslandprinzips

Nach § 4 Nr. 1 Buchst. b) i.V.m. § 6a UStG und auf Grundlage von Art. 138 f. MwStSystRL sind innergemeinschaftliche – also grenzüberschreitende, aber noch innerhalb der Grenzen der Europäischen Union erfolgende – Lieferungen steuerfrei gestellt. Hierdurch wird das Bestimmungslandprinzip umgesetzt,[20] wonach der Exportstaat die Ausfuhr steuerfrei zu stellen hat, während der Importstaat die Einfuhr besteuert. Da der Abnehmer auf diese Weise – unabhängig von der Ansässigkeit des leistenden Unternehmens – stets seinen „heimischen" Steuersatz trägt, wird Wettbewerbsneutralität erreicht.[21] Obgleich das Bestimmungslandprinzip im Binnenmarkt und die damit einhergehende Steuerbefreiung innergemeinschaftlicher Lieferungen nach dem historischen Gesetzgeber lediglich übergangsweise gelten sollte,[22] ist mittlerweile von einer Abschaffung der Steuerbefreiung und einem Übergang in das – für einen echten Binnenmarkt kennzeichnende[23] – Ursprungslandprinzip nicht mehr auszugehen. Zwar weist die MwStSystRL in Art. 402 Abs. 1 nach wie vor darauf hin, dass die in der Richtlinie „vorgesehene Regelung für die Besteuerung des Handelsverkehrs zwischen den Mitgliedstaaten [...] eine Übergangsregelung [ist], die von einer endgültigen Regelung abgelöst wird, die auf dem Grundsatz beruht, dass die Lieferungen von Gegenständen und die Erbringung von Dienstleistungen im Ursprungsmitgliedstaat zu besteuern sind". Jedoch sind Europäisches Parlament und Rat mittlerweile übereingekommen, dass nicht das Ursprungslandprinzip – also die Steuerfreistellung im Importstaat und die Besteuerung im Exportstaat – sondern das Bestimmungslandprinzip als Basis des endgültigen Mehrwertsteuersystems fungieren soll.[24]

---

20 *Burgmaier*, in Wäger, UStG, 3. Aufl. 2024, § 6a Rz. 5; *Schaumburg*, in Schaumburg/Peters, Internationales Steuerstrafrecht, 2. Aufl. 2021, Rz. 18.22.

21 *Korn*, IStR 2018, 643; *Reiß*, in Reiß/Kraeusel/Langer, UStG, Einführung Rz. 94 (Jan. 2015).

22 COM (2018) 329 final, S. 1.

23 *Suabedissen*, in Sölch/Ringleb, UStG, § 6a Rz. 1 (Okt. 2023).

24 COM (2016) 148 final, S. 5; *Reiß*, in Reiß/Kraeusel/Langer, UStG, Einführung Rz. 91 ff. (Jan. 2015).

b) Voraussetzungen der Steuerfreiheit

Nach § 4 Nr. 1 Buchst. b) UStG i.V.m. § 6a Abs. 1 Satz 1 UStG ist eine innergemeinschaftliche Lieferung nur unter gewissen Voraussetzungen steuerbefreit:

1) Der Unternehmer oder der Abnehmer hat den Gegenstand der Lieferung in das übrige Gemeinschaftsgebiet befördert oder versendet;
2) der Abnehmer ist
   a) ein in einem anderen Mitgliedstaat für Zwecke der Umsatzsteuer erfasster Unternehmer, der den Gegenstand der Lieferung für sein Unternehmen erworben hat,
   b) eine in einem anderen Mitgliedstaat für Zwecke der Umsatzsteuer erfasste juristische Person, die nicht Unternehmer ist oder die den Gegenstand der Lieferung nicht für ihr Unternehmen erworben hat, oder
   c) bei der Lieferung eines neuen Fahrzeugs auch jeder andere Erwerber;
3) der Erwerb des Gegenstands der Lieferung unterliegt beim Abnehmer in einem anderen Mitgliedstaat den Vorschriften der Umsatzbesteuerung;
4) der Abnehmer im Sinne von Nr. 2 Buchst. a) oder b) hat gegenüber dem Unternehmer eine ihm von einem anderen Mitgliedstaat erteilte gültige Umsatzsteuer-Identifikationsnummer verwendet[25] und
5) der Unternehmer ist seiner Pflicht zur Abgabe der Zusammenfassenden Meldung im Sinne von § 18a UStG – also der Mitteilung aller innergemeinschaftlichen Lieferungen unter Angabe der jeweils verwendeten Umsatzsteuer-Identifikationsnummer eines jeden Erwerbers sowie der Summe der Bemessungsgrundlagen der an jeden Erwerber ausgeführten

---

25 In Anbetracht des Wortlauts der zugrundeliegenden Richtlinienvorschrift Art. 138 Abs. 1 Buchst. b MwStSystRL, der lediglich verlangt, dass der Abnehmer dem Lieferer die Mehrwertsteuer-Identifikationsnummer aus seiner Registrierung in einem anderen Mitgliedstaat „mitgeteilt“ hat, ist die zusätzliche materiell-rechtliche Voraussetzung (so schon die Gesetzesbegründung, vgl. BT-Drs. 19/13436, S. 154) des „Verwendens“ der Umsatzsteuer-Identifikationsnummer in § 6a Abs. 1 Satz 1 Nr. 4 UStG richtlinienkonform dahingehend auszulegen, dass der Erwerber dem Lieferer die Umsatzsteuer-Identifikationsnummer lediglich mitteilen muss und beide darüber einig sein müssen, dass die Lieferung unter dieser Umsatzsteuer-Identifikationsnummer erfolgt (vgl. *Frye*, in Rau/Dürrwächter, UStG, § 6a Rz. 413.3 [Sept. 2022]).

Lieferungen (§ 18a Abs. 7 Satz 1 Nr. 1, Abs. 6 Nr. 1 UStG) – vollumfänglich nachgekommen.[26]

Die beiden letztgenannten Voraussetzungen fanden dabei – ebenso wie die Tatsache, dass der Abnehmer der Lieferung nach § 6a Abs. 1 Satz 1 Nr. 2 UStG nunmehr nicht mehr nur „Unternehmer" im Sinne von § 2 UStG bzw. „juristische Person" sein muss, sondern zusätzlich „in einem anderen Mitgliedstaat für Zwecke der Umsatzsteuer erfasst" sein muss – erst durch das sogenannte Jahressteuergesetz 2019[27] mit Wirkung vom 1.1.2020 Einzug ins Gesetz und haben damit die Voraussetzungen der Steuerfreiheit erheblich verschärft.[28]

c) Abhängigkeit von Abnehmer-Angaben

Sofern all diese Voraussetzungen kumulativ vorliegen, ist die Lieferung steuerfrei. Andernfalls ist sie steuerpflichtig und der liefernde Unternehmer muss – um die entstandene Steuer schlussendlich nicht selbst tragen zu müssen – eine Rechnung mit Umsatzsteuerausweis stellen. Dies ist ihm jedoch nur möglich, wenn er um das Fehlen der Voraussetzungen weiß, wofür er in weiten Teilen auf die Angaben seines Abnehmers angewiesen ist.

Dies gilt zum einen im Hinblick auf die in § 6a Abs. 1 Satz 1 Nr. 1 UStG niedergeschriebene elementare Voraussetzung, dass der Gegenstand der Lieferung in das übrige Gemeinschaftsgebiet gelangt sein muss, sofern der leistende Unternehmer den Liefergegenstand nicht selbst befördert bzw. versendet, sondern der Abnehmer. Zwar hat Letzterer seinem Lieferanten Belege im Sinne von § 6a Abs. 3 UStG i.V.m. §§ 17a, 17b UStDV vorzulegen, mittels derer der Nachweis geführt wird, dass der Gegenstand der Lieferung in das übrige Gemeinschaftsgebiet gelangt ist. Diese können jedoch – für den leistenden Unternehmer gegebenenfalls nicht erkennbar – gefälscht werden, so dass es ihm kaum möglich ist, den Grenzübertritt des Gegenstands mit absoluter Sicherheit nachzuprüfen und er lediglich Vertrauen in die Richtigkeit der Angaben seines Abnehmers haben kann.

---

[26] Diese Voraussetzung findet sich – im Unterschied zu allen anderen Voraussetzungen – nicht in § 6a UStG, sondern in § 4 Nr. 1 Buchst. b) UStG.

[27] Gesetz zur weiteren steuerlichen Förderung der Elektromobilität und zur Änderung weiterer steuerlicher Vorschriften v. 12.12.2019, BGBl. I 2019, 2451.

[28] So auch *Frye*, in Rau/Dürrwächter, UStG, § 6a Rz. 47 (Sept. 2022); *Meyer-Burow/Connemann*, MwStR 2020, 106 f.

Gleiches gilt hinsichtlich der Unternehmereigenschaft des Abnehmers,[29] seiner mehrwertsteuerlichen Erfassung und Umsatzsteuer-Identifikationsnummer sowie der unternehmerischen Verwendung des gelieferten Gegenstands (§ 6a Abs. 1 Satz 1 Nr. 2, 4 UStG). Auch diesbezüglich hat der leistende Unternehmer zwar Möglichkeiten zur Überprüfung der Angaben seines Geschäftspartners, wie beispielsweise die Vornahme einer qualifizierten Bestätigungsabfrage nach § 18e Nr. 1 UStG.[30] Insbesondere in Fällen des „Identitätsdiebstahls"[31] oder innerhalb laufender Geschäftsbeziehungen und zwischenzeitlicher Ungültigerklärung der Mehrwertsteuer-Identifikationsnummer, aber auch im Hinblick auf die tatsächliche unternehmerische Verwendungsabsicht – selbst durch einen „wirklichen" umsatzsteuerlichen Unternehmer –, ist der leistende Unternehmer jedoch wieder auf die Angaben seines Geschäftspartners angewiesen.

d) Gutglaubensschutz nach § 6a Abs. 4 UStG

Dieses Risiko von Falschangaben und der damit einhergehenden finanziellen Konsequenzen alleine dem redlichen Unternehmer – der lediglich „als Steuereinnehmer für Rechnung des Staates"[32] und gerade nicht im eigenen Interesse tätig wird – aufzubürden, wird jedoch als unverhältnismäßig erachtet.[33] Zum Schutz des redlichen Unternehmers gewährt § 6a Abs. 4 Satz 1 UStG daher Gutglaubensschutz, so dass – hat der Unternehmer eine Lieferung als steuerfrei behandelt, obwohl die Voraussetzungen nach § 6a Abs. 1 UStG nicht vorliegen – die Lieferung gleichwohl als steuerfrei anzusehen ist, wenn die Inanspruchnahme der Steuerbefreiung auf unrichtigen Angaben des Abnehmers beruht und der Unternehmer die Unrichtigkeit dieser Angaben auch

---

29 Die folgenden Ausführungen gelten auch für den Status als „juristische Person" i.S.v. § 6a Abs. 1 Satz 1 Nr. 2 Buchst. b) UStG.

30 Zur qualifizierten Bestätigungsabfrage – ebenso wie den Buch- und Belegnachweisen i.S.v. §§ 17a ff. UStDV – als Voraussetzung des Gutglaubensschutzes nach § 6a Abs. 4 UStG s. sogleich.

31 In diesen Fällen hilft selbst die Durchführung einer qualifizierten Bestätigungsabfrage nach § 18e Nr. 1 UStG nichts, weil zwar alle vom Abnehmer getätigten Angaben korrekt sind, der Abnehmer aber tatsächlich nicht der abgefragte Unternehmer ist.

32 Z.B. EuGH, Urteil v. 20.10.1993 – C-10/92, *Balocchi*, Slg. 1993, I-5105, Rz. 25; EuGH, Urteil v. 21.2.2008 – C-271/06, *Netto Supermarkt*, DStR 2008, 450, Rz. 21.

33 EuGH, Urteil v. 27.9.2007 – C-409/04, *Teleos*, BStBl. II 2009, 70, Rz. 58; EuGH, Urteil v. 21.2.2008 – C-271/06, *Netto Supermarkt*, DStR 2008, 450, Rz. 22 f.

bei Beachtung der Sorgfalt eines ordentlichen Kaufmanns nicht erkennen konnte. Während sich für diese nationale Regelung zwar keine Grundlage in der MwStSystRL finden lässt, ist sie dennoch unionsrechtlich geprägt. So soll sie nach der Gesetzesbegründung „auf Artikel 21 Nr. 1 Buchstabe a und auf Artikel 28c Teil A der 6. Richtlinie" beruhen,[34] die jedoch keinerlei Aussagen zum Gutglaubensschutz enthalten.[35] In der Protokollerklärung in der Ratstagung am 16.12.1991 betreffend die Einfügung von Art. 28c der 6. EG-Richtlinie[36] hingegen wurde durch Rat und Kommission ausdrücklich Gutglaubensschutz gefordert[37] und auch der EuGH hat die Notwendigkeit des Gutglaubensschutzes bereits mehrfach bestätigt.[38] Dieser beruhe auf allgemeinen Grundsätzen des Unionsrechts, wie insbesondere der Verhältnismäßigkeit, aber auch der Rechtssicherheit, der Neutralität der Mehrwertsteuer sowie der Freiheit des Warenverkehrs.[39]

Der Schutz des guten Glaubens kommt dabei für all jene tatbestandlichen Voraussetzungen der Steuerbefreiung der innergemeinschaftlichen Lieferung in Betracht, für welche der leistende Unternehmer auf die Angaben seines Abnehmers angewiesen ist: der Unternehmereigenschaft des Abnehmers und der unternehmerischen Verwendung, der Richtigkeit und Gültigkeit der Mehrwertsteuer-Identifikationsnummer aus einem anderen Mitgliedstaat sowie des Gelangens des Gegenstands in das übrige Gemeinschaftsgebiet.[40] Dabei ist zu berücksichtigen, dass auch bei Vorliegen eines Strohmanngeschäfts

34 BT-Drs. 12/2463, S. 31.

35 So auch *Frye*, in Rau/Dürrwächter, UStG, § 6a Rz. 97 (Sept. 2022).

36 Eingefügt durch Art. 1 Nr. 22 der Richtlinie 91/680/EWG des Rates v. 16.12.1991 zur Ergänzung des gemeinsamen Mehrwertsteuersystems und zur Änderung der Richtlinie 77/388/EWG im Hinblick auf die Beseitigung der Steuergrenzen, ABl. EG 1991 Nr. L 376/1.

37 *Lippross*, Umsatzsteuer, 25. Aufl. 2022, S. 1598 f. – 14.6.2.9.a; *Rokos*, UR 1992, 89 (101); *Frye*, in Rau/Dürrwächter, UStG, § 6a Rz. 96 f. (Sept. 2022). Letzterer betont dabei, dass die Protokollerklärung jedoch keine unionsrechtliche Grundlage darstellt, weil „sie nicht in den Richtlinientext aufgenommen wurde, [und daher] für die Mitgliedstaaten nicht verbindlich" ist.

38 EuGH, Urteil v. 27.9.2007 – C-409/04, *Teleos*, BStBl. II 2009, 70 ff.; EuGH, Urteil v. 21.2.2008 – C-271/06, *Netto Supermarkt*, DStR 2008, 450 ff.; EuGH, Urteil v. 18.5.2017 – C-624/15, *Litdana*, UR 2017, 552 ff.

39 EuGH, Urteil v. 27.9.2007 – C-409/04, *Teleos*, BStBl. II 2009, 70, Rz. 45 ff.

40 *Frye*, in Rau/Dürrwächter, UStG, § 6a Rz. 822 f. (Sept. 2022); *Lippross*, Umsatzsteuer, 25. Aufl. 2022, S. 1600 f. – 14.6.2.9.c.

die Möglichkeit eines Gutglaubensschutzes besteht, weil dem Strohmann stets die Lieferung zugerechnet wird[41] und sich die Gutgläubigkeit mithin beispielsweise ebenfalls auf dessen Unternehmereigenschaft beziehen kann. Lediglich wenn der Unternehmer Kenntnis vom Vorliegen eines Strohmanngeschäfts hat, kann er sich nach den Grundsätzen in der Rechtssache *R.*[42] nicht auf Gutgläubigkeit berufen.

Ausweislich seines Wortlauts kommt § 6a Abs. 4 UStG jedoch nur dann in Betracht, wenn der Unternehmer die Unrichtigkeit dieser Angaben auch bei Beachtung der Sorgfalt eines ordentlichen Kaufmanns „nicht erkennen konnte". Dabei ist zu berücksichtigen, dass der Gutglaubensschutz nicht die Nachweispflichten im Sinne von § 6a Abs. 3 UStG i.V.m. §§ 17a ff. UStDV suspendiert. Vielmehr kommt Gutglaubensschutz erst dann in Betracht, wenn der Unternehmer diesen Nachweispflichten vollständig nachgekommen ist[43] bzw. – anders gewendet – um der „Sorgfalt eines ordentlichen Kaufmanns" im Sinne von § 6a Abs. 4 UStG zu genügen, muss der Unternehmer sowohl die – wenn auch falschen[44] – Nachweise im Sinne von § 6a Abs. 3 UStG i.V.m. §§ 17a ff. UStDV erbringen sowie „vor Ausführung der ersten Lieferung und darüber hinaus erneut in regelmäßigen Abständen"[45] eine qualifizierte Bestätigungsabfrage nach § 18e Nr. 1 UStG vornehmen.[46] Wegen dieser prinzipiellen Notwendigkeit einer qualifizierten Bestätigungsabfrage, dürfte daher für das Merkmal, dass die Registrierung in einem anderen Mitgliedstaat erfolgt sein muss, wohl kein Raum für Gutglaubensschutz bestehen.

Das Merkmal „nicht erkennen konnte" stellt somit den Anknüpfungspunkt für die Frage der Wissenszurechnung dar, als die Steuerbefreiung der innergemeinschaftlichen Lieferung davon abhängt, ob der Unternehmer – bzw.

---

41 BFH, Urteil v. 10.9.2015 – V R 17/14, NZWiSt 2016, 29 (31 ff.).

42 EuGH, Urteil v. 7.12.2010 – C-285/09, *R.*, BStBl. II 2011, 846 ff.

43 Ständige Rspr., z.B. BFH, Urteil v. 22.7.2015 – V R 23/14, BStBl. II 2015, 914, Rz. 43; BFH, Urteil v. 13.6.2018 – XI R 20/14, BStBl. II 2018, 800, Rz. 64; BFH, Beschluss v. 12.10.2018 – XI B 65/18, BFH/NV 2019, 129 (130); BFH, Urteil v. 11.3.2020 – XI R 38/18, BFHE 268, 376, Rz. 68; Abschn. 6a.8 Abs. 1 Satz 3, Abs. 5 Satz 2 UStAE.

44 Maßgeblich ist die formelle Vollständigkeit, nicht die inhaltliche Richtigkeit der Beleg- und Buchangaben, vgl. z.B. BFH, Urteil v. 22.7.2015 – V R 23/14, BStBl. II 2015, 914, Rz. 43; BFH, Urteil v. 13.6.2018 – XI R 20/14, BStBl. II 2018, 800, Rz. 64.

45 So die wohl aktuelle Auffassung des BFH, vgl. BFH, Urteil v. 11.3.2020 – XI R 38/18, BFHE 268, 376, Rz. 72.

46 *Frye*, in Rau/Dürrwächter, UStG, § 6a Rz. 840 f., 844 ff. (Sept. 2022).

gegebenenfalls sein(e) Mitarbeiter – um die Unrichtigkeit der Angaben und damit die tatsächliche Absenz der steuerbefreienden Voraussetzungen weiß bzw. hätte wissen können. Die Zurechnung von Wissen ist mithin für das Eingreifen der Gutglaubensschutz-Vorschrift in § 6a Abs. 4 UStG maßgeblich und kann so über die Steuerfreiheit oder Steuerpflichtigkeit einer innergemeinschaftlichen Lieferung entscheiden.

3. Ausfuhrlieferung

Ein weiteres Anwendungsfeld des Gutglaubensschutzes findet sich im Bereich der Ausfuhrlieferungen.

a) Voraussetzungen der Steuerfreiheit im Allgemeinen

Parallel zur Steuerfreistellung innergemeinschaftlicher Lieferungen, stellt § 4 Nr. 1 Buchst. a) i.V.m. § 6 UStG[47] Ausfuhrlieferungen – also Lieferungen aus dem Inland in das Drittlandsgebiet[48] – wiederum zur Verwirklichung des Bestimmungslandprinzips[49] steuerfrei. Im Gegensatz zu den in § 6a UStG genannten Voraussetzungen der innergemeinschaftlichen Lieferung sind die für die Steuerfreiheit der Ausfuhrlieferung zu erfüllenden Voraussetzungen nach § 6 UStG doch weit weniger streng.

So differenziert § 6 Abs. 1 Satz 1 UStG zunächst zwischen drei Szenarien, bei welchen eine Steuerfreistellung der Lieferung in Betracht kommt. Allen dreien ist dabei die Tatsache gemein, dass der Gegenstand im Rahmen der Lieferung in das Drittlandsgebiet gelangen muss. Befördert oder versendet der Unternehmer den Gegenstand dabei selbst, tritt die Steuerbefreiung ohne Weiteres ein (§ 6 Abs. 1 Satz 1 Nr. 1 UStG).

Übernimmt dagegen der Abnehmer der Ware die Beförderung oder Versendung, greift die Steuerbefreiung nur dann, wenn er zusätzlich „ausländischer

---

47 Als unionsrechtliche Grundlage dieser Normen fungieren Art. 146, 147 MwStSystRL.

48 Drittlandsgebiet ist nach § 1 Abs. 2a Satz 3 UStG das Gebiet, das nicht Gemeinschaftsgebiet ist, wobei das Gemeinschaftsgebiet nach § 1 Abs. 2a Satz 1 UStG das Inland i.S.v. § 1 Abs. 2 Satz 1 UStG sowie die Gebiete der übrigen Mitgliedstaaten der Europäischen Union umfasst.

49 *Langer*, in Reiß/Kraeusel/Langer, UStG, § 6 Rz. 4 (Juni 2023); *Rodewald/Pröll*, in Rau/Dürrwächter, UStG, § 6 Rz. 51 f. (Febr. 2024).

Abnehmer" ist (§ 6 Abs. 1 Satz 1 Nr. 2 UStG).[50] Ausländischer Abnehmer in diesem Sinne ist nach § 6 Abs. 2 Satz 1 Nr. 1 UStG zuvorderst, wer seinen Wohnort oder Sitz im Ausland – also im übrigen Gemeinschaftsgebiet oder im Drittlandsgebiet,[51] ausgenommen der in § 1 Abs. 3 UStG bezeichneten Gebiete – hat. Daneben kommt nach § 6 Abs. 2 Satz 1 Nr. 2 UStG als ausländischer Abnehmer in Betracht, wer als im Inland oder in den in § 1 Abs. 3 UStG bezeichneten Gebieten ansässiger Unternehmer eine Zweigniederlassung mit Sitz im Ausland hat, wenn diese Zweigniederlassung das Umsatzgeschäft im eigenen Namen abgeschlossen hat. Für den Spezialfall, dass der Gegenstand der Lieferung zur Ausrüstung oder Versorgung eines Beförderungsmittels bestimmt ist, muss der „ausländische Abnehmer" im Sinne von § 6 Abs. 2 UStG zudem Unternehmer sein[52] und das Beförderungsmittel den Zwecken des Unternehmens des Abnehmers dienen (§ 6 Abs. 3 i.V.m. Abs. 1 Satz 1 Nr. 2 UStG).

Das dritte Szenario (§ 6 Abs. 1 Satz 1 Nr. 3 UStG) betrifft Lieferungen in die in § 1 Abs. 3 UStG bezeichneten Gebiete, also in die Freihäfen oder in die Gewässer oder Watten zwischen der Hoheitsgrenze und der jeweiligen Strandlinie. Dabei ist zunächst unerheblich, ob der Unternehmer oder der Abnehmer die Beförderung bzw. Versendung übernimmt. Eine Steuerbefreiung tritt hier jedoch nur ein, wenn der Abnehmer ein Unternehmer ist, der den Gegenstand für sein Unternehmen erworben hat und der nicht ausschließlich oder zum Teil für eine nach § 4 Nr. 8–27 oder Nr. 29 UStG steuerfreie Tätigkeit verwendet werden soll (§ 6 Abs. 1 Satz 1 Nr. 3 Buchst. a] UStG) oder der Abnehmer ein „ausländischer Abnehmer" im Sinne von § 6 Abs. 2 Satz 1 Nr. 1 UStG,[53] jedoch kein Unternehmer ist und der Gegenstand

---

50 Von diesen beiden alternativen Szenarien ausgenommen sind jedoch Lieferungen in Gebiete nach § 1 Abs. 3 UStG.

51 *Rodewald/Pröll*, in Rau/Dürrwächter, UStG, § 6 Rz. 271 (Febr. 2024). So auch die Definition in § 1 Abs. 2 Satz 2 UStG: „Ausland im Sinne dieses Gesetzes ist das Gebiet, das danach nicht Inland ist".

52 So auch *Langer*, in Reiß/Kraeusel/Langer, UStG, § 6 Rz. 68 (Juni 2023).

53 Da § 6 Abs. 2 Satz 1 Nr. 2 UStG an die Unternehmereigenschaft des Abnehmers anknüpft, kann für § 6 Abs. 1 Satz 1 Nr. 3 Buchst. b) UStG – welcher die Nichtunternehmereigenschaft des Abnehmers ausdrücklich voraussetzt – nur die Definition des „ausländischen Abnehmers" i.S.v. § 6 Abs. 2 Satz 1 Nr. 1 UStG in Betracht kommen.

in das übrige Drittlandsgebiet[54] gelangt (§ 6 Abs. 1 Satz 1 Nr. 3 Buchst. b] UStG). Dies bedeutet, dass der Gegenstand nach der Beförderung bzw. Versendung in die in § 1 Abs. 3 UStG genannten Gebiete in das übrige Drittland „weiter“gelangen muss, also nicht im Gebiet nach § 1 Abs. 3 UStG verbleiben darf.[55] Auch hierbei gilt für den Spezialfall, dass der Gegenstand der Lieferung zur Ausrüstung oder Versorgung eines Beförderungsmittels bestimmt ist, dass der ausländische Abnehmer zudem Unternehmer sein und das Beförderungsmittel den Zwecken des Unternehmens des Abnehmers dienen muss (§ 6 Abs. 3 i.V.m. Abs. 1 Satz 1 Nr. 3 UStG).

b) Voraussetzungen der Steuerfreiheit von Ausfuhrlieferungen im nichtkommerziellen Reiseverkehr

Einen Sonderfall im Rahmen der Ausfuhrlieferungen stellen Lieferungen dar, bei denen der Gegenstand[56] für private Zwecke erworben und durch den Abnehmer im persönlichen Reisegepäck ausgeführt wird (sogenannte Ausfuhrlieferungen im nichtkommerziellen Reiseverkehr, § 6 Abs. 3a UStG).

Liegt ein solcher Fall vor, kommt eine Steuerbefreiung – unabhängig vom vorübergehenden Gelangen des Gegenstands in die in § 1 Abs. 3 UStG bezeichneten Gebiete – nur in Betracht, wenn

1) der Abnehmer seinen Wohnort oder Sitz im Drittlandsgebiet – ausgenommen Gebiete nach § 1 Abs. 3 UStG – hat,
2) der Gegenstand der Lieferung vor Ablauf des dritten Kalendermonats, der auf den Monat der Lieferung folgt, in das übrige Drittlandsgebiet[57] ausgeführt wird und

---

54 Als „übriges Drittlandsgebiet“ ist das Drittlandsgebiet mit Ausnahme der in § 1 Abs. 3 UStG genannten Gebiete zu verstehen, vgl. *Langer*, in Reiß/Kraeusel/Langer, UStG, § 6 Rz. 54 (Juni 2023).

55 *Rodewald/Pröll*, in Rau/Dürrwächter, UStG, § 6 Rz. 372 f. (Febr. 2024).

56 Ist der Gegenstand, der vom Abnehmer im persönlichen Reisegepäck ausgeführt wird, zur Ausrüstung oder Versorgung eines Beförderungsmittels bestimmt, so kommt die Steuerbefreiung gleichwohl nur in Betracht, wenn die Voraussetzungen von § 6 Abs. 3 UStG erfüllt sind. § 6 Abs. 3 UStG ist insoweit lex specialis zu § 6 Abs. 3a UStG, s. *Langer*, in Reiß/Kraeusel/Langer, UStG, § 6 Rz. 75 (Juni 2023); *Rodewald/Pröll*, in Rau/Dürrwächter, UStG, § 6 Rz. 477 (Febr. 2024).

57 Liegt ein Fall des § 6 Abs. 3a i.V.m. Abs. 1 Satz 1 Nr. 3 Buchst. b) UStG vor – wird der Gegenstand der Lieferung also in die in § 1 Abs. 3 UStG genannten Gebiete

3) der Gesamtwert der Lieferung einschließlich Umsatzsteuer 50 € übersteigt.[58]

c) Abhängigkeit von Abnehmer-Angaben

Liegt innerhalb einer der in § 6 Abs. 1 Satz 1, Abs. 3 und Abs. 3a UStG genannten alternativen Szenarien eine der kumulativ zu erfüllenden Voraussetzungen nicht vor, so ist die Lieferung nicht steuerfrei, sondern steuerpflichtig. Wie schon im Rahmen der innergemeinschaftlichen Lieferung muss der Unternehmer auch in diesem Fall und zum Schutz vor den finanziellen Konsequenzen eine Rechnung mit Umsatzsteuerausweis stellen. Gleichzeitig besteht die Gefahr, dass er um dieses Erfordernis gar nicht weiß, weil er von seinem Vertragspartner womöglich falsche Informationen bezüglich des Vorliegens der Voraussetzungen erhält.

Dies gilt zum einen im Hinblick auf das Gelangen des Gegenstands der Lieferung in das Drittlandsgebiet, für welchen zwar ein Ausfuhrnachweis im Sinne von § 6 Abs. 4 UStG i.V.m. §§ 8 ff. UStDV vorzulegen ist, der – als im Regelfall zollamtliches Dokument[59] – wohl prinzipiell als verlässlicher erachtet werden kann als die „formloseren“ Nachweise[60] im Rahmen der innergemeinschaftlichen Lieferung. Dennoch kann auch dieser Beleg gefälscht – also vom Abnehmer selbst hergestellt[61] – oder schlicht unrichtig sein.[62] Ebenso

---

befördert oder versendet –, muss er dennoch innerhalb der Dreimonatsfrist in das übrige Drittlandsgebiet ausgeführt werden, s. *Monfort*, in Birkenfeld/Wäger, Das große Umsatzsteuer-Handbuch, Abschn. II Kapitel 6 D Rz. 145 (Okt. 2019); *Rodewald/Pröll*, in Rau/Dürrwächter, UStG, § 6 Rz. 532 (Febr. 2024).

58 Die 50 €-Grenze weicht zulässigerweise (s. Art. 147 Abs. 1 UAbs. 2 MwStSystRL) von der in Art. 147 Abs. 1 Buchst. c MwStSystRL festgesetzten Wertgrenze von 175 € ab und gilt erst für Lieferungen, die seit dem 1.1.2020 ausgeführt wurden bzw. werden, s. *Langer*, in Reiß/Kraeusel/Langer, UStG, § 6 Rz. 78.1, 78.5 (Juni 2023).

59 *Mann*, Der Schutz des guten Glaubens im Umsatzsteuerrecht im Spannungsfeld des Umsatzsteuerbetrugs, 2017, S. 282.

60 *Mann*, Der Schutz des guten Glaubens im Umsatzsteuerrecht im Spannungsfeld des Umsatzsteuerbetrugs, 2017, S. 282.

61 Sofern dies beispielsweise mittels entwendeter authentischer Zolldienstsiegel einschließlich Siegelfarbe erfolgt, ist die Fälschung für den redlichen Unternehmer auch bei Beachtung aller gebotenen Sorgfalt nicht zu erkennen, vgl. *Dietlein/Mehrbrey*, BB 2001, 446 ff.

62 S. die Beispiele hierzu bei *Mann*, Der Schutz des guten Glaubens im Umsatzsteuerrecht im Spannungsfeld des Umsatzsteuerbetrugs, 2017, S. 282 f.

kann der Abnehmer über seine aus- bzw. drittländische Ansässigkeit, seine Unternehmereigenschaft oder die Verwendung des Gegenstands für unternehmerische Zwecke[63] täuschen.

d) Gutglaubensschutz auch bei Ausfuhrlieferungen

Im Gegensatz zu § 6a UStG enthält § 6 UStG jedoch keine Gutglaubensvorschrift, die den Unternehmer vor derlei Falschangaben seines Vertragspartners schützt. Darum hatte der BFH den Schutz des guten Glaubens bei Ausfuhrlieferungen früher abgelehnt, wobei er auch eine analoge Anwendung von § 6a Abs. 4 UStG mangels planwidriger Regelungslücke ablehnte.[64] Erst das EuGH-Urteil *Netto Supermarkt*[65] hat eine Kehrtwende in diese Rechtsprechung gebracht. Hiermit hat der EuGH entschieden, dass es der Steuerbefreiung einer Ausfuhrlieferung nicht entgegensteht, „wenn zwar die Voraussetzungen für eine derartige Befreiung nicht vorliegen, der Steuerpflichtige dies aber auch bei Beachtung der Sorgfalt eines ordentlichen Kaufmanns infolge der Fälschung des vom Abnehmer vorgelegten Nachweises der Ausfuhr nicht erkennen konnte".[66] Dies gebieten die allgemeinen Rechtsgrundsätze des Unionsrechts, „zu denen insbesondere die Grundsätze der Rechtssicherheit und der Verhältnismäßigkeit sowie des Vertrauensschutzes zählen".[67] Einem Steuerpflichtigen anzulasten, dass aufgrund eines von einem Dritten begangenen Betrugs, auf den er keinen Einfluss hat, Steuereinnahmen entgehen und ihm so die gesamte Verantwortung für die Zahlung der Mehrwertsteuer aufzuerlegen, unabhängig davon, ob er an dem vom Abnehmer begangenen Betrug beteiligt war, wäre daher – insbesondere vor dem Hintergrund des

---

63 Im Rahmen von § 6 Abs. 1 Satz 1 Nr. 3 Buchst. a) UStG kann so auch über die Verwendung des Gegenstands für eine nach § 4 Nr. 8–27 oder Nr. 29 UStG steuerfreie Tätigkeit getäuscht werden.

64 BFH, Beschluss v. 6.5.2004 – V B 101/03, BStBl. II 2004, 748 f. Zu Recht ablehnend – jedenfalls hinsichtlich des Ergebnisses – *Dietlein*, UR 2004, 531 f., der auch zu bedenken gibt, dass insbesondere in Fällen der Verwendung authentischer Dienstsiegel und Siegelfarbe, diese Fälschungen aufgrund von Umständen ermöglicht wurden, die in der Risikosphäre des Staates liegen; so bereits *Dietlein/Mehrbrey*, BB 2001, 446 (448).

65 EuGH, Urteil v. 21.2.2008 – C-271/06, *Netto Supermarkt*, DStR 2008, 450 ff.

66 EuGH, Urteil v. 21.2.2008 – C-271/06, *Netto Supermarkt*, DStR 2008, 450, Rz. 29.

67 EuGH, Urteil v. 21.2.2008 – C-271/06, *Netto Supermarkt*, DStR 2008, 450, Rz. 18.

Verbrauchsteuercharakters der Mehrwertsteuer und der bloßen Funktion des Unternehmers als Steuereinsammler – unverhältnismäßig.[68]

Seit diesem – zur Umsatzsteuerbefreiung der Ausfuhrlieferung im nichtkommerziellen Reiseverkehr[69] ergangenen – Urteil des EuGH ist die Anwendbarkeit des Gutglaubensschutzes auch auf Ausfuhrlieferungen – sei es nach § 6 Abs. 1, Abs. 3 oder Abs. 3a UStG – ganz allgemein anerkannt.[70] Gleichwohl hält der BFH an seiner Auffassung fest, dass eine analoge Anwendung von § 6a Abs. 4 UStG auf Ausfuhrlieferungen nicht in Betracht komme,[71] so dass über das Vorliegen der Steuerbefreiung aufgrund Gutglaubensschutzes – anders als im Rahmen innergemeinschaftlicher Lieferungen[72] – nicht innerhalb des Festsetzungsverfahrens, sondern lediglich im Billigkeitsverfahren nach § 163 AO entschieden wird.[73] Gleichwohl soll das Verwaltungsermessen hinsichtlich der Gewährung dieser „Billigkeitsmaßnahme" auf Null reduziert sein, wenn „der Steuerpflichtige alle ihm zu Gebote stehenden zumutbaren Maßnahmen ergriffen [hat], um sicherzustellen, dass die von ihm getätigten Umsätze nicht zu einer Beteiligung an einer Steuerhinterziehung führen".[74]

---

68 EuGH, Urteil v. 21.2.2008 – C-271/06, *Netto Supermarkt*, DStR 2008, 450, Rz. 21 ff.; so bereits Jahre zuvor *Dietlein/Mehrbrey*, BB 2001, 446 ff.

69 Ausführlich zur Thematik des Gutglaubensschutzes bei Ausfuhrlieferungen im nichtkommerziellen Reiseverkehr *Dietlein/Drüen*, Grundlagen und Reichweite des Vertrauensschutzes bei Ausfuhrlieferungen im nichtkommerziellen Reiseverkehr, 2010.

70 So die allgemeine Ansicht, z.B. *Langer/Zugmaier*, DStR 2008, 453; *Mann*, Der Schutz des guten Glaubens im Umsatzsteuerrecht im Spannungsfeld des Umsatzsteuerbetrugs, 2017, S. 289; insbesondere aber auch BFH, Urteil v. 23.4.2009 – V R 84/07, BStBl. II 2010, 509 (511); BFH, Urteil v. 19.11.2009 – V R 8/09, UR 2010, 416 ff.; Abschn. 6.5 Abs. 6 UStAE.

71 BFH, Urteil v. 30.7.2008 – V R 7/03, BStBl. II 2010, 1075 (1078); BFH, Urteil v. 19.11.2009 – V R 8/09, UR 2010, 416, Rz. 17. Zustimmend *Dietlein/Drüen*, Grundlagen und Reichweite des Vertrauensschutzes bei Ausfuhrlieferungen im nichtkommerziellen Reiseverkehr, 2010, S. 42 ff.

72 *Drüen*, DB 2010, 1847 (1849); *Monfort*, in Birkenfeld/Wäger, Das große Umsatzsteuer-Handbuch, Abschn. II Kapitel 6 D Rz. 60 (Okt. 2019).

73 BFH, Urteil v. 30.7.2008 – V R 7/03, BStBl. II 2010, 1075 (1079); BFH, Urteil v. 23.4.2009 – V R 84/07, BStBl. II 2010, 509 (511); Abschn. 6.5 Abs. 6 Satz 2 UStAE. Dies wird im Schrifttum zu Recht kritisiert, s. z.B. *Drüen*, DB 2010, 1847 (1849 f.); *Stapperfend*, UR 2013, 321 (324 f.).

74 BFH, Urteil v. 30.7.2008 – V R 7/03, BStBl. II 2010, 1075 (1079); BFH, Urteil v. 19.11.2009 – V R 8/09, UR 2010, 416, Rz. 19; so auch Abschn. 6.5 Abs. 6 Satz 3 UStAE.

Auch hier kommt der Schutz des guten Glaubens für all jene Voraussetzungen der Steuerbefreiung der Ausfuhrlieferung in Betracht, für welche der leistende Unternehmer auf die Angaben seines Abnehmers angewiesen ist: das Gelangen des Gegenstands in das Drittlandsgebiet, die aus- bzw. drittländische Ansässigkeit des Abnehmers, seine Unternehmereigenschaft sowie die unternehmerische – gegebenenfalls nicht-steuerfreie[75] – Verwendung. In Anlehnung an § 6a Abs. 4 UStG und entsprechend der Formulierung durch den EuGH[76] kommt die Gewährung des Gutglaubensschutzes jedoch auch hier nur in Betracht, wenn der Unternehmer die Unrichtigkeit der Abnehmerangaben auch bei Beachtung der Sorgfalt eines ordentlichen Kaufmanns „nicht erkennen konnte".

Somit hängt auch die Steuerbefreiung der Ausfuhrlieferung aufgrund Gutglaubensschutzes davon ab, ob der Unternehmer um die Unrichtigkeit der Abnehmerangaben und damit um die Absenz der steuerbefreienden Voraussetzungen weiß bzw. hätte wissen können und stellt so den Anknüpfungspunkt für die Frage der Wissenszurechnung dar.

4. Differenzbesteuerung

Einen weiteren Anwendungsbereich für den Gutglaubensschutz – und damit auch für eine etwaige Wissenszurechnung – bietet der Themenkomplex der Differenzbesteuerung.

a) Zweck und Voraussetzungen der Differenzbesteuerung

Durch die sogenannte Differenzbesteuerung nach § 25a UStG und auf Grundlage von Art. 311–343 MwStSystRL sollen Doppelbesteuerungen und Wettbewerbsverzerrungen bei der Lieferung von Gebrauchtgegenständen, Kunstgegenständen, Antiquitäten und Sammlungsstücken verhindert werden.[77] Derlei Gegenstände werden häufig auch von Nichtunternehmern verkauft, die die im ursprünglichen Einkaufspreis enthaltene Umsatzsteuer in ihrem Verkaufspreis auf den Erwerber überwälzen. Ein unternehmerischer Erwerber kann dabei keinen Vorsteuerabzug geltend machen, weil der Nichtunternehmer keine Rechnung mit gesondert ausgewiesener Umsatzsteuer

---

75 S. § 6 Abs. 1 Satz 1 Nr. 3 Buchst. a) UStG.

76 EuGH, Urteil v. 21.2.2008 – C-271/06, *Netto Supermarkt*, DStR 2008, 450, Rz. 29.

77 So Erwägungsgrund 51 der MwStSystRL.

ausstellen darf. Ohne Möglichkeit der Differenzbesteuerung müsste er sodann bei einem Weiterverkauf auf diesen (vollen) Einkaufspreis inklusive seines Gewinnaufschlags den vollen Steuersatz anwenden. Ein Nichtunternehmer dagegen müsste keine Umsatzsteuer aufschlagen und könnte einen entsprechenden Gegenstand daher günstiger anbieten.[78]

Um dies zu verhindern, bietet § 25a Abs. 3 Satz 1 UStG unternehmerischen Wiederverkäufern die Möglichkeit,[79] bei der Lieferung beweglicher körperlicher Gegenstände lediglich jenen Betrag als umsatzsteuerliche Bemessungsgrundlage anzusetzen, um den der Verkaufspreis den Einkaufspreis für den Gegenstand übersteigt. Diese Regelung bewirkt, dass „der Wiederverkäufer durch den Abzug des Vorumsatzes im Ergebnis so gestellt wird, als hätte ihm aus dem Erwerb der Ware ein Vorsteuerabzug zugestanden".[80] Nach § 25a Abs. 1 Nr. 1 Satz 2 UStG gilt dabei als Wiederverkäufer, wer gewerbsmäßig mit beweglichen körperlichen Gegenständen handelt oder solche Gegenstände im eigenen Namen öffentlich versteigert.

Die Anwendbarkeit der Differenzbesteuerung kommt zudem nach § 25a Abs. 1 Nr. 2 UStG nur in Betracht, wenn die Gegenstände an den Wiederverkäufer im Gemeinschaftsgebiet geliefert wurden (Satz 1) und für diesen Eingangsumsatz des Wiederverkäufers Umsatzsteuer nicht geschuldet wurde (Satz 2 Buchst. a) oder ebenfalls bereits die Differenzbesteuerung vorgenommen wurde (Satz 2 Buchst. b). Schließlich darf es sich bei den relevanten Gegenständen nach § 25a Abs. 1 Nr. 3 UStG nicht um Edelsteine aus den Positionen 71 02 und 71 03 des Zolltarifs oder um Edelmetalle aus den Positionen 71 06, 71 08, 71 10 und 71 12 des Zolltarifs handeln.

Der Steuerpflichtige hat zudem nach § 25a Abs. 2 Satz 1 Nr. 1 UStG die Möglichkeit, auch für Kunstgegenstände, Sammlungsstücke oder Antiquitäten, die er selbst eingeführt hat, zur Differenzbesteuerung zu optieren. Ebenso besteht diese Möglichkeit nach § 25a Abs. 2 Satz 1 Nr. 2 UStG für Kunstgegenstände, wenn die Lieferung an ihn steuerpflichtig war und nicht von einem Wiederverkäufer ausgeführt wurde.

---

78 *Langer*, in Reiß/Kraeusel/Langer, UStG, § 25a Rz. 29 (Jan. 2017).

79 Die Anwendung der Differenzbesteuerung ist nicht verpflichtend. Vielmehr bietet § 25a Abs. 8 UStG explizit die Möglichkeit, auf deren Anwendung zu verzichten.

80 BFH, Urteil v. 16.4.1997 – XI R 87/96, BStBl. II 1997, 585 (589); BFH, Urteil v. 29.6.2011 – XI R 15/10, BStBl. II 2011, 839, Rz. 18.

Bezieht der Wiederverkäufer den Gegenstand aus dem übrigen Gemeinschaftsgebiet, ist zudem zu beachten, dass er die Differenzbesteuerung für seine Weiterlieferung nach § 25a Abs. 7 Nr. 1 Buchst. a) UStG nur anwenden darf, wenn die innergemeinschaftliche Lieferung an ihn nicht nach § 6a UStG steuerfrei war. Dies gilt nach Ansicht des EuGH jedoch nicht für die Fälle des § 25a Abs. 2 Satz 1 Nr. 2 UStG.[81]

b) Gutglaubensschutz bei der Differenzbesteuerung

aa) Richterrechtliche Gewährung des Gutglaubensschutzes

Die Anwendbarkeit der Differenzbesteuerung für seinen Ausgangsumsatz hängt somit ersichtlich von den Gegebenheiten des jeweiligen Eingangsumsatzes des Wiederverkäufers ab. Nimmt er die Möglichkeit der Differenzbesteuerung in Anspruch, bedeutet dies für seinen Ausgangsumsatz, dass er für die von seinem Vertragspartner einzufordernde Umsatzsteuer von einer niedrigeren Bemessungsgrundlage (Differenz zwischen Verkaufs- und Einkaufspreis) ausgeht und einen entsprechend niedrigeren Umsatzsteuerbetrag erhält. Liegt eine der Voraussetzungen der Differenzbesteuerung – insbesondere im Hinblick auf den jeweiligen, korrespondierenden Eingangsumsatz – jedoch unwissentlich nicht vor, fungiert nach § 10 Abs. 1 UStG in der Regel das volle Entgelt als umsatzsteuerliche Bemessungsgrundlage und der Unternehmer trägt das finanzielle Risiko, die Differenz selbst tragen zu müssen.

Insoweit ist allerdings zu bedenken, dass die Verantwortlichkeit für diese Situation nicht alleine beim wiederverkaufenden Unternehmer selbst zu suchen ist. Vielmehr ist er – zur korrekten rechtlichen Einordnung – auf die Angaben seines Lieferanten angewiesen. Dies hat der EuGH erkannt und dem Unternehmer auch im Rahmen der Differenzbesteuerung Gutglaubensschutz gewährt.[82] So hat er unter Bezugnahme unter anderem auf seine Entscheidung und Ausführungen zum Gutglaubensschutz bei innergemeinschaftlichen Lieferungen[83] klargestellt, dass – selbst wenn objektiv nicht alle materiellen Voraussetzungen für die Anwendung der Differenzbesteuerung erfüllt

---

81 EuGH, Urteil v. 29.11.2018 – C-264/17, *Mensing*, UR 2019, 32 ff.

82 EuGH, Urteil v. 18.5.2017 – C-624/15, *Litdana*, UR 2017, 552 ff.; kritisch *Reiß*, UR 2017, 565 ff.

83 EuGH, Urteil v. 18.5.2017 – C-624/15, *Litdana*, UR 2017, 552, Rz. 36 unter Verweis auf EuGH, Urteil v. 27.9.2007 – C-409/04, *Teleos*, BStBl. II 2009, 70 ff. und EuGH, Urteil v. 6.9.2012 – C-273/11, *Mecsek-Gabona*, DStR 2012, 1917, Rz. 47–50, 55.

sind – deren Anwendung gleichwohl nicht verwehrt werden darf, wenn der Wiederverkäufer in gutem Glauben gehandelt und „alle ihm zur Verfügung stehenden zumutbaren Maßnahmen ergriffen hat, um sicherzustellen, dass der von ihm getätigte Umsatz nicht zu seiner Beteiligung an einer Steuerhinterziehung führt“.[84]

bb) Abhängigkeit von den Angaben des Vorlieferanten

Anders als im Rahmen von innergemeinschaftlicher Lieferung und Ausfuhrlieferung, ist der Unternehmer für die korrekte rechtliche Ausgestaltung seines Ausgangsumsatzes somit nicht auf die Angaben seines Abnehmers, sondern seines (Vor-)Lieferanten angewiesen. Ein etwaiger Gutglaubensschutz betrifft daher die konkreten Gegebenheiten der Vorlieferung, genauer gesagt die umsatzsteuerrechtliche Eigenschaft, in welcher sein Vorlieferant agiert. Sofern dieser fälschlicherweise behauptet, als[85]

1) a) Privatperson oder nichtunternehmerische juristische Person des öffentlichen Rechts,
   b) Unternehmer im nichtunternehmerischen Bereich,
   c) steuerfrei liefernder Unternehmer – mit Ausnahme der steuerfreien innergemeinschaftlichen Lieferung, s. § 25a Abs. 7 Nr. 1 Buchst. a) UStG – mit zum Vorsteuerabzug ausgeschlossener Lieferung oder
   d) Kleinunternehmer (§ 25a Abs. 1 Nr. 2 Buchst. a] UStG);
2) die Differenzbesteuerung zu Recht[86] anwendender Wiederverkäufer (§ 25a Abs. 1 Nr. 2 Buchst. b] UStG); oder
3) Unternehmer, aber nicht Wiederverkäufer (§ 25a Abs. 2 Satz 1 Nr. 2 UStG)

zu handeln, hängt das Recht zur Anwendung der Differenzbesteuerung von der Gutgläubigkeit des Unternehmers diesbezüglich, also ob er – in Anlehnung an die Handhabung des Gutglaubensschutzes bei der innergemeinschaftlichen Lieferung sowie der Ausfuhrlieferung – die Unrichtigkeit

---

84 EuGH, Urteil v. 18.5.2017 – C-624/15, *Litdana*, UR 2017, 552, Rz. 48.

85 S. insoweit auch die Auflistung in Abschn. 25a.1 Abs. 5 UStAE.

86 BFH, Urteil v. 23.4.2009 – V R 52/07, BStBl. II 2009, 860 ff.; Abschn. 25a.1 Abs. 5 Satz 2 Nr. 5 Satz 2 UStAE.

der Angaben auch bei Beachtung der Sorgfalt eines ordentlichen Kaufmanns erkennen konnte,[87] ab.

cc) Gewährung im Festsetzungs- oder im Billigkeitsverfahren?

Die Frage, ob dieser Gutglaubensschutz im Rahmen der Differenzbesteuerung – wie bei der innergemeinschaftlichen Lieferung – bereits im Festsetzungsverfahren oder entsprechend der Vorgehensweise bei der Ausfuhrlieferung erst in einem gesondert durchzuführenden Billigkeitsverfahren zu berücksichtigen ist, ist nach wie vor nicht geklärt.

Während der BFH diese Frage in einer Entscheidung jüngeren Datums mangels Gutgläubigkeit des Klägers im Streitfall offen lassen konnte,[88] hatte sich die Vorinstanz, das Finanzgericht (FG) Düsseldorf – unter Berufung auf die BFH-Urteile zur Berücksichtigung von Gutglaubensschutz im Billigkeitsverfahren bei der Ausfuhrlieferung[89] und beim Vorsteuerabzug[90] und damit kaum überraschend – klar dahingehend positioniert, dass eine Berücksichtigung ausschließlich im Billigkeitsverfahren erfolgen könne, unter anderem weil das UStG diesbezüglich keine ausdrückliche Gutglaubensschutzregelung enthalte.[91] Die darüber hinaus vorgebrachten Argumente, dass eine Berücksichtigung im Festsetzungsverfahren „faktisch dazu führen [würde], dass die Erfüllung von Tatbestandsmerkmalen weitestgehend durch den subjektiven Glauben an ihr Vorliegen ersetzt würde“[92] und „dass es dem Steuerpflichtigen kaum noch möglich wäre, die Rechtslage anhand der gesetzlichen Regelung zu erkennen und sein Verhalten danach auszurichten“, weil „der gesetzliche Tatbestand, der dem Grundsatz der Normenbestimmtheit und

---

87 Die Formulierung „bei Beachtung der Sorgfalt eines ordentlichen Kaufmanns (nicht) erkennen konnte“ wird bislang im Rahmen des § 25a UStG zwar nicht explizit verwendet. Angesichts der Ausfüllungsbedürftigkeit und Notwendigkeit unionsrechtskonformer Auslegung dieser Begrifflichkeit – auch im Hinblick auf einen „Gleichlauf“ der an den Gutglaubensschutz zu stellenden Voraussetzungen – ist es m.E. jedoch durchaus plausibel, auch bei der Differenzbesteuerung an dieses Merkmal anzuknüpfen.

88 BFH, Beschluss v. 11.12.2024 – XI R 15/21, BFH/NV 2025, 383 ff.

89 BFH, Urteil v. 30.7.2008 – V R 7/03, BStBl. II 2010, 1075 ff.

90 BFH, Urteil v. 22.7.2015 – V R 23/14, BStBl. II 2015, 914 ff.; BFH, Urteil v. 18.2.2016 – V R 62/14, BStBl. II 2016, 589 ff.; zu diesem Themenkomplex s. sogleich A. II. 5.

91 FG Düsseldorf, Urteil v. 24.3.2021 – 5 K 1414/18 U, EFG 2021, 1948, Rz. 45 ff.

92 FG Düsseldorf, Urteil v. 24.3.2021 – 5 K 1414/18 U, EFG 2021, 1948, Rz. 47 unter Verweis auf *Reiß*, UR 2017, 565 (569).

Normenklarheit genügen muss, durch einen diffusen Handlungsrahmen ersetzt wird, innerhalb dessen sich der Steuerpflichtige bewegen muss, um von dem materiellen Recht Gebrauch machen zu können",[93] mögen zwar nachvollziehbar sein. Eine gegenüber der Berücksichtigung des Gutglaubensschutzes bei der innergemeinschaftlichen Lieferung unterschiedliche Behandlung rechtfertigen sie gleichwohl nicht – insbesondere als die jeweilige (Nicht-)Kodifizierung des Gutglaubensschutzes „purer Zufall" ist.

Gleichwohl hat der BFH nunmehr in einem anderen Verfahren[94] die Chance ergriffen, diesbezüglich erneut[95] den EuGH bzw. das EuG[96] anzurufen. Es bleibt zu hoffen, dass das EuG die Frage endlich klären und nicht – wie der EuGH bislang – mangels Relevanz im Streitfall unbeantwortet lassen wird.

5. Vorsteuerabzug

Es stellt sich daneben die Frage, ob auch für den Vorsteuerabzug als „Kernstück der Mehrwertsteuer"[97] Gutglaubensschutz in Betracht kommt.

a) Bedeutung des Vorsteuerabzugs

Der Vorsteuerabzug als „integraler Bestandteil des Mechanismus der Mehrwertsteuer"[98] ist das Herzstück, welches das geltende Netto-Allphasen-Umsatzsteuer-System von dem bis 1967 geltenden Brutto-Allphasen-

---

93 FG Düsseldorf, Urteil v. 24.3.2021 – 5 K 1414/18 U, EFG 2021, 1948, Rz. 47.

94 BFH, Beschluss v. 19.2.2025 – XI R 23/24, UR 2025, 664 ff.

95 Die Frage, ob Vertrauensschutz im Festsetzungs- oder im Billigkeitsverfahren zu gewähren ist, hat der BFH dem EuGH bereits mit Beschluss v. 6.4.2016 – XI R 20/14, BFHE 254, 152 vorgelegt.

96 Aufgrund der durch die Verordnung 2024/2019 des Europäischen Parlaments und des Rates v. 11.4.2024 zur Änderung des Protokolls Nr. 3 über die Satzung des Gerichtshofs der Europäischen Union, ABl. EU Nr. L v. 12.8.2024, mit Wirkung vom 1.10.2024 erfolgten Zuständigkeitsübertragung vom EuGH auf das Gericht der Europäischen Union (EuG) für Vorabentscheidungsersuchen u.a. im Sachgebiet des gemeinsamen Mehrwertsteuersystems, ist das Vorabentscheidungsersuchen nunmehr unter dem Aktenzeichen T-569/25 beim EuG anhängig.

97 *Fleckenstein-Weiland*, in Wäger, UStG, 3. Aufl. 2024, § 15 Rz. 14.

98 Z.B. EuGH, Urteil v. 6.7.2006 – C-439/04, C-440/04, *Kittel und Recolta Recycling*, DStR 2006, 1274, Rz. 47; EuGH, Urteil v. 15.7.2010 – C-368/09, *Pannon Gép Centrum*, DStR 2010, 1475, Rz. 37; EuGH, Urteil v. 24.11.2022 – C-596/21, *Finanzamt M*, UR 2022, 942, Rz. 21.

Umsatzsteuer-System unterscheidet. Bestand im alten System das Problem, dass eine Handelskette mit mehreren Gliedern zu einer Steuerkumulation führte[99] und kürzere Handelswege daher erhebliche Wettbewerbsvorteile besaßen, hat der Vorsteuerabzug im geltenden System dieses Problem beseitigt. Erst durch ihn besteht die Möglichkeit, dass Unternehmer von der auf ihre Eingangsleistungen gezahlten Umsatzsteuer entlastet werden. Durch ihn wird das Neutralitätsprinzip, also die Gewährleistung völliger Neutralität hinsichtlich der steuerlichen Belastung aller wirtschaftlichen Tätigkeiten unabhängig von ihrem Zweck und ihrem Ergebnis, sofern diese Tätigkeiten selbst der Mehrwertsteuer unterliegen,[100] gewahrt. Handelsketten sind seitdem – zumindest im Hinblick auf Steuerkumulationen – kein umsatzsteuerliches Problem mehr und unterliegen keinerlei Wettbewerbsnachteilen.

Hat der Vorsteuerabzug dieses Problem beseitigt, hat er jedoch gleichzeitig ein anderes heraufbeschworen: So macht gerade der Vorsteuerabzug das geltende Umsatzsteuersystem derart betrugsanfällig, weil dadurch nicht nur – wie bei anderen Steuerarten – die Nicht-Erklärung steuerpflichtiger Einnahmen im Raum steht, sondern darüber hinaus sogar die Auszahlung von Geldbeträgen durch den Fiskus ermöglicht wird, für die er gegebenenfalls gar keine korrespondierende Umsatzsteuer eingenommen hat.[101] Daher ist es nicht verwunderlich, dass der Vorsteuerabzug bisweilen als „Achillesferse“[102] des Mehrwertsteuerrechts bezeichnet wird.[103]

b) Voraussetzungen des Vorsteuerabzugs

Aus diesen Gründen obliegt das Recht zur Geltendmachung des Vorsteuerabzugs zahlreichen formellen wie materiellen Voraussetzungen, die sogar über den in § 15 UStG aufgeführten Umfang in den letzten Jahren aufgrund zahlreicher EuGH-Urteile noch einschneidend erweitert wurden.[104] Da jedoch

---

99 *Wäger*, in Festschrift für den BFH, 2018, S. 1591 (1592).

100 Z.B. EuGH, Urteil v. 15.9.2016 – C-516/14, *Barlis 06*, DStR 2016, 2216, Rz. 39; EuGH, Urteil v. 24.11.2022 – C-596/21, *Finanzamt M*, UR 2022, 942, Rz. 22; *Heuermann*, MwStR 2017, 729 (730).

101 *Mittler*, UR 2004, 1 (2 f.).

102 Diesen Begriff verwendet auch *Mittler*, UR 2004, 1 ff., wobei er gar die gesamte Mehrwertsteuer als „Achillesferse“ der Staatseinnahmen in Europa tituliert.

103 So *Reiß*, UR 2002, 561 ff.

104 Zu den zusätzlichen Voraussetzungen des Vorsteuerabzugsanspruchs aufgrund der Missbrauchsrechtsprechung des EuGH und § 25f UStG s. A. III.

in den Fällen des § 15 Abs. 1 Satz 1 Nr. 2–5 UStG der, den Vorsteuerabzug beanspruchende Unternehmer auch jeweils gleichzeitig der Steuerschuldner im Sinne von § 13a bzw. § 13b Abs. 5 UStG ist, ist die Relevanz eines Gutglaubensschutzes hier wohl vernachlässigbar,[105] so dass im Folgenden lediglich auf den Vorsteuerabzug nach § 15 Abs. 1 Satz 1 Nr. 1 UStG eingegangen wird.

Nach § 15 Abs. 1 Satz 1 Nr. 1 Satz 1 UStG kann der Unternehmer die gesetzlich geschuldete Steuer für Lieferungen und sonstige Leistungen, die von einem anderen Unternehmer für sein Unternehmen ausgeführt worden sind, abziehen. Dieser Vorsteuerabzugsanspruch unterliegt somit vier Voraussetzungen:[106]

1) Vorliegen einer Lieferung oder sonstigen Leistung im Sinne von § 3 UStG,
2) die von einem anderen Unternehmer für das Unternehmen des Leistungsempfängers erbracht wurde,
3) für welche Umsatzsteuer gesetzlich geschuldet wurde und
4) für welche der Unternehmer eine ordnungsgemäße Rechnung nach §§ 14, 14a UStG besitzt.

Daneben enthalten § 15 Abs. 1a–4b UStG zahlreiche Einschränkungen bzw. Tatbestände, welche den eigentlich bestehenden Vorsteuerabzugsanspruch ausschließen.

Der für die Wahrung des Neutralitätsprinzips entscheidende und für den Unternehmer im Umsatzsteuerrecht auch finanziell überaus relevante Vorsteuerabzugsanspruch kann daher erst bei kumulativem Vorliegen der genannten Voraussetzungen ausgeübt[107] werden. Gleichwohl ist der Leistungsempfänger als Vorsteuerabzug begehrender Unternehmer insbesondere

---

105 So offenbar auch *Mann*, Der Schutz des guten Glaubens im Umsatzsteuerrecht im Spannungsfeld des Umsatzsteuerbetrugs, 2017, S. 292 ff.; zur Problematik des Vorsteuerabzugs beim Reverse-Charge-Verfahren und einem diesbezüglichen etwaigen Gutglaubensschutz s. A. II. 8. e) aa).

106 Auf die Gutgläubigkeit hinsichtlich etwaiger betrügerischer Machenschaften in der Lieferkette als „neue", weitere Voraussetzung des Vorsteuerabzugs wird – mangels Relevanz für die Frage des Gutglaubensschutzes – erst im späteren Verlauf eingegangen.

107 EuGH, Urteil v. 21.10.2021 – C-80/20, *Wilo Salmson France*, UR 2021, 876, Rz. 72; BFH, Urteil v. 7.7.2022 – V R 33/20, BStBl. II 2022, 821, Rz. 19.

hinsichtlich der Unternehmereigenschaft seines Leistungserbringers als auch hinsichtlich mancher Rechnungsangaben auf die korrekten Angaben des Leistungserbringers angewiesen. Sind diese – für den Unternehmer gegebenenfalls nicht erkennbar – nicht zutreffend, bleibt er auf der an seinen Geschäftspartner gezahlten Umsatzsteuer „sitzen".

c) Gutglaubensschutz beim Vorsteuerabzug

Darum stellt sich auch beim Vorsteuerabzug die Frage nach der Möglichkeit zum Gutglaubensschutz, für welchen eine dem § 6a Abs. 4 UStG entsprechende Regelung jedoch wiederum nicht existiert. Daher hat der BFH eine solche Möglichkeit über viele Jahre hinweg vehement abgelehnt.[108] Insbesondere auf Grundlage der Urteile des EuGH in den Rechtssachen *Teleos*[109] zu innergemeinschaftlichen Lieferungen sowie *Netto Supermarkt*[110] zu Ausfuhrlieferungen, erkennt der BFH jedoch mittlerweile an, dass ausnahmsweise nach dem „allgemeinen Rechtsgrundsatz des Vertrauensschutzes ein Vorsteuerabzug [...] in Betracht kommen [kann], wenn der den Vorsteuerabzug begehrende Unternehmer gutgläubig war und alle Maßnahmen ergriffen hat, die vernünftigerweise von ihm verlangt werden können, um sich von der Richtigkeit der Angaben in der Rechnung zu überzeugen und seine Beteiligung an einem Betrug ausgeschlossen ist", obwohl die materiellen Voraussetzungen des Vorsteuerabzugs nach § 15 UStG wegen unzutreffender Rechnungsangaben nicht vorliegen.[111] Diesen gedenkt der BFH jedoch – wie schon im Rahmen der Ausfuhrlieferung – lediglich im Billigkeitsverfahren zu gewähren,[112] weil § 15 UStG einen Schutz des guten Glaubens an die Erfüllung der Vorsteuerabzugsvoraussetzungen nicht vorsieht und das Unionsrecht

---

108 BFH, Urteil v. 24.4.1986 – V R 110/76, BFH/NV 1987, 745 (746); BFH, Urteil v. 8.12.1988 – V R 28/84, BStBl. II 1989, 250 (252); BFH, Beschluss v. 30.10.2001 – V B 92/01, BFH/NV 2002, 381; *Stapperfend*, UR 2013, 321 f.

109 EuGH, Urteil v. 27.9.2007 – C-409/04, *Teleos*, BStBl. II 2009, 70 ff.

110 EuGH, Urteil v. 21.2.2008 – C-271/06, *Netto Supermarkt*, DStR 2008, 450 ff.

111 BFH, Urteil v. 8.10.2008 – V R 63/07, BFH/NV 2009, 1473 (1477); BFH, Urteil v. 30.4.2009 – V R 15/07, BStBl. II 2009, 744 (748).

112 Dies wird von weiten Teilen der Literatur kritisiert, z.B. *Drüen*, DB 2010, 1847 (1849 f.); *Lange*, UR 2020, 595 (598 ff.); *Oelmaier*, in Sölch/Ringleb, UStG, § 15 Rz. 79 (März 2025); *Stapperfend*, UR 2013, 321 (324 f.).

dessen Berücksichtigung bereits im Festsetzungsverfahren nicht fordere.[113] Ob dies mit Unionsrecht im Einklang steht, bezweifelt der XI. Senat – anders als der V. Senat[114] – nach wie vor.[115]

aa) Reichweite des Gutglaubensschutzes beim Vorsteuerabzug

(1) Rechnungsangaben

Zudem ist noch immer nicht in Gänze geklärt, inwieweit Gutglaubensschutz beim Vorsteuerabzug in Betracht kommt.[116] Hierfür sind mehrere Ansatzmöglichkeiten in Erwägung zu ziehen: sowohl für das Vorhandensein einer Lieferung bzw. sonstigen Leistung durch einen anderen Unternehmer als auch für das Vorliegen einer korrekten Rechnung und die Frage, ob Umsatzsteuer tatsächlich geschuldet wurde. Einigkeit besteht wohl insoweit, dass ein Schutz des guten Glaubens nicht in Betracht kommt, wenn gar keine Rechnung vorliegt[117] oder einer vorhandenen Rechnung notwendige Angaben gänzlich fehlen.[118] Denn dies kann ohne größere Schwierigkeiten überprüft werden. Im Falle fehlerhafter Rechnungsangaben jedoch – wie beispielsweise einer falschen Umsatzsteuer-Identifikationsnummer oder einer fehlerhaften Rechnungsnummer – kann Gutglaubensschutz durchaus in Betracht kommen. Dies bestätigt auch der BFH, wenn er ausführt, dass ein „Vorsteuerabzug unter Vertrauensschutzgesichtspunkten […] beim (teilweisen) Fehlen der

---

113 *Oelmaier*, in Sölch/Ringleb, UStG, § 15 Rz. 78 (März 2025) unter Verweis auf BFH, Urteil v. 22.7.2015 – V R 23/14, BStBl. II 2015, 914, Rz. 30 ff.; so beispielsweise auch BFH, Urteil v. 8.10.2008 – V R 63/07, BFH/NV 2009, 1473 (1476 f.).

114 BFH, Beschluss v. 6.4.2016 – V R 25/15, BFHE 254, 139, Rz. 46.

115 BFH, Beschluss v. 16.5.2019 – XI B 13/19, BStBl. II 2021, 950, Rz. 22; die vom XI. Senat des BFH hierzu gestellte Vorlagefrage (BFH, Beschluss v. 6.4.2016 – XI R 20/14, BFHE 254, 152, Rz. 56 ff.) musste der EuGH nicht beantworten (EuGH, Urteil v. 15.11.2017 – C-374/16, C-375/16, *Geissel und Butin*, DStR 2017, 2544, Rz. 51), so dass diese Frage nach wie vor ungeklärt ist. Hierzu auch *Drüen*, UR 2023, 305 (315 ff.).

116 *Fleckenstein-Weiland*, in Wäger, UStG, 3. Aufl. 2024, § 15 Rz. 51 ff.; *Oelmaier*, in Sölch/Ringleb, UStG, § 15 Rz. 73 (März 2025).

117 *Hummel*, in Mössner/Lampert u.a., Steuerrecht international tätiger Unternehmen, 6. Aufl. 2023, Rz. 14.418. Die Frage, inwieweit auf das Vorliegen einer Rechnung verzichtet werden kann, wenn objektiv alle materiellen Voraussetzungen des Vorsteuerabzugs vorliegen und dies anderweitig nachgewiesen werden kann, betrifft wiederum eine anderweitige Fallkonstellation.

118 *Prätzler*, in Birkenfeld/Wäger, Das große Umsatzsteuer-Handbuch, § 14 Abs. 4 Rz. 392 (April 2025); *Stadie*, in Rau/Dürrwächter, UStG, § 15 Rz. 887 (Sept. 2025).

Voraussetzungen des Vorsteuerabzugs deshalb nach Auffassung des Senats nach den Vorgaben der EuGH-Urteile Teleos [...] und Netto Supermarkt [...] voraus[setzt], dass der den Vorsteuerabzug begehrende Unternehmer gutgläubig war und bei Beachtung der Sorgfalt eines ordentlichen Kaufmanns außerstande war, das Fehlen der formellen Rechnungsanforderungen zu erkennen, weil er alle Maßnahmen ergriffen hat, die vernünftigerweise von ihm verlangt werden können, um sich von der Richtigkeit der Angaben in der Rechnung zu überzeugen und seine Beteiligung an einem Betrug ausgeschlossen ist".[119]

(2) Leistungserbringung und Unternehmereigenschaft

Ob demnach Gutglaubensschutz tatsächlich „allenfalls für die Rechnungsangaben in Betracht kommt",[120] erscheint jedoch zu kurz gegriffen. So äußert sich selbst der BFH dahingehend, dass geklärt sei, „dass unter Berücksichtigung des Grundsatzes des Vertrauensschutzes ein Vorsteuerabzug im Billigkeitsverfahren in Betracht kommt, wenn die materiellen Voraussetzungen des Vorsteuerabzugs nicht vorliegen",[121] ohne das Merkmal der Rechnungsangaben hierbei zu erwähnen. Dies mag zwar nicht für das materielle Tatbestandsmerkmal der Lieferung bzw. sonstigen Leistung gelten.[122] Denn insoweit hat der EuGH bereits klargestellt, dass die tatsächliche Bewirkung einer Lieferung oder sonstigen Leistung zwingende materielle Voraussetzung für das Recht auf Vorsteuerabzug ist, deren Fehlen selbst durch die Grundsätze des Gutglaubensschutzes nicht „geheilt" werden kann.[123] Dies ist nur konsequent, weil das Vorliegen einer Leistung keinen aus der inneren Sphäre des Leistenden herrührenden Umstand darstellt, über welchen dieser – bei gehöriger Erfüllung der Nachforschungspflichten des Leistungsempfängers – ohne Weiteres täuschen kann.

---

119 BFH, Beschluss v. 6.4.2016 – V R 25/15, BFHE 254, 139, Rz. 59.

120 So *Mann*, Der Schutz des guten Glaubens im Umsatzsteuerrecht im Spannungsfeld des Umsatzsteuerbetrugs, 2017, S. 354; in diese Richtung gehend ist wohl auch *Fleckenstein-Weiland*, in Wäger, UStG, 3. Aufl. 2024, § 15 Rz. 54 ff. zu verstehen.

121 BFH, Beschluss v. 5.3.2014 – V B 14/13, BFH/NV 2014, 918, Rz. 4.

122 So schon *Reiß*, MwStR 2017, 444 (451 f.).

123 EuGH, Urteil v. 27.6.2018 – C-459/17, C-460/17, *SGI und Valériane SNC*, MwStR 2018, 712 ff.; *Dobratz*, in Schaumburg/Englisch/Dobratz, Europäisches Steuerrecht, 3. Aufl. 2025, Rz. 20.209.

Insbesondere im Hinblick auf die Unternehmereigenschaft des Leistenden sollte die Möglichkeit des Gutglaubensschutzes jedoch ernsthaft in Betracht gezogen werden.[124] Dies gebietet zum einen der Grundsatz der Verhältnismäßigkeit, der gerade eine Verteilung – bzw. genauer gesagt eine verhältnismäßige Verteilung – des Risikos zwischen Vorsteuerabzugsbegehrendem und Finanzverwaltung aufgrund eines von einem Dritten begangenen Betrugs fordert.[125] So ist der vorsteuerabzugsbegehrende Unternehmer hinsichtlich der Unternehmereigenschaft des Leistenden gleichermaßen auf dessen Angaben angewiesen und somit dem gleichen Risiko ausgesetzt, wie er es hinsichtlich diverser Rechnungsangaben ist. Ebenso ist nicht ersichtlich, warum ein Unternehmer hinsichtlich der Angaben eines betrügerisch agierenden Nichtunternehmers – der logischerweise auch in der Rechnung falsche Angaben tätigen muss, beispielsweise im Wege des „Identitätsdiebstahls" – weniger schutzwürdig sein sollte als hinsichtlich eines betrügerisch handelnden Unternehmers, der ebenfalls falsche Rechnungsangaben macht. Dies gilt auch unter dem Aspekt der Einheitlichkeit der Rechtsanwendung: Es ist nicht ersichtlich, warum – anders als beispielsweise bei der innergemeinschaftlichen Lieferung – ein Gutglaubensschutz hinsichtlich der Unternehmereigenschaft des Vertragspartners beim Vorsteuerabzug nicht in Betracht kommen sollte.

(3) Gesetzlich geschuldete Steuer

Ob dies auch für das Merkmal der „gesetzlich geschuldeten Steuer" gelten kann, ist dagegen schwieriger zu beurteilen.

Hierbei ist zunächst anzumerken, dass eine in einer Rechnung zu Unrecht bzw. zu hoch[126] ausgewiesene Umsatzsteuer im Sinne von § 14c UStG keine „gesetzlich geschuldete Steuer" im Sinne von § 15 Abs. 1 Satz 1 Nr. 1 Satz 1

---

124 Gl.A. *Oelmaier*, in Sölch/Ringleb, UStG, § 15 Rz. 76 (März 2025); *von Sanden*, Der Vertrauensschutz des gutgläubigen Unternehmers im harmonisierten Umsatzsteuerrecht, 2021, S. 62; *Stadie*, in Rau/Dürrwächter, UStG, § 15 Rz. 310 ff. (Sept. 2025).

125 EuGH, Urteil v. 27.9.2007 – C-409/04, *Teleos*, BStBl. II 2009, 70, Rz. 58; EuGH, Urteil v. 21.2.2008 – C-271/06, *Netto Supermarkt*, DStR 2008, 450, Rz. 22.

126 Wird in einer Rechnung beispielsweise statt des ermäßigten Steuersatzes fälschlicherweise der reguläre Steuersatz angewendet, steht dem Leistungsempfänger der Vorsteuerabzug nur in Höhe des ermäßigten Steuersatzes zu, s. BFH, Urteil v. 19.11.2009 – V R 41/08, BFHE 227, 521, Rz. 18.

UStG darstellt und somit nicht zum Vorsteuerabzug berechtigt.[127] Dieser allgemein anerkannte Grundsatz würde einen Gutglaubensschutz wohl ausschließen.[128] Gleichwohl sollte dabei differenziert werden:

(a) Unrichtiger Steuerausweis nach § 14c Abs. 1 UStG

Bei zu hoch ausgewiesenen Steuerbeträgen im Sinne von § 14c Abs. 1 UStG dürfte ein Schutz des guten Glaubens wohl ohnehin ausgeschlossen sein, weil die Voraussetzungen des maßgeblichen Steuersatzes sich regelmäßig nicht aus dem internen Bereich des Leistenden ergeben, so dass der Unternehmer auf dessen Angaben zu vertrauen hätte.[129]

(b) Unberechtigter Steuerausweis nach § 14c Abs. 2 UStG mangels Unternehmereigenschaft

Insbesondere aber wenn die Umsatzsteuer lediglich deshalb erst aufgrund von § 14c Abs. 2 UStG entsteht, weil der Leistende tatsächlich kein Unternehmer ist oder zwar Unternehmer ist, die Leistung aber tatsächlich nicht im Rahmen seines Unternehmens ausgeführt hat, und deswegen eigentlich keine Umsatzsteuer anfallen würde, würde eine Versagung des Gutglaubensschutzes die soeben dargestellte Notwendigkeit des Gutglaubensschutzes hinsichtlich der Unternehmereigenschaft des Leistenden konterkarieren.

(c) Unberechtigter Steuerausweis nach § 14c Abs. 2 UStG mangels Steuerpflicht oder Steuerbarkeit der Leistung

Daneben steht die Frage des Gutglaubensschutzes im Raum, wenn die Leistung von einem Unternehmer erbracht wurde und hierfür Umsatzsteuer ausgewiesen wurde, diese Leistung aber tatsächlich steuerbefreit oder gar nicht umsatzsteuerbar war, weil sie beispielsweise eine Geschäftsveräußerung im Ganzen nach § 1 Abs. 1a UStG darstellte. Hierbei ist zunächst anzumerken, dass Gutglaubensschutz dort nicht in Betracht kommt, wo Angaben einer

127 EuGH, Urteil v. 13.12.1989 – C-342/87, *Genius Holding*, NJW 1991, 632 f.; BFH, Urteil v. 16.9.2015 – XI R 47/13, BFH/NV 2016, 428, Rz. 54; *Kraeusel*, in Reiß/Kraeusel/Langer, UStG, § 15 Rz. 117 ff. (Juli 2025).

128 So z.B. *Prätzler*, in Birkenfeld/Wäger, Das große Umsatzsteuer-Handbuch, § 14 Abs. 4 Rz. 393 (April 2025).

129 So auch *Oelmaier*, in Sölch/Ringleb, UStG, § 15 Rz. 331 (März 2025).

„schlichten" rechtlichen Würdigung unterliegen.[130] Dies mag zwar angesichts der Komplexität des Umsatzsteuerrechts und der damit einhergehenden Häufigkeit von Beurteilungsfehlern[131] für die Unternehmer „ärgerlich" sein – es ist jedoch nur konsequent. Denn geschützt werden kann nur der (gute) Glaube an tatsächliche Verhältnisse. Würde der Glaube an eine rechtsfehlerhafte Beurteilung geschützt, würde das komplette Mehrwertsteuersystem ad absurdum geführt. Dieser Grundsatz muss jedenfalls dann gelten, wenn der Unternehmer alle Umstände kennt, um die korrekte rechtliche Würdigung vorzunehmen. Eine andere Beurteilung ist jedoch womöglich dann angebracht, wenn die rechtliche Würdigung des Unternehmers auf unrichtigen Angaben seines Vertragspartners beruht. Der Fall *Kreuzmayr*[132] und eine alternative Fallgestaltung[133] hierzu zeigen den Unterschied auf:

Im Fall *Kreuzmayr* veräußerte das Unternehmen *BP* mit Sitz in Deutschland Mineralölprodukte an das in Österreich ansässige Unternehmen *BIDI*. Dieses wiederum veräußerte die Produkte an den ebenfalls in Österreich ansässigen Kläger *Kreuzmayr*. Entgegen der Abrede mit *BP*, wonach *BIDI* für den Transport der Waren nach Österreich sorgen sollte, vereinbarten *BIDI* und *Kreuzmayr*, dass Letzterer den Transport veranlassen solle. Trotz allem stellte *BIDI* an *Kreuzmayr* eine Rechnung mit Ausweis österreichischer Umsatzsteuer aus, für welche *Kreuzmayr* den Vorsteuerabzug begehrte. Der EuGH entschied jedoch, dass es sich – weil *Kreuzmayr* die Abholung bei *BP* veranlasste – bei der Lieferung von *BIDI* an *Kreuzmayr* um die warenbewegte innergemeinschaftliche – und mithin steuerbefreite – Lieferung handelte. In diesem Zusammenhang kam der EuGH auch zu dem Schluss, dass sich *Kreuzmayr* nicht auf Grundsätze des Gutglaubensschutzes berufen dürfe, weil *BIDI* fälschlicherweise Umsatzsteuer in Rechnung gestellt hatte.

---

130 EuGH, Urteil v. 21.2.2018 – C-628/16, *Kreuzmayr*, DStR 2018, 461 ff.; in diesem Sinne auch *von Sanden*, Der Vertrauensschutz des gutgläubigen Unternehmers im harmonisierten Umsatzsteuerrecht, 2021, S. 83 ff., 151 f.

131 *Prätzler*, in Birkenfeld/Wäger, Das große Umsatzsteuer-Handbuch, § 14 Abs. 4 Rz. 393 (April 2025).

132 EuGH, Urteil v. 21.2.2018 – C-628/16, *Kreuzmayr*, DStR 2018, 461 ff.

133 Angelehnt an *Reiß*, MwStR 2018, 296 (300 f.).

Diese Entscheidung ist vollumfänglich zu befürworten, weil *Kreuzmayr* Kenntnis über alle Umstände hatte, um die korrekte rechtliche Würdigung im Hinblick auf die Einordnung der Lieferung an sie vorzunehmen.[134]

Ein anderes Ergebnis erscheint jedoch angebracht, wenn der Fall so gestaltet wird, dass zwischen *BIDI* und *BP* vereinbart wurde, dass *Kreuzmayr* die Abholung bei *BP* veranlassen solle. Abredewidrig vereinbaren nun aber *BP* und *Kreuzmayr*, dass der Transport zu *Kreuzmayr* durch *BP* durchgeführt wird. *BIDI* jedoch wird hierüber nicht in Kenntnis gesetzt und geht somit für die von *BP* an sie erfolgte Lieferung von einer in Deutschland steuerpflichtigen Leistung aus. Für die an *BP* gezahlte Umsatzsteuer, die diese – sei es gutgläubig aufgrund mangelnder Rechtskenntnis oder bösgläubig – vereinnahmt, macht *BIDI* den Vorsteuerabzug geltend.

Auch hier wurde – weil es sich bei der Lieferung zwischen *BP* und *BIDI* tatsächlich um eine steuerbefreite innergemeinschaftliche Lieferung handelt – tatsächlich keine Umsatzsteuer geschuldet, womit die Voraussetzungen des Vorsteuerabzugs nach § 15 Abs. 1 Satz 1 Nr. 1 UStG nicht vorliegen. Im Unterschied zum „tatsächlichen" Fall *Kreuzmayr* beruht die rechtliche Würdigung durch *BIDI* hier jedoch auf unrichtigen Angaben seitens ihrer Vertragspartner. Selbst bei umfassender rechtlicher Prüfung wäre sie zu keinem anderen Ergebnis gelangt. Insofern wird ihr das volle Risiko für das umsatzsteuerrechtliche Fehlverhalten ihrer Vertragspartner auferlegt.

bb) Stetige Weiterentwicklung des Gutglaubensschutzes

Ob das Berufen auf Gutglaubensschutz in derlei Fällen – sei es hinsichtlich der Unternehmereigenschaft des Vertragspartners oder der Frage, ob Umsatzsteuer tatsächlich geschuldet war – aussichtsreich ist, erscheint angesichts der derzeitigen Beurteilungen, insbesondere durch die Finanzverwaltung,[135] wohl eher fraglich. Gleichwohl hat der BFH – obwohl er unentwegt betont, dass sich das Recht auf Vorsteuerabzug nicht auf eine Steuer erstreckt, die ausschließlich deshalb geschuldet wird, weil sie in der Rechnung ausgewiesen

---

134 EuGH, Urteil v. 21.2.2018 – C-628/16, *Kreuzmayr*, DStR 2018, 461, Rz. 36; *Reiß*, MwStR 2018, 296 (298 f.).

135 Die Finanzverwaltung gewährt Gutglaubensschutz nur sehr restriktiv, d.h. bei fehlerhaften Rechnungsangaben, s. Abschn. 15.11 Abs. 5 UStAE, Abschn. 15.2a Abs. 1a UStAE.

ist[136] – den Gutglaubensschutz in diesen Fällen soweit ersichtlich bislang nie explizit abgelehnt, sondern insoweit stets auf das Billigkeitsverfahren verwiesen.[137]

Zudem ist zu berücksichtigen, dass der EuGH den Wirkbereich allgemeiner Grundsätze wie Verhältnismäßigkeit und Gutglaubensschutz – dies zeigt beispielsweise das EuGH-Urteil *Litdana*[138] – stetig fortentwickelt, so dass nach derzeitigem Stand etwaige Erwartungen, dass Gutglaubensschutz auch für diese materiellen Voraussetzungen des Vorsteuerabzugs zu gewähren ist, durchaus berechtigt erscheinen.

6. Lieferkettenfiktion nach § 3 Abs. 3a UStG

Einen weiteren Bereich im Umsatzsteuerrecht, bei welchem Gutglaubensschutz gewährt werden kann, stellt die recht neue Lieferkettenfiktion nach § 3 Abs. 3a UStG dar.

a) Zweck der Regelung

Diese Lieferkettenfiktion beruht unionsrechtlich auf Art. 14a MwStSystRL und soll dem Bestimmungslandprinzip sowie der „Notwendigkeit, die Steuereinnahmen der Mitgliedstaaten zu schützen, gleiche Ausgangsbedingungen für die betreffenden Unternehmen zu schaffen und deren Verwaltungsaufwand zu verringern“ Rechnung tragen.[139] Denn während der elektronische Geschäftsverkehr aufgrund der Globalisierung und durch den technischen Wandel – insbesondere im Bereich grenzüberschreitender Lieferungen – stetig wächst,[140] ist es dem Fiskus schwerlich bzw. kaum möglich, die Umsatzbesteuerung ausländischer Unternehmer wirksam zu überwachen, so dass hier einerseits massive Umsatzsteuerausfälle drohen und andererseits die inländischen Händler den damit einhergehenden „Preisvorteilen“ nicht standhalten

---

136 Z.B. BFH, Urteil v. 14.3.2012 – XI R 2/10, BStBl. II 2012, 653, Rz. 47; BFH, Urteil v. 30.6.2015 – VII R 30/14, BStBl. II 2022, 246, Rz. 21.

137 BFH, Urteil v. 19.11.2009 – V R 41/08, BFHE 227, 521, Rz. 19; BFH, Urteil v. 14.3.2012 – XI R 2/10, BStBl. II 2012, 653, Rz. 44; BFH, Urteil v. 30.6.2015 – VII R 30/14, BStBl. II 2022, 246, Rz. 22 ff.

138 EuGH, Urteil v. 18.5.2017 – C-624/15, *Litdana*, UR 2017, 552 ff.

139 Erwägungsgrund 6 der Richtlinie (EU) 2017/2455 des Rates v. 5.12.2017 zur Änderung der Richtlinie 2006/112/EG und der Richtlinie 2009/132/EG in Bezug auf bestimmte mehrwertsteuerliche Pflichten für die Erbringung von Dienstleistungen und für Fernverkäufe von Gegenständen, ABl. EU 2017 Nr. L 348/7.

140 So auch die Gesetzesbegründung zu § 3 Abs. 3a UStG, vgl. BT-Drs. 19/22850, S. 132.

können.[141] Um dem gegenzusteuern hat der Unionsgesetzgeber mit Wirkung vom 1.1.2021 Art. 14a in die MwStSystRL eingefügt,[142] der sodann vom deutschen Gesetzgeber durch das Jahressteuergesetz 2020[143] durch Einfügung des Abs. 3a in § 3 UStG mit Wirkung vom 1.7.2021 umgesetzt wurde. Demnach werden Unternehmer, die Lieferungen von Gegenständen durch die Nutzung einer elektronischen Schnittstelle, beispielsweise eines Marktplatzes oder einer Plattform,[144] unterstützen, so behandelt, als hätten sie selbst die Lieferungen erhalten und geliefert. Somit wird „eine Lieferung des liefernden Unternehmers an den Betreiber der elektronischen Schnittstelle sowie eine Lieferung des Betreibers an den Endkunden“ fingiert.[145]

b) Voraussetzungen und Rechtsfolgen

Eine solche Lieferkette wird nur unter gewissen Voraussetzungen fingiert. § 3 Abs. 3a UStG unterscheidet dabei – wie auch Art. 14a MwStSystRL – danach, ob der gelieferte Gegenstand aus einem Drittland eingeführt wird oder ob es sich um eine Lieferung innerhalb des Gemeinschaftsgebiets handelt.

Von der noch in Art. 14a Abs. 2 und 3 MwStSystRL-E[146] vorgesehenen erheblichen Ausweitung der Lieferkettenfiktion[147] wurde schlussendlich doch abgesehen. Stattdessen wird Art. 14a Abs. 2 MwStSystRL mit Wirkung vom 1.1.2027 lediglich dahingehend geändert, dass die Lieferkettenfiktion bei Lieferungen innerhalb der Europäischen Union unabhängig von der Unternehmereigenschaft des Endabnehmers greift.[148] Im Folgenden wird ausschließlich auf die aktuelle Gesetzeslage eingegangen.

---

141 *Nieskoven*, GStB 2022, 28.

142 Art. 2 Nr. 2 der Richtlinie (EU) 2017/2455 des Rates v. 5.12.2017 (s. Fn. 139).

143 BGBl. I 2020, 3096.

144 Eine elektronische Schnittstelle ist nach § 3 Abs. 3a Satz 3 UStG „ein elektronischer Marktplatz, eine elektronische Plattform, ein elektronisches Portal oder Ähnliches“.

145 BT-Drs. 19/22850, S. 132.

146 Vorschlag für eine Richtlinie des Rates zur Änderung der Richtlinie 2006/112/EG in Bezug auf die Mehrwertsteuervorschriften für das digitale Zeitalter, COM (2022) 701 final, S. 45 f.

147 Allgemein zu dieser geplanten Ausweitung s. *Oldiges*, DStR 2023, 874 ff. sowie *Pleuß/Zawodsky*, UR 2023, 505 ff.

148 Art. 2 Nr. 1 i.V.m. Art. 6 Abs. 2 der Richtlinie (EU) 2025/516 des Rates v. 11.3.2025 zur Änderung der Richtlinie 2006/112/EG in Bezug auf die Mehrwertsteuervorschriften für das digitale Zeitalter, ABl. EU Nr. L v. 25.3.2025.

aa) Lieferung innerhalb der Europäischen Union, § 3 Abs. 3a Satz 1 UStG

Sofern der Unternehmer mittels seiner Schnittstelle eine Lieferung unterstützt, deren Beförderung oder Versendung im Gemeinschaftsgebiet beginnt und endet,[149] hängt seine Einbeziehung in die fingierte Lieferkette von folgenden Voraussetzungen ab:

1) der „eigentliche Lieferant" ist ein nicht im Gemeinschaftsgebiet ansässiger Unternehmer und
2) der Empfänger des Gegenstands ist Nichtunternehmer im Sinne von § 3a Abs. 5 Satz 1 UStG.

bb) Lieferung aus einem Drittland, § 3 Abs. 3a Satz 2 UStG

Unterstützt der Unternehmer mittels seiner Schnittstelle hingegen den Fernverkauf eines aus dem Drittlandsgebiet eingeführten Gegenstands, wird er nur in die fingierte Lieferkette einbezogen, wenn

1) der Empfänger des Gegenstands Nichtunternehmer im Sinne von § 3a Abs. 5 Satz 1 UStG oder Erwerbsschwellenunternehmer im Sinne von § 1a Abs. 3 UStG[150] ist und
2) der Liefergegenstand einen Sachwert von maximal 150 € hat und kein neues Fahrzeug bzw. keine Montage- oder Installationslieferung ist.

cc) Rechtsfolgen

Liegen diese jeweiligen Voraussetzungen vor – wobei unerheblich ist, wo der schnittstellenbetreibende Unternehmer ansässig ist[151] –, werden zwei Lieferungen und damit ein Reihengeschäft fingiert.[152] Bei einem solchen ist die Beförderung oder Versendung des Gegenstands nach § 3 Abs. 6a

---

149 Unerheblich ist dabei, ob die Beförderung bzw. Versendung in einem anderen Mitgliedstaat als dem des Beginns endet oder ob der Transport zur Gänze innerhalb Deutschlands stattfindet, vgl. Abschn. 3.18 Abs. 2 Satz 1 UStAE.

150 Diese zusätzliche Möglichkeit wird in § 3 Abs. 3a Satz 5 UStG genannt.

151 *Heuermann*, in Sölch/Ringleb, UStG, § 3 Rz. 499e (März 2024); *Wäger*, in Wäger, UStG, 3. Aufl. 2024, § 3 Rz. 170.

152 *Höink/Huschens*, in Offerhaus/Söhn/Lange, UStG, § 3 Rz. 178 (Nov. 2022); *Nieskens*, in Rau/Dürrwächter, UStG, § 4 Nr. 4c Rz. 23 (Okt. 2021).

Satz 1 UStG nur einer der Lieferungen zuzuordnen („bewegte Lieferung"), während die andere als „ruhende Lieferung" bezeichnet wird. Für die Lieferkettenfiktion des § 3 Abs. 3a UStG legt dabei § 3 Abs. 6b UStG fest, dass die (fiktive) Lieferung des Schnittstellenbetreibers an den Endkunden als bewegte Lieferung zu behandeln ist, während die fiktive Lieferung an ihn als die „ruhende Lieferung" angesehen wird. Der Ort dieser „ruhenden Lieferung" richtet sich dabei nach § 3 Abs. 7 Satz 2 Nr. 1 UStG, liegt in den Fällen des § 3 Abs. 3a Satz 2 UStG im Drittland und bewirkt so, dass die fingierte Lieferung an den Schnittstellenbetreiber im Inland bereits nicht steuerbar ist. In den Fällen des § 3 Abs. 3a Satz 1 UStG hingegen ist die Lieferung zwar durchaus im Gemeinschaftsgebiet steuerbar, wird jedoch nach § 4 Nr. 4c UStG von der Umsatzsteuer befreit. Hierdurch wird verhindert, dass Schnittstellenbetreiber die an im Drittlandsgebiet ansässige Zulieferer entrichtete Umsatzsteuer abziehen können, während Letztere die erhaltene Mehrwertsteuer möglicherweise nicht abführen.[153] Der Ort der bewegten Lieferung hingegen richtet sich – je nach Fallgestaltung – nach § 3 Abs. 6 bzw. § 3c UStG[154] und befindet sich somit stets im Gemeinschaftsgebiet, wodurch der Schnittstellenbetreiber zum Steuerschuldner der für die Lieferung entstandenen Mehrwertsteuer wird.[155]

c) Gutglaubensschutz

Ersichtlich ist der Schnittstellenbetreiber somit sowohl für die Frage seiner Steuerschuldnerschaft als auch für die korrekte Ausführung seiner Steuerschuld – beispielsweise zur Benennung des korrekten Steuersatzes – auf die Angaben des Lieferanten und des Abnehmers angewiesen. Dies betrifft nicht nur deren „Steuerstatus"[156] (Unternehmer bzw. Nichtunternehmer), sondern auch das Gebiet des Beförderungs- bzw. Versendungsbeginns (Drittlandsgebiet

---

[153] Erwägungsgrund 2 der Richtlinie (EU) 2019/1995 des Rates v. 21.11.2019 zur Änderung der Richtlinie 2006/112/EG in Bezug auf Vorschriften für Fernverkäufe von Gegenständen und bestimmte inländische Lieferungen von Gegenständen, ABl. EU 2019 Nr. L 310/1.

[154] *Heuermann*, in Sölch/Ringleb, UStG, § 3 Rz. 499f, 499i (März 2024).

[155] BMF, Schreiben v. 1.4.2021 – III C 3 - S 7340/19/10003:022, BStBl. I 2021, 629; *Sterzinger*, UStB 2020, 288 (289).

[156] So die Bezeichnung von *Wäger*, UStB 2021, 76 (80); *Wäger*, in Wäger, UStG, 3. Aufl. 2024, § 3 Rz. 293.

oder Gemeinschaftsgebiet) und das Land des Beförderungs- bzw. Versendungsendes, sowie im Fall des § 3 Abs. 3a Satz 1 UStG den Ansässigkeitsort des liefernden Unternehmers. Nur wenn ihm all diese Angaben vorliegen, kann er einordnen, ob er überhaupt zum Steuerschuldner der Lieferung wurde und falls ja, unter welchen Bedingungen (beispielsweise Ort der Lieferung und Steuersatz). Andernfalls – liegt tatsächlich kein Fall des § 3 Abs. 3a UStG vor – stellt er womöglich eine Rechnung mit Umsatzsteuerausweis für eine von ihm tatsächlich nicht erbrachte Lieferung aus, für welche er sodann die Steuer nach § 14c Abs. 2 UStG schuldet[157] oder – im gegenteiligen Fall – er versäumt die Erklärung einer von ihm nach § 3 Abs. 3a UStG eigentlich geschuldeten Steuer.

In Anbetracht dieses Risikos verschaffen Art. 5c und Art. 5d MwStVO dem Schnittstellenbetreiber einen gewissen Schutz. So besagt Art. 5d MwStVO zunächst, dass der Schnittstellenbetreiber – sofern ihm keine gegenteiligen Angaben vorliegen – die Person, die die Gegenstände über seine elektronische Schnittstelle verkauft, als steuerpflichtig und jene Person, die diese Gegenstände kauft, als nicht steuerpflichtig betrachten darf. Darüber hinaus gewährt Art. 5c MwStVO Gutglaubensschutz, so dass der Schnittstellenbetreiber nicht mehr Mehrwertsteuer schuldet, als er erklärt und abgeführt hat, wenn die für seine Besteuerung erforderlichen Angaben des Lieferers oder des Abnehmers falsch waren und er nicht wusste und nach vernünftigem Ermessen nicht wissen konnte, dass diese Angaben nicht zutreffend waren. Wegen der Fiktion des Art. 5d MwStVO[158] wird diese Gutglaubensschutzregelung in erster Linie hinsichtlich der Ansässigkeit des Händlers sowie Transportbeginn und -ende in Betracht kommen[159] sowie dann, wenn Händler oder Empfänger hinsichtlich ihres Steuerstatus bzw. der unternehmerischen Verwendung tatsächlich falsche Angaben machen (beispielsweise Erwerb unter Angabe der Umsatzsteuer-Identifikationsnummer, aber tatsächliche Verwendung im nichtunternehmerischen Bereich).

Innerhalb welchen Verfahrens dieser Gutglaubensschutz zu gewähren ist – im Festsetzungsverfahren wie bei innergemeinschaftlichen Lieferungen

---

157 *Wäger*, in Wäger, UStG, 3. Aufl. 2024, § 3 Rz. 293.

158 *Joost/Oldenburg*, MwStR 2020, 773 (776).

159 So auch *Joost/Oldenburg*, MwStR 2020, 773 (774): Art. 5c MwStVO „erstreckt sich auf sämtliche für die Besteuerung erheblichen Merkmale (zB auch Steuersatz)".

oder im Billigkeitsverfahren wie im Übrigen – steht derzeit noch „in den Sternen“. Obwohl viel für die Verortung im Festsetzungsverfahren spricht[160] – insbesondere auch die Tatsache, dass der Gutglaubensschutz hier in Art. 5c MwStVO normiert und somit vergleichbar mit § 6a Abs. 4 UStG ist – bleibt die Reaktion von Rechtsprechung und Finanzverwaltung, die wohl eher zurückhaltend und restriktiv agieren wird, abzuwarten.

7. Ort der sonstigen Leistung

Während die Frage des Gutglaubensschutzes – und damit die Relevanz einer Wissenszurechnung – bislang ausschließlich für den Themenbereich der Lieferungen angesprochen wurde, sollte gleichwohl nicht vernachlässigt werden, dass sie auch im Rahmen sonstiger Leistungen im Sinne von § 3 Abs. 9 UStG zu beachten ist. Von Relevanz ist sie hier insbesondere für die Bestimmung des Leistungsorts bei sonstigen Leistungen an Unternehmer (B2B-Leistungen) nach § 3a Abs. 2 UStG sowie gewissen sonstigen Leistungen an im Drittlandsgebiet ansässige Nichtunternehmer nach § 3a Abs. 4 UStG. Aber auch im Rahmen anderer (vermeintlich) grenzüberschreitender sonstiger Leistungen, bei denen sich der Leistungsort nach dem Empfängerort bestimmt, wie beispielsweise bei § 3a Abs. 3 Nr. 2 Satz 3 UStG, kann Gutglaubensschutz relevant werden, wenn der Leistungsempfänger über den Empfängerort täuscht.

a) Verwirklichung des Bestimmungslandprinzips

Dass die Frage nach einem etwaigen Gutglaubensschutz bei sonstigen Leistungen bereits auf Ebene der „Steuerbarkeit“ – bei der Bestimmung des Leistungsorts – und nicht erst wie bei innergemeinschaftlicher Lieferung und Ausfuhrlieferung auf Ebene der „Steuerpflicht“ aufkeimt, ist dem Umstand geschuldet, dass die MwStSystRL für grenzüberschreitende Lieferungen und grenzüberschreitende sonstige Leistungen verschiedene Methoden zur Verwirklichung des Bestimmungslandprinzips vorsieht.[161] Denn während bei grenzüberschreitenden Lieferungen der Lieferort grundsätzlich im

[160] Gl.A. *Wäger*, in Wäger, UStG, 3. Aufl. 2024, § 3 Rz. 296; im Übrigen greifen die zur Verortung des Gutglaubensschutzes im Festsetzungsverfahren in anderen Bereichen des Umsatzsteuerrechts getätigten Argumente auch hier, s. z.B. *Drüen*, DB 2010, 1847 (1849 f.); *Lange*, UR 2020, 595 (598 ff.).

[161] *Hassa*, UR 2015, 809 (811 f.); *Lohse/Spilker/Zitzl*, UR 2010, 633 f.

Ursprungsland verbleibt – die Lieferung dort somit noch steuerbar ist – und der Umsatz im Ursprungsland lediglich steuerfrei gestellt wird, entfällt bei grenzüberschreitenden sonstigen B2B-Leistungen bereits die Steuerbarkeit im Ursprungsland.

b) Abhängigkeit des Leistungsorts unter anderem von der Unternehmereigenschaft

Maßgeblich für die Frage der Steuerbarkeit ist somit (auch) der Leistungsort, welcher wiederum von verschiedenen Faktoren, wie der Art der sonstigen Leistung, insbesondere aber auch der Unternehmereigenschaft des Leistungsempfängers abhängt. So stellt § 3a Abs. 2 Satz 1 UStG ausdrücklich klar, dass eine sonstige Leistung, die an einen Unternehmer für dessen Unternehmen ausgeführt wird – vorbehaltlich der § 3a Abs. 3–8 und §§ 3b, 3e UStG – an dem Ort ausgeführt wird, von dem aus der Empfänger sein Unternehmen betreibt. Entsprechendes gilt nach § 3a Abs. 2 Satz 3 UStG bei einer sonstigen Leistung an eine ausschließlich nicht unternehmerisch tätige juristische Person, der eine Umsatzsteuer-Identifikationsnummer erteilt worden ist sowie bei einer sonstigen Leistung an eine juristische Person, die sowohl unternehmerisch als auch nicht unternehmerisch tätig ist. Liegt dagegen eine sonstige Leistung im Sinne von § 3a Abs. 4 Satz 2 UStG vor, hängt der Ort der Leistung nach § 3a Abs. 4 Satz 1 UStG nicht nur von der (fehlenden) Unternehmereigenschaft des Leistungsempfängers ab, sondern darüber hinaus auch von der Frage, ob er seinen Wohnsitz bzw. Sitz im Drittlandsgebiet hat.

c) Gutglaubensschutz

Ersichtlich hängt somit die Frage des Leistungsorts – und damit der Steuerbarkeit – der (grenzüberschreitenden) sonstigen Leistungen nach § 3a Abs. 2 und 4 UStG von Angaben ab, hinsichtlich deren Richtigkeit der Leistende der Aussage seines Leistungsempfängers in gewissem Maße vertrauen muss. Dies gilt sowohl für die Unternehmereigenschaft und die unternehmerische Verwendung im Rahmen von § 3a Abs. 2 UStG als auch für die Drittlandsansässigkeit im Rahmen von § 3a Abs. 4 UStG, die über die Frage entscheiden, ob der Leistungsort am Sitz des Empfängers oder des leistenden Unternehmers liegt. Doch selbst in Fällen, in denen die Unternehmereigenschaft für die Bestimmung des Leistungsortes nachrangig ist, weil in beiden Fällen das

Empfängerortprinzip greift, wie beispielsweise bei § 3a Abs. 4 UStG,[162] § 3a Abs. 5 UStG[163] oder § 3a Abs. 3 Nr. 2 Satz 3 UStG,[164] kann eine Falschangabe über den Empfänger- und damit Leistungsort zu einer Fehleinschätzung des leistenden Unternehmers hinsichtlich der Steuerbarkeit seiner Leistung im Inland führen. Insoweit besteht eine gewisse Parallelität zu innergemeinschaftlicher Lieferung und Ausfuhrlieferung.

aa) Vermutungsregelungen zum Steuerstatus nach Art. 18, 19 MwStVO

Dieser für den Unternehmer unbefriedigende Zustand ist insbesondere vor dem Hintergrund, dass der Unternehmer auch hier lediglich als Steuereinsammler für den Fiskus agiert, gleichwohl aber das volle Risiko hinsichtlich etwaiger Falschangaben seines Leistungsempfängers trägt, wie es auch beim Lieferanten der Fall ist, nicht haltbar.[165] Zwar enthält auch § 3a UStG keine dem § 6a Abs. 4 UStG entsprechende Vorschrift. Der Unionsgesetzgeber hat jedoch erkannt, dass dem Unternehmer dieses Risiko nicht alleine aufgebürdet werden darf und daher in den Art. 18 ff. MwStVO einige Gutglaubensschutzvorschriften[166] in Form von Vermutungsregelungen erlassen. Hier sei zunächst und insbesondere Art. 18 Abs. 1 Buchst. a MwStVO genannt, wonach der Unternehmer – sofern ihm keine gegenteiligen Informationen vorliegen – davon ausgehen darf, dass ein in der Gemeinschaft ansässiger Dienstleistungsempfänger den Status eines Steuerpflichtigen, also die Unternehmereigenschaft, hat, wenn dieser dem Unternehmer seine individuelle

---

162 Ist der Empfänger entgegen seinen Angaben doch ein Unternehmer mit unternehmerischem Leistungsbezug, richtet sich der Leistungsort nach § 3a Abs. 2 UStG und es greift wiederum das Empfängerortprinzip, vgl. *Heinrichshofen*, in Wäger, UStG, 3. Aufl. 2024, § 3a Rz. 221.

163 Auch hier führt ein tatsächlicher unternehmerischer Leistungsbezug zur Ortsbestimmung nach § 3a Abs. 2 UStG, vgl. *Heinrichshofen*, in Wäger, UStG, 3. Aufl. 2024, § 3a Rz. 267, 275.

164 Die Ortsbestimmung nach § 3a Abs. 2 UStG für den tatsächlich unternehmerischen Leistungsbezug gilt auch in diesem Fall, vgl. *Heinrichshofen*, in Wäger, UStG, 3. Aufl. 2024, § 3a Rz. 137.

165 Gl.A. *Günther*, Vertrauensschutz bei Angaben Dritter im Umsatzsteuerrecht, 2013, S. 77 ff.; *Hassa*, UR 2015, 809 ff.; *Heinrichshofen*, in Wäger, UStG, 3. Aufl. 2024, § 3a Rz. 25 f.; *Stadie*, in Rau/Dürrwächter, UStG, § 3a Rz. 114 ff. (Okt. 2024).

166 U.a. auch *Hassa*, UR 2015, 809 (810, 813 ff.) und *Heinrichshofen*, in Wäger, UStG, 3. Aufl. 2024, § 3a Rz. 25 f. gehen davon aus, dass es sich hierbei um „Vertrauensschutzregelungen“ handelt.

Mehrwertsteuer-Identifikationsnummer mitgeteilt hat und der Unternehmer erfolgreich eine qualifizierte Bestätigungsabfrage nach § 18e Nr. 1 UStG vorgenommen hat. Wird ihm von seinem Leistungsempfänger dagegen keine individuelle Mehrwertsteuer-Identifikationsnummer mitgeteilt, darf der Unternehmer nach Art. 18 Abs. 2 UAbs. 1 MwStVO davon ausgehen, dass ein innerhalb der Gemeinschaft ansässiger Leistungsempfänger den Status eines Nichtunternehmers hat. Ist der Dienstleistungsempfänger außerhalb der Gemeinschaft ansässig, so genügt für die Vermutung des Status eines Unternehmers nach Art. 18 Abs. 3 MwStVO beispielsweise eine dem Leistungsempfänger von den zuständigen Steuerbehörden ausgestellte Bescheinigung, wonach dieser eine wirtschaftliche Tätigkeit ausübt. Im Zusammenhang mit der Vermutungsregelung des Art. 18 MwStVO ist zudem Art. 19 Abs. 2 MwStVO zu beachten, wonach der Unternehmer – sofern ihm keine gegenteiligen Informationen, wie beispielsweise die Art der erbrachten Leistung, vorliegen – davon ausgehen darf, dass die Leistung auch unternehmerisch verwendet wird, wenn der Dienstleistungsempfänger ihm seine individuelle Mehrwertsteuer-Identifikationsnummer mitgeteilt hat. Diese Vermutungsregelungen hat auch die Finanzverwaltung in Abschn. 3a.2 Abs. 9, 11 UStAE aufgenommen.

bb) Vermutungsregelungen zum Ort des Leistungsempfängers nach Art. 20 ff. MwStVO

Problematischer stellt sich die Lage hinsichtlich der Bestimmung des Ortes des Leistungsempfängers dar. Hier unterscheidet die MwStVO in Art. 20 ff. danach, ob der Leistungsempfänger in nur einem oder in mehreren Ländern ansässig ist. Angesichts der umfassenden Prüf- und Nachweispflichten, die dem Unternehmer hinsichtlich des Leistungsorts zukommen,[167] erscheint es nur angebracht, dass Art. 22 Abs. 1 UAbs. 3 MwStVO immerhin für letztere Fälle eine Gutglaubensschutz- bzw. Vermutungsregelung dahingehend vorsieht, dass der Unternehmer berechtigterweise davon ausgehen darf, dass die Leistungen am Sitzort des Leistungsempfängers erbracht wurden, wenn der Unternehmer die feste Niederlassung des Leistungsempfängers, an die die sonstige Leistung erbracht wurde, nicht sicher bestimmen kann oder wenn mehrere sonstige Leistungen auf nicht feststell- oder quantifizierbare Weise

---

[167] *Nieskens*, DB 2011, 1470 (1473).

an verschiedenen festen Niederlassungen genutzt werden. Mithin wird der Unternehmer geschützt, „wenn der Sitzort in einem anderen Mitgliedstaat liegt und die Dienstleistung in nicht erkennbarer Weise für eine inländische feste Niederlassung des Dienstleistungsempfängers erbracht wurde".[168] Zudem gewähren Art. 24a bis 24c MwStVO zumindest für sogenannte „TRFE-Leistungen"[169] im Sinne von § 3a Abs. 5 UStG sowie für die langfristige Vermietung von Beförderungsmitteln im Sinne von § 3a Abs. 3 Nr. 2 Satz 3 UStG Vermutungsregelungen bezüglich des Empfängerortes, die der Fiskus jedoch nach Art. 24d Abs. 2 MwStVO bei Hinweisen auf falsche Anwendung oder Missbrauch durch den Leistungserbringer widerlegen kann. Im Übrigen gewährt die MwStVO für die Fälle, dass der Leistungsempfänger in nur einem Land ansässig ist, jedoch keinerlei Gutglaubensschutzregelungen.[170] Auch der EuGH hat sich hierzu bislang nicht geäußert. Da die Rechtsprechung des EuGH zum Gutglaubensschutz – wie das Urteil *Litdana*[171] zeigt – wohl noch keinen Abschluss gefunden hat und Gutglaubensschutz auch ohne gesetzliche Normierung bereits als Grundsatz des primären Unionsrechts[172] zwingend zu beachten ist sowie der Tatsache, dass die „Wirkungen" für Leistenden und Leistungsempfänger bei grenzüberschreitenden Lieferungen und sonstigen Leistungen faktisch dieselben sind,[173] sollte Gutglaubensschutz – und damit

---

168 *Hassa*, UR 2015, 809 (817).

169 Gängige Abkürzung für die sonstigen Leistungen auf dem Gebiet der Telekommunikation, Rundfunk- und Fernsehdienstleistungen sowie die auf elektronischem Weg erbrachten sonstigen Leistungen, vgl. z.B. *Heinrichshofen*, in Wäger, UStG, 3. Aufl. 2024, § 3a Rz. 267 ff.; *Sterzinger*, UStB 2020, 288 (290 ff.).

170 *Hassa*, UR 2015, 809 (818).

171 EuGH, Urteil v. 18.5.2017 – C-624/15, *Litdana*, UR 2017, 552 ff.

172 *Drüen*, DB 2010, 1847 (1848); *Hassa*, UR 2015, 809 (810 f.); *Stapperfend*, UR 2013, 321 (324); a.A. *Stadie*, in Rau/Dürrwächter, UStG, § 3a Rz. 116 (Okt. 2024), wonach sich Gutglaubensschutz bereits nach Maßgabe des Verfassungsrechts ergebe. Ähnlich *Dietlein/Drüen*, Grundlagen und Reichweite des Vertrauensschutzes bei Ausfuhrlieferungen im nichtkommerziellen Reiseverkehr, 2010, S. 23 ff., 92, wonach dogmatische Basis des Gutglaubensschutzes zwar das „primäre Gemeinschaftsrecht" sei, „parallele Anforderungen [aber] auch dem nationalen Verfassungsrecht zu entnehmen sind".

173 Dies gibt auch *Neeser*, JbFSt 2023, S. 736 (737 f.) zu bedenken: „In beiden Fällen ist der Umsatz für den Leistenden nicht zu besteuern; es wird eine Nettorechnung ausgestellt. – In beiden Fällen schuldet der Leistungsempfänger die Steuer im

ein weiterer potentieller Anwendungsbereich der Wissenszurechnung – aber auch in diesen Fällen in Betracht kommen.

8. Reverse-Charge-Verfahren

Einen für den Gutglaubensschutz – und damit die Frage einer Zurechnung von Wissen – schließlich auch in Betracht kommenden Bereich stellt die Steuerschuldumkehr bzw. das sogenannte Reverse-Charge-Verfahren nach § 13b UStG dar, das unter anderem auch im Zusammenhang mit der bereits beschriebenen Leistungsortbestimmung nach § 3a Abs. 2 UStG steht.

a) Historie und Zweck

§ 13b UStG fand mit Wirkung vom 1.1.2002 durch das sogenannte StÄndG 2001[174] Einzug in das UStG und löste das bis dahin geltende Abzugsverfahren für Werklieferungen und sonstige Leistungen eines im Ausland ansässigen Unternehmers nach § 18 Abs. 8 UStG a.F., §§ 51–58 UStDV a.F. ab. Letzteres begegnete vor allem gemeinschaftsrechtlichen Bedenken. Die neue Umkehr der Steuerschuldnerschaft sollte die Vorteile des Abzugsverfahrens fortführen, dass sich im Ausland ansässige Unternehmer in den genannten Fällen nicht im Inland für Umsatzsteuerzwecke erfassen lassen müssen. In erster Linie sollte das UStG aber der – damals noch geltenden – 6. EG-Richtlinie angepasst werden und so die Vereinheitlichung innerhalb der Europäischen Gemeinschaft vorantreiben.[175] Insbesondere wird § 13b UStG auch vor dem Hintergrund gesehen, dass durch das Zusammentreffen von Steuerschuldner und Vorsteuerabzugsberechtigtem in „ein und derselben Person" Umsatzsteuerausfälle verhindert werden können.[176] Das Reverse-Charge-Verfahren wird so als Maßnahme zur Bekämpfung des Mehrwertsteuerbetrugs betrachtet wie auch als Mittel zur Verhinderung von Steuerausfällen aufgrund zahlungsunfähiger Unternehmer bei gleichzeitiger Unmöglichkeit der Rückgängigmachung des Vorsteuerabzugs.[177] Die Bedeutung der Regelung als Mittel zur

---

Bestimmungsland. – In beiden Fällen muss der Leistende den Umsatz in der ZM melden".

174 Gesetz zur Änderung steuerlicher Vorschriften (Steueränderungsgesetz 2001 – StÄndG 2001) v. 20.12.2001, BGBl. I 2001, 3794.

175 S. zu allem BT-Drs. 14/6877, S. 34 ff.

176 *Kokott*, Das Steuerrecht der Europäischen Union, 2018, § 8 Rz. 83.

177 *Vellen*, EU-UStB 2017, 41 (44).

Betrugsbekämpfung kommt unter anderem durch die stetige Ausweitung der Regelungskomplexe, die der Steuerschuldumkehr unterliegen, zum Ausdruck. So haben sich die Anwendungsfälle von zu Beginn noch lediglich drei – damals noch in § 13b Abs. 1 UStG enthaltenen – Nummern auf mittlerweile zwölf in § 13b Abs. 2 UStG aufgeführten Nummern ausgeweitet. Daneben zeigt auch die Einführung des sogenannten Schnellreaktionsmechanismus in § 13b Abs. 10 UStG mit Wirkung zum 1.1.2015,[178] dass die Umkehr der Steuerschuldnerschaft heute in erster Linie als Mittel zur Betrugsbekämpfung fungiert.

Vor diesem Hintergrund muss auch die für jene Mitgliedstaaten, die vom Mehrwertsteuerbetrug besonders betroffen sind, in Art. 199c MwStSystRL geschaffene Möglichkeit gesehen werden, zeitweise eine generelle Umkehr der Steuerschuldnerschaft anzuwenden. Diese war jedoch bis 30.6.2022 befristet und wurde – soweit ersichtlich und womöglich auch aufgrund der in Art. 199c MwStSystRL genannten umfassenden Anforderungen – lediglich von einem Mitgliedstaat, der Tschechischen Republik,[179] genutzt.

b) Voraussetzungen

Nur wenn die in § 13b Abs. 5 i.V.m. Abs. 1, 2 UStG genannten Voraussetzungen vorliegen, geht die Steuerschuld vom leistenden Unternehmer auf den Leistungsempfänger über. Diese Voraussetzungen hängen maßgeblich von den in § 13b Abs. 1 und 2 UStG aufgeführten Umsatzarten ab. So genügt für eine Umkehr der Steuerschuldnerschaft teils bereits die bloße Unternehmereigenschaft, wie beispielsweise im Rahmen von § 13b Abs. 2 Nr. 3 UStG, während für andere in § 13b Abs. 2 UStG aufgeführte Tatbestände weitere Voraussetzungen, wie z.B. das nachhaltige Erbringen entsprechender Leistungen durch den Abnehmer, verlangt werden. Daneben existieren Tatbestände, die zusätzlich Anforderungen an den leistenden Unternehmer stellen, wie z.B. eine bestimmte Ansässigkeit. Im Unterschied zu anderen Normen ist für das Reverse-Charge-Verfahren – mit Ausnahme der in § 13b Abs. 5 Satz 11 UStG genannten Fälle – jedoch nicht maßgeblich, ob die Leistung für

---

178 Eingefügt durch Art. 9 Nr. 3, Art. 16 Abs. 3 des Gesetzes zur Anpassung der Abgabenordnung an den Zollkodex der Union und zur Änderung weiterer steuerlicher Vorschriften v. 22.12.2014, BGBl. I 2014, 2417.

179 *Langer*, in Reiß/Kraeusel/Langer, UStG, Art. 192a–205 MwStSystRL Rz. 49.13 (Dez. 2022).

den unternehmerischen oder den nichtunternehmerischen Bereich bezogen wurde, wie § 13b Abs. 5 Satz 7 UStG ausdrücklich klarstellt.

c) Angewiesenheit des Leistungserbringers auf Angaben des Leistungsempfängers

Liegen die Voraussetzungen für den Übergang der Steuerschuldnerschaft auf den Leistungsempfänger vor, hat der leistende Unternehmer nach § 14a Abs. 5 UStG eine Rechnung ohne Umsatzsteuerausweis, jedoch mit dem Hinweis auf die „Steuerschuldnerschaft des Leistungsempfängers" auszustellen. Dies ist ihm jedoch nur möglich, wenn er um alle notwendigen Voraussetzungen weiß, wobei er wiederum auf die Angaben seines Abnehmers angewiesen ist. Dies betrifft in erster Linie die Unternehmereigenschaft des Leistungsempfängers, beispielsweise aber auch die Eigenschaft des Leistungsempfängers als Wiederverkäufer im Sinne von § 3g UStG in den Fällen des § 13b Abs. 2 Nr. 5 Buchst. b) UStG oder dessen nachhaltiges Erbringen entsprechender Leistungen in den Fällen des § 13b Abs. 2 Nr. 4 Satz 1 und Nr. 8 Satz 1 UStG.

Täuscht der Leistungsempfänger den Leistenden über das Vorliegen der notwendigen Voraussetzungen – beispielsweise weil er tatsächlich gar kein Unternehmer ist und sich so die Umsatzsteuer zu sparen gedenkt –, schuldet der Unternehmer dem Fiskus gleichwohl nach § 13 Abs. 1 Nr. 1 i.V.m. § 1 Abs. 1 Nr. 1 UStG eine Steuer, die er von seinem Vertragspartner nicht verlangt hat.

d) Angewiesenheit des Leistungsempfängers auf Angaben des Leistenden

Doch nicht nur für den Leistenden birgt die Möglichkeit der Steuerschuldumkehr ein gewisses Risiko. Denn je nach Angabe durch den Leistenden, ob eine Verlagerung der Steuerschuld auf den Leistungsempfänger vorliege oder nicht, zahlt der Leistungsempfänger Umsatzsteuer entweder an seinen Vertragspartner oder an den Fiskus, wobei ihm gegebenenfalls kein korrespondierender Vorsteuerabzug zusteht. Derlei Fälle sind insbesondere denkbar, wenn das Umsatzsteuergesetz die Steuerschuldumkehr von der Ansässigkeit des leistenden Unternehmers im Ausland bzw. im übrigen Gemeinschaftsgebiet – beispielsweise nach § 13b Abs. 2 Nr. 1 bzw. Abs. 1 UStG – oder nach § 13b Abs. 2 Nr. 5 Buchst. b), Abs. 5 Satz 4 UStG von dessen Eigenschaft als Wiederverkäufer von Elektrizität im Sinne von § 3g UStG abhängig macht, weil der Leistungsempfänger insoweit in gewissem Maße auf die Angaben seines Vertragspartners vertrauen muss.

e) Gutglaubensschutz

Bei der Frage, ob auch hinsichtlich der Umkehr der Steuerschuld Gutglaubensschutz in Betracht kommt, sollten verschiedene Szenarien differenziert betrachtet werden.

aa) Gutglaubensschutz für den Leistungsempfänger

Zum einen stellt sich die Frage des Gutglaubensschutzes für den Leistungsempfänger, wenn der Leistende über relevante Voraussetzungen täuscht. Hier wiederum sind zwei Möglichkeiten zu betrachten:

Behauptet der Leistende, dass die Voraussetzungen des § 13b UStG nicht vorliegen – obwohl sie tatsächlich erfüllt sind –, stellt sich die Frage des Gutglaubensschutzes für das Reverse-Charge-Verfahren meines Erachtens nicht direkt. In einem solchen Fall zahlt der Leistungsempfänger zwei Mal Umsatzsteuer: ein Mal fälschlicherweise an den Leistenden sowie – nach Aufklärung der tatsächlichen Rechtslage – ein Mal an den Fiskus. Für letztere steht ihm jedoch der Vorsteuerabzug nach § 15 Abs. 1 Satz 1 Nr. 4 UStG zu, so dass allein die Frage der Möglichkeit des Vorsteuerabzugs nach § 15 Abs. 1 Satz 1 Nr. 1 UStG aufgrund der fälschlicherweise an den Leistenden gezahlten Umsatzsteuer nach Gutglaubensgrundsätzen im Raum steht.[180]

Geht der Leistungsempfänger aufgrund der falschen Angaben des Leistenden von seiner eigenen Steuerschuld nach § 13b Abs. 5 UStG aus und

[180] S. hierzu bereits A. II. 5. c). Ein sog. *Reemtsma*-Erstattungsanspruch kommt m.E. dagegen nicht in Betracht, weil die Entscheidung des EuGH hierbei – wie auch in den Folgeurteilen *Farkas, PORR* und *HUMDA* – stets auf der Grundlage getroffen wurde, dass der Leistende die erhaltene Umsatzsteuer tatsächlich abgeführt hat, vgl. EuGH, Urteil v. 15.3.2007 – C-35/05, *Reemtsma Cigarettenfabriken*, UR 2007, 343 ff.; EuGH, Urteil v. 26.4.2017 – C-564/15, *Farkas*, UR 2017, 438 ff.; EuGH, Urteil v. 11.4.2019 – C-691/17, *PORR Építési Kft.*, DStR 2019, 924 ff.; EuGH, Urteil v. 13.10.2022 – C-397/21, *HUMDA*, UR 2023, 290, Rz. 10 f. In Fällen, in welchen der Leistende über notwendige Voraussetzungen täuscht, kann dagegen nicht davon ausgegangen werden, dass er die erhaltene Umsatzsteuer abführen wird.

entrichtet die Umsatzsteuer folglich an den Fiskus, ist diese Steuer jedoch ohne Rechtsgrund bezahlt und der Leistungsempfänger hat einen Anspruch auf Erstattung der gezahlten Steuer nach § 37 Abs. 2 AO.[181] Eines Gutglaubensschutzes bedarf es in diesem Fall nicht.[182]

bb) Gutglaubensschutz für den Leistenden

Das Bedürfnis eines Gutglaubensschutzes dürfte daher allein in jenen Fällen bestehen, in welchen der Leistungsempfänger den Leistenden über das Vorliegen seiner – für die Anwendbarkeit der Steuerschuldumkehr vorausgesetzten – Eigenschaften, beispielsweise als Unternehmer, täuscht.[183] Dies würde bewirken, dass – obwohl die Voraussetzungen des § 13b Abs. 5 i.V.m. Abs. 1, 2 UStG objektiv nicht vorliegen – die Steuerschuld gleichwohl auf den Leistungsempfänger übergeht, wenn die Beurteilung der Steuerschuldnerschaft auf unrichtigen Angaben des Abnehmers beruht und der Leistende die Unrichtigkeit dieser Angaben auch bei Beachtung der Sorgfalt eines ordentlichen Kaufmanns nicht erkennen konnte.

Insoweit besteht bislang die Problematik, dass weder § 13b UStG selbst einen Schutz des guten Glaubens vorsieht noch der EuGH entsprechend geurteilt hat. Daher wird sowohl seitens der Rechtsprechung[184] als auch von Teilen der Literatur[185] die Auffassung vertreten, dass der Schutz des guten Glaubens im Reverse-Charge-Verfahren nicht greife.

Vergleicht man jedoch die Problematik des Reverse-Charge-Verfahrens mit jenen Themengebieten, in welchen der EuGH die Anwendbarkeit des Grundsatzes des Gutglaubensschutzes bereits bejaht hat, fällt auf, dass die dort

---

181 Gl.A. *von Sanden*, Der Vertrauensschutz des gutgläubigen Unternehmers im harmonisierten Umsatzsteuerrecht, 2021, S. 176. In diesem Sinne auch BFH, Urteil v. 27.7.2021 – V R 3/20, BStBl. II 2022, 155 (156 f.).

182 A.A. *Stadie*, UStG, 3. Aufl. 2015, § 13b Rz. 125.

183 Genau für jene Fälle wurde schon bei Einführung des Reverse-Charge-Verfahrens die Aufnahme einer Gutglaubensschutzregelung diskutiert, vgl. *Kraeusel*, in Festschrift Reiß, 2008, S. 297 (313).

184 FG München, Beschluss v. 19.1.2010 – 14 V 2377/09, DStRE 2010, 1009.

185 *Heuermann*, in Sölch/Ringleb, UStG, § 13b Rz. 77 (Juni 2024); *von Sanden*, Der Vertrauensschutz des gutgläubigen Unternehmers im harmonisierten Umsatzsteuerrecht, 2021, S. 175 ff., der jedoch auf diesen m.E. einzig relevanten Fall des Gutglaubensschutzes nicht eingeht.

angeführten Argumente – wie eine angemessene Risikoverteilung zwischen Unternehmer und Fiskus oder die Wahrung des Neutralitätsprinzips – hier gleichermaßen greifen.

cc) Kein Ausschluss des Gutglaubensschutzes durch § 13b Abs. 5 Sätze 7, 8 UStG

Auch lassen weder § 13b Abs. 5 Satz 7 noch Satz 8 UStG eine andere Beurteilung zu. Zwar könnte § 13b Abs. 5 Satz 7 UStG auf den ersten Blick als eine Art „weiche" Gutglaubensvorschrift verstanden werden, als sie dem leistenden Unternehmer Rechtsschutz insofern gewährt, als dass sie erkennt, dass für den leistenden Unternehmer häufig nicht zweifelsfrei feststellbar ist, ob der Leistungsempfänger die Leistung tatsächlich für sein Unternehmen bezieht oder eben nicht.[186] Daraus kann jedoch nicht gefolgert werden, dass für die Umkehr der Steuerschuld ansonsten keinerlei Gutglaubensschutz in Betracht käme. Denn zum einen beruht § 13b Abs. 5 UStG inhaltlich auf der bis 2001 geltenden „Vorgänger"-Regelung zum Abzugsverfahren nach § 51 Abs. 2 Satz 1 UStDV a.F.[187] Schon sie stellte lediglich darauf ab, dass der „Leistungsempfänger [...] nur dann zur Einbehaltung und Abführung der Steuer verpflichtet [ist], wenn er ein Unternehmer oder eine juristische Person des öffentlichen Rechts ist." Durch den neu eingefügten Satz zur Unerheblichkeit des nichtunternehmerischen Bezugs – bei dessen Einführung im Jahr 2001 noch in § 13b Abs. 2 Satz 2 UStG – sollte also wohl lediglich ausdrücklich klargestellt werden, dass ausschließlich Privatpersonen von der Steuerschuldnerschaft ausgeschlossen sein sollten.[188] Etwaige Erwägungen zum Gutglaubensschutz lässt die Historie der Norm damit nicht erkennen. Zum anderen ist zu berücksichtigen, dass die Vorschrift rein objektiv wirkt. Sie stellt weder auf die Kenntnis noch auf die fahrlässige Unkenntnis der nichtunternehmerischen Nutzung ab. Da die Steuerschuldumkehr somit auch dann eingreift, wenn der Leistende von der nichtunternehmerischen Nutzung der Leistung durch den Empfänger Kenntnis hat, fehlt der Vorschrift jeglicher Bezugspunkt, eine Gut*glaubens*vorschrift zu sein. Entsprechend

---

186 BT-Drs. 18/6094, S. 90.

187 BT-Drs. 14/6877, S. 36.

188 BT-Drs. 14/6877, S. 36.

vermag sie auch nicht, die Möglichkeit des Schutzes von gutem Glauben im Reverse-Charge-Verfahren abschließend zu umfassen.

Korrespondierendes muss für § 13b Abs. 5 Satz 8 UStG gelten. Die Vorschrift regelt lediglich die Fälle, bei denen beide Vertragspartner übereinstimmend die Umkehr der Steuerschuldnerschaft aufgrund fehlerhafter Einschätzung der Art der Umsätze für anwendbar erachtet haben.[189] Damit einher geht jedoch keine Aussage über etwaige Gutglaubensschutz-Erwägungen. Die Vorschrift fand vielmehr Einzug aufgrund einer vorangehenden entsprechenden Nichtbeanstandungsregelung der Finanzverwaltung,[190] so dass insoweit kein Umkehrschluss im Hinblick auf Fehleinschätzungen nur einer Partei möglich ist. Entsprechende Erwägungen lässt auch die Gesetzesbegründung nicht zu. Dies gilt insbesondere im Hinblick auf den letzten Satz der Begründung, wonach die „vom Bundesrat gewünschte weitergehende Regelung, nach der es in allen Fällen bei der von den Beteiligten angewandten Steuerschuldnerschaft des Leistungsempfängers bleibt, auch wenn die Voraussetzungen gar nicht vorlagen, [...] nicht übernommen" wird. Die diesbezüglichen Bedenken bestanden nämlich darin, dass es sodann „in der Disposition von leistendem Unternehmer und Leistungsempfänger liegt, wer Steuerschuldner sein soll".[191] Eine solche Disposition beider Vertragspartner bestünde im Falle der Täuschung durch den Leistungsempfänger und der Gutgläubigkeit des Leistenden jedoch gerade nicht.

f) Zwischenergebnis

Wenngleich seine Anwendung im Moment noch „in den Sternen stehen" mag und in der Praxis wohl schlussendlich bis zum EuGH getragen werden müsste, so erscheint im Reverse-Charge-Verfahren ein Schutz des guten Glaubens des Leistenden durchaus angebracht,[192] jedenfalls denkbar und somit als für eine mögliche Zurechnung von Wissen durchaus relevante Materie.

---

189 *Heuermann*, in Sölch/Ringleb, UStG, § 13b Rz. 94 f. (Juni 2024).

190 BT-Drs. 18/1995, S. 114; *Brandl*, in Bunjes, UStG, 24. Aufl. 2025, § 13b Rz. 159.

191 Beide Zitate aus BT-Drs. 18/1995, S. 115.

192 So auch *Günther*, Vertrauensschutz bei Angaben Dritter im Umsatzsteuerrecht, 2013, S. 137 ff.

III. § 25f UStG und die Missbrauchsrechtsprechung des EuGH

Als „Kehrseite"[193] des soeben dargestellten Gutglaubensschutzes und damit bisweilen auch in „einem Atemzug" genannt,[194] stellt die Versagung von Rechten aufgrund Bösgläubigkeit einen weiteren gewichtigen Anwendungsbereich der Wissenszurechnung dar. Während durch die Möglichkeit eines Gutglaubensschutzes objektiv eigentlich nicht vorliegende Voraussetzungen fingiert oder „überwunden" werden können, bewirkt die Bösgläubigkeit spiegelbildlich hierzu, dass – obgleich objektiv alle Tatbestandsvoraussetzungen erfüllt sind – das jeweilige Recht dennoch zu versagen ist. Hierdurch wird die Gutgläubigkeit – bzw. das „Fehlen von Bösgläubigkeit" – zum weiteren, zusätzlichen materiellen Tatbestandsmerkmal[195] gewisser umsatzsteuerlicher Rechte.

1. Die Missbrauchsrechtsprechung des EuGH

Diese Rechteversagung wegen Bösgläubigkeit hat ihre Wurzeln in der sogenannten „Missbrauchsrechtsprechung"[196] des EuGH. So hat der EuGH schon früh[197] – und seither unentwegt wiederholend[198] – klargestellt, dass eine

---

193 *Lange*, UR 2020, 595 (599).

194 Z.B. BFH, Beschluss v. 6.11.2008 – V B 126/07, BFH/NV 2009, 234 f.; BFH, Beschluss v. 19.12.2014 – XI B 12/14, BFH/NV 2015, 534 ff.; *Mann*, UStB 2011, 216 ff.; *Wäger*, in Festschrift für den BFH, 2018, S. 1591 ff.

195 EuGH, Urteil v. 24.11.2022 – C-596/21, *Finanzamt M*, UR 2022, 942, Rz. 38; *Jansen*, UStB 2023, 55 (57, 59); *Pflaum*, in Wäger, UStG, 3. Aufl. 2024, § 25f Rz. 5.1. Gleichwohl – so die Betonung des EuGH (vgl. z.B. EuGH, Urteil v. 28.7.2016 – C-332/15, *Astone*, UR 2016, 683, Rz. 52; EuGH, Urteil v. 18.5.2017 – C-624/15, *Litdana*, UR 2017, 552, Rz. 48) und dementsprechend auch des BFH (z.B. BFH, Urteil v. 11.3.2020 – XI R 38/18, BFHE 268, 376, Rz. 49; BFH, Beschluss v. 20.10.2021 – XI R 19/20, UR 2022, 420, Rz. 36) – obliegt es den Steuerbehörden, diese Bösgläubigkeit des Steuerpflichtigen nachzuweisen.

196 Vgl. z.B. BFH, Urteil v. 11.3.2020 – XI R 38/18, BFHE 268, 376, Rz. 49; BMF, Schreiben v. 25.6.2020 – III C 3 - S 7134/19/10003:001, BStBl. I 2020, 582; *Höink/Lüger*, MwStR 2020, 913 ff.; *Kemper*, UR 2017, 449 ff.; *Nieskens*, in Rau/Dürrwächter, UStG, § 25f Rz. 24 ff. (März 2025).

197 In anderen Rechtsbereichen: EuGH, Urteil v. 3.12.1974 – 33/74, *van Binsbergen*, Slg. 1974, 1299 (1309) (Gebiet des freien Dienstleistungsverkehrs); EuGH, Urteil v. 10.1.1985 – 229/83, *Leclerc*, Slg. 1985, 1 (35) (Gebiet des freien Warenverkehrs); für das Mehrwertsteuerrecht soweit ersichtlich zum ersten Mal in EuGH, Urteil v. 3.3.2005 – C-32/03, *Fini H*, UR 2005, 433, Rz. 32.

198 Z.B. EuGH, Urteil v. 6.7.2006 – C-439/04, C-440/04, *Kittel und Recolta Recycling*, DStR 2006, 1274, Rz. 54; EuGH, Urteil v. 21.6.2012 – C-80/11, C-142/11, *Mahagében*

betrügerische oder missbräuchliche Berufung auf das Unionsrecht – bzw. zum damaligen Zeitpunkt noch das Gemeinschaftsrecht – nicht erlaubt ist. Dies entspricht auch der Vorgabe des heutigen Art. 325 AEUV, wonach die Union und die Mitgliedstaaten Betrügereien und sonstige gegen die finanziellen Interessen der Union gerichtete rechtswidrige Handlungen zu bekämpfen haben.

a) Ausgangspunkt: Versagung des Rechts auf Vorsteuerabzug

Die Entscheidungen in den Rechtssachen *Optigen*[199] und *Kittel und Recolta Recycling*[200] aus dem Jahr 2006 bilden den Ausgangspunkt der umfassenden und stetig weiterentwickelten Missbrauchsrechtsprechung.[201] Hierin hat der EuGH entschieden, dass das Recht auf Vorsteuerabzug nicht dadurch berührt wird, „dass in der Lieferkette, zu der diese Umsätze gehören, ohne dass dieser Steuerpflichtige hiervon Kenntnis hat oder haben kann, ein anderer Umsatz, der dem vom Steuerpflichtigen getätigten Umsatz vorausgeht oder nachfolgt, mit einem Mehrwertsteuerbetrug behaftet ist“,[202] durchaus aber zu verweigern ist, wenn auf Grund objektiver Umstände feststeht, dass der Steuerpflichtige „wusste oder hätte wissen müssen, dass er sich mit seinem Erwerb an einem Umsatz beteiligte, der in eine Mehrwertsteuerhinterziehung einbezogen war“.[203]

Diese Versagung des Rechts auf Vorsteuerabzug hat der EuGH in den Entscheidungen *Mahagében und Dávid*[204] sowie *Bonik*[205] auf die gesamte Vor- und

---

und Dávid, UR 2012, 591, Rz. 41; EuGH, Urteil v. 18.12.2014 – C-131/13, C-163/13, C-164/13, *Italmoda*, UR 2015, 106, Rz. 46; EuGH, Beschluss v. 14.4.2021 – C-108/20, *Finanzamt Wilmersdorf*, UR 2021, 433, Rz. 21.

199 EuGH, Urteil v. 12.1.2006 – C-354/03, C-355/03, C-484/03, *Optigen u.a.*, UR 2006, 157 ff.

200 EuGH, Urteil v. 6.7.2006 – C-439/04, C-440/04, *Kittel und Recolta Recycling*, DStR 2006, 1274 ff.

201 So auch *Filtzinger*, JbFSt 2021, S. 692 (696); ohne Bezug auf die Rechtssache *Optigen*: *Nieskens*, in Rau/Dürrwächter, UStG, § 25f Rz. 29 (März 2025).

202 EuGH, Urteil v. 12.1.2006 – C-354/03, C-355/03, C-484/03, *Optigen u.a.*, UR 2006, 157, Rz. 52.

203 EuGH, Urteil v. 6.7.2006 – C-439/04, C-440/04, *Kittel und Recolta Recycling*, DStR 2006, 1274, Rz. 59, 61.

204 EuGH, Urteil v. 21.6.2012 – C-80/11, C-142/11, *Mahagében und Dávid*, UR 2012, 591 ff.

205 EuGH, Urteil v. 6.12.2012 – C-285/11, *Bonik*, UR 2013, 195 ff.

Nachumsatzkette ausgeweitet, so dass eine Versagung nun nicht mehr nur bei Kenntnis von der Steuerhinterziehung des unmittelbar eigenen Lieferanten bzw. Leistenden in Betracht kam, sondern darüber hinaus auch dann, wenn der Steuerpflichtige „wusste oder hätte wissen müssen, dass er sich mit dem Erwerb dieser Gegenstände oder der Inanspruchnahme dieser Dienstleistungen an einem Umsatz beteiligte, der in eine vom Lieferer bzw. vom Leistenden oder von einem anderen Wirtschaftsteilnehmer auf einer vorhergehenden oder nachfolgenden Umsatzstufe der Liefer- oder Leistungskette begangene Steuerhinterziehung einbezogen war".[206] Zeitgleich hat er seine Rechtsprechung auf die Versagung der Steuerbefreiung innergemeinschaftlicher Lieferungen ausgedehnt[207] und betont, dass es den Finanzbehörden obliege, die Kenntnis des Steuerpflichtigen von besagter Steuerhinterziehung anhand objektiver Umstände nachzuweisen.[208]

b) Kumulative Rechteversagung

Ein regelrechter „Paukenschlag"[209] war die folgende Entscheidung *Italmoda*,[210] in welcher der EuGH ausführte, dass eine kumulative Rechteversagung – sowohl durch Versagung der Steuerbefreiung auf der Ausgangsseite als auch durch Versagung des Vorsteuerabzugs auf der Eingangsseite – durchaus zulässig sei bzw. sogar zwingend zu erfolgen habe.[211] Denn diese stelle keine Sanktion oder Strafe dar, sondern sei „die schlichte Folge dessen [...], dass die insoweit nach den einschlägigen Bestimmungen der 6. EG-Richtlinie vorgeschriebenen Voraussetzungen nicht erfüllt sind".[212] Zudem stellte der EuGH klar, dass diese Versagung nicht nur unabhängig von der Existenz

---

206 EuGH, Urteil v. 6.12.2012 – C-285/11, *Bonik*, UR 2013, 195, Rz. 40.

207 EuGH, Urteil v. 6.9.2012 – C-273/11, *Mecsek-Gabona*, DStR 2012, 1917, Rz. 50 ff.; angedeutet bereits in EuGH, Urteil v. 7.12.2010 – C-285/09, *R.*, BStBl. II 2011, 846 (850 ff.).

208 EuGH, Urteil v. 21.6.2012 – C-80/11, C-142/11, *Mahagében und Dávid*, UR 2012, 591, Rz. 49 f.; seither regelmäßig wiederholend, zuletzt EuGH, Beschluss v. 14.2.2025 – C-270/24, *Granulines Invest*, ABl. Nr. C/2025/2836.

209 So auch *Filtzinger*, JbFSt 2021, S. 692 (700).

210 EuGH, Urteil v. 18.12.2014 – C-131/13, C-163/13, C-164/13, *Italmoda*, UR 2015, 106 ff.

211 EuGH, Urteil v. 18.12.2014 – C-131/13, C-163/13, C-164/13, *Italmoda*, UR 2015, 106, Rz. 49, 62.

212 EuGH, Urteil v. 18.12.2014 – C-131/13, C-163/13, C-164/13, *Italmoda*, UR 2015, 106, Rz. 61.

entsprechender Bestimmungen im nationalen Recht zu erfolgen habe,[213] sondern auch, wenn die Steuerhinterziehung, von welcher der Steuerpflichtige wusste oder hätte wissen müssen, in einem anderen Mitgliedstaat als dem begangen wurde, in dem das jeweilige Recht bzw. die jeweiligen Rechte beansprucht werden.[214]

Eine „Beteiligung" an einer Mehrwertsteuerhinterziehung in diesem Sinne setzt nach Ansicht des EuGH jedoch keinen „aktiven" Tatbeitrag an der Hinterziehung voraus.[215] Vielmehr genügt für eine Versagung bereits, dass der Steuerpflichtige „wusste oder hätte wissen müssen, dass er mit seinem Erwerb an einem Umsatz teilnahm, der in eine Umsatzsteuerhinterziehung einbezogen war",[216] wobei die „Beteiligung" schon dadurch entsteht, dass man dem Hinterzieher durch den Erwerb der Ware eine Absatzmöglichkeit bietet und die Hinterziehung so begünstigt.[217] Unerheblich ist daher auch, ob der Steuerpflichtige hierdurch einen steuerlichen oder wirtschaftlichen Vorteil erlangt.[218] Dementsprechend hat der EuGH in der Rechtssache *Finanzamt M*[219] klargestellt, dass „die Tatsache, dass der erste Erwerber eines Gegenstands ebenfalls über die vom ursprünglichen Verkäufer begangene Steuerhinterziehung Bescheid wusste und sie begünstigte, nicht daran [hindert], dem zweiten Erwerber den Abzug der Mehrwertsteuer [ebenfalls] zu versagen", wenn dieser von einer vom ursprünglichen Verkäufer begangenen Mehrwertsteuerhinterziehung Kenntnis hatte oder hätte haben müssen.[220] Neben dieser Kumulation der Rechteversagung bei mehreren Personen – im Gegensatz zur kumulativen Versagung mehrerer Rechte bei

---

213 EuGH, Urteil v. 18.12.2014 – C-131/13, C-163/13, C-164/13, *Italmoda*, UR 2015, 106, Rz. 54 ff., 62.

214 EuGH, Urteil v. 18.12.2014 – C-131/13, C-163/13, C-164/13, *Italmoda*, UR 2015, 106, Rz. 65 f., 69.

215 EuGH, Beschluss v. 14.4.2021 – C-108/20, *Finanzamt Wilmersdorf*, UR 2021, 433, Rz. 26, 38.

216 EuGH, Beschluss v. 14.4.2021 – C-108/20, *Finanzamt Wilmersdorf*, UR 2021, 433, Rz. 22.

217 EuGH, Beschluss v. 14.4.2021 – C-108/20, *Finanzamt Wilmersdorf*, UR 2021, 433, Rz. 34.

218 EuGH, Beschluss v. 14.4.2021 – C-108/20, *Finanzamt Wilmersdorf*, UR 2021, 433, Rz. 35.

219 EuGH, Urteil v. 24.11.2022 – C-596/21, *Finanzamt M*, UR 2022, 942 ff.

220 EuGH, Urteil v. 24.11.2022 – C-596/21, *Finanzamt M*, UR 2022, 942, Rz. 31 f.

einer Person in der Rechtssache *Italmoda*[221] –, führte der EuGH zudem aus, dass – wie angesichts des Verhältnismäßigkeitsgrundsatzes teils gefordert[222] – eine Begrenzung der Rechteversagung auf den Steuerschaden keinesfalls in Betracht kommt.[223] Denn – wie bereits im Urteil *Italmoda* ausgeführt[224] und nun nochmals explizit bestätigt – die Rechteversagung sei gerade keine Sanktion,[225] sondern es stelle „eine implizite materielle Voraussetzung für das Recht auf Vorsteuerabzug dar[...], dass der Steuerpflichtige trotz Vornahme der Überprüfungen, die vernünftigerweise von jedem Wirtschaftsteilnehmer verlangt werden können, keine Kenntnis vom Vorliegen einer Steuerhinterziehung hatte, die den besteuerten und zum Vorsteuerabzug berechtigenden Umsatz betraf", womit einem Steuerpflichtigen, der diese Voraussetzung nicht erfüllt, die Ausübung seines Rechts auf Vorsteuerabzug zwingend vollständig zu versagen ist.[226]

c) Keine Ausweitung auf Ausfuhrlieferungen und innergemeinschaftliche sonstige Leistungen

Neben der Versagung des Vorsteuerabzugs sowie der Steuerfreiheit der innergemeinschaftlichen Lieferung äußerte sich der EuGH zu drei weiteren Bereichen, in welchen die Anwendung der Missbrauchsrechtsprechung diskutiert wurde. Während er in der Rechtssache *Vetsch*[227] die Ausweitung der Missbrauchsrechtsprechung auf die Steuerfreiheit der Einfuhrumsatzsteuer bei einer innergemeinschaftlichen Anschlusslieferung nach Art. 143 Abs. 1 Buchst. d), Abs. 2 i.V.m. Art. 138 MwStSystRL[228] bejahte, lehnte er die Ausdehnung auf Ausfuhrlieferungen bzw. die Versagung deren Steuerfreiheit nach Art. 146 Abs. 1 Buchst. a und b MwStSystRL – nach deutschem Recht

---

221 EuGH, Urteil v. 18.12.2014 – C-131/13, C-163/13, C-164/13, *Italmoda*, UR 2015, 106 ff.

222 Z.B. *Hummel*, UR 2014, 256 (260, 263 f.); *Janzen*, in Lippross/Seibel, Basiskommentar Steuerrecht, § 25f UStG Rz. 57 (Okt. 2022); *Vobbe/Pötters*, UR 2023, 777 (783 f.).

223 EuGH, Urteil v. 24.11.2022 – C-596/21, *Finanzamt M*, UR 2022, 942, Rz. 38 ff.

224 S.o. Fn. 212.

225 EuGH, Urteil v. 24.11.2022 – C-596/21, *Finanzamt M*, UR 2022, 942, Rz. 36.

226 EuGH, Urteil v. 24.11.2022 – C-596/21, *Finanzamt M*, UR 2022, 942, Rz. 38.

227 EuGH, Urteil v. 14.2.2019 – C-531/17, *Vetsch Int. Transporte GmbH*, MwStR 2019, 449 ff. In diese Richtung gehend bereits EuGH, Urteil v. 25.10.2018 – C-528/17, *Bozicevic Jezovnik*, UR 2018, 904, Rz. 35 ff.

228 Im deutschen Recht in § 5 Abs. 1 Nr. 3 UStG umgesetzt.

§ 4 Nr. 1 Buchst. a) i.V.m. § 6 UStG – in der Rechtssache *Unitel*[229] ausdrücklich ab, wenn der „Betrug ausschließlich im Gebiet eines Drittstaats, dem Bestimmungsstaat und dem Ort, an dem die Erzeugnisse verbraucht würden, begangen“ wurde und gerade nicht zum Nachteil des gemeinsamen Mehrwertsteuersystems.[230] In Anbetracht der von der MwStSystRL vorgegebenen unterschiedlichen Methodik zur Verwirklichung des Bestimmungslandprinzips bei grenzüberschreitenden Lieferungen einerseits und grenzüberschreitenden sonstigen Leistungen andererseits,[231] hat sich das österreichische Bundesfinanzgericht zudem die Frage gestellt, ob sich – im „Gleichlauf“ zur Versagung der Steuerfreiheit der innergemeinschaftlichen Lieferung – die Missbrauchsrechtsprechung auch auf den Ort der innergemeinschaftlichen sonstigen Leistung auswirkt, so dass – wenn der Dienstleistungserbringer von einer Hinterziehung seines Empfängers der Dienstleistung wusste oder hätte wissen müssen – der Ort dieser Leistung nicht als nach Art. 44 MwStSystRL[232] im Bestimmungsland, sondern im Ursprungsland anzusehen ist.[233] Auch dies lehnt der EuGH jedoch ausdrücklich ab, weil insoweit „nicht die Geltendmachung eines Rechts wie des Rechts auf Steuerbefreiung einer innergemeinschaftlichen Lieferung, sondern die Bestimmung des Ortes eines steuerbaren Umsatzes“[234] betroffen ist und eine entsprechende Ausdehnung zur Folge hätte, dass die Besteuerungsbefugnis – entgegen des Bestimmungslandprinzips und ohne jegliche Rechtsgrundlage – auf einen anderen Mitgliedstaat übertragen würde.[235]

---

229 EuGH, Urteil v. 17.10.2019 – C-653/18, *Unitel*, UR 2019, 849 ff.

230 EuGH, Urteil v. 17.10.2019 – C-653/18, *Unitel*, UR 2019, 849, Rz. 36 f.

231 S.o. A. II. 7. a).

232 Die entsprechende nationale Umsetzung findet sich im österreichischen UStG in § 3a Abs. 6 sowie im deutschen UStG in § 3a Abs. 2.

233 Bundesfinanzgericht Österreich, Beschluss v. 11.10.2021 – RE/7100003/2021, ÖStZB 2022, 645 f.

234 EuGH, Urteil v. 27.10.2022 – C-641/21, *Climate Corporation Emissions Trading*, UR 2022, 886, Rz. 41.

235 EuGH, Urteil v. 27.10.2022 – C-641/21, *Climate Corporation Emissions Trading*, UR 2022, 886, Rz. 43 f.

d) Betrugsbeteiligung oder Rechtsmissbrauch bei Zahlungsunfähigkeit des Leistungserbringers

Eine weitere markante[236] Entscheidung, in welcher sich der EuGH weniger zur Reichweite der Missbrauchsrechtsprechung als vielmehr zu der Frage äußerte, unter welchen Umständen von einer Betrugsbeteiligung bzw. einem „Missbrauch"[237] auszugehen ist, erging im September 2022 in der Rechtssache *HA.EN.*[238] Das vorlegende Oberste Verwaltungsgericht Litauens begehrte hierbei die Beantwortung der Frage, ob es als Missbrauch bzw. als Betrugsbeteiligung zu werten ist, wenn der Steuerpflichtige „gewusst habe oder hätte wissen müssen, dass die Verkäuferin aufgrund ihrer finanziellen Schwierigkeiten und ihrer potenziellen Zahlungsunfähigkeit keine Mehrwertsteuer an den Fiskus abführen werde oder nicht werde abführen können".[239] Hierbei betonte der EuGH zunächst wiederholend,[240] dass die Frage, ob die geschuldete Mehrwertsteuer vom Lieferer der Gegenstände an den Fiskus entrichtet wurde, für das Recht des Steuerpflichtigen auf Vorsteuerabzug nicht von Bedeutung ist[241] und „dass, soweit der Steuerpflichtige seinen Erklärungspflichten auf dem Gebiet der Mehrwertsteuer nachgekommen ist, die Nichtabführung der ordnungsgemäß erklärten Mehrwertsteuer allein keinen Mehrwertsteuerbetrug darstellen kann, unabhängig davon, ob diese Unterlassung vorsätzlich erfolgt oder nicht"[242]. Dementsprechend könne deren Kenntnis logischerweise auch keine Betrugsbeteiligung bedeuten. Gleichermaßen könne hierin aber auch kein Rechtsmissbrauch liegen. Dessen Feststellung erfordere die Erfüllung zweier Voraussetzungen: „Zum einen

---

236 Dies gilt insbesondere im Hinblick auf die in § 25f UStG benannten Versagens-Voraussetzungen, s. sogleich.

237 Schon früher hat der EuGH klargestellt, dass die Versagung von Rechten nicht nur bei einer Betrugsbeteiligung in Betracht kommt, sondern auch auf Missbrauchsfälle anzuwenden ist, vgl. z.B. EuGH, Urteil v. 22.11.2017 – C-251/16, *Cussens u.a.*, MwStR 2018, 217, Rz. 32 ff.

238 EuGH, Urteil v. 15.9.2022 – C-227/21, *HA.EN.*, UR 2022, 804 ff.

239 EuGH, Urteil v. 15.9.2022 – C-227/21, *HA.EN.*, UR 2022, 804, Rz. 22.

240 So beispielsweise schon EuGH, Urteil v. 12.1.2006 – C-354/03, C-355/03, C-484/03, *Optigen u.a.*, UR 2006, 157, Rz. 54; EuGH, Urteil v. 22.10.2015 – C-277/14, *PPUH Stehcemp*, UR 2015, 917, Rz. 45.

241 EuGH, Urteil v. 15.9.2022 – C-227/21, *HA.EN.*, UR 2022, 804, Rz. 26.

242 EuGH, Urteil v. 15.9.2022 – C-227/21, *HA.EN.*, UR 2022, 804, Rz. 32 unter Verweis auf EuGH, Urteil v. 2.5.2018 – C-574/15, *Scialdone*, UR 2018, 481, Rz. 38 ff.

müssen die betreffenden Umsätze trotz formaler Anwendung der Bedingungen der einschlägigen Bestimmungen der MwStSystRL und des zu ihrer Umsetzung erlassenen nationalen Rechts einen Steuervorteil zum Ergebnis haben, dessen Gewährung dem mit diesen Bestimmungen verfolgten Ziel zuwiderliefe. Zum anderen muss aus einer Reihe objektiver Anhaltspunkte ersichtlich sein, dass sich der wesentliche Zweck der betreffenden Umsätze auf die Erlangung eines Steuervorteils beschränkt".[243] Dies sei bei der bloßen Kenntnis von finanziellen Schwierigkeiten des Geschäftspartners jedoch nicht der Fall. Andernfalls würden derlei Wirtschaftsteilnehmer isoliert und ihre Möglichkeiten zum Bewirken von Umsätzen in einer Weise beschränkt, „die mit dem Grundsatz der steuerlichen Neutralität nicht vereinbar ist; denn dieser Grundsatz steht einer Unterscheidung der Steuerpflichtigen je nach ihrer finanziellen Situation entgegen".[244] Zudem würde den Erwerbern das Risiko der Zahlungsunfähigkeit des Verkäufers für die Mehrwertsteuer aufgebürdet, dessen Tragung eigentlich „Sache des Fiskus" ist.[245]

2. § 25f UStG

Als Kodifizierung dieser Missbrauchsrechtsprechung des EuGH – so die Intention des Gesetzgebers[246] – wurde mit Wirkung zum 1.1.2020 § 25f in das UStG eingefügt.[247] Er tritt an die Stelle des § 25d UStG, der bis dahin eine Haftung des Unternehmers für die Steuer aus einem vorangegangenen Umsatz begründete, soweit diese in einer nach § 14 UStG ausgestellten Rechnung ausgewiesen wurde, der Aussteller der Rechnung entsprechend seiner vorgefassten Absicht die ausgewiesene Steuer nicht entrichtet oder sich vorsätzlich außer Stande gesetzt hatte, die ausgewiesene Steuer zu entrichten und der Unternehmer bei Abschluss des Vertrags über seinen Eingangsumsatz davon Kenntnis hatte oder nach der Sorgfalt eines ordentlichen Kaufmanns hätte haben müssen. Diese „verschuldensabhängige Ausfallhaftung

243 EuGH, Urteil v. 15.9.2022 – C-227/21, *HA.EN.*, UR 2022, 804, Rz. 35.
244 EuGH, Urteil v. 15.9.2022 – C-227/21, *HA.EN.*, UR 2022, 804, Rz. 46.
245 EuGH, Urteil v. 15.9.2022 – C-227/21, *HA.EN.*, UR 2022, 804, Rz. 44.
246 BT-Drs. 19/13436, S. 160 f.
247 Art. 12 Nr. 19, Art. 39 Abs. 2 des Gesetzes zur weiteren steuerlichen Förderung der Elektromobilität und zur Änderung weiterer steuerlicher Vorschriften v. 12.12.2019, BGBl. I 2019, 2451.

mit Schadensersatzcharakter“[248] wurde gleichzeitig mit Einführung des § 25f UStG aufgehoben,[249] weil sie zum einen auf Grund der schwierigen Nachweisbarkeit der subjektiven Tatbestandsmerkmale der Haftungsnorm bis auf wenige Einzelfälle nicht zur Anwendung gekommen ist.[250] Zum anderen wollte der Gesetzgeber durch die Aufhebung des § 25d UStG eine ebenfalls mögliche, aber dem Übermaßverbot und der Rechtsklarheit entgegenstehende, kumulative Anwendung mit § 25f UStG vermeiden.[251]

a) Regelungsgegenstand

Nach § 25f Abs. 1 UStG ist dem Unternehmer im Sinne von § 2 UStG die Steuerbefreiung der innergemeinschaftlichen Lieferung nach § 4 Nr. 1 Buchst. b) i.V.m. § 6a UStG bzw. der Vorsteuerabzug nach § 15 Abs. 1 Satz 1 Nr. 1, 3 oder 4 UStG zu versagen, wenn er wusste oder hätte wissen müssen, dass er sich mit der von ihm erbrachten Leistung oder seinem Leistungsbezug an einem Umsatz beteiligt, bei dem der Leistende oder ein anderer Beteiligter auf einer vorhergehenden oder nachfolgenden Umsatzstufe in eine begangene Hinterziehung von Umsatzsteuer oder Erlangung eines nicht gerechtfertigten Vorsteuerabzugs im Sinne des § 370 AO oder in eine Schädigung des Umsatzsteueraufkommens im Sinne der §§ 26a, 26c UStG einbezogen war.

Während die Versagung des Vorsteuerabzugs im Sinne von § 15 Abs. 1 Satz 1 Nr. 1 UStG aufgrund einer „Betrugsbeteiligung“ noch durchaus nachvollziehbar erscheint,[252] mutet dies für die Fälle der Versagung des Vorsteuerabzugs im Sinne von § 15 Abs. 1 Satz 1 Nr. 3 und 4 UStG zumindest auf

---

248 *Jatzke*, in Sölch/Ringleb, UStG, § 25d Rz. 4 (Juni 2022) unter Bezug u.a. auf *Drüen*, UR 2016, 777 (779).

249 Art. 12 Nr. 18 des Gesetzes zur weiteren steuerlichen Förderung der Elektromobilität und zur Änderung weiterer steuerlicher Vorschriften v. 12.12.2019, BGBl. I 2019, 2451.

250 So die Begründung in BT-Drs. 19/13436, S. 160.

251 BT-Drs. 19/13436, S. 71; so bereits *Drüen*, UR 2016, 777 (783 f.); *Schuska*, MwStR 2015, 323 (328 f.), wonach eine kumulative Anwendung dem ausdrücklich verfolgten Gesetzeszweck, dem Grundsatz der Neutralität der Mehrwertsteuer sowie der Verhältnismäßigkeit widerspricht.

252 Weiß beispielsweise Unternehmer A, dass sein Lieferant B die von ihm erhaltene Umsatzsteuer nicht an das Finanzamt abführen wird, macht er aber gleichzeitig die Vorsteuer geltend, ist die „Beteiligung“ des A an einer Mehrwertsteuerhinterziehung eindeutig.

den ersten Blick etwas eigenartig an. Denn im Rahmen der dort genannten Eingangsumsätze hat der erwerbende Unternehmer die Umsatzsteuer selbst abzuführen, so dass sich die Frage stellen könnte, wie sich der erwerbende Unternehmer durch seinen Umsatz an einem in der vorangehenden Lieferkette begangenen Mehrwertsteuerbetrug beteiligen kann, wenn er doch keinerlei Umsatzsteuer an seinen Lieferanten gezahlt hat, sondern diese pflichtgemäß selbst abgeführt hat. Insoweit seien die Ausführungen des EuGH ins Gedächtnis gerufen, wonach eine derartige Beteiligung keinen „aktiven“ Beitrag voraussetzt, sondern bereits dadurch entsteht, dass man dem Hinterzieher durch den Erwerb der Ware eine Absatzmöglichkeit bietet.[253]

Die Problematik zeigt sich auch an folgendem Beispiel,[254] welches selbst im Rahmen von § 15 Abs. 1 Satz 1 Nr. 1 UStG relevant ist:

In einer Lieferkette A – B – C liefert Unternehmer A an Unternehmer B und erhält von diesem den Bruttopreis, führt jedoch die erhaltene Umsatzsteuer nicht ab. Unternehmer C – nicht jedoch B – weiß dies oder müsste es jedenfalls wissen. In der anschließenden Lieferung von B an C erfüllen die Beteiligten ihre Pflichten dagegen vollumfänglich. Dadurch, dass die gesamte Leistungskette und nicht lediglich der eigene Umsatz ins Visier genommen wird, ist C nunmehr aufgrund Bösgläubigkeit – und zwar lediglich im Hinblick auf die Lieferung von A an B – der Vorsteuerabzug zu verwehren. Sollte es sich bei einer Weiterlieferung von C um eine innergemeinschaftliche Lieferung handeln, verliert C zusätzlich die Steuerfreiheit dieser innergemeinschaftlichen Lieferung.

b) Einerseits: Defizitäre Umsetzung der Missbrauchsrechtsprechung

Da § 25f UStG allein auf der Missbrauchsrechtsprechung des EuGH basiert und sich in der MwStSystRL keine entsprechende Regelung findet, hat die Auslegung dieser Norm stets im Lichte der EuGH-Rechtsprechung „in der jeweils *letzten Ausprägung*“[255] zu erfolgen. Damit stellt sich aber gleichsam die Frage, ob es dieser „Umsetzung“ in das nationale Recht tatsächlich bedurft

---

253 EuGH, Beschluss v. 14.4.2021 – C-108/20, *Finanzamt Wilmersdorf*, UR 2021, 433, Rz. 34.

254 Angelehnt an *Heuermann*, MwStR 2017, 729 (736).

255 *Nieskens*, in Rau/Dürrwächter, UStG, § 25f Rz. 14 (März 2025), Hervorhebung im Original.

hätte,[256] denn sowohl die Finanzverwaltung[257] als auch die Rechtsprechung[258] folgten – zumindest aufgrund der ohnehin bestehenden „grundsätzlichen Bindungswirkung der vom EuGH postulierten Rechtsgrundsätze für alle staatlich handelnden Stellen in den Mitgliedstaaten“[259] – der Missbrauchsrechtsprechung schon lange vor Einführung des § 25f UStG.

Kritisch ist zudem der „durch § 25f Abs. 1 UStG angeordnete Rechtsverlust für die Fälle der Schädigung des Umsatzsteueraufkommens“[260] im Sinne von §§ 26a, 26c UStG. Denn zum einen sollte die Anpassung des Verweises in § 25f Abs. 1 UStG auf die Regelung des § 26a UStG aufgrund der Integration des § 26b UStG a.F. in diese Vorschrift mit Wirkung vom 1.7.2021[261] lediglich eine redaktionelle Änderung des § 25f UStG darstellen.[262] Hiervon wird auch im Schrifttum ausgegangen.[263] Nunmehr ist dieser Verweis jedoch durchaus missverständlich, weil – anders als noch § 26b UStG a.F. – § 26a Abs. 1 UStG gerade keine Überschrift bzw. eine Formulierung „Schädigung des Umsatzsteueraufkommens“ enthält, so dass durchaus der Eindruck entstehen kann, dass auch die Ordnungswidrigkeiten nach § 26a Abs. 2 UStG (§ 26a UStG a.F.) eine Rechteversagung nach sich ziehen könnten. Dies würde eine erhebliche – wohl nicht mehr unionsrechtskonforme – Ausweitung bedeuten, weshalb eine Klarstellung oder beispielsweise Änderung des Verweises auf lediglich § 26a Abs. 1 UStG durchaus angebracht wäre.[264]

---

256 So beispielsweise *Vobbe/Pötters*, UR 2023, 777 (778); *Widmann*, UR 2020, 633 (634).

257 Beispielsweise schon BMF, Schreiben v. 1.4.2009 – IV B 8 - S 7280-a/07/10004, BStBl. I 2009, 525.

258 Z.B. BFH, Urteil v. 10.8.2017 – V R 2/17, BFHE 259, 476, Rz. 17, in welchem er selbst klarstellt, dass er „nach den Grundsätzen der vom BFH übernommenen Rechtsprechung des EuGH“ verfährt.

259 *Nieskens*, in Rau/Dürrwächter, UStG, § 25f Rz. 15 (März 2025).

260 *Wäger*, UR 2020, 45.

261 Art. 14 Nr. 18–20, Art. 50 Abs. 6 des Jahressteuergesetztes (JStG) 2020 v. 21.12.2020, BGBl. I 2020, 3096.

262 BT-Drs. 19/22850, S. 149.

263 So z.B. *Streit/Echterfeld*, DStR 2023, 1978; *Tormöhlen*, in Reiß/Kraeusel/Langer, UStG, § 25f Rz. 5 (Aug. 2023); *Treiber*, in Sölch/Ringleb, UStG, § 25f Rz. 5 (März 2024).

264 Dass sich der Verweis in § 25f UStG auf „§§ 26a, 26c“ UStG lediglich auf § 26a Abs. 1 UStG beziehen soll, empfindet auch *Pflaum*, in Wäger, UStG, 3. Aufl. 2024, § 25f Rz. 15 als nicht zweifelsfrei. Anders *Jansen*, UStB 2023, 55 (56), der den „Verweis auf § 26a UStG ohne Einschränkung [als] konsequent“ erachtet.

Zum anderen geht es bei § 26a Abs. 1 UStG „lediglich" um eine – im Sinne von § 10 OWiG – vorsätzliche Nichtentrichtung einer erklärten Umsatzsteuer. Eine solche „bloße" Nichtabführung der ordnungsgemäß erklärten Umsatzsteuer stellt jedoch – unabhängig davon, ob sie vorsätzlich erfolgt oder nicht – gerade keinen Mehrwertsteuerbetrug im Sinne der Missbrauchsrechtsprechung dar.[265] Hierfür bedürfte es zusätzlich zur bloßen Nichtentrichtung der Steuer, dass „der Steuerpflichtige seinen formellen Pflichten vorsätzlich nicht nachkommt, um der Entrichtung der Steuer zu entgehen"[266], also einer zusätzlichen steuerlichen Pflichtverletzung.[267] Insoweit bedarf es einer unionsrechtskonformen Auslegung der Norm.[268]

Doch auch im Übrigen wird die vom deutschen Gesetzgeber intendierte Umsetzung der Missbrauchsrechtsprechung des EuGH durch § 25f UStG als „unvollkommen"[269] erachtet. So hält der EuGH beispielsweise konsequent daran fest, dass eine Rechteversagung auch bei eigener Steuerhinterziehung des Steuerpflichtigen vorzunehmen ist,[270] während § 25f UStG diesen Fall zur Gänze ausspart.[271]

c) Andererseits: Umsetzung auch positiv behaftet

Umgekehrt kann die Entscheidung des Gesetzgebers – bzw., genau genommen, der initiierenden Bundesregierung –, die Ausfuhrlieferungen nicht in die Vorschrift mit aufzunehmen, als „weise" Vorahnung[272] durchaus anerkennend erwähnt werden. Denn zum Zeitpunkt der Zuleitung des

---

265 EuGH, Urteil v. 2.5.2018 – C-574/15, *Scialdone*, UR 2018, 481, Rz. 38 ff.; nochmals explizit bestätigt in EuGH, Urteil v. 15.9.2022 – C-227/21, *HA.EN.*, UR 2022, 804, Rz. 32 f.; unter Bezug auf Ersteres ausdrücklich auch BFH, Beschluss v. 3.7.2019 – XI B 17/19, ZWH 2020, 83 (84) sowie *Streit/Echterfeld*, DStR 2023, 1978 (1980).

266 EuGH, Urteil v. 28.7.2016 – C-332/15, *Astone*, UR 2016, 683, Rz. 55.

267 *Nieskens*, in Rau/Dürrwächter, UStG, § 25f Rz. 232 (März 2025).

268 So auch *Nieskens*, in Rau/Dürrwächter, UStG, § 25f Rz. 233 (März 2025).

269 So die Formulierung von *Grommes*, UR 2023, 433.

270 So jüngst EuGH, Urteil v. 24.11.2022 – C-596/21, *Finanzamt M*, UR 2022, 942, Rz. 25, 35; ebenso aber beispielsweise schon EuGH, Urteil v. 6.12.2012 – C-285/11, *Bonik*, UR 2013, 195, Rz. 38.

271 Hierauf weisen u.a. *Grommes*, UR 2023, 433 (436) und *Kemper*, UStB 2023, 28 (30) zu Recht hin.

272 Ähnlich *Höink/Lüger*, MwStR 2020, 913 (914).

Gesetzentwurfs an den Bundesrat zur Stellungnahme nach Art. 76 Abs. 2 Satz 1 GG[273] war die maßgebende Entscheidung des EuGH in der Rechtssache *Unitel*[274] noch nicht ergangen, während sowohl die Finanzverwaltung[275] als auch das FG Köln[276] die Anwendbarkeit der Missbrauchsrechtsprechung auf Ausfuhrlieferungen bejahten und das diesbezügliche Revisionsverfahren beim BFH – in welchem er in Übereinstimmung mit dem EuGH in der Rechtssache *Unitel* die Anwendbarkeit verneinte, sofern „lediglich" die Kenntnis um eine Steuerhinterziehung zu Lasten des Steueraufkommens eines Drittstaates im Raum steht[277] – noch anhängig war.

Als positiv ist in jedem Fall auch zu werten, dass durch die Schaffung von § 25f UStG und der dezidierten Auseinandersetzung mit dem Tatbestand dieser Norm vor allem in Kommentaren nunmehr erstmalig verbreiteter auf die Frage eingegangen wird, was unter den Tatbestandsmerkmalen „wenn der Unternehmer wusste oder hätte wissen müssen" zu verstehen ist. Hierdurch wurde sich erstmals auch in der Literatur mit dem Thema einer Wissenszurechnung im Umsatzsteuerrecht auseinandergesetzt.[278]

IV. § 25e UStG

Für Betreiber elektronischer Schnittstellen im Sinne von § 25e Abs. 5 UStG stellt schließlich die Haftungsnorm des § 25e UStG einen weiteren Anwendungsbereich[279] eventueller Wissenszurechnung dar.

---

273 Vgl. BR-Drs. 356/19 vom 9.8.2019.

274 EuGH, Urteil v. 17.10.2019 – C-653/18, *Unitel*, UR 2019, 849 ff.

275 So selbst noch in BMF, Schreiben v. 25.6.2020 – III C 3 - S 7134/19/10003:001, BStBl. I 2020, 582 f.

276 FG Köln, Urteil v. 19.2.2019 – 8 K 2906/16, EFG 2019, 1236 ff.

277 BFH, Urteil v. 12.3.2020 – V R 20/19, BStBl. II 2020, 608 ff.

278 S. hierzu C. I. 3.

279 Wäre die Ausweitung der Lieferkettenfiktion tatsächlich wie ursprünglich geplant umgesetzt worden (s.o. A. II. 6. b], Fn. 146, 147), wäre für die Haftung nach § 25e UStG kaum noch Raum gewesen (vgl. *Oldiges*, DStR 2023, 874 [875]). Aufgrund der schlussendlich doch weniger weitreichenden Ausweitung der Lieferkettenfiktion, wird § 25e UStG aber auch weiterhin von Relevanz sein.

1. Historie und Zweck der Regelung

Die Haftungsnorm des § 25e UStG hat im Jahr 2019 zusammen mit den neuen Aufzeichnungspflichten nach § 22f UStG Einzug in das deutsche UStG gefunden. Der Grund zur Einführung dieser Regelungen, die – abgesehen von Art. 273 MwStSystRL[280] bzw. Art. 205 i.V.m. Art. 273 MwStSystRL[281] – ohne explizite unionsrechtliche Grundlage[282] auskommen müssen, liegt darin, dass „vermehrt Anhaltspunkte dafür vor[lagen], dass es beim Handel mit Waren über das Internet unter Nutzung von elektronischen Marktplätzen verstärkt zu Umsatzsteuerhinterziehungen kommt, insbesondere beim Handel mit Waren aus Drittländern. Zur Sicherstellung dieser Umsatzsteuereinnahmen, zum Schutz vor weiteren Umsatzsteuerausfällen sowie zum Schutz und zur Wahrung der Wettbewerbsfähigkeit von steuerehrlichen Unternehmen“[283] wollte die Bundesregierung daher keine weiteren zwei Jahre bis zur Einführung des – bereits im Jahr 2017 verabschiedeten – Art. 14a MwStSystRL bzw. des umsetzenden § 3 Abs. 3a UStG[284] warten, sondern diese Besteuerungslücke sofort schließen.[285] Die Erfolgsbilanz gibt dem Bestreben des deutschen Gesetzgebers recht: so waren Ende Dezember 2019 bereits 29.000 Internethändler aus China (einschließlich Hongkong, Macao und Taiwan) registriert, während die Zahl der Registrierungen ein Jahr zuvor noch bei ca. 7.500 Unternehmen lag.[286]

---

280 *Heuermann*, in Sölch/Ringleb, UStG, § 25e Rz. 12 (Okt. 2024); *Liegmann*, in Wäger, UStG, 3. Aufl. 2024, § 25e Rz. 21; *Marchal*, in Rau/Dürrwächter, UStG, § 25e Rz. 3 (April 2024).

281 *Tormöhlen*, in Reiß/Kraeusel/Langer, UStG, § 25e Rz. 9 f. (Aug. 2021); *L`habitant*, in Küffner/Zugmaier, UStG, § 25e Rz. 3 (Mai 2021), der insbesondere Art. 205 MwStSystRL als unionsrechtliche Grundlage erachtet.

282 *Liegmann*, in Wäger, UStG, 3. Aufl. 2024, § 25e Rz. 20; *Marchal*, in Rau/Dürrwächter, UStG, § 25e Rz. 3 (April 2024).

283 BT-Drs. 19/5595, S. 1.

284 Hierzu s.o. A. II. 6.

285 *Sterzinger*, UR 2019, 1 (8); *Zugmaier/Oldiges*, DStR 2019, 15 (16).

286 Bericht des Bundesrechnungshofs nach § 99 BHO v. 29.10.2020 über Maßnahmen zur Verbesserung der Umsatzsteuerbetrugsbekämpfung – Chancen der Digitalisierung nutzen, S. 33, abrufbar unter: https://www.bundesrechnungshof.de/SharedDocs/Downloads/DE/Berichte/2020/umsatzsteuerbetrugsbekaempfung-volltext.pdf?__blob=publicationFile&v=1 (zuletzt abgerufen am 30.9.2025).

2. Regelungsgegenstand

Nach § 25e Abs. 1 Halbsatz 1 UStG haftet der Betreiber einer elektronischen Schnittstelle[287] für die nicht entrichtete Steuer aus einer von ihm unterstützten[288] Lieferung. Dies gilt – seit der Einführung der Lieferkettenfiktion nach § 3 Abs. 3a UStG – nach § 25e Abs. 1 Halbsatz 2 UStG selbstredend nur dann, wenn der Schnittstellenbetreiber nicht ohnehin bereits nach § 3 Abs. 3a UStG die Steuer selbst schuldet, also beispielsweise bei Lieferungen an Unternehmer (B2B) oder bei Lieferungen, bei denen die Warenbewegung innerhalb des Gemeinschaftsgebiets erfolgt und der liefernde Unternehmer im Gemeinschaftsgebiet ansässig ist.[289] Diese verschuldensunabhängige Gefährdungshaftung[290] nach § 25e Abs. 1 Halbsatz 1 UStG wird von Ausnahmen und Rückausnahmen gesäumt. So haftet der Schnittstellenbetreiber insbesondere nach § 25e Abs. 2 Satz 1 UStG dann nicht, wenn der liefernde Unternehmer im Zeitpunkt der Lieferung über eine gültige Umsatzsteuer-Identifikationsnummer im Sinne von § 27a UStG bzw. eine gültige Mehrwertsteuer-Identifikationsnummer eines anderen EU-Mitgliedstaates verfügt.[291] Unabhängig vom Vorliegen einer solchen Umsatzsteuer-Identifikationsnummer – deren Gültigkeit er sich in jedem Fall mittels einer qualifizierten Bestätigungsabfrage nach § 18e Nr. 3 UStG[292] bzw. bei von einem anderen Mitgliedstaat erteilten Mehrwertsteuer-Identifikationsnummern

---

287 Nach § 25e Abs. 5 UStG ist eine elektronische Schnittstelle im Sinne von § 25e UStG „ein elektronischer Marktplatz, eine elektronische Plattform, ein elektronisches Portal oder Ähnliches“ und stimmt damit in Gänze mit der Definition der elektronischen Schnittstelle nach § 3 Abs. 3a Satz 3 UStG überein.

288 Was unter „Unterstützen“ in diesem Sinne zu verstehen ist, versucht § 25e Abs. 6 UStG, unter Benennung von Negativbeispielen, zu erläutern.

289 Vgl. Abschn. 25e.1 Abs. 1 Satz 2 UStAE.

290 BR-Drs. 372/18, S. 65; *Sterzinger*, UR 2019, 1 (11); *Zugmaier/Oldiges*, DStR 2019, 15 (18); a.A. *Härtwig*, UR 2018, 777 (779), der hierin eine „Haftung für konkrete Pflichtverletzungen“ sieht.

291 Zur Exkulpationsmöglichkeit des Schnittstellenbetreibers in Fällen, in denen der liefernde Unternehmer gegenüber dem Betreiber erklärt, dass die Voraussetzungen für die Vergabe einer Umsatzsteuer-Identifikationsnummer durch das BZSt nach § 27a UStG an ihn nicht vorliegen, weil er im Inland keine steuerbaren Umsätze im allgemeinen Besteuerungsverfahren zu erklären hat, vgl. Abschn. 25e.2 Abs. 1 Sätze 3, 4 UStAE.

292 *Heuermann*, in Sölch/Ringleb, UStG, § 25e Rz. 15 (Okt. 2024); *Marchal*, in Rau/Dürrwächter, UStG, § 25e Rz. 23 (April 2024).

durch die dort bereitgestellten Verfahren[293] bestätigen lassen muss –, gilt diese Haftungsbeschränkung nach § 25e Abs. 2 Satz 2 UStG jedoch dann nicht, wenn der Schnittstellenbetreiber Kenntnis davon hatte oder nach der Sorgfalt eines ordentlichen Kaufmanns hätte haben müssen, dass der liefernde Unternehmer seinen steuerlichen Verpflichtungen nicht oder nicht im vollen Umfang nachkommt.

Eine weitere Ausnahme von der Inhaftungnahme nach § 25e Abs. 1 UStG stellt § 25e Abs. 3 Satz 1 UStG für die Fälle auf, in denen sich der Lieferant auf der elektronischen Schnittstelle als Nichtunternehmer registriert und der Betreiber den Aufzeichnungspflichten nach § 22f Abs. 2 UStG nachkommt. Gleichwohl lebt diese Haftung nach § 25e Abs. 3 Satz 2 UStG wieder auf, wenn nach Art, Menge oder Höhe der erzielten Umsätze davon auszugehen ist, dass der Betreiber Kenntnis davon hatte oder nach der Sorgfalt eines ordentlichen Kaufmanns hätte haben müssen, dass die Umsätze tatsächlich im Rahmen eines Unternehmens erbracht werden.

Diese Kenntnis von der Nicht-Erfüllung der steuerlichen Pflichten im Sinne von § 25e Abs. 2 Satz 2 UStG bzw. der tatsächlichen Unternehmerstellung des Lieferanten im Sinne von § 25e Abs. 3 Satz 2 UStG kann der Schnittstellenbetreiber auch aufgrund der diesbezüglichen sogenannten Offenbarungsbefugnis[294] des Finanzamts nach § 25e Abs. 4 Satz 1 bzw. § 25e Abs. 4 Satz 4 i.V.m. Satz 1 UStG erlangen. In einem solchen Fall haftet der Betreiber für die Steuer auf Umsätze des Lieferanten auf seiner Schnittstelle, soweit das dem Umsatz zugrunde liegende Rechtsgeschäft nach dem Zugang der Mitteilung über die steuerlichen Pflichtverletzungen abgeschlossen worden ist. Möchte er dieser Inhaftungnahme entgehen, muss er nach § 25e Abs. 4 Satz 3 UStG innerhalb einer vom Finanzamt festgesetzten Frist entweder – erfolgreich – auf den betreffenden Lieferanten einwirken, so dass dieser seinen umsatzsteuerlichen Pflichten nachkommt[295] oder andernfalls sicherstellen, dass der Lieferant über seine elektronische Schnittstelle keine weiteren Umsätze mehr ausführen kann.

---

293 Vgl. Abschn. 25e.2 Abs. 1 Satz 5 UStAE.

294 Vgl. Abschn. 25e.3 Abs. 1 Satz 1 UStAE.

295 Dies ergibt sich nicht direkt aus dem Gesetz, wird aber von der Finanzverwaltung so gehandhabt, vgl. Abschn. 25e.3 Abs. 1 Satz 2 UStAE.

V. Zeitpunkt der Kenntnis

1. Gutglaubensschutz und § 25f UStG

a) Grundsatz

Ein zentraler Aspekt bei der Frage der Kenntnis – der beispielsweise auch im Zivilrecht im Rahmen der Wissenszurechnung diskutiert wird[296] – ist zudem, in welchem Zeitpunkt die Kenntnis bzw. die fahrlässige Unkenntnis vorliegen muss, um umsatzsteuerrechtlich berücksichtigt werden zu können oder müssen. Ganz allgemein wird hierbei der Zeitpunkt der Geschäftsanbahnung und -abwicklung[297] bzw. genauer gesagt der Zeitpunkt der Lieferung oder sonstigen Leistung als maßgeblich erachtet. Dementsprechend sind Erkenntnisse aus im späteren Verlauf erfolgten Kontrollen unerheblich.[298] Dies gilt zum einen hinsichtlich der Versagung des Vorsteuerabzugs bzw. der Steuerbefreiung der innergemeinschaftlichen Lieferung nach § 25f UStG, bei welchen es – sowohl im Hinblick auf die vorhergehenden als auch auf die nachfolgenden Umsatzstufen – alleine auf den Zeitpunkt des eigenen Leistungsbezugs bzw. der eigenen Leistungserbringung ankommt.[299] Es gilt zum anderen – jedenfalls prinzipiell – auch im Rahmen des Gutglaubensschutzes,[300] was beispielsweise Art. 25 MwStVO[301] hinsichtlich der Vermutungsregelungen zum Ort der sonstigen Leistung nach Art. 18 ff. MwStVO ausdrücklich

---

[296] S. beispielsweise *Armbrüster/Kosich*, ZIP 2020, 1494 (1496 f., 1502); *Nietsch*, ZGR 2020, 923 (953 ff.); *Prölss*, in Festschrift Leenen, 2012, S. 229 (252 f.).

[297] *Burgmaier*, in Wäger, UStG, 3. Aufl. 2024, § 6a Rz. 244; *Drüen*, DB 2010, 1847 (1849).

[298] So ausdrücklich auch BGH, Beschluss v. 29.1.2015 – 1 StR 216/14, NStZ 2015, 283 (284); *Adick*, in Schaumburg/Peters, Internationales Steuerstrafrecht, 2. Aufl. 2021, Rz. 18.74.

[299] So die ganz allgemeine Meinung, z.B. BFH, Urteil v. 13.5.2009 – XI R 84/07, BStBl. II 2009, 868 ff.; BGH, Beschluss v. 12.5.2020 – 1 StR 635/19, NStZ 2021, 301, Rz. 8 f.; Abschn. 25f.1 Abs. 6 Satz 1 UStAE; *Nieskens*, in Rau/Dürrwächter, UStG, § 25f Rz. 265 f. (März 2025); *Pflaum*, in Wäger, UStG, 3. Aufl. 2024, § 25f Rz. 38 f.; *Widmann*, UR 2020, 633 (635, 637).

[300] Ganz allgemein z.B. *Achatz*, DStJG 32 (2009), S. 461 (474, 484); *Drüen*, DB 2010, 1847 (1849); zu § 6a Abs. 4 UStG z.B. FG Sachsen, Urteil v. 14.6.2018 – 8 K 526/18, juris, Rz. 17; *Frye*, in Rau/Dürrwächter, UStG, § 6a Rz. 826 (Sept. 2022); zum Gutglaubensschutz bei § 15 UStG z.B. *Kraeusel*, in Reiß/Kraeusel/Langer, UStG, § 15 Rz. 738 (Juli 2025).

[301] Die Finanzverwaltung hat dies in Abschn. 3a.2 Abs. 1 Satz 1 a.E. UStAE aufgenommen.

klarstellt.[302] Gleichwohl sind im Rahmen des Gutglaubensschutzes zwei Besonderheiten zu berücksichtigen:[303]

b) Zeitpunkt der Kenntnis bei der Differenzbesteuerung

So könnte sich zunächst beim Gutglaubensschutz im Rahmen der Differenzbesteuerung nach § 25a UStG die Frage stellen, ob es hierbei auf den Zeitpunkt des Eingangs- oder des Ausgangsumsatzes ankommt, weil die Gutgläubigkeit sich zwar auf die umsatzsteuerrechtliche Behandlung des Ausgangsumsatzes auswirkt, aber hinsichtlich der Verhältnisse des Eingangsumsatzes vorliegen muss. Aufgrund des hierbei maßgeblichen EuGH-Urteils *Litdana*, wonach sich die Gutgläubigkeit *Litdanas* auf Basis der von ihrer Lieferantin erhaltenen Rechnungen – die wohl regelmäßig erst nach erfolgter Lieferung ergehen – ergibt[304] und dem Grundsatz der Rechtssicherheit, wonach der Unternehmer bei Abschluss eines Rechtsgeschäfts erkennen können muss, welche steuerrechtlichen Pflichten sich daraus für ihn ergeben,[305] wird hierbei ausschließlich der Zeitpunkt des Ausgangsumsatzes als maßgeblich erachtet werden können. Andernfalls könnte sich die absurde und dem Gedanken des Gutglaubensschutzes widersprechende Situation ergeben, dass der Unternehmer – im Rahmen seines Ausgangsumsatzes – die Differenzbesteuerung anwenden dürfte, obgleich er womöglich bereits seit Wochen oder Monaten weiß, dass deren Voraussetzungen tatsächlich nicht vorliegen.

c) Zeitpunkt der Kenntnis bei erst nach Ausführung der Leistung zugehenden relevanten Angaben

Ein Problem, das sich in Abholfällen sowohl bei der innergemeinschaftlichen Lieferung als auch bei der Ausfuhrlieferung insbesondere aus der Pflicht zur Beibringung belegmäßiger Nachweise über das Gelangen des Gegenstands in das übrige Gemeinschaftsgebiet bzw. in das Drittlandsgebiet

---

302 So auch *Hassa*, UR 2015, 809 (814 f.).

303 Soweit ersichtlich, werden diese Problemfelder in der Literatur bislang nicht ausdrücklich erwähnt.

304 EuGH, Urteil v. 18.5.2017 – C-624/15, *Litdana*, UR 2017, 552, Rz. 44 ff.

305 EuGH, Urteil v. 9.10.2014 – C-492/13, *Traum EOOD*, MwStR 2014, 795, Rz. 28 f.; BFH, Urteil v. 23.2.2017 – V R 16/16, V R 24/16, BStBl. II 2017, 760 (763); *Pflaum*, in Wäger, UStG, 3. Aufl. 2024, § 25f Rz. 38.

ergibt,[306] ist die Tatsache, dass diese Nachweise dem Unternehmer prinzipiell erst *nach* Ausführung der Lieferung zugehen. Ein guter Glaube an die Angaben des Abnehmers – wie die Richtigkeit einer vorgelegten Gelangensbestätigung – kann sich jedoch erst dann einstellen, wenn diese Angaben tatsächlich vorliegen und – zur Wahrung der „Sorgfalt eines ordentlichen Kaufmanns" – geprüft wurden. Insoweit kann es wohl nicht auf das Vorstellungsbild des Unternehmers zum Zeitpunkt der Lieferung ankommen, wenn die Unrichtigkeit diesbezüglich vom Abnehmer im Nachhinein vorgelegter Nachweise für den Unternehmer erkennbar ist. Die Bedeutung der Gelangensnachweise würde andernfalls ad absurdum geführt. Daher kann für Angaben, die dem Unternehmer erst nach der Ausführung der Lieferung vorliegen, nicht der Zeitpunkt der Lieferung als für die Frage der Gutgläubigkeit maßgeblicher Zeitpunkt greifen, sondern der Zeitpunkt der Geltendmachung der Steuerbefreiung – in Parallele zum spätest möglichen Zeitpunkt, in welchem ein Gelangensnachweis vorliegen muss.[307]

Gleiches muss hinsichtlich der Gutgläubigkeit betreffend Rechnungsangaben beim Vorsteuerabzug gelten. Erst wenn die Rechnung vorliegt – was regelmäßig erst nach Ausführung der Leistung der Fall ist – kann sich eine Gutgläubigkeit bezüglich dort gemachter Angaben einstellen. Eine Ausnahme muss aufgrund des bereits erwähnten Grundsatzes der Rechtssicherheit[308] natürlich gelten, wenn Angaben bereits zuvor übermittelt wurden – beispielsweise die Umsatzsteuer-Identifikationsnummer. Wurde diese im Wege des qualifizierten Bestätigungsverfahrens nach § 18e Nr. 1 UStG erfolgreich überprüft und hat sich insoweit eine Gutgläubigkeit eingestellt, gebietet der Grundsatz der Rechtssicherheit die „Fortwirkung" dieser Gutgläubigkeit auch über den Zeitpunkt der Lieferung hinaus. Damit kann der Zeitpunkt der Geltendmachung einer Steuerbefreiung oder einer Vorsteuer lediglich für solche Angaben als maßgeblich erachtet werden, die dem Unternehmer *erstmalig* nach der Ausführung der Leistung zugehen.

---

306 S.o. A. II. 2. c), d) bzw. A. II. 3. c).

307 In diesem Sinne BFH, Urteil v. 18.7.2002 – V R 3/02, BStBl. II 2003, 616 ff.; BFH, Beschluss v. 12.10.2018 – XI B 65/18, BFH/NV 2019, 129 (130); *Langer*, in Reiß/Kraeusel/Langer, UStG, § 6a Rz. 102.1 (April 2024).

308 S.o. Fn. 305.

2. § 25e UStG

Obwohl auf diese Frage – soweit ersichtlich – nirgends eingegangen wird, müssen die soeben dargestellten allgemeinen Grundsätze zum Zeitpunkt der Kenntnis bzw. fahrlässigen Unkenntnis in ähnlicher Weise auch im Rahmen des § 25e UStG gelten. In Anbetracht des in § 25e Abs. 4 Satz 2 UStG gewählten Zeitpunkts, wonach der Schnittstellenbetreiber erst für die Steuer auf Umsätze haftet, deren zugrunde liegende Rechtsgeschäfte nach dem Zugang der Mitteilung des zuständigen Finanzamts abgeschlossen werden, erscheint jedoch bereits der Zeitpunkt des Abschlusses des Rechtsgeschäfts als maßgeblicher Anknüpfungspunkt. Denn im Unterschied zum ausführenden Lieferanten ist der Schnittstellenbetreiber an der Ausführung der Lieferung unter Umständen gar nicht beteiligt und kann auf diese gegebenenfalls auch nicht mehr einwirken – selbst wenn er im Zeitpunkt der Ausführung der Lieferung plötzlich Kenntnis erlangt. Umgekehrt erschiene aber auch ein Anknüpfen an einen früheren Zeitpunkt – wie beispielsweise die „Aufnahme“ des jeweiligen Lieferanten z.B. in den Marktplatz – nicht hinnehmbar, weil der Schnittstellenbetreiber – wie § 25e Abs. 3 Satz 2 UStG ausdrücklich benennt – womöglich erst im Laufe der Geschäftsbeziehung mit dem jeweiligen Lieferanten von dessen umsatzsteuerrechtlichem Fehlverhalten erfährt.

VI. Begriffsdefinitionen

Allen soeben dargestellten Anwendungsfeldern einer etwaigen Zurechnung von Wissen – § 25e UStG, § 25f UStG bzw. der Missbrauchsrechtsprechung sowie den diversen, dem Gutglaubensschutz unterliegenden Themengebieten – gemein ist, dass sie stets an das „Wissen“ bzw. die „Kenntnis“ des Unternehmers sowie gegebenenfalls an dessen fahrlässige Unkenntnis anknüpfen. Offen ist nach wie vor, welche Anforderungen an diese Merkmale zu stellen sind bzw. – anders formuliert – wie sie zu definieren sind. In Anbetracht der Tatsache, dass über all dem die Frage der „Wissenszurechnung“ schwebt, soll zudem der Begriff der „Zurechnung“ kurz definiert werden.[309]

---

[309] Im Gegensatz zu vielen anderen – vor allem zivilrechtlichen – Werken, die sich mit der Zurechnung von Wissen beschäftigen, findet eine Definition der wichtigsten Begriffe in dieser Arbeit erst relativ „spät“ statt. Dies ist jedoch nötig, weil

1. Zurechnung

Obwohl der Begriff „Zurechnung“ gesetzlich nicht definiert ist, ist er „eine feste Größe im juristischen Vokabular“[310]. Er beschreibt eine Rechtstechnik,[311] durch welche das Verhalten bzw. die Kenntnis – der Zurechnungsgegenstand[312] – eines Rechtssubjekts – des sogenannten Verhaltens- oder Wissenssubjekts[313] – einem anderen Rechtssubjekt – dem sogenannten Zurechnungssubjekt[314] – als „eigenes“ Verhalten bzw. Wissen zugeschrieben, zugeordnet bzw. auf dieses projiziert wird. Hierdurch kann ein eigentlich bei einem Dritten verwirklichtes Tatbestandsmerkmal dem Zurechnungssubjekt zugeordnet werden, um so Letzterem die Rechtsfolgen wertungsmäßig aufzuerlegen.[315]

2. Positive Kenntnis, Wissen

Daneben gilt es, den Begriff der (positiven) „Kenntnis“ bzw. des „Wissens“ – als eine mögliche Erscheinungsform der Gut- bzw. Bösgläubigkeit – näher zu umschreiben. Die hierzu getroffenen extensiven Ausführungen sowohl in der

---

insbesondere die Frage nach den Anforderungen an die „fahrlässige Unkenntnis“ ohne vorherige Beleuchtung der umsatzsteuerrechtlichen Anwendungsfelder der Wissenszurechnung nicht hinreichend beantwortet werden kann.

310 *Bork*, ZGR 1994, 237; *Engelhardt*, Wissensverschulden, 2019, S. 16.

311 Z.B. *Bork*, ZGR 1994, 237 (238); *Henning*, Wissenszurechnung im Verwaltungsrecht, 2003, S. 45; *Linke*, Digitale Wissensorganisation, 2021, S. 49.

312 So der häufig verwendete Begriff, vgl. z.B. *Henning*, Wissenszurechnung im Verwaltungsrecht, 2003, S. 48 m.w.N.; *Linke*, Digitale Wissensorganisation, 2021, S. 49; *Reinhardt*, Wissen und Wissenszurechnung im öffentlichen Recht, 2010, S. 41.

313 *Engelhardt*, Wissensverschulden, 2019, S. 16; *Henning*, Wissenszurechnung im Verwaltungsrecht, 2003, S. 48; *Reinhardt*, Wissen und Wissenszurechnung im öffentlichen Recht, 2010, S. 40; *Schilken*, Wissenszurechnung im Zivilrecht, 1983, S. 5.

314 Diese Begrifflichkeit wurde in Anlehnung an *Henning*, Wissenszurechnung im Verwaltungsrecht, 2003, S. 48 und *Reinhardt*, Wissen und Wissenszurechnung im öffentlichen Recht, 2010, S. 41 gewählt, wobei einzugestehen ist, dass die hierbei verwendeten Begrifflichkeiten nicht einheitlich sind. So verstehen beispielsweise *Buck*, Wissen und juristische Person, 2001, S. 108 f., 114 und *Linke*, Digitale Wissensorganisation, 2021, S. 49 das hier als „Verhaltens- bzw. Wissenssubjekt“ bezeichnete Rechtssubjekt als „Zurechnungssubjekt“ und das hier als „Zurechnungssubjekt“ bezeichnete Rechtssubjekt als „Zurechnungsobjekt“.

315 Eine Beschreibung der Zurechnung in etwa dieser Art findet sich z.B. bei *Bork*, ZGR 1994, 237 (238 f.); *Engelhardt*, Wissensverschulden, 2019, S. 16 ff.; *Reinhardt*, Wissen und Wissenszurechnung im öffentlichen Recht, 2010, S. 40 f.

zivilrechtlichen[316] als auch in der verwaltungsrechtlichen[317] Literatur lassen sich jedoch meines Erachtens – jedenfalls für die hier im Raum stehenden Problematiken – wesentlich verkürzen. So ist zum einen zu konstatieren, dass im allgemeinen Sprachgebrauch „Kenntnis“ und „Wissen“ synonym verwendet werden[318] und Kenntnis bzw. Wissen im herkömmlichen juristischen Sprachgebrauch als „Bewußtseinszustand umschrieben [wird], der die nur natürlichen Personen eigene Fähigkeit voraussetzt, bestimmte Tatsachen im Bewußtsein aufnehmen zu können“.[319] Aufgrund dieser Anknüpfung an eine natürliche Person hat sich im Laufe der Zeit eine rege Diskussion vor allem um die Frage entwickelt, ob der Begriff der positiven Kenntnis auch sogenanntes „Aktenwissen“[320] umfassen müsse.[321] Ungeachtet der Tatsache, dass eine rechtliche Berücksichtigung eines solchen Aktenwissens je nach Sachlage durchaus gerechtfertigt erscheinen kann, bedarf es hierfür jedoch keiner – meines Erachtens künstlichen – Ausweitung des Begriffs der positiven Kenntnis.[322] Denn eine solche Berücksichtigung kann in rechtlich einwandfreier Weise mittels der Alternative der „fahrlässigen Unkenntnis“ erreicht werden,[323] wobei den jeweiligen Gegebenheiten des Einzelfalls besser Rechnung getragen werden kann als durch eine schlichte Definitionserweiterung.

---

316 Vgl. nur die jüngste zivilrechtliche Literatur zur Wissenszurechnung wie *Biermann*, Wissenszurechnung und Künstliche Intelligenz, 2022, S. 68 ff., 107 ff.; *Engelhardt*, Wissensverschulden, 2019, S. 8 ff.; *Linke*, Digitale Wissensorganisation, 2021, S. 35 ff.

317 *Henning*, Wissenszurechnung im Verwaltungsrecht, 2003, S. 25 ff.; *Reinhardt*, Wissen und Wissenszurechnung im öffentlichen Recht, 2010, S. 23 ff.

318 Der Duden definiert Wissen u.a. als „Gesamtheit der Kenntnisse, die jemand [auf einem bestimmten Gebiet] hat“ und Kenntnis u.a. als „das Kennen einer [Tat]sache, das Wissen von etwas“, vgl. https://www.duden.de/rechtschreibung/Wissen bzw. https://www.duden.de/rechtschreibung/Kenntnis (zuletzt abgerufen am 30.9.2025).

319 So *Henning*, Wissenszurechnung im Verwaltungsrecht, 2003, S. 25 unter Verweis u.a. auf *Römmer-Collmann*, Wissenszurechnung innerhalb juristischer Personen, 1998, S. 49.

320 Als „Aktenwissen“ werden „alle außerhalb des menschlichen Gehirns, insbesondere in Akten oder in Computern, gespeicherten Informationen“ verstanden, vgl. *Biermann*, Wissenszurechnung und Künstliche Intelligenz, 2022, S. 114.

321 Bejahend z.B. OVG Berlin, Urteil v. 29.10.1982 – 2 B 153/80, NJW 1983, 2156 f.; *Pieroth*, NVwZ 1984, 681 (685); *Schoch*, NVwZ 1985, 880 (884 f.); kritisch bzw. ablehnend demgegenüber z.B. *Buck*, Wissen und juristische Person, 2001, S. 56 f.; *Henning*, Wissenszurechnung im Verwaltungsrecht, 2003, S. 30 ff.

322 Gl.A. *Engelhardt*, Wissensverschulden, 2019, S. 15.

323 Zur fahrlässigen Unkenntnis s. sogleich.

3. Fahrlässige Unkenntnis

Schließlich stellt sich auch die Frage, welche Anforderungen an die zweite Erscheinungsform der Gut- bzw. Bösgläubigkeit – die fahrlässige Unkenntnis – zu stellen sind. Hierbei ist höchstrichterlich nach wie vor ungeklärt,[324] welcher Verschuldensmaßstab zugrunde zu legen ist. Meines Erachtens muss dabei zwischen den Anforderungen an eine „Bösgläubigkeit", wie sie in § 25f UStG bzw. der Missbrauchsrechtsprechung vorausgesetzt wird, und den Anforderungen an eine „Gutgläubigkeit", wie sie im Rahmen des Gutglaubensschutzes gefordert wird, unterschieden werden. Eine ebenfalls differenzierte Betrachtung sollte zudem im Hinblick auf § 25e UStG erfolgen.

a) Missbrauchsrechtsprechung und § 25f UStG

Im Rahmen der Missbrauchsrechtsprechung sowie deren deutscher Kodifizierung nach § 25f Abs. 1 UStG[325] ist zunächst zu konstatieren, dass sich sowohl der deutsche Gesetzgeber als auch die Gerichte stets der Formulierung bedienen, dass eine Rechteversagung dann im Raum steht, wenn der Unternehmer um bestimmte Umstände „wusste oder hätte wissen müssen". Diese Formulierung findet sich in nahezu jedem entsprechenden Urteil von EuGH, BFH oder BGH. Zusätzlich formuliert der EuGH in manchen seiner Urteile „negativ", dass eine solche Versagung dann nicht in Betracht kommt, wenn der Steuerpflichtige von diesen Umständen „weder wusste noch wissen konnte"[326] bzw. „weder Kenntnis hatte noch haben konnte".[327]

aa) Literatur und Rechtsprechung

Diese Begrifflichkeiten sagen jedoch selbstredend noch nichts über den insofern anzuwendenden Verschuldensmaßstab für die Frage der „Bösgläubigkeit" aus. Während im Schrifttum weitgehend Einigkeit herrscht, dass aufgrund

---

324 *Beyer*, NWB 2020, 970 (972).

325 S. A. III.

326 Vgl. z.B. EuGH, Urteil v. 21.6.2012 – C-80/11, C-142/11, *Mahagében und Dávid*, UR 2012, 591, Rz. 47; EuGH, Urteil v. 6.12.2012 – C-285/11, *Bonik*, UR 2013, 195, Rz. 41.

327 EuGH, Urteil v. 27.9.2007 – C-409/04, *Teleos*, BStBl. II 2009, 70, Rz. 50; EuGH, Urteil v. 21.2.2008 – C-271/06, *Netto Supermarkt*, DStR 2008, 450, Rz. 26; entsprechend bereits EuGH, Urteil v. 12.1.2006 – C-354/03, C-355/03, C-484/03, *Optigen u.a.*, UR 2006, 157, Rz. 52, 55 sowie EuGH, Urteil v. 6.7.2006 – C-439/04, C-440/04, *Kittel und Recolta Recycling*, DStR 2006, 1274, Rz. 43 f.

der weitreichenden Konsequenzen zumindest grobe Fahrlässigkeit zu fordern ist,[328] herrscht bei den deutschen Finanzgerichten nach wie vor Uneinigkeit bzw. jedenfalls keine Klarheit. So hat der BFH zwar der Notwendigkeit bedingten Vorsatzes[329] eine klare Absage erteilt[330] – neben der groben Fahrlässigkeit steht jedoch das Genügen einfacher Fahrlässigkeit weiterhin im Raum.[331] Zur Begründung dieser einfachen Fahrlässigkeit hat sich das FG Baden-Württemberg[332] zum einen auf § 122 Abs. 2 BGB gestützt. Demnach tritt die Schadensersatzpflicht des Anfechtenden „nicht ein, wenn der Beschädigte den Grund der Nichtigkeit oder der Anfechtbarkeit kannte oder infolge von Fahrlässigkeit nicht kannte (kennen musste)", wobei jegliche – auch leichte – Fahrlässigkeit genügt.[333] Zudem verweist es auf ein Urteil des FG Berlin-Brandenburg, nach welchem wohl ebenfalls jegliche Fahrlässigkeit genüge.[334] Insoweit ist jedoch zu beachten, dass sich das FG Berlin-Brandenburg in diesem Urteil wohl keine vertieften Gedanken über den Grad der Fahrlässigkeit gemacht hat, was schon dadurch zum Ausdruck kommt, dass es – neben der Formulierung „hätte wissen müssen" – auch mehrfach die Formulierung „hätte wissen können" verwendet, die so vom EuGH jedoch

---

328 Z.B. *Adick/Linke*, ZWH 2020, 290 (292); *Ismer/Schwarz*, MwStR 2019, 348 (350); *Kemper*, UR 2017, 449 (453); *Nieskens*, in Rau/Dürrwächter, UStG, § 25f Rz. 255 (März 2025); *Peters*, in Schaumburg/Peters, Internationales Steuerstrafrecht, 2. Aufl. 2021, Rz. 11.106; a.A. *Beyer*, NWB 2020, 970 (974), der aus Gründen der Rechtssicherheit Eventualvorsatz für geboten hält.

329 So noch vertreten von FG Berlin-Brandenburg, Beschluss v. 12.9.2019 – 7 V 7096/19, EnWZ 2019, 477 (480); FG Berlin-Brandenburg, Beschluss v. 5.7.2021 – 7 V 7073/21, EFG 2021, 1696, Rz. 49.

330 Eine „von der FinVerw. nach den Umständen des Einzelfalls hinreichend belegte grobe Fahrlässigkeit des Unternehmers" reiche aus, so *Hundt-Eßwein*, in Offerhaus/Söhn/Lange, UStG, § 25f Rz. 52 (Mai 2023) unter Bezug auf BFH, Beschluss v. 20.10.2021 – XI R 19/20, UR 2022, 420 ff.

331 So die Ansicht des FG Baden-Württemberg, Urteil v. 4.6.2020 – 1 K 2492/19, EFG 2020, 1795, Rz. 117; beanstandet hat der BFH die diesbezüglichen Ausführungen des FG in seiner Revisionsentscheidung jedenfalls nicht, vgl. BFH, Beschluss v. 20.10.2021 – XI R 19/20, UR 2022, 420 ff.

332 S.o. Fn. 331.

333 RG, Urteil v. 10.12.1913 – V 303/13, RGZ 83, 348 (353); *Arnold*, in Erman, BGB, 17. Aufl. 2023, § 122 Rz. 9; *Dörner*, in Schulze u.a., BGB, 12. Aufl. 2024, § 122 Rz. 4; *Mansel*, in Jauernig, BGB, 19. Aufl. 2023, § 122 Rz. 4.

334 FG Berlin-Brandenburg, Urteil v. 24.11.2010 – 7 K 2356/06, EFG 2011, 918 ff.

niemals verwendet wurde.[335] Wie noch aufzuzeigen sein wird, bestehen – schon nach dem allgemeinen Sprachgebrauch – zwischen den Anforderungen an ein „hätte … können" und ein „hätte … müssen" jedoch erhebliche Unterschiede. Doch auch die schlichte Bezugnahme auf § 122 Abs. 2 BGB hinkt – sind privatrechtliche Normen auf das Steuerrecht, insbesondere das harmonisierte Umsatzsteuerrecht, doch nicht ohne Weiteres – soll heißen, nicht ohne besondere Begründung – anwendbar.[336]

bb) Stellungnahme

(1) Wortlaut „nicht wissen konnte"

Zur Ermittlung des notwendigen Verschuldensmaßstabs soll zunächst der vom EuGH gewählte Wortlaut, und hierbei diejenige Formulierung genauer in Augenschein genommen werden, mit derer der EuGH die Rechteversagung verneint – wenn der Steuerpflichtige keine „Kenntnis […] haben [kann/konnte]" bzw. „weder wusste noch wissen konnte".[337] Einen entscheidenden Hinweis liefert hierfür das verwendete Modalverb „kann" bzw. „konnte". Auch die französischen Fassungen der EuGH-Urteile[338] verwenden insoweit stets das Modalverb „können": „sans que […] puisse le savoir",[339] „ne pouvait avoir connaissance",[340] „n'aurait pas pu savoir".[341] Dies gilt weitestgehend auch

---

335 S. schon oben.

336 Hierzu noch ausführlich unter C. II. 1.

337 Z.B. EuGH, Urteil v. 12.1.2006 – C-354/03, C-355/03, C-484/03, *Optigen u.a.*, UR 2006, 157, Rz. 52, 55; EuGH, Urteil v. 21.2.2008 – C-271/06, *Netto Supermarkt*, DStR 2008, 450, Rz. 26.

338 Nach EuGH, Urteil v. 29.1.2009 – C-311/06, *Cavallera*, DStRE 2009, 1474, Rz. 53 und demgemäß nach „ständiger Rechtsprechung verbietet es die Notwendigkeit einer einheitlichen Anwendung und damit Auslegung des Gemeinschaftsrechts nämlich, eine Bestimmung im Fall von Zweifeln isoliert in einer ihrer Fassungen zu betrachten; sie muss vielmehr im Licht ihrer Fassungen in den anderen Amtssprachen ausgelegt und angewandt werden".

339 EuGH, Urteil v. 12.1.2006 – C-354/03, C-355/03, C-484/03, *Optigen u.a.*, Rz. 52, 55; EuGH, Urteil v. 6.7.2006 – C-439/04, C-440/04, *Kittel und Recolta Recycling*, Rz. 45 f.

340 EuGH, Urteil v. 27.9.2007 – C-409/04, *Teleos*, Rz. 50; EuGH, Urteil v. 21.2.2008 – C-271/06, *Netto Supermarkt*, Rz. 26.

341 EuGH, Urteil v. 21.6.2012 – C-80/11, C-142/11, *Mahagében und Dávid*, Rz. 47; EuGH, Urteil v. 6.12.2012 – C-285/11, *Bonik*, Rz. 41.

für die englischen Sprachfassungen: "could have had no knowledge",[342] "could not have known".[343] Beachtenswert sind jedoch insbesondere die englischen Sprachfassungen der ersten Urteile des EuGH im Rahmen der Missbrauchsrechtsprechung, in welchen er die Formulierung „without [...] having any means of knowing"[344] wählt. Dies ist in etwa mit „ohne die Möglichkeit zu haben, es zu wissen" zu übersetzen. Gleichzeitig fällt auf, dass sich der EuGH – bzw. sein Übersetzungsdienst – des Wortes „können" bedient und gerade nicht die – durchaus ebenso denkbare – Formulierung „weder wusste noch wissen musste" verwendet. Wird im allgemeinen Sprachgebrauch die Negation des Modalverbs „müssen" verwendet, wird damit zum Ausdruck gebracht, dass etwas „nicht notwendig" ist. Bedeutungsgleich ist die Formulierung „nicht zu brauchen". Durch die Negation des Modalverbs „können" wird hingegen ausgedrückt, dass etwas – nahezu – ausgeschlossen ist. Während die Negation des „wissen müssen" dem Handelnden somit einen gewissen Spielraum gewährt – ihm eine gewisse (Rest-)Möglichkeit der Kenntnisnahme in freier Entscheidung überlässt –, schließt die durch den EuGH gewählte Formulierung „nicht wissen können" die Möglichkeit der Kenntnis nahezu aus. Für den Handelnden besteht gerade kein freier Entscheidungsspielraum mehr. Diese Bedeutung kommt auch in der bereits erwähnten englischen Formulierung „without [...] having any means of knowing" zum Ausdruck.

Es stellt sich nunmehr die Frage, welche Konsequenzen dies für den anzuwendenden Verschuldensmaßstab hat. Wie bereits festgestellt, bedeutet die Formulierung „nicht wissen können", dass die Möglichkeit der Kenntnis nahezu ausgeschlossen ist. Entsprechend muss der Grad des Verschuldens der Unkenntnis als sehr gering bzw. dieses als nicht vorhanden angesehen werden. Denn wenn der Steuerpflichtige keine Möglichkeit der Kenntnis hat, trifft ihn an seiner Unkenntnis auch keine – auch noch so geringe – Schuld. Versagt der EuGH die Rechte des Steuerpflichtigen nur dann nicht, wenn er „weder wusste noch wissen konnte", bringt er damit also zum Ausdruck, dass eine Rechteversagung nur dann zu unterlassen ist, wenn den Steuerpflichtigen

---

342 EuGH, Urteil v. 27.9.2007 – C-409/04, *Teleos*, Rz. 50; EuGH, Urteil v. 21.2.2008 – C-271/06, *Netto Supermarkt*, Rz. 26.

343 EuGH, Urteil v. 6.12.2012 – C-285/11, *Bonik*, Rz. 41; EuGH, Urteil v. 18.5.2017 – C-624/15, *Litdana*, Rz. 35.

344 EuGH, Urteil v. 12.1.2006 – C-354/03, C-355/03, C-484/03, *Optigen u.a.*, Rz. 52, 55; EuGH, Urteil v. 6.7.2006 – C-439/04, C-440/04, *Kittel und Recolta Recycling*, Rz. 45 f.

an seiner Unkenntnis keinerlei Schuld trifft – bzw. anders gewendet: eine Rechteversagung müsste demnach bereits bei einfacher Fahrlässigkeit der Unkenntnis erfolgen.

(2) Wortlaut „hätte wissen müssen“

Daneben wird, wie bereits aufgezeigt, in nahezu allen Urteilen die Frage des „hätte wissen müssen“ aufgeworfen. Diese Formulierung wird heute bevorzugt verwendet, steht jedoch gleichrangig neben obiger Formulierung, sollen sie doch die Voraussetzungen der Rechteversagung lediglich zum einen „positiv“,[345] zum anderen „negativ“[346] ausformulieren – ohne jedoch anderweitige Voraussetzungen oder Rechtsfolgen zu statuieren. Demnach müssten diese Formulierungen die Frage des Verschuldensmaßstabs in gleichem Maße prägen und dürften nicht in Widerspruch zueinander stehen.

Es stellt sich mithin die Frage, ob die durch den EuGH gewählte Formulierung „hätte wissen müssen“ das bislang gefundene Ergebnis, dass eine Rechteversagung bereits bei einfacher Fahrlässigkeit zu erfolgen hat, stützt. Indem der EuGH stets die Formulierung „hätte wissen müssen“ – und gerade nicht „hätte wissen können“ – verwendet, wird jedoch deutlich, dass er erhöhte Anforderungen an den Grad der Fahrlässigkeit des Nicht-Wissens stellt.[347] Diese Formulierung findet sich auch in den französischen und englischen Fassungen der Urteile: „aurait dû savoir“ bzw. „should have known“[348] – beides zu übersetzen mit „hätte wissen müssen“. Während das Wort „können“ die bloße Möglichkeit[349] des Wissens impliziert, sind an

---

345 Z.B. EuGH, Urteil v. 6.12.2012 – C-285/11, *Bonik*, UR 2013, 195, Rz. 40: „Daher kann der Vorteil des Rechts auf Vorsteuerabzug dem Steuerpflichtigen nur unter der Voraussetzung versagt werden, dass aufgrund objektiver Umstände feststeht, dass dieser Steuerpflichtige [...] wusste oder hätte wissen müssen, dass [...]“.

346 Z.B. EuGH, Urteil v. 21.6.2012 – C-80/11, C-142/11, *Mahagében und Dávid*, UR 2012, 591, Rz. 47: „Hingegen ist es mit der in den Rz. 37 bis 40 des vorliegenden Urteils beschriebenen Vorsteuerabzugsregelung der Mehrwertsteuersystemrichtlinie nicht vereinbar, einen Steuerpflichtigen, der weder wusste noch wissen konnte, [...] durch die Verweigerung dieses Rechts zu sanktionieren“.

347 In diesem Sinne auch *Ismer/Artinger*, MwStR 2019, 56 (63).

348 Z.B. EuGH, Urteil v. 6.7.2006 – C-439/04, C-440/04, *Kittel und Recolta Recycling*, Rz. 56 ff.; EuGH, Urteil v. 18.12.2014 – C-131/13, C-163/13, C-164/13, *Italmoda*, Rz. 50, 62 ff.

349 https://www.duden.de/rechtschreibung/koennen (zuletzt abgerufen am 30.9.2025).

ein „müssen" erhöhte Anforderungen zu stellen. Hierbei genügt nicht die reine Möglichkeit, sondern das Wissen muss „zwangsläufig notwendig"[350] sein. Münzt man dies nun in die im deutschen Recht verwendeten Begrifflichkeiten der „einfachen" bzw. „groben" Fahrlässigkeit um, wird deutlich, dass diese erhöhten Anforderungen durch die einfache Fahrlässigkeit des Nicht-Wissens – das bloße Außerachtlassen der im Verkehr erforderlichen Sorgfalt[351] – nicht erfüllt werden können.

(3) Berücksichtigung insbesondere des Grundsatzes der Verhältnismäßigkeit

Eine solche Auslegung wird auch durch die weitreichenden Konsequenzen und den Grundsatz der Verhältnismäßigkeit gestützt.[352] Einen weiteren Hinweis, dass einfache Fahrlässigkeit nicht genügt, liefert der BFH mit seiner Rechtsprechung zur früheren Haftungsnorm des § 25d Abs. 1 UStG. Zwar hat er auch für die Frage, wann der Unternehmer im Rahmen von § 25d Abs. 1 UStG a.F. „Kenntnis ... hätte haben müssen" den genauen Verschuldensmaßstab offen gelassen,[353] gleichzeitig aber betont, dass an dieses subjektive Element „strenge Anforderungen zu stellen" sind.[354] Denn die Norm müsse unter anderem den Grundsätzen „der Rechtssicherheit und der Verhältnismäßigkeit [...] genügen [...]. Die Regelung darf also nicht über das hinausgehen, was erforderlich ist, um die Ansprüche des Staates möglichst wirksam zu schützen".[355] Eine ähnliche Wortwahl verwendet der EuGH zur Festlegung der Grenzen der Umqualifizierung von Umsätzen beim Vorliegen einer missbräuchlichen Praxis.[356] So darf diese Umqualifizierung „nicht über das hinausgehen, was erforderlich ist, um die genaue Erhebung der Mehrwertsteuer sicherzustellen und Steuerhinterziehungen zu vermeiden".[357] Damit geht auch

---

350 So eine der Definitionen des Begriffs „müssen" auf https://www.duden.de/rechtschreibung/muessen (zuletzt abgerufen am 30.9.2025).

351 So jedenfalls die Definition der einfachen Fahrlässigkeit im Zivilrecht nach § 276 Abs. 2 BGB.

352 So auch *Nieskens*, in Rau/Dürrwächter, UStG, § 25f Rz. 255 (März 2025); *Treiber*, MwStR 2015, 626 (635).

353 *Gehm*, in Küffner/Zugmaier, UStG, § 25f Rz. 28 (Juli 2024).

354 BFH, Urteil v. 10.8.2017 – V R 2/17, BFHE 259, 476, Rz. 13.

355 BFH, Urteil v. 10.8.2017 – V R 2/17, BFHE 259, 476, Rz. 14.

356 *Nieskens*, in Rau/Dürrwächter, UStG, § 25f Rz. 94 (März 2025).

357 EuGH, Urteil v. 22.11.2017 – C-251/16, *Cussens u.a.*, MwStR 2018, 217, Rz. 46.

der EuGH im Rahmen seiner Missbrauchsrechtsprechung offensichtlich vom Bedürfnis erhöhter Anforderungen, auch für die subjektive Voraussetzung, aus. Einfache Fahrlässigkeit kann nach alledem nicht genügen.

Dieses Ergebnis mag zwar im Widerspruch zum, aufgrund der Analyse des Wortlauts „nicht wissen konnte", ermittelten Befund stehen. Gleichwohl ist zu bedenken, dass zum einen eine solche „Auslegung"[358] anhand des Wortlauts nur eine von mehreren Auslegungsmethoden darstellt, die unter Beachtung des Gesetzeszwecks zu erfolgen hat und „keine Bindung an dessen Buchstaben" bedeutet.[359] Zum anderen ist zu berücksichtigen, dass mittlerweile sowohl EuGH[360] als auch BFH[361] und deutscher Gesetzgeber[362] durchgängig die „positive" Formulierung „hätte wissen müssen" verwenden, während die Negation der Rechte-Versagung heute lediglich sporadisch und als Ergänzung – zur Betonung, dass eben insoweit eine verschuldensunabhängige Haftung ausgeschlossen ist[363] – angefügt wird. Der Wortlaut dieser klarstellenden Ergänzung kann daher nicht als maßgeblich für den Verschuldensmaßstab erachtet werden. Vielmehr setzt – vor allem unter Berücksichtigung des Verhältnismäßigkeitsgrundsatzes und der auch vom EuGH aufgestellten erhöhten Anforderungen – eine Versagung der oben genannten Rechte meines Erachtens jedenfalls grobe Fahrlässigkeit voraus.

---

358 Ob die Ermittlung des Verschuldensmaßstabs tatsächlich als „Auslegung", also als „Klarstellung des Sinns einer Rechtsnorm" (s. *Drüen*, in Tipke/Kruse, AO/FGO, § 4 AO Rz. 214 [April 2025]) im originären Sinne verstanden werden kann, kann hier mangels Relevanz dahinstehen.

359 *Drüen*, in Tipke/Kruse, AO/FGO, § 4 AO Rz. 262 (Juli 2025).

360 EuGH, Urteil v. 6.12.2012 – C-285/11, *Bonik*, UR 2013, 195 ff.; EuGH, Urteil v. 18.12.2014 – C-131/13, C-163/13, C-164/13, *Italmoda*, UR 2015, 106 ff.; EuGH, Urteil v. 18.5.2017 – C-624/15, *Litdana*, UR 2017, 552 ff.

361 Z.B. BFH, Urteil v. 19.5.2010 – XI R 78/07, UR 2010, 952 ff.; BFH, Beschluss v. 3.7.2019 – XI B 17/19, ZWH 2020, 83 ff.; BFH, Urteil v. 11.3.2020 – XI R 38/18, BFHE 268, 376 ff.; BFH, Beschluss v. 2.7.2021 – XI R 40/19, BFH/NV 2022, 140 ff.; BFH, Beschluss v. 20.10.2021 – XI R 19/20, UR 2022, 420 ff.

362 § 25f Abs. 1 UStG: „Sofern der Unternehmer wusste oder hätte wissen müssen …".

363 Vgl. z.B. EuGH, Urteil v. 21.6.2012 – C-80/11, C-142/11, *Mahagében und Dávid*, UR 2012, 591, Rz. 48; EuGH, Urteil v. 18.5.2017 – C-624/15, *Litdana*, UR 2017, 552, Rz. 35.

b) Gutglaubensschutz

aa) Positive Kenntnis oder fahrlässige Unkenntnis

Aufgrund der weit weniger einheitlichen Formulierungen zur Ausformung des Gutglaubensschutzes im Vergleich zur Rechteversagung nach der Missbrauchsrechtsprechung bzw. § 25f UStG, stellt sich hierbei zunächst die Frage, ob lediglich positive Kenntnis den Schutz des guten Glaubens ausschließt oder ebenfalls bereits fahrlässige Unkenntnis.

(1) Gutglaubensschutz nach § 6a Abs. 4 UStG und EuGH

Der im deutschen UStG einzig normierte Gutglaubensschutz-Tatbestand des § 6a Abs. 4 UStG versagt einen Schutz des guten Glaubens bereits bei fahrlässiger Unkenntnis („auch bei Beachtung der Sorgfalt eines ordentlichen Kaufmanns nicht erkennen konnte"). Hieran knüpft der EuGH auch im Rahmen seiner Gutglaubensschutz-Rechtsprechung zur Ausfuhrlieferung an.[364] Insbesondere in seiner aktuellsten Entscheidung zum Gutglaubensschutz bei der Differenzbesteuerung stellt der EuGH jedoch lediglich darauf ab, ob der Steuerpflichtige „in gutem Glauben gehandelt und alle Maßnahmen ergriffen hat, die vernünftigerweise von ihm verlangt werden können, um sicherzustellen, dass der von ihm getätigte Umsatz nicht zu seiner Beteiligung an einer Steuerhinterziehung führt".[365] Der EuGH umschreibt insofern nicht genau, welche Voraussetzungen er an den Aspekt des gutgläubigen Handelns stellt. Gleichwohl nimmt er hierbei unter anderem auf sein Urteil *Teleos* Bezug, in welchem er herausstellt, dass es darauf ankommt, ob „[...] die betreffenden Gegenstände wegen eines vom Erwerber begangenen Betrugs, von dem der Lieferant weder Kenntnis hatte noch haben konnte, den Liefermitgliedstaat in Wirklichkeit nicht verlassen haben".[366] Diese Schädlichkeit fahrlässiger Unkenntnis lässt sich zudem aus den weitergehenden Ausführungen im Urteil *Litdana* ableiten, wonach bei Vorliegen entsprechender Anhaltspunkte eine Pflicht zur Einholung von Auskünften bestehen kann.[367]

---

364 EuGH, Urteil v. 21.2.2008 – C-271/06, *Netto Supermarkt*, DStR 2008, 450, Rz. 26, 29.

365 EuGH, Urteil v. 18.5.2017 – C-624/15, *Litdana*, UR 2017, 552, Rz. 36.

366 EuGH, Urteil v. 27.9.2007 – C-409/04, *Teleos*, BStBl. II 2009, 70, Rz. 50.

367 EuGH, Urteil v. 18.5.2017 – C-624/15, *Litdana*, UR 2017, 552, Rz. 39 ff., 44.

(2) Gutglaubensschutz nach der MwStVO

Problematischer ist die Lage jedoch bei den in der MwStVO kodifizierten Gutglaubensschutz-Regelungen.[368] Hier ist zum einen Art. 5c MwStVO zu nennen, wonach im Rahmen der Lieferkettenfiktion nach Art. 14a MwStSystRL – bzw. § 3 Abs. 3a UStG – Gutglaubensschutz zu gewähren ist, wenn der Steuerpflichtige nachweisen kann, „dass er nicht wusste und nach vernünftigem Ermessen nicht wissen konnte", dass die ihm mitgeteilten Angaben nicht zutreffend waren. Insofern steht bereits nach dem Wortlaut der Vorschrift auch hier eine fahrlässige Unkenntnis der „Gutgläubigkeit" entgegen. Ob dies auch für die Vermutungsregelungen der Art. 5d und Art. 18 ff. MwStVO gilt, ist hingegen nicht eindeutig. Denn diese stellen ihre Anwendung unter die Voraussetzung, dass dem Steuerpflichtigen „keine gegenteiligen Angaben"[369] bzw. „keine gegenteiligen Informationen vorliegen"[370]. Insoweit wird teils vertreten, dass lediglich positive Kenntnis schädlich sei,[371] und ein „‚Wissenkönnen' [...] nach dem eindeutigen Wortlaut somit ebenso wenig schädlich für die Gewährung von Vertrauensschutz [ist], wie sich weitere Nachforschungs- und Erkundigungspflichten [...] nicht begründen lassen."[372]

Diese Ansicht verkennt jedoch zum einen, dass sich aus dem bloßen Wortlaut keineswegs die Notwendigkeit positiver Kenntnis ableiten lässt. Vielmehr ist zu bedenken, dass auch eine fahrlässige Unkenntnis das Vorliegen und Bekanntsein gewisser Umstände bedarf, die dann gegebenenfalls zu weiteren Nachforschungen Anlass geben. Lägen derlei Informationen nicht vor, wäre die Unkenntnis auch nicht fahrlässig. Zudem ist der Zweck des Art. 5d MwStVO zu berücksichtigen, der sich gleichermaßen auf Art. 18 ff. MwStVO übertragen lässt. So soll der Steuerpflichtige durch die Vermutungsregelungen „von unverhältnismäßigen Belastungen entlastet werden, die mit einer Überprüfung des Status von Lieferndem und Abnehmer in jedem Einzelfall verbunden wäre".[373] Eine solch unverhältnismäßige Belastung besteht jedoch dann gerade nicht, wenn man die Überprüfung an die Voraussetzung

---

368 S. hierzu A. II. 6. c) und A. II. 7. c).

369 So Art. 5d MwStVO.

370 So z.B. Art. 18 MwStVO.

371 *Becker*, UStB 2011, 144 (151); *Hassa*, UR 2015, 809 (816); *Nieskens*, DB 2011, 1470 (1474).

372 *Hassa*, UR 2015, 809 (816).

373 *Langer*, in Reiß/Kraeusel/Langer, UStG, Art. 14–19 MwStSystRL Rz. 18.11 (Febr. 2025).

knüpft, dass für den Steuerpflichtigen erkennbar „Informationen vorliegen", die zur Nachforschung Anlass geben. Insoweit hat der EuGH klargestellt, dass es dem Grundsatz der Verhältnismäßigkeit zwar zuwider liefe, vom Steuerpflichtigen zu verlangen, systematisch für jede Lieferung die Angaben des Vertragspartners zu überprüfen.[374] Liegen dagegen „Anhaltspunkte für Unregelmäßigkeiten oder Steuerhinterziehung vor, kann ein verständiger Wirtschaftsteilnehmer nach den Umständen des konkreten Falles verpflichtet sein, über einen anderen Wirtschaftsteilnehmer, von dem er Gegenstände oder Dienstleistungen zu erwerben beabsichtigt, Auskünfte einzuholen, um sich von dessen Zuverlässigkeit zu überzeugen".[375] Schließlich ist – insbesondere unter der Prämisse, dass die genannten Vorschriften der MwStVO als Gutglaubensschutz-Regelungen erachtet werden[376] – kein Grund ersichtlich, hier weniger strenge Voraussetzungen an die Gutgläubigkeit zu stellen, als es bei den anderen Regelungen zum Gutglaubensschutz der Fall ist. Dies gebietet bereits die Rechtssicherheit und das damit in gewisser Weise einhergehende Bedürfnis der einheitlichen Anwendung.

(3) Fazit

Damit ist festzuhalten, dass ganz allgemein nicht nur positive Kenntnis dem Gutglaubensschutz entgegensteht, sondern auch fahrlässige Unkenntnis. Hiervon ist zudem nicht nur für diejenigen Bereiche auszugehen, in welchen Gutglaubensschutz bereits explizit bestätigt wurde, sondern auch für jene, in welchen Gutglaubensschutz angebracht erscheint und als naheliegend in Betracht kommt.[377] Zu berücksichtigen ist zudem, dass sich die Fahrlässigkeit ausschließlich auf die Nachforschungsobliegenheiten bezieht, also die Maßnahmen, die der Unternehmer zu ergreifen hat, um die mögliche Unrichtigkeit der Angaben seines Vertragspartners zu erkennen.[378]

bb) Sorgfaltsmaßstab

Dies beantwortet jedoch selbstredend noch nicht die Frage, welcher Grad der Fahrlässigkeit hierbei anzuwenden ist. Markant ist, dass im Gegensatz

---

374 EuGH, Urteil v. 18.5.2017 – C-624/15, *Litdana*, UR 2017, 552, Rz. 44.
375 EuGH, Urteil v. 18.5.2017 – C-624/15, *Litdana*, UR 2017, 552, Rz. 39.
376 So beispielsweise gerade *Hassa*, UR 2015, 809 (810, 813 ff.).
377 S. hierzu A. II.
378 So auch *Frye*, in Rau/Dürrwächter, UStG, § 6a Rz. 829 (Sept. 2022).

zur Rechteversagung nach der Missbrauchsrechtsprechung bzw. § 25f UStG beim Gutglaubensschutz kaum auf die Frage des Fahrlässigkeitsmaßstabs, sondern vielmehr auf die Frage des Sorgfaltsmaßstabs eingegangen wird.[379] So äußert sich auch der BFH ganz allgemein lediglich dahingehend, dass die fahrlässige Unkenntnis nach der EuGH-Rechtsprechung einen Gutglaubensschutz ausschließt.[380]

(1) Sorgfaltsmaßstab des ordentlichen Kaufmanns

Einig ist man sich – schon in Anbetracht des Wortlauts von § 6a Abs. 4 UStG und des EuGH-Urteils *Netto Supermarkt*[381] –, dass der gegenüber Privatpersonen deutlich strengere Sorgfaltsmaßstab des „ordentlichen Kaufmanns" bzw. – in Anbetracht umsatzsteuerrechtlicher Maßstäbe – des „ordentlichen Unternehmers"[382] anzuwenden ist,[383] wobei die besonderen Verhältnisse der einzelnen Berufs- und Gewerbezweige zu berücksichtigen sind.[384] Dieser Sorgfaltsmaßstab ist nach der Gesetzesbegründung des § 6a Abs. 4 UStG[385] sowie nach Ansicht von Teilen der Literatur[386] auf Grundlage der Vorschrift des § 347 HGB[387] zu bestimmen und entspricht einer Haftung wegen leichter Fahrlässigkeit.[388]

---

379 Vgl. z.B. *Englisch*, UR 2008, 481 (489 f.); *Frye*, in Rau/Dürrwächter, UStG, § 6a Rz. 828 ff. (Sept. 2022); *Handzik*, in Offerhaus/Söhn/Lange, UStG, § 6a Rz. 290 ff. (Febr. 2023); *Mann*, UStB 2011, 216 ff.

380 BFH, Beschluss v. 13.10.2014 – V B 19/14, BFH/NV 2015, 243, Rz. 6.

381 EuGH, Urteil v. 21.2.2008 – C-271/06, *Netto Supermarkt*, DStR 2008, 450, Rz. 27, 29.

382 So die durchaus schlüssige Bezeichnung von *Becker*, UR 2009, 664 (671).

383 Vgl. z.B. *Frye*, in Rau/Dürrwächter, UStG, § 6a Rz. 832 ff. (Sept. 2022).

384 *Frye*, in Rau/Dürrwächter, UStG, § 6a Rz. 833 (Sept. 2022); *Sterzinger*, UStB 2015, 78 (82).

385 BT-Drs. 12/2463, S. 31.

386 So z.B. *Englisch*, UR 2008, 481 (489); *Handzik*, in Offerhaus/Söhn/Lange, UStG, § 6a Rz. 290 (Febr. 2023); *Sterzinger*, UStB 2015, 78 (82).

387 Zur Frage, ob die Sorgfaltsanforderungen an den Unternehmer – insbesondere unter Berücksichtigung unionsrechtlicher Vorgaben – tatsächlich durch einen Rückgriff auf § 347 HGB bestimmt werden können, eingehend *Dietlein/Drüen*, Grundlagen und Reichweite des Vertrauensschutzes bei Ausfuhrlieferungen im nichtkommerziellen Reiseverkehr, 2010, S. 47 ff.

388 *Tormöhlen*, in Reiß/Kraeusel/Langer, UStG, § 25f Rz. 26 (Aug. 2023) unter Bezug u.a. auf *Steimle/Dornieden*, in Röhricht/Graf von Westphalen/Haas/Mock/Wöstmann, HGB, 6. Aufl. 2023, § 347 Rz. 13.

(2) Genügen leichter Fahrlässigkeit

Unabhängig davon, ob eine Übernahme dieser zivilrechtlichen Wertungen tatsächlich ohne Weiteres möglich ist,[389] ergibt sich meines Erachtens bereits aus den Formulierungen zum Gutglaubensschutz selbst, dass insoweit schon leichte Fahrlässigkeit der Gutgläubigkeit entgegensteht. Denn parallel zur Missbrauchsrechtsprechung, wird – wie bereits aufgezeigt – auch in der Gutglaubensschutz-Rechtsprechung bzw. den Gutglaubensschutz-Vorschriften stets die Negation des Modalverbs „können" verwendet, z.B. „nicht erkennen konnte", „weder Kenntnis hatte noch haben konnte". Daher kann zunächst die zur Missbrauchsrechtsprechung erfolgte Analyse aufgegriffen werden: So bedeutet die Formulierung „nicht wissen können", dass die Möglichkeit der Kenntnis nahezu ausgeschlossen ist, der Grad des Verschuldens der Unkenntnis mithin als sehr gering bzw. nicht vorhanden angesehen werden muss. Denn wenn der Steuerpflichtige keine Möglichkeit der Kenntnis hat, trifft ihn an seiner Unkenntnis auch keine – auch noch so geringe – Schuld.[390]

Dieses Ergebnis wird auch durch die Anforderungen des EuGH, wonach der Steuerpflichtige „alle ihm zur Verfügung stehenden, zumutbaren Maßnahmen"[391] zu ergreifen habe, und des BFH, der „Nachforschungen bis zur Grenze der Zumutbarkeit"[392] verlangt, gestützt. Grobe Fahrlässigkeit dagegen liegt vor, „wenn die *Sorgfalt eines ordentlichen Kaufmanns in außergewöhnlichem Maß verletzt* oder vernachlässigt worden ist und dasjenige unbeachtet geblieben ist, was im gegebenen Fall jedem hätte einleuchten müssen".[393] Dies steht diametral zu den Anforderungen von EuGH und BFH, so dass vielmehr davon auszugehen ist, dass diese Anforderungen bereits bei „leichte[n] Verstöße[n] gegen die Sorgfaltsanforderungen"[394] – also einfacher Fahrlässigkeit – nicht mehr gewahrt sind.[395]

---

389 Kritisch *Becker*, UR 2009, 664 (671).

390 S. schon unter A. VI. 3. a) bb) (1).

391 So z.B. EuGH, Urteil v. 27.9.2007 – C-409/04, *Teleos*, BStBl. II 2009, 70, Rz. 66.

392 BFH, Urteil v. 14.11.2012 – XI R 17/12, BStBl. II 2013, 407, Rz. 38.

393 *Steimle/Dornieden*, in Röhricht/Graf von Westphalen/Haas/Mock/Wöstmann, HGB, 6. Aufl. 2023, § 347 Rz. 21 (Hervorhebung im Original).

394 *Fest*, in Ebenroth/Boujong, HGB, Bd. 2, 5. Aufl. 2024, § 347 Rz. 26.

395 Zur Frage, welche Sorgfaltsanforderungen dabei an den Unternehmer gestellt werden dürfen, um insbesondere noch als „zumutbar" erachtet werden zu können, vgl. ausführlich *Dietlein/Drüen*, Grundlagen und Reichweite des Vertrauensschutzes bei Ausfuhrlieferungen im nichtkommerziellen Reiseverkehr, 2010, S. 61 ff.

(3) *Kein Widerspruch zur Notwendigkeit grober Fahrlässigkeit bei Rechteversagung*

Schließlich stellt sich die Frage, ob diesem Ergebnis das Bedürfnis der groben Fahrlässigkeit im Rahmen der Missbrauchsrechtsprechung bzw. § 25f UStG[396] entgegensteht. Dies ist jedoch zu verneinen, weil die „Ausgangslage" eine gänzlich andere ist. So werden dem Unternehmer durch die Missbrauchsrechtsprechung eigentlich zustehende Rechte, deren Tatbestandsmerkmale tatsächlich alle vorliegen, versagt, während beim Schutz des guten Glaubens tatsächlich nicht vorliegende objektive Tatbestandsmerkmale „überwunden" werden. Diese unterschiedliche Ausgangslage rechtfertigt es, die Versagung eines objektiv eigentlich zustehenden Rechts erst bei schwerwiegenderen Verstößen vorzunehmen, während an die Gewährung eines objektiv eigentlich nicht zustehenden Rechts höhere Sorgfaltsanforderungen gestellt werden dürfen.[397]

c) § 25e UStG

Auch hinsichtlich § 25e UStG stellt sich schließlich die Frage, wann von einem „Verschulden" auszugehen ist. Nach § 25e Abs. 2 Satz 2 und Abs. 3 Satz 2 UStG greift der Haftungsausschluss des Schnittstellenbetreibers nicht – die verschuldensabhängige Haftung lebt also auf –, wenn er „Kenntnis davon hatte oder nach der Sorgfalt eines ordentlichen Kaufmanns hätte haben müssen", dass der liefernde Unternehmer seinen steuerlichen Verpflichtungen nicht oder nicht im vollen Umfang nachkommt bzw. dass die Umsätze tatsächlich im Rahmen eines Unternehmens erbracht werden. Angesichts der Ausführungen zu § 25f UStG zum Wortlaut „hätte wissen müssen",[398] dürfte – bei strenger Orientierung am Wortlaut – auch im Rahmen von § 25e UStG erst das Vorliegen grober Fahrlässigkeit zu einer Haftung führen. Im Gegensatz zu § 25f UStG statuiert § 25e UStG jedoch, dass die Haftung bereits dann in Betracht kommt, wenn der Betreiber „nach der Sorgfalt eines ordentlichen Kaufmanns [Kenntnis] hätte haben müssen". Damit könnte sich die Frage stellen, ob dieser Hinweis auf die erhöhten Sorgfaltsanforderungen eines ordentlichen Kaufmanns eine Haftung bereits bei einfacher Fahrlässigkeit indizieren soll.

---

396 S. A. VI. 3. a) bb).
397 In diese Richtung sind wohl auch *Ismer/Artinger*, MwStR 2019, 56 (60) zu verstehen.
398 Vgl. A. VI. 3. a) bb) (2).

Dies ist meines Erachtens jedoch nicht der Fall. Denn zum einen wird der erhöhte Sorgfaltsmaßstab eines ordentlichen Kaufmanns auch im Rahmen des § 25f UStG gelten – selbst, wenn er dort nicht explizit benannt ist. Dies ist wohl in erster Linie dem Umstand geschuldet, dass man sich bei der Umsetzung des § 25f UStG möglichst nahe an den vom EuGH verwendeten Formulierungen halten wollte. Im Übrigen ist jedoch kein Grund ersichtlich, den Unternehmer im Rahmen seiner Nachforschungsobliegenheiten bei der Missbrauchsrechtsprechung lediglich den Sorgfaltsmaßstab einer Privatperson – eine solche ist er auch gerade nicht – aufzuerlegen, während er im Übrigen stets denjenigen eines ordentlichen Kaufmanns bzw. Unternehmers zu wahren hat.

Zum anderen sind die Anforderungen der Finanzverwaltung an den Schnittstellenbetreiber zu beachten, welche wohl stark in Richtung einer Haftung lediglich für „grobe Fahrlässigkeit" tendieren. So hat der Schnittstellenbetreiber lediglich „ihm offensichtliche oder bekanntgewordene Tatsachen" zu berücksichtigen, die ihm im Rahmen seines eigenen Unternehmens bekannt werden und auf eine umsatzsteuerliche Pflichtverletzung schlussfolgern lassen, wobei ein „aktives Ausforschen [...] dazu nicht erforderlich" ist.[399]

In Anbetracht der Tatsache, dass § 25e UStG eine Haftung – also ein Einstehenmüssen für eine fremde Steuerschuld[400] – statuiert, können auch die vom BFH zur früheren Haftungsnorm § 25d Abs. 1 UStG angebrachten Erwägungen, dass an das subjektive Element „strenge Anforderungen zu stellen" sind[401] und die Norm den Grundsätzen „der Rechtssicherheit und der Verhältnismäßigkeit [...] genügen"[402] müsse, herangezogen werden. Dementsprechend kann eine Haftung nach § 25e UStG ebenfalls erst bei grober Fahrlässigkeit in Betracht kommen.

d) Fazit

Allen Regelungsbereichen des materiellen Umsatzsteuerrechts, die an ein subjektives Merkmal anknüpfen, gemein ist damit die Tatsache, dass nicht nur

---

399 Abschn. 25e.2 Abs. 3 Sätze 1–3 UStAE.

400 Vgl. z.B. BFH, Urteil v. 12.10.1999 – VII R 98/98, BStBl. II 2000, 486 (487); *Schindler*, in Gosch, AO/FGO, § 44 AO Rz. 13 (Nov. 2021); *Pflaum*, wistra 2021, 269 (270) unter Verweis auf BFH, Urteil v. 22.4.2015 – XI R 43/11, BStBl. II 2015, 755, Rz. 21.

401 S. Fn. 354.

402 S. Fn. 355.

positive Kenntnis schadet, sondern bereits fahrlässige Unkenntnis. Während § 25f UStG sowie die verschuldensabhängige Haftung in § 25e UStG dabei erst bei grober Fahrlässigkeit greifen, steht dem Schutz guten Glaubens bereits einfache Fahrlässigkeit entgegen. In jedem Fall ist dabei stets der erhöhte Sorgfaltsmaßstab eines „ordentlichen Unternehmers" – und nicht lediglich derjenige einer Privatperson – zu wahren.

B. Umgang mit der Zurechnung von Wissen in anderen (Teil-)Rechtsgebieten

I. Grundlagen der Wissenszurechnung im Zivilrecht

Für die Frage der in den aufgezeigten Anwendungsfeldern des Umsatzsteuerrechts erforderlichen Wissenszurechnung, greifen sowohl Rechtsprechung und Finanzverwaltung als auch das Schrifttum – wie noch aufzuzeigen sein wird[403] – vornehmlich auf die im Zivilrecht entwickelten Grundlagen und Theorien zur Wissenszurechnung zurück. Angesichts der Vielzahl der hierbei vertretenen Begründungsansätze, die in ihrer Fülle „kaum noch zu überblicken" sind[404] und dem Umstand, dass „selbst nach einer gründlichen Auswertung der Kommentarliteratur eine sichere Orientierung in vielen elementaren Fragen nicht möglich ist",[405] sollen im Folgenden vor allem die hierzu ergangene Rechtsprechung sowie einzelne Literaturansichten überblicksartig dargestellt werden. Dabei fällt – neben der Unterscheidung zwischen der Zurechnung des Wissens von Organmitgliedern und „sonstigen" Mitarbeitern bzw. „Hilfspersonen" – zunächst die Differenzierung anhand der Frage ins Auge, ob die „wissende" auch die „handelnde" Person ist. Fallen diese beiden Merkmale – wissend und handelnd – nicht in einer Person zusammen, wird zumeist von der sogenannten Wissensaufspaltung gesprochen.[406] Teils wird hierfür auch der Begriff der „Wissenszusammen-

403 S. C. I.

404 So auch das Résumé von *Linke*, Digitale Wissensorganisation, 2021, S. 50 f.

405 Diese Einschätzung von *Grigoleit*, ZHR 181 (2017), 160 (162) zeigt den misslichen Zustand dieser zivilrechtlichen Problematik.

406 Z.B. *Baum*, Die Wissenszurechnung, 1999, S. 205 ff., 226 f.; *Buck*, Wissen und juristische Person, 2001, S. 312 ff.; *Jung*, Wissenszurechnung und Wissensverantwortung

rechnung“ verwendet.[407] Dies mag begrifflich nicht ganz sauber sein, als hierunter auch jene Fälle verstanden werden, in welchen Teilwissen mehrerer Personen zu „einem Wissenselement“ zusammenaddiert werden.[408] Gleichwohl ermöglicht die Verwendung des Begriffs „Wissenszusammenrechnung“ für die Fälle der Wissensaufspaltung eine klare Abgrenzung zwischen den Fällen der Wissenszurechnung im Sinne einer „Zurechnung des Wissens der handelnden Person an die Organisation“ und jenen der Wissensaufspaltung – eine Abgrenzung, die im zivilrechtlichen Schrifttum leider häufig nicht eindeutig erfolgt.[409]

Während all jene Fälle, in welchen die beiden Eigenschaften „wissend“ und „handelnd“ in einer Person zusammenfallen, heute hinsichtlich der Rechtsfolgen im Wesentlichen geklärt sind und allenfalls noch dogmatische Fragen im Raum stehen, beschäftigt sich ein Großteil der gegenwärtigen Rechtsprechung und Literatur hauptsächlich mit den sogenannten Wissensaufspaltungs-Fällen.

1. Wissenszurechnung der wissenden und handelnden Person

Einvernehmen von allen Seiten besteht heute sowohl für die Fälle der Zurechnung des Wissens eines Gesamtvertreters als auch des am Rechtsakt beteiligten Organmitglieds im Falle der Einzelvertretung: dieses Wissen gilt stets als das Wissen der Organisation.[410] Offen ist insoweit weiterhin lediglich die Rechtsgrundlage. Hierbei werden vor allem § 31 BGB[411] sowie § 166 Abs. 1

---

bei juristischen Personen, 2017, S. 20, 203 ff.

407 *Buck*, Wissen und juristische Person, 2001, S. 327.

408 So zurecht *Buck*, Wissen und juristische Person, 2001, S. 327, die den Begriff der „Wissenszusammenrechnung“ gleichwohl ebenfalls für die Fälle der Wissensaufspaltung verwendet.

409 So z.B. bei *Armbrüster/Kosich*, ZIP 2020, 1494 ff.

410 Vgl. z.B. *Buck*, Wissen und juristische Person, 2001, S. 381 ff.; *Gasteyer/Goldschmidt*, AG 2016, 116 (119); *Waltermann*, AcP 192 (1992), 181 (219).

411 So z.B. *Engelhardt*, Wissensverschulden, 2019, S. 29 sowie *Jung*, Wissenszurechnung und Wissensverantwortung bei juristischen Personen, 2017, S. 171 ff., der davon ausgeht, dass „§ 31 BGB als gesetzliche Festschreibung der Geltung der Organtheorie“ fungiert (zur Organtheorie s. sogleich), wobei der Norm „nur der Rechtsgedanke der Organtheorie entnommen wird und die übrigen Voraussetzungen des § 31 BGB unberücksichtigt bleiben bzw. dahinstehen“.

BGB[412] ins Spiel gebracht. Da sie „im Ergebnis ohne Auswirkungen ist“,[413] wird diese Frage heute meist[414] entweder bewusst offen gelassen,[415] gar nicht mehr thematisiert[416] oder allenfalls in einem kurzen Nebensatz im Rahmen der Wissensaufspaltungs-Fälle erwähnt.[417]

Ebenfalls von einer mittlerweile gefestigten Rechtsprechung kann man für die Frage der Wissenszurechnung eines gleichzeitig handelnden und wissenden Mitarbeiters an den Geschäftsherrn sprechen. Der BGH geht hierbei vom Begriff des „Wissensvertreters“ aus. Dieser stammt aus dem Versicherungsvertragsrecht und wurde – damals noch vom Reichsgericht – im Jahr 1921 zum ersten Mal verwendet.[418] Er soll eine Wissenszurechnung eines jeden Bediensteten ausschließen und stattdessen nur für solche Mitarbeiter ermöglichen, die mit einer gewissen Verantwortung betraut sind.[419] Als Wissensvertreter ist dabei jeder anzusehen, „der nach der Arbeitsorganisation des Geschäftsherrn dazu berufen ist, im Rechtsverkehr als dessen Repräsentant bestimmte Aufgaben in eigener Verantwortung zu erledigen und die dabei angefallenen Informationen zur Kenntnis zu nehmen sowie gegebenenfalls weiterzuleiten.“[420] Diesen Begriff hat selbst der BFH

---

412 Z.B. *Grunewald*, in Festschrift Beusch, 1993, S. 301 (302); *Nobbe*, in Bankrechtstag 2002, 2003, S. 121 (133, 160); *Römmer-Collmann*, Wissenszurechnung innerhalb juristischer Personen, 1998, S. 97 ff., 119 ff., 217.

413 *Buck*, Wissen und juristische Person, 2001, S. 279.

414 Anders *Jung*, Wissenszurechnung und Wissensverantwortung bei juristischen Personen, 2017, S. 157 ff., der diese Frage umfassend thematisiert und dabei § 31 BGB als gesetzliche Verankerung der Organtheorie als Rechtsgrundlage heranziehen möchte.

415 So z.B. *Schubert*, in MüKo BGB, Bd. 1, 10. Aufl. 2025, § 166 Rz. 9.

416 In dieser Weise verfährt vor allem die Rechtsprechung (s. z.B. BGH, Urteil v. 15.12.2005 – IX ZR 227/04, NJW-RR 2006, 771 [772 f.]), indem sie meist nur noch auf die Pflicht zur ordnungsgemäßen Organisation der internen Kommunikation eingeht (hierzu sogleich), die jedoch denklogisch ausschließlich auf die Fälle der Wissensaufspaltung Anwendung finden kann. So aber u.a. auch *Armbrüster/Kosich*, ZIP 2020, 1494 (1500 ff.); *Gasteyer/Goldschmidt*, AG 2016, 116 (119).

417 Z.B. *Baumann*, ZGR 1973, 284 (290, 292); *Grigoleit*, ZHR 181 (2017), 160 (187 f.).

418 RG, Urteil v. 8.3.1921 – VII 330/20, RGZ 101, 402 (403); *Buck*, Wissen und juristische Person, 2001, S. 155.

419 BGH, Urteil v. 15.3.2011 – VI ZR 162/10, NJW 2011, 1799 (1800).

420 BGH, Urteil v. 24.1.1992 – V ZR 262/90, NJW 1992, 1099 (1100); BGH, Urteil v. 25.10.2018 – IX ZR 168/17, NJW-RR 2019, 116 (117); so beispielsweise auch BGH, Urteil v. 1.6.2005 – VIII ZR 234/04, NJW-RR 2005, 1421 (1422).

übernommen und ihn – in Abgrenzung zu rechtsgeschäftlichen Handlungen – auf die Verpflichtung zur Abgabe von Erklärungen gegenüber der Finanzbehörde ausgeweitet.[421] In entsprechender Anwendung von § 166 Abs. 1 BGB nimmt der BGH sodann die Zurechnung der Kenntnisse des Wissensvertreters an den Geschäftsherrn vor.

In Übereinstimmung mit der Rechtsprechung geht auch die Literatur weitestgehend davon aus, dass weder das Wissen sämtlicher Mitarbeiter der relevanten Organisation zurechenbar ist, noch, dass deren Wissen als gänzlich unbeachtlich zu behandeln ist.[422] Dabei wird ebenfalls häufig an den Begriff des Wissensvertreters angeknüpft,[423] wobei zumeist drei kumulative Merkmale gefordert werden:[424] Außenkontakt,[425] Betrauung mit der Erledigung einer Aufgabe durch den Geschäftsherrn sowie Eigenverantwortlichkeit. Während die Rechtsgrundlage für die Zurechnung der Kenntnisse des Wissensvertreters in den Fällen der Wissensaufspaltung nach wie vor höchst umstritten ist,[426] erachtet die ganz überwiegende Ansicht § 166 BGB in analoger Anwendung als Zurechnungsgrundlage für den handelnden Wissensvertreter.[427]

---

421 BFH, Urteil v. 21.4.2010 – VI R 29/08, BStBl. II 2010, 833, Rz. 15 f.

422 *Buck*, Wissen und juristische Person, 2001, S. 192; *Jung*, Wissenszurechnung und Wissensverantwortung bei juristischen Personen, 2017, S. 107; anders noch *Hoffmann*, JR 1969, 372 (373 f.), der die Kenntnis sämtlicher Hilfspersonen zurechnen wollte.

423 So z.B. *Bruns*, Voraussetzungen und Auswirkungen der Zurechnung von Wissen und Wissenserklärungen im allgemeinen Privatrecht und im Privatversicherungsrecht, 2007, S. 160 ff.; *Richardi*, AcP 169 (1969), 385 ff.; *Schubert*, in MüKo BGB, Bd. 1, 10. Aufl. 2025, § 166 Rz. 30 ff.

424 Vgl. *Jung*, Wissenszurechnung und Wissensverantwortung bei juristischen Personen, 2017, S. 110 ff., der hierbei vor allem Bezug nimmt auf *Buck*, Wissen und juristische Person, 2001, S. 159 ff. Ebenso *Schilken*, Wissenszurechnung im Zivilrecht, 1983, S. 224.

425 Die Voraussetzung des Außenkontakts lehnen beispielsweise sowohl *Engelhardt*, Wissensverschulden, 2019, S. 33 als auch *Grigoleit*, ZHR 181 (2017), 160 (184) ab.

426 S. sogleich unter B. I. 2. b) bb).

427 So z.B. *Baum*, Die Wissenszurechnung, 1999, S. 49 ff.; *Buck*, Wissen und juristische Person, 2001, S. 171, 193; *Engelhardt*, Wissensverschulden, 2019, S. 26 ff.; *Jung*, Wissenszurechnung und Wissensverantwortung bei juristischen Personen, 2017, S. 107 ff.; *Schilken*, in Staudinger, BGB, 2024, § 166 Rz. 4 ff.; *Schubert*, in MüKo BGB, Bd. 1, 10. Aufl. 2025, § 166 Rz. 30 ff. Ähnlich *Richardi*, AcP 169 (1969), 385 (388, 395 ff.), der an § 166 Abs. 1 BGB knüpft, die Wissensvertretung jedoch als selbständiges Zurechnungsprinzip ansieht, welches durch § 166 BGB lediglich ausgeformt wird.

2. Wissenszusammenrechnung – Auseinanderfallen von wissender und handelnder Person

a) Rechtsprechung

aa) Organmitglieder

(1) Organtheorie und absolute Wissenszurechnung

Ausgangspunkt und lange Jahre vertretene Ansicht des BGH zur Frage der Wissenszu- und Wissenszusammenrechnung ist die vornehmlich auf der Organtheorie[428] basierende sogenannte Theorie der absoluten Wissenszurechnung,[429] die bereits das Reichsgericht zugrunde legte.[430]

Die sogenannte Organtheorie geht auf *von Gierke* und dessen „Theorie der realen Verbandspersönlichkeit" zurück.[431] Demnach sei die juristische Person sowohl rechtsfähig als auch willens- und handlungsfähig.[432] Die juristische Person handle selbst durch ihre Organe als „Werkzeug",[433] die somit Kopf und Hand der Gesellschaft sind.[434] Ihr Handeln und Wissen sei der juristischen Person nicht nur zuzurechnen, sondern es sei „Eigenhandeln" der juristischen Person.[435] Demgegenüber steht die Ansicht *von Savignys*, wonach juristische Personen weder handlungs- noch willensfähig seien und daher einer Vertretung durch ihre Organe bedürfen.[436] Das Handeln der Organe

---

428 *Baumann*, ZGR 1973, 284 (287 f.); *Taupitz*, Karlsruher Forum 1994, S. 16 (26).

429 *Bruns*, Voraussetzungen und Auswirkungen der Zurechnung von Wissen und Wissenserklärungen im allgemeinen Privatrecht und im Privatversicherungsrecht, 2007, S. 233 f.; *Jung*, Wissenszurechnung und Wissensverantwortung bei juristischen Personen, 2017, S. 129 f.; *Spindler*, in MüKo AktG, Bd. 2, 6. Aufl. 2023, § 78 Rz. 97.

430 Vgl. z.B. BGH, Urteil v. 8.12.1989 – V ZR 246/87, BGHZ 109, 327 (330 f.), das diesbezüglich auf RG, Urteil v. 8.2.1935 – V 223/34, JW 1935, 2044 verweist.

431 *Baum*, Die Wissenszurechnung, 1999, S. 351; *Baumann*, ZGR 1973, 284 (288); *Flume*, Allgemeiner Teil des Bürgerlichen Rechts, Bd. 1, Teil 2 – Die juristische Person, 1983, S. 378.

432 *von Gierke*, Die Genossenschaftstheorie und die Deutsche Rechtsprechung, 1887, S. 603, 607.

433 *von Gierke*, Die Genossenschaftstheorie und die Deutsche Rechtsprechung, 1887, S. 623.

434 So auch *Koenig*, in Koenig, AO, 5. Aufl. 2024, § 13 Rz. 3.

435 *Schöpflin*, in Hau/Poseck, BeckOK BGB, § 21 Rz. 15 (Aug. 2025); ähnlich *von Gierke*, Die Genossenschaftstheorie und die Deutsche Rechtsprechung, 1887, S. 624 Fn. 3: „Darum ist die Ausdrucksweise neuerer Gesetze, welche von einem Handeln der Körperschaft durch ihre Organe reden, durchaus zutreffend".

436 *von Savigny*, System des heutigen Römischen Rechts, Bd. 2, 1840, S. 312, 324.

sei demnach nicht Eigenhandeln der juristischen Person, sondern lediglich ihrer Organe, welches der juristischen Person sodann – entsprechend der Zurechnung von Vertreterhandeln und -wissen an natürliche Personen – lediglich zurechenbar sei.[437]

Nach der absoluten Wissenszurechnung sei das Wissen eines jeden einzelnen Organmitglieds als Wissen der juristischen Person zu behandeln,[438] unabhängig davon, ob es an dem relevanten Rechtsgeschäft beteiligt war oder ob es überhaupt von der Existenz des Geschäfts wusste.[439] Selbst das Ausscheiden des wissenden Organmitglieds ändere hieran nichts, weil die juristische Person – sofern sie durch eines ihrer Organmitglieder einmal Kenntnis erlangt hat – wissend bleibe.[440] Ebenso unerheblich sei, „ob das Organmitglied seine Kenntnis in dieser Eigenschaft erlangt hat oder nicht".[441]

(2) Entwicklung zur Wissensorganisationspflicht[442]

(a) Abwägung unter Berücksichtigung des Verkehrsschutzes

Von dieser Theorie der absoluten Wissenszurechnung hat sich die Rechtsprechung nach und nach distanziert.[443] So hat der BGH bereits 1989 betont, dass sich die Frage der Wissenszurechnung von Organen „nicht mit logisch-begrifflicher Stringenz […], sondern nur in wertender Beurteilung entscheiden" lasse.[444] Mithin wurde schon hier eine Abwägung zwischen den Interessen der Beteiligten vorgenommen, deren Ergebnis auf Erwägungen des Verkehrsschutzes beruhte.[445] Gleichzeitig wurde die

---

437 *Flume*, Allgemeiner Teil des Bürgerlichen Rechts, Bd. 1, Teil 2 – Die juristische Person, 1983, S. 377; *von Savigny*, System des heutigen Römischen Rechts, Bd. 2, 1840, S. 282 f., 312.

438 BGH, Urteil v. 23.10.1958 – II ZR 127/57, WM 1959, 81 (84); BGH, Urteil v. 6.4.1964 – II ZR 75/62, NJW 1964, 1367.

439 BGH, Urteil v. 1.3.1984 – IX ZR 34/83, NJW 1984, 1953 ff.; BGH, Urteil v. 8.12.1989 – V ZR 246/87, BGHZ 109, 327 (331).

440 BGH, Urteil v. 23.10.1958 – II ZR 127/57, WM 1959, 81 (84).

441 *Baumann*, ZGR 1973, 284 (285).

442 Uneingeschränkt zuzustimmen ist *Engelhardt*, Wissensverschulden, 2019, S. 60 f., die anführt, dass der Begriff „Wissensorganisations*pflicht*" ungenau ist, weil es sich tatsächlich um eine Obliegenheit handelt.

443 Zur Entwicklung der Rspr. vgl. *Baum*, Die Wissenszurechnung, 1999, S. 317 ff.; *Buck*, Wissen und juristische Person, 2001, S. 221 ff.

444 BGH, Urteil v. 8.12.1989 – V ZR 246/87, BGHZ 109, 327 (331).

445 *Reuter*, ZIP 2017, 310 (312).

Zurechnung des Wissens ausgeschiedener Organe nicht mehr mit der bloßen – ehemaligen – Organstellung begründet, sondern mit der Existenz „typischerweise aktenmäßig festgehaltene[n] Wissen[s]“[446]. In seinem Urteil vom 2.2.1996 hat der BGH – jedenfalls der V. Zivilsenat – der Organtheorie gänzlich den Rücken gekehrt, indem er hervorgehoben hat, dass „die Wissenszurechnung [...] nicht in der Organstellung oder einer vergleichbaren Position des Wissensvermittlers (Organtheorie) [gründet], sondern im Gedanken des Verkehrsschutzes und der daran geknüpften Pflicht zu ordnungsgemäßer Organisation der gesellschaftsinternen Kommunikation“.[447] Problematisch ist insoweit lediglich die Haltung des X. Zivilsenats des BGH, der in seinem Urteil vom 6.2.2002[448] erneut auf die früher auch von anderen Zivilsenaten des BGH vertretene Ansicht der absoluten Wissenszurechnung abgehoben hat.[449] Mit dieser Ansicht steht der X. Zivilsenat mittlerweile jedoch wohl weitestgehend allein auf weiter Flur.[450]

(b) Gleichstellungsargument und Kommunikationspflicht

Ebenfalls Einzug gefunden in die vom V. Zivilsenat aufgestellte Prämisse der Abwägung hat der Gedanke, dass der Vertragspartner nicht schlechter – aber auch nicht besser[451] – gestellt werden darf, als wenn er mit einer einzelnen natürlichen Person kontrahiert hätte.[452] Im Rahmen dieses Gleichstellungsarguments berücksichtigt der BGH die Tatsache, dass juristische Personen – ebenso wie Personengesellschaften – meist von einer „organisatorische[n] Aufspaltung von Zuständigkeiten“[453] profitieren und dass Organmitglieder ausscheiden bzw. wechseln können.[454] Im Gegensatz zur natürlichen Person – die allenfalls vergessen kann, aber stets „sie selbst“ bleibt – besteht so

446 BGH, Urteil v. 8.12.1989 – V ZR 246/87, BGHZ 109, 327 (332).

447 BGH, Urteil v. 2.2.1996 – V ZR 239/94, BGHZ 132, 30 (37).

448 BGH, Urteil v. 6.2.2002 – X ZR 215/00, NJW-RR 2002, 978 (982).

449 *Buck-Heeb*, in Moosmayer/Lösler, Corporate Compliance, 4. Aufl. 2024, § 5 Rz. 13.

450 So *Buck-Heeb*, in Moosmayer/Lösler, Corporate Compliance, 4. Aufl. 2024, § 5 Rz. 14, wonach „inzwischen auch andere Senate des BGH der Auffassung des V. Zivilsenats gefolgt“ sind.

451 BGH, Urteil v. 2.2.1996 – V ZR 239/94, BGHZ 132, 30 (36).

452 BGH, Urteil v. 8.12.1989 – V ZR 246/87, BGHZ 109, 327 (332).

453 BGH, Urteil v. 13.10.2000 – V ZR 349/99, NJW 2001, 359 (360).

454 So auch die Argumentation in BGH, Urteil v. 8.12.1989 – V ZR 246/87, BGHZ 109, 327 (332).

die Gefahr, dass einmal erlangtes Wissen bei dem später relevanten Rechtsgeschäft gerade nicht oder nicht mehr verfügbar ist. Der Vertragspartner kann daher schlechter stehen als bei Kontrahierung mit einer natürlichen Person. Es bedarf somit eines Schutzes des Rechtsverkehrs, der durch eine Pflicht zur Speicherung und Weitergabe relevanter Kenntnisse verwirklicht werden soll. Ausgangspunkt dieser Kommunikationspflicht ist die Rechtfertigung zur – über die mangelnde Beteiligung des Organmitglieds am konkreten Rechtsgeschäft[455] bzw. dem Ausscheiden des Organmitglieds hinausgehenden – Fortdauer der Zurechnung seines Wissens mittels der Überlegung, ob dieses Wissen typischerweise aktenmäßig festzuhalten[456] war bzw. gewesen wäre. Hieraus und unter Bezugnahme auf *Taupitz*[457] hat der BGH weiterführend als maßgeblichen Grund für die Zurechnung von Wissen eine „Pflicht zur ordnungsgemäßen Organisation der internen Kommunikation“[458] hervorgehoben. „Diese Organisationspflicht gründe, ähnlich wie eine Verkehrspflicht, auf der Beherrschung eines selbsteröffneten Verkehrsbereichs: eine am Rechtsverkehr teilnehmende Organisation müsse (auch und gerade nach den berechtigten Erwartungen des Rechtsverkehrs) so organisiert sein, daß Informationen, deren Relevanz für andere Personen innerhalb dieser Organisation bei den konkret Wissenden erkennbar ist, tatsächlich an jene Personen weitergegeben werden [...]; umgekehrt müsse sichergestellt sein, daß gegebenenfalls nach erkennbar anderswo innerhalb der Organisation vorhandenen und für den eigenen Bereich wesentlichen Informationen nachgefragt werde“.[459] Wissen sei also immer dann zurechenbar, wenn es „bei ordnungsgerechter Organisation aktenmäßig festzuhalten, weiterzugeben und vor Vertragsabschluss abzufragen ist“.[460] Vor dem Hintergrund, dass der BGH bei der Ermittlung der Rechtsgrundlage der Wissenszusammenrechnung nunmehr eine Interessenabwägung vornimmt, muss er gleichzeitig die Zumutbarkeit dieser neuen Dokumentations- und

---

455 BGH, Urteil v. 13.10.2000 – V ZR 349/99, NJW 2001, 359 (360).

456 BGH, Urteil v. 8.12.1989 – V ZR 246/87, BGHZ 109, 327 (332); BGH, Urteil v. 17.5.1995 – VIII ZR 70/94, NJW 1995, 2159 (2160).

457 *Taupitz*, Karlsruher Forum 1994, S. 16 ff. (28 ff.).

458 So auch BGH, Urteil v. 10.12.2010 – V ZR 203/09, juris, Rz. 16.

459 BGH, Urteil v. 2.2.1996 – V ZR 239/94, BGHZ 132, 30 (37).

460 BGH, Urteil v. 13.10.2000 – V ZR 349/99, NJW 2001, 359 (360); ähnlich auch BGH, Urteil v. 15.4.1997 – XI ZR 105/96, BGHZ 135, 202 (206 f.).

Kommunikationspflichten für die Organisation berücksichtigen. So seien bei der Wissenszusammenrechnung persönliche und zeitliche Grenzen zu ziehen. Das als Wissen Zuzurechnende dürfe nicht zu einer Fiktion entarten, die juristische Personen oder Personengesellschaften mehr als eine natürliche Person belaste. Hierbei müsse auch berücksichtigt werden, ob überhaupt Anlass zur Speicherung bestand, wie lange diese Speicherung notwendig war und ob später ein Anlass zur Abfrage etwaiger Informationen bestand.[461]

(c) Unbeachtlichkeit der Rechtsform

Auffällig ist, dass der Großteil dieser Erwägungen zu juristischen Personen – sowohl des Privatrechts als auch des öffentlichen Rechts – erging. Der BGH hat jedoch klargestellt, dass die aufgestellten Grundsätze zur Wissenszurechnung unabhängig von der Rechts- oder Organisationsform „der am Rechtsverkehr teilnehmenden Struktureinheit"[462] zur Anwendung kommen, weil beispielsweise auch bei Personengesellschaften die Gedanken des Verkehrsschutzes und der Pflicht zum ordnungsgemäßen Informationsaustausch greifen.[463]

bb) Hilfspersonen

Diese Erwägungen zur Wissensorganisationspflicht gelten heute gleichermaßen für die Zurechnung von Mitarbeiterwissen. So ging der BGH im Jahr 1989 – in Fortwirkung zu seiner damaligen Rechtsprechung[464] – zwar noch von einer Wissenszurechnung im Sinne einer „Wissenszusammenrechnung" von wissendem und handelndem Mitarbeiter auf Grund von § 166 Abs. 1 BGB aus.[465] Seit dem richtungsweisenden Urteil des BGH im Jahr 1996,[466] in welchem er sich von der Organtheorie abgewandt hat und

---

461 BGH, Urteil v. 2.2.1996 – V ZR 239/94, BGHZ 132, 30 (38 f.); BGH, Urteil v. 10.12.2010 – V ZR 203/09, juris, Rz. 16.

462 BGH, Urteil v. 13.10.2000 – V ZR 349/99, NJW 2001, 359 (360).

463 BGH, Urteil v. 2.2.1996 – V ZR 239/94, BGHZ 132, 30 (37 f.); anders noch BGH, Urteil v. 17.5.1995 – VIII ZR 70/94, NJW 1995, 2159 (2160) für OHG und KG.

464 BGH, Urteil v. 1.3.1984 – IX ZR 34/83, NJW 1984, 1953 ff.; BGH, Urteil v. 2.4.1962 – II ZR 42/61, JZ 1963, 255 (256 f.) unter Bezugnahme von BGH, Urteil v. 9.2.1960 – VIII ZR 51/59, JZ 1961, 24 ff.

465 BGH, Urteil v. 1.6.1989 – III ZR 261/87, NJW 1989, 2879 ff.

466 BGH, Urteil v. 2.2.1996 – V ZR 239/94, BGHZ 132, 30 ff.

stattdessen auf wertende Gesichtspunkte und eine Wissensorganisationspflicht abstellte, hat sich jedoch auch die Handhabung der Kenntniszurechnung von Hilfspersonen in Richtung einer Wissensorganisationspflicht auf Ebene der Wissensvertreter gewandelt. Zwar wurde bereits im Jahr 1992 auf eine solche etwaige Organisationspflicht eingegangen – die Frage wurde jedoch offen gelassen.[467] Nunmehr soll eine Wissenszusammenrechnung lediglich dann erfolgen, wenn unter den Umständen des konkreten Einzelfalls ein Informationsaustausch zwischen den Repräsentanten der Organisation, die dazu berufen sind, im Rechtsverkehr bestimmte Aufgaben in eigener Verantwortung zu erledigen und die dabei angefallenen Informationen zur Kenntnis zu nehmen, möglich und geboten gewesen wäre.[468] Ungeklärt bleibt jedoch weiterhin, auf welcher Rechtsgrundlage diese Zurechnung erfolgt. Während teilweise weiterhin an § 166 BGB in entsprechender Anwendung angeknüpft wird,[469] verzichten andere Urteile ganz auf eine dogmatische Herleitung.[470]

b) Literatur

aa) Ausgangspunkt: absolute Wissenszurechnung

Auch die Literatur ging lange Zeit von einer absoluten Wissenszurechnung aus.[471] Dies wurde – wie durch den BGH auch – teils auf die Organtheorie gestützt,[472] teils bereits auf anderweitige Erwägungen,[473] wie beispielsweise

---

467 BGH, Urteil v. 24.1.1992 – V ZR 262/90, NJW 1992, 1099 (1100).

468 BGH, Urteil v. 12.11.1998 – IX ZR 145/98, BGHZ 140, 54 (62).

469 BGH, Urteil v. 15.4.1997 – XI ZR 105/96, BGHZ 135, 202 (205); BGH, Urteil v. 27.3.2001 – VI ZR 12/00, NJW 2001, 2535 (2536 f.).

470 So z.B. BGH, Urteil v. 1.10.1999 – V ZR 218/98, NJW 1999, 3777 (3778); BGH, Urteil v. 13.10.2000 – V ZR 349/99, NJW 2001, 359 (360). Dass der BGH zu dieser Frage auch keine eindeutige Stellung beziehen möchte, kommt im Urteil des IX. Zivilsenats v. 12.11.1998 – IX ZR 145/98, BGHZ 140, 54 (62) deutlich zum Ausdruck: „Ob unter dieser Voraussetzung die Zurechnung auf der Grundlage des § 31 BGB erfolgt [...] oder auf einer ausdehnenden Anwendung des § 166 Abs. 2 BGB beruht [...], braucht hier nicht entschieden zu werden".

471 Vgl. *Buck*, Wissen und juristische Person, 2001, S. 230; *Schilken*, Wissenszurechnung im Zivilrecht, 1983, S. 127 ff.

472 *Richardi*, AcP 169 (1969), 385 (388). Zu dieser – zum damaligen Zeitpunkt – wohl „herrschenden Meinung" ausführlich *Baumann*, ZGR 1973, 284 ff.

473 *Canaris*, Bankvertragsrecht, 3. Aufl. 1988, Rz. 800a.

der Annahme, dass „die moderne Kommunikationstechnik [...] jedem Mitarbeiter einer Körperschaft jederzeit und allerorten das gesamte Wissen der Körperschaft zugänglich [macht], wenn er nach ihren internen Regeln zuständig ist."[474]

Von dieser Theorie der absoluten Wissenszurechnung wurde jedoch zunehmend abgerückt.[475] Dies zum einen aufgrund der Tatsache, dass sie eben lediglich eine „Theorie" ist. Vor dem Hintergrund von Art. 20 Abs. 3 GG, in welchem die verfassungsrechtlichen Prinzipien des Vorrangs des Gesetzes sowie des Vorbehalts des Gesetzes zum Ausdruck kommen,[476] muss zumindest stark bezweifelt werden, ob eine bloße Theorie als Rechtsgrundlage fungieren kann.[477] Zum anderen vermochte die Argumentation der damaligen Rechtsprechung, dass es in der „Natur der Sache" liege, dass „das Wissen jedes einzelnen Vorstandsmitglieds der juristischen Person innewohne",[478] bei konsequenter Weiterentwicklung nicht zu überzeugen. Zwar mag ein juristisches Konstrukt wie eine juristische Person oder eine Personengesellschaft erst durch ihre Organe handlungs- und wissensfähig sein. Sobald jedoch mehrere Organmitglieder – jedenfalls mehr als die gesetzlich vorgeschriebene Zahl von Organmitgliedern[479] – vorhanden sind, liegt „eine Organisationsstruktur vor[...], die nicht mehr allein dazu dient, die juristische Person ‚willens- und handlungsfähig' zu machen, sondern dazu, ihren Aktionsradius zu vergrößern"[480].

---

474 *Aden*, NJW 1999, 3098 (3099).

475 Die bereits erwähnte kaum mehr zu überblickende Fülle von Begründungsansätzen wird vor allem bei den Fällen der Wissensaufspaltung deutlich, so dass im Folgenden nur eine überblicksartige, kurze Darstellung gewisser Literaturansichten – ohne Anspruch auf Vollständigkeit – geleistet werden kann.

476 *Grzeszick*, in Dürig/Herzog/Scholz, GG, Art. 20 Abs. 3 Rz. 72 f., 75 f. (Jan. 2022).

477 *Buck*, Wissen und juristische Person, 2001, S. 247 ff.; *Grunewald*, in Festschrift Beusch, 1993, S. 301 (303 f.); *Waltermann*, AcP 192 (1992), 181 (220).

478 *Baumann*, ZGR 1973, 284 (287) unter Bezug auf RG, Urteil v. 8.2.1935 – V 223/34, JW 1935, 2044.

479 *Buck*, Wissen und juristische Person, 2001, S. 271 f.

480 *Baumann*, ZGR 1973, 284 (290); unter Bezug hierauf auch *Tintelnot*, JZ 1987, 795 (800).

bb) Wissensorganisationspflicht

Daher wird heute auch im Schrifttum weitestgehend an das Konstrukt der Wissensorganisationspflicht angeknüpft.[481] Höchst umstritten ist jedoch auch hier nach wie vor die dogmatische Herleitung der Wissenszurechnung, wobei nur vereinzelt zwischen Organmitgliedern und Wissensvertretern differenziert wird. Ins Spiel gebracht werden hierbei vor allem § 166 BGB analog,[482] § 278 BGB,[483] § 164 Abs. 3 BGB für Wissensvertreter[484] sowie für Organmitglieder auch § 31 BGB analog[485] und die Vorschriften über die Passivvertretung, also § 26 Abs. 2 Satz 2 BGB[486] bzw. dessen spezialgesetzliche Regelungen, wie § 78 Abs. 2 Satz 2 AktG, § 35 Abs. 2 Satz 2 GmbHG oder § 25 Abs. 1 Satz 3 GenG in entsprechender Anwendung.[487]

---

481 *Engelhardt*, Wissensverschulden, 2019, S. 53 ff.; *Jung*, Wissenszurechnung und Wissensverantwortung bei juristischen Personen, 2017, S. 216 mit zahlreichen Nachweisen; *Seidel*, AG 2019, 492 ff.

482 Häufig ist kaum erkennbar, ob hierbei Abs. 1 oder Abs. 2 des § 166 BGB als korrekte Grundlage angesehen wird, so beispielsweise bei *Schilken*, in Staudinger, BGB, 2024, § 166 Rz. 6, 32; *Stephan/Tieves*, in MüKo GmbHG, Bd. 2, 4. Aufl. 2023, § 35 Rz. 221 ff., 231. Anders allerdings *Römmer-Collmann*, Wissenszurechnung innerhalb juristischer Personen, 1998, S. 123 ff., 165 f., 218 ff., der explizit § 166 Abs. 2 BGB heranzieht.

483 *Canaris*, Bankvertragsrecht, 3. Aufl. 1988, Rz. 106; *Canaris*, Karlsruher Forum 1994, S. 33 f. (Diskussionsbeitrag); *Oldenbourg*, Die Wissenszurechnung, 1934, S. 14 ff., 34 ff., 49.

484 *Bruns*, Voraussetzungen und Auswirkungen der Zurechnung von Wissen und Wissenserklärungen im allgemeinen Privatrecht und im Privatversicherungsrecht, 2007, S. 151 ff., 194 f., 295 ff.

485 *Jung*, Wissenszurechnung und Wissensverantwortung bei juristischen Personen, 2017, S. 252, 266.

486 Z.B. *Flume*, Allgemeiner Teil des Bürgerlichen Rechts, Bd. 1, Teil 2 – Die juristische Person, 1983, S. 402 ff. Bis zum Jahr 2009 befand sich diese Regelung noch mit nahezu identischem Wortlaut in § 28 Abs. 2 BGB, weshalb in der relevanten, vornehmlich bis zum Jahr 2002 erschienenen, Literatur noch regelmäßig von § 28 Abs. 2 BGB die Rede ist.

487 *Seibt*, in K. Schmidt/Lutter, AktG, 5. Aufl. 2024, § 78 Rz. 10; *Spindler*, in MüKo AktG, Bd. 2, 6. Aufl. 2023, § 78 Rz. 94.

Dabei werden auch der Gedanke des Vertrauensschutzes[488] sowie das Gleichstellungsargument[489] als Begründung bzw. Erwägungsgründe angeführt, durch welche für den jeweiligen Einzelfall eine gerechte und angemessene Lösung des Umfangs der Wissenszurechnung erreicht werden soll.

cc) Vereinzelte Ablehnung der Wissensorganisationspflicht

Vereinzelt existieren jedoch auch Literaturansichten, die das Konstrukt der Wissensorganisationspflicht nicht als taugliches Mittel zur Begründung einer Wissenszurechnung erachten. So müsse nach *Buck* vielmehr „auf den Grundsatz von Treu und Glauben und den in diesem zum Ausdruck kommenden Vertrauensschutzgedanken" zurückgegriffen werden.[490] Die dogmatische Begründung einer Wissenszurechnung müsse also in § 242 BGB gesucht werden. Dies gelte jedoch nur für Wissensnormen, die an die positive Kenntnis anknüpfen. Für Wissensnormen, die schon eine (grob) fahrlässige Unkenntnis ausreichen lassen, spiele die Frage der Wissenszusammenrechnung überhaupt keine Rolle.[491]

---

488 Z.B. *Grunewald*, in Festschrift Beusch, 1993, S. 301 (304 ff.); *Taupitz*, Karlsruher Forum 1994, S. 16 (26); kritisch hingegen *Reuter*, ZIP 2017, 310 (313), wonach eine Person, die einem Mehrpersonenunternehmen gegenübersteht, sich darauf einstellen müsse, dass sie es „nicht mit einer natürlichen Person, sondern einem komplexen Gebilde mit vielen Entscheidungs- und Wissensträgern zu tun hat". Entsprechend dürfe sie nicht einfach darauf vertrauen, dass alle Informationen gleichermaßen präsent sind, wie bei einem Einmannunternehmen. Allenfalls könne ein Vertrauen in eine sachgerechte Organisation des Informationsflusses geschützt werden, s. auch *Koller*, JZ 1998, 75 (80).

489 Z.B. *Medicus*, Karlsruher Forum 1994, S. 4 (11 ff.); *Nobbe*, in Bankrechtstag 2002, 2003, S. 121 (134); kritisch wiederum *Koller*, JZ 1998, 75 (77 f.), demzufolge das Gleichstellungsargument nicht überzeugen könne, weil der „Partner des Mehrpersonenunternehmens [...] ja auch nicht so gestellt [wird], als ob die Leistung von einem Einmannunternehmen erbracht werden würde. Vielmehr kommen ihm die Vorteile des Mehrpersonenunternehmens, wie Economies of Scale, Senkung der Transaktionskosten in Form einer qualitativ besseren und kostengünstigeren Leistung zugute"; die Wissenszurechnung treffe Mehrpersonenunternehmen – mit Kosten und Risiken – derart erheblich, dass von einer Gleichstellung zu Einmannunternehmen keine Rede mehr sein könne. In diesem Sinne auch *Reuter*, ZIP 2017, 310 (313).

490 *Buck*, Wissen und juristische Person, 2001, S. 461.

491 *Buck*, Wissen und juristische Person, 2001, S. 356 f.

Auch nach *Faßbender* und *Neuhaus* entbehre eine „verhaltensunabhängige Zurechnung von Wissen im Wege wertender Betrachtung sowie die Annahme einer Pflicht zur innerbetrieblichen Wissensorganisation [...] einer rechtlichen Grundlage, und es besteht auch kein Bedürfnis nach einer Ausdehnung der bestehenden Regelungen".[492] Zuzurechnen sei „folglich nur das Wissen derjenigen Mitarbeiter einer arbeitsteiligen Organisation, die das in den Wissensnormen angesprochene Verhalten, ein Tun oder Unterlassen, verwirklichen."[493] Allenfalls beim Anknüpfen an eine verhaltensakzessorische Zurechnung könne § 166 BGB als Rechtsgrundlage in Betracht kommen, als diese Norm stets einen relevanten Handlungsbeitrag voraussetze, damit das Wissen einer Person maßgeblich wird.[494]

II. Wissenszurechnung im Steuerverfahrens- und Ertragsteuerrecht

1. Wissenszurechnung im Steuerverfahrensrecht

a) § 173 AO

Im Steuerrecht wird die Problematik der Wissenszurechnung bislang vor allem im Kontext verfahrensrechtlicher Normen und hierbei im Rahmen des § 173 Abs. 1 AO thematisiert – das heißt bei der Aufhebung oder Änderung von Steuerbescheiden wegen nachträglich bekannt gewordener Tatsachen oder Beweismittel und somit auf Seiten der Finanzverwaltung. Denn – und zumindest dies ist hierbei unstreitig – für die Frage der (nachträglichen) Kenntnis im Sinne von § 173 Abs. 1 AO kommt es allein auf die Kenntnis der sachlich und örtlich zuständigen Finanzbehörde,[495] nicht aber auf die Kenntnis des Steuerpflichtigen[496] an. Da nach Ansicht der Rechtsprechung und – zumindest einem Großteil[497] – der Literatur die Finanzbehörde als

---

492 *Faßbender/Neuhaus*, WM 2002, 1253 (1259).

493 *Faßbender/Neuhaus*, WM 2002, 1253 (1259).

494 *Faßbender/Neuhaus*, WM 2002, 1253 (1258).

495 *von Groll*, in Hübschmann/Hepp/Spitaler, AO/FGO, § 173 AO Rz. 180 (Sept. 2017); *Loose*, in Tipke/Kruse, AO/FGO, § 173 AO Rz. 28 (Nov. 2023).

496 *von Groll*, in Hübschmann/Hepp/Spitaler, AO/FGO, § 173 AO Rz. 180 (Sept. 2017); *von Wedelstädt*, in Gosch, AO/FGO, § 173 AO Rz. 55 (Okt. 2024).

497 A.A. *von Groll*, in Hübschmann/Hepp/Spitaler, AO/FGO, § 173 AO Rz. 196 (Sept. 2017); *Loose*, in Tipke/Kruse, AO/FGO, § 173 AO Rz. 31 (Nov. 2023).

solche unfähig sei, Vorgänge sinnlich wahrzunehmen, könne es für die Frage der Kenntnis bzw. Unkenntnis nur auf die, der jeweiligen Finanzbehörde angehörenden, natürlichen Personen, ankommen.[498] Dies aber wiederum mit einer Einschränkung: relevant sei nur die Kenntnis – bzw. Unkenntnis – der Personen, die innerhalb der zuständigen Finanzbehörde zur Bearbeitung des betreffenden Steuerfalls organisatorisch berufen sind.[499] Dies sind der jeweilige Sachbearbeiter sowie sein Sachgebietsleiter – gegebenenfalls auch deren Vertreter – und der Vorsteher des zuständigen Finanzamtes,[500] denn nur diese Personen repräsentieren die Finanzbehörde gegenüber dem Steuerpflichtigen und verantworten den Steuerbescheid.[501] Daneben gilt als bekannt, was sich aus den Akten des betreffenden Steuerpflichtigen ergibt[502] – seien es „herkömmliche" Akten oder elektronisch gespeicherte Dateien,[503] unabhängig von der tatsächlichen Kenntnis des Bearbeiters.[504] Insoweit wird der positiven Kenntnis eine Art „Kennenmüssen" gleichgestellt.[505] Das bedeutet auch,

---

498 So die Darstellungen von *von Groll*, in Hübschmann/Hepp/Spitaler, AO/FGO, § 173 AO Rz. 183 (Sept. 2017) und *Loose*, in Tipke/Kruse, AO/FGO, § 173 AO Rz. 30 (Nov. 2023) unter Verweis u.a. auf BFH, Urteil v. 1.4.1998 – X R 150/95, BStBl. II 1998, 569 (571); BFH, Urteil v. 13.6.2012 – VI R 85/10, BStBl. II 2013, 5 (7) und *Rüsken*, in Klein, AO, 18. Aufl. 2024, § 173 Rz. 60 ff.

499 BFH, Urteil v. 13.1.2011 – VI R 61/09, BStBl. II 2011, 479, Rz. 15, 17; BFH, Urteil v. 13.6.2012 – VI R 85/10, BStBl. II 2013, 5 (7); *Rüsken*, in Klein, AO, 18. Aufl. 2024, § 173 Rz. 63; *von Wedelstädt*, in Gosch, AO/FGO, § 173 AO Rz. 56 (Okt. 2024).

500 BFH, Urteil v. 13.1.2011 – VI R 61/09, BStBl. II 2011, 479, Rz. 15; BFH, Urteil v. 13.6.2012 – VI R 85/10, BStBl. II 2013, 5 (7 f.); *Koenig*, in Koenig, AO, 5. Aufl. 2024, § 173 Rz. 54; *Rüsken*, in Klein, AO, 18. Aufl. 2024, § 173 Rz. 63.

501 BFH, Urteil v. 28.4.1998 – IX R 49/96, BStBl. II 1998, 458 (460); BFH, Urteil v. 13.1.2011 – VI R 61/09, BStBl. II 2011, 479, Rz. 15.

502 BFH, Urteil v. 13.6.2012 – VI R 85/10, BStBl. II 2013, 5 (7 f.); *Koenig*, in Koenig, AO, 5. Aufl. 2024, § 173 Rz. 55 f.; *Loose*, in Tipke/Kruse, AO/FGO, § 173 AO Rz. 34, 37 (Nov. 2023); *von Wedelstädt*, in Gosch, AO/FGO, § 173 AO Rz. 56 (Okt. 2024).

503 BFH, Urteil v. 13.1.2011 – VI R 61/09, BStBl. II 2011, 479, Rz. 15; *Loose*, in Tipke/Kruse, AO/FGO, § 173 AO Rz. 34 (Nov. 2023); *Rüsken*, in Klein, AO, 18. Aufl. 2024, § 173 Rz. 62.

504 BFH, Urteil v. 13.1.2011 – VI R 61/09, BStBl. II 2011, 479, Rz. 15; BFH, Urteil v. 13.6.2012 – VI R 85/10, BStBl. II 2013, 5 (7); *Rüsken*, in Klein, AO, 18. Aufl. 2024, § 173 Rz. 62.

505 *von Wedelstädt*, in Gosch, AO/FGO, § 173 AO Rz. 55 (Okt. 2024) im Umkehrschluss; kritisch hierzu *von Groll*, in Hübschmann/Hepp/Spitaler, AO/FGO, § 173 AO Rz. 191 (Sept. 2017).

dass ein Wechsel in der Zuständigkeit bzw. ein Wechsel des Bearbeiters die Kenntnis einer Tatsache unbeeinflusst lässt, „wenn der zunächst zuständige Beamte einen entsprechenden Aktenvermerk gemacht hat oder hätte machen müssen“.[506] Diese Handhabung lässt eindeutige Parallelen zum, im Zivilrecht entwickelten, Konstrukt der „Wissensorganisationspflicht“ erkennen.[507]

Daneben werden grundsätzlich nur diejenigen Tatsachen als „bekannt“ erachtet, „die der zuständige Finanzbeamte in Ausübung seines Amtes“ erlangt.[508] Privat erlangtes Wissen ist hingegen irrelevant.[509] Bemerkenswert ist jedoch, dass – sofern der zuständige Finanzbeamte Tatsachen oder Beweismittel bewusst unterdrückt oder der Besteuerung einen fingierten Sachverhalt zugrunde legt – diese Kenntnisse der Finanzbehörde nicht zuzurechnen seien, wenn „der Steuerpflichtige den Verstoß gegen die Dienstpflichten veranlaßt oder auf sonstige Weise mit dem Finanzbeamten einvernehmlich zusammengearbeitet hat. Eine fehlerhafte Bearbeitung oder eine Dienstpflichtverletzung alleine“ soll hingegen nicht dazu führen, dass das Wissen des Beamten der Finanzbehörde unbekannt ist.[510] Diese Handhabung muss zumindest als problematisch erachtet werden, denn die Frage der Kenntnis einer Tatsache ist von der Frage der Verwertung der Informationen streng zu trennen.[511]

b) § 153 Abs. 1 AO und § 130 Abs. 2 Nr. 4 AO

Ferner kommen vor allem zwei weitere Normen der Abgabenordnung in Betracht, in deren Rahmen die Frage einer Zurechnung von Wissen thematisiert werden kann: die Berichtigungspflicht nach § 153 Abs. 1 AO und der

---

506 *von Wedelstädt*, in Gosch, AO/FGO, § 173 AO Rz. 56.5 (Okt. 2024) unter Verweis u.a. auf BFH, Urteil v. 18.8.2015 – VII R 24/13, BStBl. II 2016, 255; AEAO zu § 173, Nr. 2.3.4 und *Loose*, in Tipke/Kruse, AO/FGO, § 173 AO Rz. 37 (nunmehr: Nov. 2023).

507 S. hierzu B. I. 2.

508 BFH, Urteil v. 28.4.1998 – IX R 49/96, BStBl. II 1998, 458 (460); BFH, Urteil v. 13.6.2012 – VI R 85/10, BStBl. II 2013, 5 (8).

509 BFH, Urteil v. 28.4.1998 – IX R 49/96, BStBl. II 1998, 458 (460); BFH, Urteil v. 13.6.2012 – VI R 85/10, BStBl. II 2013, 5 (8); *von Groll*, in Hübschmann/Hepp/Spitaler, AO/FGO, § 173 AO Rz. 202 (Sept. 2017); *Loose*, in Tipke/Kruse, AO/FGO, § 173 AO Rz. 41 (Nov. 2023).

510 BFH, Urteil v. 28.4.1998 – IX R 49/96, BStBl. II 1998, 458 (460); so auch *von Wedelstädt*, in Gosch, AO/FGO, § 173 AO Rz. 59 (Okt. 2024).

511 So auch *von Groll*, in Hübschmann/Hepp/Spitaler, AO/FGO, § 173 AO Rz. 203 (Sept. 2017); *Koenig*, in Koenig, AO, 5. Aufl. 2024, § 173 Rz. 68.

Rücknahmegrund rechtswidriger Steuerverwaltungsakte nach § 130 Abs. 2 Nr. 4 AO. Die Lösung der Zurechnungsfrage wäre insoweit vor allem deswegen interessant, weil es hierbei – anders als im Rahmen von § 173 AO – auf die Kenntnis des Steuerpflichtigen ankommt. Tatsächlich existieren hierzu jedoch kaum Aussagen. So findet sich zu § 153 AO lediglich die kurze und begründungslose Anmerkung, dass die Kenntnis des Geschäftsführers der Gesellschaft „grundsätzlich" zuzurechnen sei.[512] Auf die Frage der Behandlung von Mitarbeiterwissen wird jedoch – soweit ersichtlich mit nur einer Ausnahme – von keiner Seite eingegangen. Lediglich *Hornig* unterstellt, dass es bei der Berichtigung von Unternehmenssteuererklärungen „darüber hinaus auch noch zu einer Zurechnung des Wissens sonstiger Mitarbeiter in analoger Anwendung von § 166 BGB [kommt]. Der delegierende Geschäftsführer darf somit nicht besser stehen als der leitende Mitarbeiter, an den delegiert wurde. Die Grundsätze der Wissenszurechnung nach § 166 BGB analog gelten aber nur für solche Kenntnisse, welche die Mitarbeiter durch die vorgesehene Arbeitsteilung und Organisation eines Unternehmens im Rahmen ihrer Zuständigkeit erlangt haben oder hätten erlangen müssen".[513] Zur Begründung dieser Aussagen bezieht er sich jedoch lediglich auf drei Entscheidungen von BFH und BGH, die allesamt zur Frage der Zurechnung von Wissen im Umsatzsteuerrecht ergangen sind.[514] Und auch im Rahmen von § 130 Abs. 2 Nr. 4 AO findet sich lediglich die allgemeine Aussage, dass „Kenntnis oder grobfahrlässige Unkenntnis des Vertreters oder des Bevollmächtigten [...] dem Begünstigten zuzurechnen"[515] sind.

c) § 10b Abs. 4 EStG

Daneben enthält auch das Einkommensteuergesetz lediglich zwei weitere verfahrensrechtliche Normen, die Ansätze einer Problematisierung der

512 So nur BFH, Beschluss v. 7.3.2007 – I B 99/06, BFH/NV 2007, 1801 (1802).

513 *Hornig*, PStR 2019, 291 ff.

514 BFH, Urteil v. 19.5.2010 – XI R 78/07, UR 2010, 952 ff.; BGH, Beschluss v. 29.1.2015 – 1 StR 216/14, NStZ 2015, 283 ff.; BGH, Urteil v. 15.5.2018 – 1 StR 159/17, WM 2018, 2028 ff.; hierzu detailliert C. I. 2.

515 *von Wedelstädt*, in Gosch, AO/FGO, § 130 AO Rz. 61 (Febr. 2019); in diesem Sinne auch FG Hamburg, Urteil v. 8.10.2001 – III 164/01, EFG 2002, 341 (343); *Loose*, in Tipke/Kruse, AO/FGO, § 130 AO Rz. 32 (Jan. 2024); *Wernsmann*, in Hübschmann/Hepp/Spitaler, AO/FGO, § 130 AO Rz. 171 (Nov. 2022).

Zurechnungsfrage erkennen lassen: Dabei handelt es sich zum einen um die Gutglaubensschutzregelung des § 10b Abs. 4 EStG. Hierzu hat der BFH bereits im Jahre 1990 entschieden, dass sich der Steuerpflichtige auch die Kenntnis eines Erfüllungsgehilfen – im entschiedenen Fall der Sekretärin – zurechnen lassen muss, wenn er diesen mit der Spendenabwicklung betraut.[516] „Dies ergibt sich zwar nicht aus einer (analogen) Anwendung des § 278 Satz 1 des Bürgerlichen Gesetzbuches (BGB) im Steuerrecht, wohl aber aus einem in dieser Vorschrift (vgl. auch § 254 Abs. 2 Satz 2 BGB), im Vertretungsrecht (§§ 164 Abs. 1 Satz 1, 166 BGB, 85 Abs. 2 der Zivilprozeßordnung - ZPO -) und im allgemeinen Abgabenrecht (§§ 86 Abs. 1 Satz 2, 102 Abs. 2 AO, §§ 80, 110 Abs. 1 Satz 2 und 152 Abs. 1 Satz 3 AO 1977) konkretisierten allgemeinen Rechtsgedanken: Danach darf jemand seine Stellung im Rechtsverkehr nicht dadurch verbessern, daß er Dritten die Wahrnehmung seiner Interessen oder die Erfüllung seiner Verpflichtungen überläßt und damit seinen Risikobereich ausweitet [...]. Verfährt er so, muß er sich Wissen und Verhalten des für ihn Tätigen zurechnen lassen. Dies gilt auch im Rahmen des Steuerrechtsverhältnisses und auch zum Schutze des Steuergläubigers".[517]

d) § 41c Abs. 1 Satz 1 Nr. 2 EStG

Zum anderen hat sich der BFH im Rahmen von § 41c Abs. 1 Satz 1 Nr. 2 EStG – der Änderung des Lohnsteuerabzugs – zur Frage der Zurechnung des Wissens von Mitarbeitern des Arbeitgebers geäußert.[518] Da diese Norm auch im Hinblick auf die Haftung des Arbeitgebers nach § 42d Abs. 1 EStG zu betrachten ist, weist sie in ihren Konsequenzen eine gewisse Parallele oder zumindest Ähnlichkeit zu § 25f UStG auf. In diesem Urteil übernimmt der BFH zwei wesentliche Anknüpfungspunkte aus der zivilrechtlichen Lösung der Wissenszurechnungsfrage – zum einen wendet er § 166 BGB an, zum anderen verwendet er den Begriff des „Wissensvertreters":

„Ein Arbeitgeber kann sich zudem nicht auf mangelnde eigene Kenntnis berufen, wenn ein von ihm eingesetzter Mitarbeiter positive Kenntnis über den fehlerhaften Lohnsteuereinbehalt hat (BFH-Urteil in BFHE 171, 74,

---

[516] BFH, Urteil v. 7.11.1990 – X R 143/88, BStBl. II 1991, 325 (327); auf dieses Urteil Bezug nehmend auch *Kühnen*, in Bordewin/Brandt, EStG, § 10b Rz. 151 (Jan. 2025) und *Kulosa*, in Herrmann/Heuer/Raupach, EStG/KStG, § 10b EStG Rz. 142 (Aug. 2023).

[517] BFH, Urteil v. 7.11.1990 – X R 143/88, BStBl. II 1991, 325 (327).

[518] BFH, Urteil v. 21.4.2010 – VI R 29/08, BStBl. II 2010, 833 ff.

BStBl II 1993, 687). Dadurch, dass ein Arbeitgeber seine Pflichten nicht in eigener Person, sondern durch Dritte erfüllt, kann er sich nicht seiner Verantwortung entziehen. Denn nach § 166 Abs. 1 des Bürgerlichen Gesetzbuchs ist dem Vertretenen das Wissen des Vertreters zuzurechnen. Körperschaften müssen sich daher nicht nur das Wissen des gesetzlichen Vertreters, zum Beispiel des Vorstands, zurechnen lassen, sondern darüber hinaus auch das Wissen sämtlicher Bevollmächtigter in der Organisationseinheit nach Maßgabe ihrer Befugnisse (Urteil des Bundesgerichtshofs - BGH - vom 1. März 1984 IX ZR 34/83, Neue juristische Wochenschrift 1984, 1953). ‚Wissensvertreter' ist somit jeder, der nach der Arbeitsorganisation des Geschäftsherrn dazu berufen ist, im Rechtsverkehr als dessen Repräsentant bestimmte Aufgaben in eigener Verantwortung zu erledigen (BGH-Urteil vom 24. Januar 1992 V ZR 262/90, BGHZ 117, 104). Dies gilt nicht nur für rechtsgeschäftliche Handlungen, sondern unter anderem auch für die Verpflichtung zur Abgabe von Erklärungen (§ 149 der Abgabenordnung) gegenüber der Finanzbehörde (vgl. BFH-Beschluss vom 7. März 2007 I B 99/06, BFH/NV 2007, 1801)".[519]

Bemerkenswert ist dabei insbesondere die Begründung des VI. Senats des BFH. Zum einen bedient er sich zweier Urteile des BGH – also zivilrechtlicher Urteile –, ohne auf die Frage der Übertragbarkeit auf das Steuerrecht auch nur ansatzweise einzugehen. Daneben stehen zwei Entscheidungen des BFH, von welchen eines durch den VI. Senat selbst erging und in welchem er ohne jegliche weitere Begründung ausführt, dass „sich ein Arbeitgeber hinsichtlich des Lohnsteuerabzugs von laufenden Gehaltszahlungen nicht wegen der Einschaltung eigenen Personals oder Dritter, z.B. eines Geldinstituts, auf mangelnde eigene Kenntnis berufen kann".[520] Und auch im anderen zitierten Beschluss des I. Senats des BFH[521] wird lediglich sehr kurz dargestellt, dass das Wissen des Geschäftsführers einer Gesellschaft dieser grundsätzlich zuzurechnen sei.[522] Insoweit ist es nicht verwunderlich, dass sich – neben zugegebenermaßen auch befürwortenden[523] oder zumindest

---

519 BFH, Urteil v. 21.4.2010 – VI R 29/08, BStBl. II 2010, 833, Rz. 15.

520 BFH, Urteil v. 4.6.1993 – VI R 95/92, BStBl. II 1993, 687 (689).

521 BFH, Beschluss v. 7.3.2007 – I B 99/06, BFH/NV 2007, 1801 f.

522 S. schon oben zu § 153 Abs. 1 AO.

523 *Isler*, in Bordewin/Brandt, EStG, § 41c Rz. 30 ff. (April 2018).

neutralen[524] Stimmen – durchaus kritische Kommentare zu dieser Handhabung finden. So gibt *Bergkemper* zu bedenken, soweit „der BFH die Auffassung vertritt, dass der Arbeitgeber das vorsätzlich pflichtwidrige Verhalten seiner Mitarbeiterin mit dem Verlust des Haftungsausschlusses zu verantworten hat, mag dies zivilrechtlich begründbar sein. Bedeutet dies nicht aber eine weitere, verfassungsrechtlich nicht unproblematische Intensivierung der dem Arbeitgeber auferlegten Steuerentrichtungspflichten?"[525] Dem schließt sich *D. Hummel* an, indem er anmerkt, dass eine solche Zurechnung des Wissens des Arbeitnehmers an den Arbeitgeber „mehr als zweifelhaft sein" dürfte.[526]

e) § 38 Abs. 1 Satz 3 EStG

Im Rahmen der ebenfalls verfahrensrechtlichen Vorschrift[527] der Einbehaltungspflicht der Lohnsteuer bei Lohnzahlungen durch Dritte nach § 38 Abs. 1 Satz 3 EStG hingegen wird die Frage einer Zurechnung von Wissen nirgends thematisiert, obwohl diese Frage besonders spannend wäre, weil – ohne auf diese Problematik vertieft eingehen zu wollen – zwar einerseits eine Zurechnung des Wissens sämtlicher Mitarbeiter logischerweise widersinnig wäre – denn dann wäre die Kenntnis des Arbeitgebers stets zu bejahen. Andererseits könnte jedoch die Zurechnung der Kenntnis gewisser Arbeitnehmer – beispielsweise jener, die sich betriebsintern für den Einbehalt und die Abführung der Lohnsteuer zuständig zeichnen – durchaus angebracht erscheinen.

2. Wissenszurechnung im Rahmen materiell-rechtlicher Normen des Ertragsteuerrechts

Kaum von Relevanz – und daher auch kaum problematisiert – ist die Frage der Zurechnung von Wissen dagegen im Rahmen materiell-rechtlicher Normen bzw. Normen mit materiell-rechtlichen Wirkungen des Ertragsteuerrechts. Hier wird vornehmlich die Frage der Zurechnung von Verhalten

---

524 *Bleschick*, in Herrmann/Heuer/Raupach, EStG/KStG, § 42d EStG Rz. 56 (Nov. 2023); *Glanemann*, AO-StB 2010, 267 (268).

525 *Bergkemper*, FR 2010, 952.

526 *D. Hummel*, in Kirchhof/Kube/Mellinghoff, EStG, § 42d Rz. C 3 (Juni 2017).

527 Auch bei § 38 Abs. 1 Satz 3 EStG handelt es sich um eine verfahrensrechtliche und gerade keine materiell-rechtliche Norm, s. *Trzaskalik*, in Kirchhof/Kube/Mellinghoff, EStG, § 38 Rz. B 36 (April 2003).

bzw. Handlungen untersucht, wie es beispielsweise bei § 8c Abs. 1 KStG oder der sogenannten Zinsschranke nach § 4h EStG (i.V.m. § 8a KStG)[528] – also der Besteuerung eines Steuersubjekts aufgrund des Verhaltens eines Dritten[529] – der Fall ist. Soweit ersichtlich existieren dagegen – neben den Haftungsregelungen nach § 44 Abs. 5 Satz 2 Nr. 2 und § 48a Abs. 3 Satz 3 EStG, zu welchen sich ebenfalls keinerlei Aussagen zu einer etwaigen Wissenszurechnung finden lassen – lediglich zwei Normkomplexe, innerhalb derer die Frage der Zurechnung von Wissen überhaupt thematisiert werden könnte.

a) § 5 Abs. 1 Nr. 9 KStG i.V.m. § 55 AO

Der erste dieser beiden Normkomplexe betrifft die Frage der Körperschaftsteuerbefreiung nach § 5 Abs. 1 Nr. 9 KStG. So sind Körperschaften, Personenvereinigungen und Vermögensmassen, die nach der Satzung, dem Stiftungsgeschäft oder der sonstigen Verfassung und nach der tatsächlichen Geschäftsführung ausschließlich und unmittelbar gemeinnützigen, mildtätigen oder kirchlichen Zwecken im Sinne von §§ 51 ff. AO dienen, von der Körperschaftsteuer befreit. Eine der dort bezeichneten Voraussetzungen ist unter anderem die Selbstlosigkeit nach § 55 AO, das heißt es dürfen insbesondere keine eigennützigen oder eigenwirtschaftlichen Zwecke verfolgt werden.[530] Dies bedeutet unter anderem auch, dass die Mitglieder oder Gesellschafter nach § 55 Abs. 1 Nr. 1 Satz 2 AO keine Zuwendungen aus Mitteln der Körperschaft erhalten dürfen. Eine Zuwendung in diesem Sinne ist „ein wirtschaftlicher Vorteil, den die Körperschaft bewußt unentgeltlich oder gegen ein zu geringes Entgelt einem Dritten zukommen läßt".[531] Da eine Körperschaft selbst natürlich kein Bewusstsein hat, stellt sich die Frage, auf wessen Kenntnis es hierbei ankommt. Hierzu findet sich lediglich die kurze Erläuterung, dass eine solche Zuwendung bewusst erfolgt, wenn im Zeitpunkt des Vertragsabschlusses „zumindest einem der Vorstandsmitglieder [...] bekannt war oder bei sorgfältiger Prüfung des Werts der vereinbarten

---

528 Z.B. *Heinrichs*, Fremdbestimmte Steuerwirkungen, 2020, sowie unter Nennung weiterer Beispiele *Crezelius*, FR 2002, 805 ff.

529 Auf die Frage, ob der Begriff des „Dritten" in diesem Rahmen tatsächlich angebracht ist oder ob nicht der Begriff des „Fremden" passender wäre, soll hier nicht eingegangen werden. S. aber *Heinrichs*, Fremdbestimmte Steuerwirkungen, 2020, S. 9 ff.

530 BFH, Urteil v. 23.2.2017 – V R 51/15, HFR 2017, 668, Rz. 21.

531 BFH, Urteil v. 23.10.1991 – I R 19/91, BStBl. II 1992, 62 (64).

gegenseitigen Leistungen hätte bekannt sein müssen", dass das Entgelt unangemessen niedrig ist.[532]

b) § 18 Abs. 3 REITG

Der andere betrifft mit § 18 Abs. 3 REITG ein Nischengebiet des Ertragsteuerrechts.

Das „Gesetz über deutsche Immobilien-Aktiengesellschaften mit börsennotierten Anteilen"[533] – kurz „REITG"[534] – enthält in §§ 16–21 ein divergierendes Besteuerungssystem für börsennotierte[535] Immobilien-Aktiengesellschaften, die sich nach §§ 2, 10 REITG als REIT-Aktiengesellschaft erklären und gewisse Voraussetzungen erfüllen. Zu diesen Voraussetzungen zählen unter anderem das Einhalten einer Mindeststreubesitzquote von mindestens 15 %[536] nach § 11 Abs. 1 REITG – wobei nach § 11 Abs. 1 Satz 3 REITG die Aktien derjenigen Aktionäre den Streubesitz bilden, denen jeweils weniger als 3 % der Stimmrechte an der REIT-Aktiengesellschaft zustehen – sowie einer Höchstbeteiligungsgrenze von 10 % nach § 11 Abs. 4 REITG. Werden alle im REITG genannten Voraussetzungen erfüllt, werden die Ausschüttungen[537] an die Anteilsinhaber nach § 19 Abs. 1 REITG zwar regulär als Einkünfte aus Kapitalvermögen im Sinne von § 20 Abs. 1 Nr. 1 EStG versteuert. Der Unterschied zu einer „normalen"

---

532 BFH, Urteil v. 23.10.1991 – I R 19/91, BStBl. II 1992, 62 (64); unter Verweis auf dieses Urteil auch *Böwing-Schmalenbrock*, in Brandis/Heuermann, Ertragsteuerrecht, § 5 KStG Rz. 140 (Dez. 2023).

533 Eingeführt durch Art. 1 des Gesetzes zur Schaffung deutscher Immobilien-Aktiengesellschaften mit börsennotierten Anteilen v. 28.5.2007, BGBl. I 2007, 914; zuletzt geändert durch Art. 63 des Gesetzes zur Modernisierung des Personengesellschaftsrechts (Personengesellschaftsrechtsmodernisierungsgesetz – MoPeG) v. 10.8.2021, BGBl. I 2021, 3436.

534 Die offizielle Kurzbezeichnung „REITG" stammt vom englischen Begriff „Real Estate Investment Trusts" ab, s. z.B. BT-Drs. 16/4779, S. 1.

535 Diese Voraussetzung gibt § 10 REITG vor.

536 Im Zeitpunkt der Börsenzulassung müssen sich nach § 11 Abs. 1 Satz 2 REITG sogar mindestens 25 % der Aktien im Streubesitz befinden.

537 Nach § 13 Abs. 1 Satz 1 REITG ist die REIT-Aktiengesellschaft zur Ausschüttung von mindestens 90 % ihres handelsrechtlichen Jahresüberschusses i.S.v. § 275 HGB, gemindert um die Dotierung einer Rücklage nach § 13 Abs. 3 Satz 1 REITG sowie eines Verlustvortrags des Vorjahres und erhöht um die Auflösung einer Rücklage nach § 13 Abs. 3 Satz 2 REITG, verpflichtet.

Aktiengesellschaft besteht jedoch darin, dass zum einen nach § 19 Abs. 3 REITG Steuerbefreiungen aus dem Teileinkünfteverfahren oder aus § 8b KStG nicht gewährt werden, zum anderen die REIT-Aktiengesellschaft selbst aber nach § 16 Abs. 1 REITG von der Körperschaft- und der Gewerbesteuer befreit ist. Diese Steuerbefreiung entfällt hingegen nach § 18 Abs. 3 Sätze 1, 2 REITG, sofern die in § 11 REITG genannte Mindeststreubesitzquote unterschritten bzw. die Höchstbeteiligungsgrenze überschritten wird. Voraussetzung des Entfallens der Steuerbefreiung ist nach § 18 Abs. 3 Satz 3 REITG – neben den in § 18 Abs. 3 REITG genannten zeitlichen Aspekten –, dass die REIT-Aktiengesellschaft diesen Verstoß aus den Meldungen nach dem Wertpapierhandelsgesetz (WpHG) entnehmen konnte, also Kenntnis vom Verstoß hatte. Offen bleibt jedoch, wer genau diese Kenntnis haben muss. Im Allgemeinen wird lediglich von der Kenntnis der Gesellschaft[538] gesprochen. Nur vereinzelt wird explizit auf „den Vorstand" der REIT-Aktiengesellschaft abgestellt.[539] Weitere Ausführungen zu diesem Problemkreis fehlen jedoch. Insoweit kann wohl lediglich davon ausgegangen werden, dass die Kenntnis von Anteilsinhabern nicht genügen kann, weil andernfalls § 18 Abs. 3 Satz 3 REITG obsolet wäre. Ob dies aber auch für Aktionäre gilt, die einen großen Anteil der Aktien halten – immerhin gilt die Höchstbeteiligungsgrenze nach § 11 Abs. 4 REITG nur für direkte Beteiligungen, so dass ein Aktionär mittelbar bis zu 85 % der Anteile halten kann[540] – und daher erheblich stärker Einfluss nehmen können als Kleinaktionäre oder inwieweit die Kenntnis des Aufsichtsrates oder bereits eines Aufsichtsratsmitglieds als ausreichend anzusehen ist, bleibt offen. Dies gilt umso mehr, als § 18 Abs. 3 Satz 3 REITG als eine Art „Exkulpationsmöglichkeit" gedacht ist, um „den Vorwurf des Missbrauchs, der durch die Handlung einer fremden Person entsteht, auszuräumen".[541]

---

538 So z.B. *Heinrichs*, Fremdbestimmte Steuerwirkungen, 2020, S. 80: „Kenntnis der Kapitalgesellschaft"; *Schlitt/Gemmel*, in Habersack/Mülbert/Schlitt, Unternehmensfinanzierung am Kapitalmarkt, 5. Aufl. 2025, § 24 Rz. 24.131: „hat die Gesellschaft anderweitig davon Kenntnis erhalten"; *Striegel*, in Striegel, REITG, 2007, § 18 Rz. 19: „die für den REIT gar nicht als Verstoß [...] erkennbar waren".

539 *Schroeder*, AG 2007, 531 (534).

540 *Götz*, in Striegel, REITG, 2007, § 11 Rz. 12.

541 *Heinrichs*, Fremdbestimmte Steuerwirkungen, 2020, S. 322.

III. Wissenszurechnung im sonstigen Verwaltungsrecht

Auch im sonstigen deutschen Verwaltungsrecht existieren Normen, die an eine Kenntnis anknüpfen. Dabei gibt es – wie im Steuerrecht – sowohl Normen, die die Kenntnis der öffentlichen Verwaltung rechtlich erheblich stellen, als auch solche Normen, die an die Kenntnis von Privatpersonen anknüpfen. Für erstere sind im allgemeinen Verwaltungsrecht vor allem die verwaltungsverfahrensrechtlichen Regelungen der Ausschlussfristen bei der Rücknahme bzw. dem Widerruf von Verwaltungsakten nach § 48 Abs. 4 VwVfG oder § 49 Abs. 2 Satz 2 bzw. Abs. 3 Satz 2 i.V.m. § 48 Abs. 4 VwVfG zu nennen. Für letztere können § 48 Abs. 2 Satz 3 Nr. 3 VwVfG, § 51 Abs. 3 Satz 2 VwVfG sowie § 59 Abs. 2 Nr. 2 VwVfG aufgeführt werden.

1. Wissenszurechnung bei Privatrechtssubjekten

Dem wissenschaftlichen Diskurs unterliegt dabei primär die Frage nach der Wissenszurechnung auf Seiten der Verwaltung.[542] Die – für diese Arbeit wesentlich interessantere – Frage nach der Wissenszurechnung bei Privatrechtssubjekten dagegen wird – wenn überhaupt[543] – im allgemeinen Verwaltungsrecht nur rudimentär und in der Regel unter Verweis auf die zivilrechtliche Handhabung thematisiert. So wird seitens der Literatur – wie auch durch die Rechtsprechung[544] – vornehmlich auf zivilrechtliche Rechtsprechung verwiesen,[545] weil „hinsichtlich der Wissenszurechnung bei Privatrechtssubjekten im Verwaltungsrecht [dasselbe gilt] wie im Privatrecht."[546] Dies mag im Hinblick auf § 59 Abs. 2 Nr. 2 VwVfG auch durchaus angebracht sein, als zum einen die Situation im Rahmen eines öffentlich-rechtlichen Vertrages eine gewisse Ähnlichkeit zum Privatrecht aufweist und zum anderen § 62 Satz 2 VwVfG die entsprechende Anwendung der Vorschriften des Bürgerlichen Gesetzbuchs auf

---

542 Vor allem *Henning*, Wissenszurechnung im Verwaltungsrecht, 2003; *Reinhardt*, Wissen und Wissenszurechnung im öffentlichen Recht, 2010. Hierzu sogleich B. III. 2.

543 Im Rahmen von § 51 Abs. 3 Satz 2 VwVfG beispielsweise finden sich keinerlei Äußerungen zu dieser Frage.

544 BVerwG, Urteil v. 10.3.2010 – 6 C 15/09, NJW 2010, 3048 (3049).

545 Z.B. *Henning*, Wissenszurechnung im Verwaltungsrecht, 2003, S. 15; *Sachs*, in Stelkens/Bonk/Sachs, VwVfG, 10. Aufl. 2023, § 48 Rz. 164; *Siegel*, in Stelkens/Bonk/Sachs, VwVfG, 10. Aufl. 2023, § 62 Rz. 29.

546 *Henning*, Wissenszurechnung im Verwaltungsrecht, 2003, S. 15.

öffentlich-rechtliche Verträge explizit anweist.[547] Im Hinblick auf § 48 Abs. 2 Satz 3 Nr. 3 VwVfG erscheint dieser pauschale und begründungslose Verweis auf die zivilrechtliche Judikatur[548] aber etwas vorschnell, wie beispielsweise ein Blick auf ein Urteil des Verwaltungsgerichtshofs (VGH) Kassel[549] zeigt, der diesen Weg ausdrücklich ablehnt.

a) Parteienrecht

Erheblich ergiebiger hingegen ist ein Blick wiederum in ein Nischengebiet – diesmal des Besonderen Verwaltungsrechts: des Parteienrechts. Dort finden sich mit § 23b Abs. 1 und § 25 Abs. 2 Nr. 6 Halbsatz 1 PartG zwei Normen, die an die Kenntnis einer Partei anknüpfen. So bestimmt § 23b Abs. 1 PartG, dass eine Partei, die Kenntnis von Unrichtigkeiten in ihrem bereits frist- und formgerecht beim Präsidenten des Deutschen Bundestages eingereichten Rechenschaftsbericht erlangt hat, diese unverzüglich dem Präsidenten des Deutschen Bundestages schriftlich anzuzeigen hat, wenn der Wert der anzuzeigenden Unrichtigkeit im Einzelfall 500 € überschreitet. § 25 Abs. 2 Nr. 6 Halbsatz 1 PartG regelt zudem einen der Sachverhalte, bei deren Vorliegen die Befugnis der Partei zur Annahme von Spenden – die nach § 25 Abs. 1 Satz 1 PartG grundsätzlich besteht – ausgeschlossen ist: Spenden, soweit sie im Einzelfall mehr als 500 € betragen und deren Spender nicht feststellbar sind, dürfen nicht angenommen werden. Die „Feststellbarkeit" nach § 25 Abs. 2 Nr. 6 PartG bestimmt sich dabei „nach der Kenntnis der Partei".[550] Da Parteien regelmäßig als nicht-wirtschaftliche Vereine (§ 3 PartG i.V.m. § 54 BGB) – also privatrechtlich – organisiert[551] und unternehmerfähig im Sinne von § 2 UStG sind,[552] gleichzeitig als nicht-natürliche Personen aber nicht die Fähigkeit zur „Kenntnis" besitzen,[553] bieten diese Fälle einen

547 So auch *Brosius-Gersdorf/Remé*, in Schoch/Schneider, Verwaltungsrecht, Bd. III–IV, § 59 VwVfG Rz. 159 (Juli 2024); *Siegel*, in Stelkens/Bonk/Sachs, VwVfG, 10. Aufl. 2023, § 59 Rz. 37.

548 *Sachs*, in Stelkens/Bonk/Sachs, VwVfG, 10. Aufl. 2023, § 48 Rz. 164.

549 VGH Kassel, Urteil v. 23.11.1992 – 8 UE 1433/89, NVwZ 1993, 910 f.

550 BVerwG, Urteil v. 26.7.2006 – 6 C 20.05, BVerwGE 126, 254 (272).

551 *Schwennicke*, in Staudinger, BGB, 2023, § 54 Rz. 30 (Updatestand: März 2025).

552 *Janzen*, in Lippross/Seibel, Basiskommentar Steuerrecht, § 2 UStG Rz. 7 (Sept. 2024); *Stadie*, in Rau/Dürrwächter, UStG, § 2 Rz. 108 f. (Aug. 2025).

553 So auch VG Berlin, Urteil v. 20.9.2005 – 2 A 84.04, juris, Rz. 26; OVG Berlin-Brandenburg, Urteil v. 28.11.2011 – OVG 3a B 2.11, juris, Rz. 84.

interessanten – und in mancherlei Hinsicht womöglich auch auf das Umsatzsteuerrecht übertragbaren – Einblick in die verwaltungsrechtliche Handhabe der Wissenszurechnung.

Interessant ist hierbei zum einen die höchstrichterliche Rechtsprechung, genauer gesagt die Auffassung des hierfür zuständigen VI. Senats des Bundesverwaltungsgerichts (BVerwG). Dieser vermeidet in seiner Begründung – trotz der teils expliziten Verweisung hierauf in der Vorinstanz[554] – das Aufgreifen zivilrechtlicher Grundsätze wie die analoge Anwendung von § 166 BGB oder die Anwendung des Konstrukts des „Wissensvertreters" gänzlich.[555] Stattdessen betont er, dass für die Frage der Kenntnis der Partei maßgeblich „auf die Kenntnis der Personen abgestellt werden [muss], die aufgrund des Organisationsrechts der Partei oder infolge ihrer parteiinternen Bestellung, ggf. auch nur für bestimmte Anlässe wie etwa eine Wahlvorbereitung, befugt sind, Spenden entgegenzunehmen, zu verwalten und zu verwenden. Was diesen bei Annahme der Spende bekannt ist, muss sich die Partei insoweit zurechnen lassen".[556] Erst sieben Jahre später „entwickelt er diese Rechtsprechung fort",[557] indem er ausführt, dass sich die Partei das Wissen einer Person nicht zurechnen lassen müsse, wenn „diese Person in kollusivem Zusammenwirken mit dem Spender ihr Wissen gegenüber der Partei gezielt verbirgt".[558] Denn die im genannten Urteil erfolgende Zurechnung von Wissen beruhe „auf der Prämisse, dass bei dem genannten Personenkreis in aller Regel davon auszugehen ist, dass er seine Kenntnis von der Herkunft der Mittel bei pflichtgemäßer Amtsführung der Partei und letztlich auch der außerparteilichen Öffentlichkeit vermittelt. Nur wenn diese Voraussetzung vorliegt, ist die Annahme gerechtfertigt, dass ‚der Partei' der wirkliche Spender bekannt

554 So das VG Berlin, Urteil v. 20.9.2005 – 2 A 84.04, juris, Rz. 26, welches der Partei ausdrücklich das Wissen des „Wissensvertreters" zurechnen möchte.

555 BVerwG, Urteil v. 26.7.2006 – 6 C 20.05, BVerwGE 126, 254 (263 ff.); BVerwG, Urteil v. 25.4.2013 – 6 C 5.12, BVerwGE 146, 224 (226 ff.); BVerwG, Urteil v. 27.4.2016 – 6 C 5.15, BVerwGE 155, 58 (61 ff.).

556 BVerwG, Urteil v. 26.7.2006 – 6 C 20.05, BVerwGE 126, 254 (272).

557 Als „Fortentwicklung" bezeichnet es jedenfalls der VI. Senat. In Anbetracht des eindeutigen Wortlauts seines Urteils v. 26.7.2006 – 6 C 20.05, BVerwGE 126, 254 (272) könnte man es aber wohl auch als Abweichung oder zumindest als Ab- bzw. Eingrenzung bezeichnen.

558 BVerwG, Urteil v. 25.4.2013 – 6 C 5.12, BVerwGE 146, 224 (229); bestätigt durch BVerwG, Urteil v. 27.4.2016 – 6 C 5.15, BVerwGE 155, 58 (62).

ist".[559] Eine Zurechnung auch bei solch kollusivem Zusammenwirken führe „zu Ergebnissen, die mit dem Gesetzeszweck nicht vereinbar sind".[560]

Von Seiten der Literatur werden diese Ausführungen teils aufgegriffen[561] – insbesondere im Hinblick auf den Ausschluss der Zurechnung bei kollusivem Zusammenwirken[562] –, teils wird jedoch wiederum ausdrücklich auf die zivilrechtlichen Lösungen zur Frage der Wissenszurechnung, insbesondere den Wissensvertreter, zurückgegriffen.[563] Hervorstechend ist in jedem Fall, dass sich sowohl Rechtsprechung als auch Literatur im Hinblick auf § 25 Abs. 2 Nr. 6 PartG für die Frage der „Kenntnis" nicht auf generelle Grundsätze berufen wollen, sondern die Frage der Wissenszurechnung anhand und unter Berücksichtigung des konkreten Gesetzeszwecks zu lösen suchen.[564]

b) Aufgreifen zivilrechtlicher Zurechnungsgrundsätze

Gleichzeitig ist natürlich einzugestehen, dass dieser vom VI. Senat des BVerwG gewählte – das Zivilrecht nicht aufgreifende – Weg auch im Besonderen Verwaltungsrecht nicht von der gesamten höchstrichterlichen Rechtsprechung gewählt wird. So ist beispielsweise der III. Senat des BVerwG durchaus der Ansicht, dass „die Grundsätze der Wissenszurechnung entsprechend § 166 BGB […] auch im öffentlichen Recht Geltung beanspruchen".[565]

2. Wissenszurechnung auf Seiten der Verwaltung

Diese Auffassung findet sich nicht nur zur Frage der Wissenszurechnung von Privatrechtssubjekten im Öffentlichen Recht, sondern verbreitet auch zur Wissenszurechnung auf Seiten der Verwaltung.[566] Der Behörde wird mithin

---

559 BVerwG, Urteil v. 25.4.2013 – 6 C 5.12, BVerwGE 146, 224 (229).

560 BVerwG, Urteil v. 25.4.2013 – 6 C 5.12, BVerwGE 146, 224 (230).

561 So beispielsweise *Lampe/Lutz*, in Erbs/Kohlhaas, Strafrechtliche Nebengesetze, § 25 PartG Rz. 16 (Jan. 2025), die zu dieser Thematik ausschließlich die Auffassung des BVerwG in den dargestellten Urteilen wiedergeben.

562 *Jochum*, in Ipsen, ParteienG, 2. Aufl. 2018, § 23b Rz. 5b.

563 So zu § 23b PartG: *Jochum*, in Ipsen, ParteienG, 2. Aufl. 2018, § 23b Rz. 5b; *Lampe/Lutz*, in Erbs/Kohlhaas, Strafrechtliche Nebengesetze, § 23b PartG Rz. 1 (Jan. 2025).

564 Z.B. BVerwG, Urteil v. 25.4.2013 – 6 C 5.12, BVerwGE 146, 224 (230); *Jochum*, in Ipsen, ParteienG, 2. Aufl. 2018, § 25 Rz. 34.

565 BVerwG, Urteil v. 12.3.2015 – 3 C 6/14, NVwZ-RR 2015, 681 (682).

566 So z.B. bei *Henning*, Wissenszurechnung im Verwaltungsrecht, 2003, S. 139 ff.; *Pautsch*, in Pautsch/Hoffmann, VwVfG, 2. Aufl. 2021, § 48 Rz. 79; *Sachs*, in Stelkens/Bonk/Sachs, VwVfG, 10. Aufl. 2023, § 48 Rz. 214.

das Wissen eines Behördenmitarbeiters – also einer natürlichen Person, häufig als „Wissensvertreter“ bezeichnet – unter Heranziehung zivilrechtlicher Grundsätze zugerechnet. Dies sei nötig, weil auch im allgemeinen Verwaltungsrecht, wie im Steuerrecht, die herrschende Meinung davon ausgeht, dass eine Behörde – deren Kenntnis wird nach dem Wortlaut der relevanten Normen wie § 48 Abs. 4 VwVfG rechtlich erheblich gestellt – nicht zu einem Bewusstseinszustand wie der „Kenntnis“ fähig sei – dies sei nur natürlichen Personen möglich.[567]

a) Auslegung des Behördenbegriffs

Diese „begriffliche Disharmonie“[568] zwischen dem Begriff „Kenntnis“ und dem Begriff der kenntnis-unfähigen „Behörde“ soll nach – heute nur noch vereinzelt anzutreffenden – einzelnen Ansichten nicht durch eine Zurechnung gelöst werden, sondern durch Auslegung des Begriffs „Kenntnis“ als „Aktenkundigkeit“.[569] Eine solche Auslegung wird von Seiten der Rechtsprechung jedoch ausdrücklich abgelehnt, weil dies eher dem Charakter einer „schuldhafte[n] Unkenntnis der Behörde“ entspreche und somit der sich aus § 48 Abs. 4 VwVfG zweifelsfrei ergebenden Notwendigkeit positiver Kenntnis nicht entspräche.[570] Diese Ablehnung wird heute auch von einem Großteil der Literatur geteilt.[571] Stattdessen wird überwiegend – insbesondere durch die Rechtsprechung – vertreten, dass zur Auflösung dieser Disharmonie der

---

567 So beispielsweise *Henning*, Wissenszurechnung im Verwaltungsrecht, 2003, S. 25; *Müller*, in Bader/Ronellenfitsch, BeckOK VwVfG, § 48 Rz. 114 (Juli 2025); *Sachs*, in Stelkens/Bonk/Sachs, VwVfG, 10. Aufl. 2023, § 48 Rz. 214. In dieser Linie auch die Rspr. nach einem Beschluss des Großen Senats des BVerwG v. 19.12.1984 – GrSen 1.84, 2.84, BVerwGE 70, 356 ff.

568 So bezeichnet es *Henning*, Wissenszurechnung im Verwaltungsrecht, 2003, S. 26 ff.

569 Diese Auffassung findet sich vermehrt im älteren Schrifttum, z.B. *Pieroth*, NVwZ 1984, 681 (685); *Schoch*, NVwZ 1985, 880 (885) unter Verweis auf OVG Berlin, Urteil v. 29.10.1982 – 2 B 153/80, NJW 1983, 2156. Dieser Ansicht aber auch heute noch beispielsweise *Schoch*, in Schoch/Schneider, Verwaltungsrecht, Bd. III–IV, § 48 VwVfG Rz. 253 (Nov. 2024).

570 So BVerwG, Urteil v. 24.1.2001 – 8 C 8.00, BVerwGE 112, 360 (363).

571 Z.B. *Henning*, Wissenszurechnung im Verwaltungsrecht, 2003, S. 30 ff.; *Pautsch*, in Pautsch/Hoffmann, VwVfG, 2. Aufl. 2021, § 48 Rz. 79; *Reinhardt*, Wissen und Wissenszurechnung im öffentlichen Recht, 2010, S. 33, der die Gegenansicht explizit als „Minderheitsauffassung“ bezeichnet.

Begriff „Behörde" entsprechend auszulegen sei, beispielsweise als „der nach der innerbehördlichen Geschäftsverteilung [...] berufene Amtswalter oder ein sonst innerbehördlich zur rechtlichen Überprüfung des Verwaltungsakts berufener Amtswalter".[572] Dem wird teils die in § 1 Abs. 4 VwVfG enthaltene und für das – eigentlich – gesamte Gesetz verbindliche Legaldefinition der Behörde als „jede Stelle, die Aufgaben der öffentlichen Verwaltung wahrnimmt" entgegengehalten.[573] Dem Argument, dass eine Behörde als nicht-natürliche Person zu keiner Kenntnis fähig wäre, wird insoweit entgegnet, „dass das VwVfG den Begriff ‚Behörde' durchgehend als Abbreviatur i. S. eines Zurechnungssubjekts für (menschliches) Handeln von Behördenbediensteten verwendet."[574] Zudem wird dieser Ansicht des BVerwG und der herrschenden Literatur entgegengehalten, dass dem Bürger ansonsten etwaige Mängel in der behördeninternen Organisation den Informationsfluss betreffend angelastet würden.[575] Deswegen wird teils – in Anknüpfung an die Rechtsprechung des BFH[576] – der Gedanke des Organisationsverschuldens herangezogen, so dass in solchen Fällen maßgeblich sei, „wann die zuständige Stelle bei ordnungsgemäßem Geschäftsgang Kenntnis [...] erlangt hätte."[577]

Zugegebenermaßen ist bei der Lösung der Zurechnungsfrage oftmals auch gar nicht klar erkennbar,[578] ob der Begriff „Behörde" nun abweichend von

---

572 BVerwG, Beschluss v. 19.12.1984 – GrSen 1.84, 2.84, BVerwGE 70, 356 (364).

573 *Schoch*, in Schoch/Schneider, Verwaltungsrecht, Bd. III–IV, § 48 VwVfG Rz. 253 f. (Nov. 2024); in diese Richtung gehend auch *Maurer/Waldhoff*, Allgemeines Verwaltungsrecht, 21. Aufl. 2024, § 11 Rz. 44.

574 *Schoch*, in Schoch/Schneider, Verwaltungsrecht, Bd. III–IV, § 48 VwVfG Rz. 254 (Nov. 2024).

575 *Maurer/Waldhoff*, Allgemeines Verwaltungsrecht, 21. Aufl. 2024, § 11 Rz. 44; *Suerbaum*, in Mann/Sennekamp/Uechtritz, NK-VwVfG, 3. Aufl. 2025, § 48 Rz. 205.

576 BFH, Beschluss v. 1.10.1981 – IV R 100/80, BStBl. II 1982, 131 ff.; BFH, Beschluss v. 16.1.2007 – IX R 41/05, BFH/NV 2007, 1508 f.

577 *Suerbaum*, in Mann/Sennekamp/Uechtritz, NK-VwVfG, 3. Aufl. 2025, § 48 Rz. 205; in diesem Sinne auch *Ramsauer*, in Kopp/Ramsauer, VwVfG, 26. Aufl. 2025, § 48 Rz. 158.

578 So schreibt beispielsweise *Müller*, in Bader/Ronellenfitsch, BeckOK VwVfG, § 48 Rz. 114 (Juli 2025): „Unter dem Begriff der ‚*Behörde*' iSd § 48 Abs. 4 ist nicht die Behörde zu verstehen, wie sie in § 1 Abs. 4 legal definiert ist. Eine Behörde als solche ist zu einer ‚Kenntnis' nicht fähig, vielmehr wird ihr stets das Wissen der für sie handelnden Amtswalter zugerechnet" (Hervorhebung im Original).

der Legaldefinition auszulegen sei oder ob der „Behörde“ das Wissen der für sie handelnden Behördenbediensteten „zuzurechnen“ ist.[579]

b) Berücksichtigung etwaiger Mängel in der behördeninternen Informationsorganisation

Daneben wird nach neuerer Ansicht eine „Kombination“ aus zivilrechtlichen Zurechnungsgrundsätzen und Auslegung des Wissensbegriffs vertreten, um so Mängel in der behördeninternen Informationsorganisation nicht zulasten des Bürgers wirken zu lassen.[580] Demnach soll primär eine Zurechnung der beim Organwalter oder „Wissensvertreter“ tatsächlich vorhandenen Kenntnis nach zivilrechtlichen Grundsätzen in Betracht kommen. Nur wenn eine solche Kenntnis tatsächlich nicht vorhanden oder nicht nachweisbar ist, sollen in einem zweiten Schritt all diejenigen Informationen als Kenntnis „der Behörde“ zählen, die – im Sinne einer Art „Aktenwissen“[581] – in den Organisationsbereich der Behörde gelangt sind und auf deren Zugriff für den Entscheidungsträger Anlass bzw. Relevanz besteht.[582]

Auffällig ist in jedem Fall, dass auch im Verwaltungsrecht – ähnlich der Theorie der Wissensorgansationspflicht im Zivilrecht – mittlerweile ein Schwerpunkt auf die Frage gelegt wird, ob bzw. inwieweit Informationen, die gegebenenfalls nur als Daten oder in Akten, nicht aber tatsächlich bei einer wissensfähigen natürlichen Person vorhanden sind, als „Kenntnis“ zu werten sind.[583]

---

579 So die berechtigte Kritik von *Henning*, Wissenszurechnung im Verwaltungsrecht, 2003, S. 27.

580 *Reinhardt*, Wissen und Wissenszurechnung im öffentlichen Recht, 2010.

581 Insoweit wird die oben aufgeführte Ansicht zur Auslegung des Begriffs „Kenntnis“ als „Aktenkundigkeit“ aufgegriffen und fortentwickelt.

582 So jedenfalls ist m.E. die Lösung von *Reinhardt*, Wissen und Wissenszurechnung im öffentlichen Recht, 2010 zu verstehen.

583 *Henning*, Wissenszurechnung im Verwaltungsrecht, 2003, S. 153 ff.; *Reinhardt*, Wissen und Wissenszurechnung im öffentlichen Recht, 2010, S. 85 ff.

IV. Wissenszurechnung im Kartellrecht

Ein – neben Zivilrecht, Steuerverfahrensrecht und Verwaltungsrecht – weiteres Rechtsgebiet, welches für die Frage der Wissenszurechnung gerade im Umsatzsteuerrecht womöglich „Vorbildcharakter" haben könnte, ist das Kartellrecht. Denn dieses Rechtsgebiet ist – wie auch das Umsatzsteuerrecht – stark unionsrechtlich geprägt, wird zunehmend harmonisiert[584] und zeigt daher womöglich eine andere Herangehensweise an die Frage der Wissenszurechnung auf.

1. Einführung

Ausgangspunkt des heutigen Kartellrechts ist das im Jahr 1957 in der damaligen Europäischen Wirtschaftsgemeinschaft eingeführte Kartell- und Missbrauchsverbot, welches in Art. 85, 86 EWGV (heute: Art. 101, 102 AEUV) seinen Niederschlag fand.[585] Ein Jahr später wurde in Deutschland das Gesetz gegen Wettbewerbsbeschränkungen (GWB) eingeführt, welches seither als maßgebliche nationale Rechtsquelle für das Kartellrecht fungiert. Aufgrund der steten wirtschaftlichen Entwicklung muss auch das GWB laufend angepasst werden[586] und wird beispielsweise zunehmend harmonisiert.[587] Neben das GWB treten zahlreiche unionsrechtliche Regelungen zum Kartellrecht, wie Art. 101, 102 AEUV oder die Fusionskontrollverordnung – die in Deutschland unmittelbar gelten und anzuwenden sind. Nicht hingegen Teil des Kartellrechts ist das Gesetz gegen den unlauteren Wettbewerb (UWG) als nationale Grundlage für das Recht des unlauteren Wettbewerbs bzw.

---

584 Zuletzt durch die sog. 10. GWB-Novelle (Gesetz zur Änderung des Gesetzes gegen Wettbewerbsbeschränkungen für ein fokussiertes, proaktives und digitales Wettbewerbsrecht 4.0 und anderer Bestimmungen [GWB-Digitalisierungsgesetz] v. 18.1.2021, BGBl. I 2021, 2), durch die u.a. das Bußgeldrecht an die sog. ECN+-Richtlinie (Richtlinie [EU] 2019/1 des Europäischen Parlaments und des Rates v. 11.12.2018 zur Stärkung der Wettbewerbsbehörden der Mitgliedstaaten im Hinblick auf eine wirksamere Durchsetzung der Wettbewerbsvorschriften und zur Gewährleistung des reibungslosen Funktionierens des Binnenmarkts, ABl. EU 2019 Nr. L 11/3) angepasst werden sollte.

585 *Volmar/Kranz*, JuS 2018, 14.

586 *Volmar/Kranz*, JuS 2018, 14.

587 *Cepl/Rüting*, WRP 2013, 305 (306 f.). Das LG Köln spricht in seinem Urteil v. 14.2.2012 – 88 O (Kart) 17/11, WuW 2012, 412 (421) gar von einer „Vollharmonisierung des GWB mit dem EU-Kartellrecht durch die 7. GWB-Novelle".

Wettbewerbsrecht im engeren Sinne. Zwar kommen die Begriffe „Wettbewerbsrecht“ und „Kartellrecht“ oftmals Hand in Hand daher. Dennoch sind sie selbstredend nicht synonym zu verstehen. Stattdessen wird der Begriff des „Wettbewerbsrechts“ (im weiteren Sinne) heute zumeist als Oberbegriff für das Kartellrecht einerseits und das Recht des unlauteren Wettbewerbs (Lauterkeitsrecht) andererseits verwendet.[588] Wenngleich das Lauterkeitsrecht und das Kartellrecht dem gleichen Ziel dienen, den Wettbewerb zu schützen,[589] so haben sie doch unterschiedliche Ausgangspunkte. Nach dessen § 1 Abs. 1 dient das UWG „dem Schutz der Mitbewerber, der Verbraucher sowie der sonstigen Marktteilnehmer vor unlauteren geschäftlichen Handlungen. Es schützt zugleich das Interesse der Allgemeinheit an einem unverfälschten Wettbewerb“. Insoweit gehört es als Teil des Handelsrechts zum Privatrecht – es hat sich im Laufe der Zeit zu einem „Sonderdeliktsrecht“ entwickelt.[590] Ziel des Kartellrechts hingegen ist es, „die Freiheit des Wettbewerbs und damit die Institution des Wettbewerbs und dessen Funktionsfähigkeit zu schützen, indem es Beschränkungen des Wettbewerbs durch Unternehmen verbietet, die miteinander in Wettbewerb stehen“.[591]

Zur Erreichung dieses Ziels stellt das Kartellrecht verschiedene Instrumente zur Verfügung: Zum einen bietet es öffentlich-rechtliche Verbotsnormen (Kartellverbot [Art. 101 AEUV, § 1 GWB], Missbrauchsverbot [Art. 102 AEUV, §§ 19, 20 GWB], Fusionskontrolle [Fusionskontrollverordnung, §§ 35 ff. GWB]), die von den sogenannten Kartell- oder Wettbewerbsbehörden – in erster Linie dem deutschen Bundeskartellamt, §§ 48 ff. GWB, bzw. der EU-Kommission, Art. 4 VO (EG) Nr. 1/2003 – durchgesetzt werden. Verfahrensrechtlich geschieht dies unter anderem durch Abstellungsverfügungen oder Verpflichtungszusagen nach §§ 32 ff. GWB bzw. Art. 7 ff. VO (EG) Nr. 1/2003. Daneben können private Dritte mittels des sogenannten Kartelldeliktsrechts Beseitigungs-, Unterlassungs- und Schadensersatzansprüche (§§ 33, 33a GWB) gegen das Kartellrecht verletzende Unternehmen geltend machen. Für diese Arbeit besonders interessant sind jedoch die sanktionsrechtlichen Mittel der

588 *Loschelder*, in Gloy/Loschelder/Danckwerts, UWG-Handbuch, 5. Aufl. 2019, § 1 Rz. 1.

589 *Bauermeister*, in Gsell/Krüger/Lorenz/Reymann, BeckOGK, Art. 6 Rom II-VO Rz. 68, 71 (März 2025); *Köhler*, in Köhler/Feddersen, UWG, 43. Aufl. 2025, § 1 Rz. 42; *Wiedemann*, in Wiedemann, Handbuch des Kartellrechts, 4. Aufl. 2020, § 1 Rz. 1 f.

590 *Loschelder*, in Gloy/Loschelder/Danckwerts, UWG-Handbuch, 5. Aufl. 2019, § 3 Rz. 1.

591 *Loschelder*, in Gloy/Loschelder/Danckwerts, UWG-Handbuch, 5. Aufl. 2019, § 1 Rz. 1.

Kartellbehörden, wie Geldbußen nach §§ 81 ff. GWB bzw. Art. 23 VO (EG) Nr. 1/2003. Denn zum einen tritt die Problematik der Wissenszurechnung im Kartellrecht insbesondere im Rahmen der bußgeldrechtlichen Sanktionierung auf. Zum anderen besteht in dieser Sanktionierung von Unternehmen durch Verwaltungsbehörden zumindest eine gewisse Parallelität zu den Missbrauchsvorschriften des Mehrwertsteuerrechts, in welchen die Frage der Wissenszurechnung unter anderem zu Tage tritt. Zwar soll die Versagung von Vergünstigungen im Sinne der Missbrauchsrechtsprechung nach Ansicht des EuGH gerade keine Sanktionierung des Unternehmens darstellen.[592] Dies wird jedoch zum einen von großen Teilen der Literatur anders erachtet,[593] zum anderen ist sie – unabhängig von der gewählten Begrifflichkeit – in seiner Wirkungsweise einer Sanktionierung zumindest sehr ähnlich, so dass eine gewisse Parallelität zur bußgeldrechtlichen Sanktionierung im Kartellrecht nicht bestritten werden kann.

2. Umgang mit der Zurechnung von Wissen im Kartellrecht

a) Europäisches Kartellrecht (Art. 23 VO [EG] Nr. 1/2003)

Adressat der unionsrechtlichen Sanktionsnormen des Kartellrechts sind ausschließlich Unternehmen bzw. deren Vereinigungen, nicht aber die für das Unternehmen handelnden natürlichen Personen.[594] Gleichwohl stellt Art. 23 VO (EG) Nr. 1/2003 ausdrücklich auf das vorsätzliche oder fahrlässige Handeln dieses Unternehmens als Voraussetzung für das Verhängen einer Geldbuße ab. Damit kommt das Schuldprinzip zum Ausdruck,[595] wobei die Schuldfähigkeit von Unternehmen heute weitestgehend anerkannt ist.[596]

---

592 Ausdrücklich EuGH, Urteil v. 18.12.2014 – C-131/13, C-163/13, C-164/13, *Italmoda*, UR 2015, 106, Rz. 61.

593 So ausdrücklich *Oelmaier*, in Sölch/Ringleb, UStG, § 15 Rz. 57 (März 2025); *Treiber*, in Sölch/Ringleb, UStG, § 25f Rz. 15 (März 2024). Implizit aber auch *Gehm*, in Küffner/Zugmaier, UStG, § 25f Rz. 8/1 (Juli 2024); *Jansen*, UStB 2023, 55 (56) oder *Nieskens*, in Rau/Dürrwächter, UStG, § 25f Rz. 11 (März 2025), die im Rahmen von § 25f UStG von einer „Sanktionierung" sprechen.

594 *Biermann*, in Immenga/Mestmäcker, Wettbewerbsrecht, Bd. 1, 7. Aufl. 2025, Vor Art. 23 f. VO Nr. 1/2003 Rz. 74.

595 *Biermann*, in Immenga/Mestmäcker, Wettbewerbsrecht, Bd. 1, 7. Aufl. 2025, Vor Art. 23 f. VO Nr. 1/2003 Rz. 182.

596 *Biermann*, in Immenga/Mestmäcker, Wettbewerbsrecht, Bd. 1, 7. Aufl. 2025, Vor Art. 23 f. VO Nr. 1/2003 Rz. 183.

Nichtsdestotrotz ist und bleibt ein Unternehmen ein Rechtsgebilde, das selbst weder handeln noch denken oder wissen kann, so dass ihm zwingend das Verschulden der im Unternehmen agierenden natürlichen Personen zugerechnet werden muss.[597] Damit einher geht aber selbstredend nicht nur die Frage der Zurechnung von Handlungen dieser natürlichen Personen, sondern auch der Zurechnung deren Wissens, weil sowohl das Merkmal der „Vorsätzlichkeit" als auch der „Fahrlässigkeit" stets eine gewisse Kenntnis von Umständen voraussetzt: sei es die Kenntnis der „wettbewerbsbeschränkenden und widerrechtlichen Natur" der Handlungen im Rahmen des Vorsatzes oder das „hätte wissen müssen"[598] bzw. „hätte wissen können"[599] der Begehung einer Zuwiderhandlung im Rahmen der Fahrlässigkeit, welches zumindest die Kenntnis der die Sorgfaltspflichtverletzung auslösenden Umstände beinhaltet.

aa) Verschuldens-Zurechnung

Für die Frage der Zurechnung dieses Verschuldens – und damit auch implizit des Wissens – bedient sich die Europäische Kommission als Kartellbehörde[600] am, im französischen Verwaltungsrecht verwendeten, Konstrukt „faute de service", dem „Fehlfunktionieren oder der Fehlorganisation der Verwaltung".[601] Sie verwendet damit ein, in ähnlicher Weise auch im deutschen Zivil- und Verwaltungsrecht anzutreffendes Konzept: das Organisationsverschulden.[602] So rechnet die Kommission dem Unternehmen nicht nur

---

597 So schon die Überschrift bei *Biermann*, in Immenga/Mestmäcker, Wettbewerbsrecht, Bd. 1, 7. Aufl. 2025, Vor Art. 23 f. VO Nr. 1/2003 Rz. 184: „Zurechnung des Verschuldens natürlicher Personen".

598 So beispielsweise die Formulierung in Europäische Kommission, Entscheidung v. 14.12.1979, ABl. EG 1980 Nr. L 60/21 – *Pioneer*, Rz. 90; Europäische Kommission, Entscheidung v. 15.7.1992, ABl. EG 1992 Nr. L 233/27 – *Parker*, Rz. 23.

599 So die Formulierung u.a. in Europäische Kommission, Entscheidung v. 7.10.1981, ABl. EG 1981 Nr. L 353/33 – *Michelin*, Rz. 56.

600 S. soeben B. IV. 1.

601 *Biermann*, in Immenga/Mestmäcker, Wettbewerbsrecht, Bd. 1, 7. Aufl. 2025, Vor Art. 23 f. VO Nr. 1/2003 Rz. 184.

602 Z.B. *Ernst*, in MüKo BGB, Bd. 3, 10. Aufl. 2025, § 311a Rz. 65, 70; *von Groll*, in Hübschmann/Hepp/Spitaler, AO/FGO, § 173 AO Rz. 196 (Sept. 2017); *Martini*, JA 2017, 838 (840); *Ramsauer*, in Kopp/Ramsauer, VwVfG, 26. Aufl. 2025, § 48 Rz. 158; *Spindler/Seidel*, ZIP 2022, 1521 (1524).

das Wissen natürlicher Personen – insbesondere der Leitungsorgane – zu,[603] sondern auch Organisations- und Aufsichtspflichtverletzungen werden als Verschulden berücksichtigt.[604]

Dabei soll der Kreis der für eine mögliche Zurechnung maßgeblichen natürlichen Personen – so jedenfalls die (frühere) Handhabung des EuGH – nur durch die Frage eingegrenzt werden, ob sie befugtermaßen für das Unternehmen gehandelt haben.[605] So setze die Verhängung einer Geldbuße „keine Handlung und nicht einmal Kenntnisse der Inhaber oder Geschäftsführer des betreffenden Unternehmens voraus, sondern es genügt die Handlung einer Person, die berechtigt ist, für das Unternehmen tätig zu werden".[606] Diese Ausweitung der Zurechnung auf quasi alle Mitarbeiter des Unternehmens – soweit sie innerhalb ihres Aufgabenkreises tätig werden – wird aber womöglich doch in gewisser Weise von der Kommission eingegrenzt.[607] So erfragte die Kommission beispielsweise im Rahmen der Ermittlungen in der Rechtssache *Orkem*[608] in einem Fragenkatalog unter anderem die hierarchische Stellung der Teilnehmer einer als Zuwiderhandlung zu bewertenden Konferenz.[609] Und auch in anderen Entscheidungen stellte die Kommission auf die (vorsätzlichen) Handlungen „der ‚Chefs' (Topmanager oder

603 So *Biermann*, in Immenga/Mestmäcker, Wettbewerbsrecht, Bd. 1, 7. Aufl. 2025, Vor Art. 23 f. VO Nr. 1/2003 Rz. 184 unter Verweis u.a. auf Europäische Kommission, Entscheidungen v. 14.12.1984, ABl. EG 1985 Nr. L 35/58 – *John Deere*, Rz. 21; v. 16.12.1985, ABl. EG 1985 Nr. L 376/21 – *Sperry New Holland*, Rz. 66 und v. 18.12.1987, ABl. EG 1988 Nr. L 49/19 – *Fisher Price*.

604 *Biermann*, in Immenga/Mestmäcker, Wettbewerbsrecht, Bd. 1, 7. Aufl. 2025, Vor Art. 23 f. VO Nr. 1/2003 Rz. 184.

605 *Engels*, Unternehmensvorsatz und Unternehmensfahrlässigkeit im Europäischen Kartellrecht, 2002, S. 47.

606 EuGH, Urteil v. 7.6.1983 – 100–103/80, *Musique Diffusion française u.a.*, Slg. 1983, 1825 (1903).

607 *Engels*, Unternehmensvorsatz und Unternehmensfahrlässigkeit im Europäischen Kartellrecht, 2002, S. 48 ff.

608 EuGH, Urteil v. 18.10.1989 – 374/87, *Orkem/Kommission*, Slg. 1989, 3283 ff.

609 *Engels*, Unternehmensvorsatz und Unternehmensfahrlässigkeit im Europäischen Kartellrecht, 2002, S. 48 f.

Geschäftsführer) und ‚Experten' (Vertriebsspezialisten)"[610], der Geschäftsleitung[611] oder dem Wissen von der Zuwiderhandlung „an hoher Stelle"[612] ab.

bb) Irrelevanz des konkreten Verhaltens- und Wissenssubjekts

Markant ist in jedem Fall, dass – wie es auch in den mehrwertsteuerlichen Entscheidungen des EuGH zur Versagung von Steuervergünstigungen aufgrund von Kenntnis entsprechend der Fall ist[613] – in den meisten Entscheidungen von Kommission und EuGH lediglich der Vorsatz bzw. die Fahrlässigkeit „des Unternehmens" festgestellt wird, ohne dass sich aus dem dargelegten Sachverhalt ermitteln ließe, welche natürliche Person dabei als Verhaltens- bzw. Wissenssubjekt[614] fungiert.[615] Dies sei nach Ansicht des EuGH auch gar nicht nötig. So führt er beispielsweise in seiner Entscheidung in der Rechtssache *Volkswagen* aus, dass „das Gericht [...] keinen Rechtsfehler begangen [hat], als es die vorsätzliche Begehung der Zuwiderhandlung für feststehend erachtet hat, ohne die Benennung der Personen zu verlangen, die innerhalb des Unternehmens schuldhaft gehandelt hatten oder für die möglicherweise fehlerhafte Organisation der Rechtsmittelführerin hätten verantwortlich gemacht werden müssen".[616] Dies entspricht der Einordnung, dass das Verschulden aller – befugtermaßen handelnden – natürlichen Personen des Unternehmens zuzurechnen ist.[617] Insoweit ist auch das Abstellen von EuGH und Kommission auf das Organisationsverschulden des Unternehmens stringent. Bedenklich ist jedoch zum einen, dass sich sowohl für den Kreis der Personen „mit Zurechnungspotential" als auch

---

610 Europäische Kommission, Entscheidung v. 23.4.1986, ABl. EG 1986 Nr. L 230/1 – *Polypropylen*, Rz. 18.

611 Europäische Kommission, Entscheidung v. 18.12.1987, ABl. EG 1988 Nr. L 49/19 – *Fisher Price*, Rz. 25.

612 Europäische Kommission, Entscheidung v. 19.12.1990, ABl. EG 1991 Nr. L 152/21 – *Soda - Solvay*, Rz. 70.

613 S. hierzu A. III. 1.

614 Zum Begriff des Verhaltens- bzw. Wissenssubjekts s.o. A. VI. 1.

615 So *Engels*, Unternehmensvorsatz und Unternehmensfahrlässigkeit im Europäischen Kartellrecht, 2002, S. 50 unter Verweis u.a. auf EuGH, Urteil v. 13.2.1979 – 85/76, *Hoffmann-La Roche*, Slg. 1979, 461 ff. und Europäische Kommission, Entscheidung v. 18.3.1992, ABl. EG 1992 Nr. L 131/32 – *Dunlop*.

616 EuGH, Urteil v. 18.9.2003 – C-338/00 P, *Volkswagen*, Slg. 2003, I-9189, Rz. 98.

617 S. soeben B. IV. 2. a) aa).

für das Konstrukt des Organisationsverschuldens keinerlei Rechtsgrundlage ausmachen lässt, auf die sich EuGH oder Kommission stützen; zum anderen, dass sich in der Praxis kaum Fälle finden lassen, in welchen sich ein Unternehmen hinsichtlich eines solchen Organisationsverschuldens entlasten könnte – selbst Compliance-Programme werden diesbezüglich noch nicht einmal anerkannt.[618] Daher ist wohl auch für das europäische Kartellrecht zu konstatieren, dass im Bereich der Zurechnung von Wissen noch viele Fragen ungeklärt und „im Fluss“ sind.

b) Deutsches Kartellrecht

Auch das GWB enthält in dessen § 81 Vorschriften, die eine vorsätzliche oder fahrlässige Zuwiderhandlung gegen Kartellvorschriften mit Bußgeld belegen. Insoweit ist jedoch zu beachten, dass im Rahmen der kartellrechtlichen Bußgeldvorschriften nach § 2 OWiG insbesondere auch die Regeln des Allgemeinen Teils des deutschen Ordnungswidrigkeitenrechts, wie § 9 und § 30 OWiG, anzuwenden sind.[619] So kommen hierbei – anders als nach Art. 23 VO (EG) Nr. 1/2003 – neben den Unternehmen zwar auch natürliche Personen, wie Organe oder Vertreter des Unternehmens als Täter in Betracht.[620] Aufgrund der Einordnung der meisten Kartellordnungswidrigkeiten als Sonderdelikte, ist der Täterkreis dabei jedoch nach § 9 OWiG zu bestimmen.[621] Sofern dagegen das Unternehmen selbst als Normadressat angesprochen wird, geschieht dies unter Beachtung von § 30 OWiG, womit die Frage der Zurechnung von Handlungen und Wissen auf den dort genannten Personenkreis begrenzt wird.[622] Damit lässt sich die Praxis von EuGH und Kommission, dem Unternehmen jegliches Verschulden der für es

---

618 *Biermann*, in Immenga/Mestmäcker, Wettbewerbsrecht, Bd. 1, 7. Aufl. 2025, Vor Art. 23 f. VO Nr. 1/2003 Rz. 185.

619 *Kubiciel*, in Esser/Rübenstahl/Saliger/Tsambikakis, Wirtschaftsstrafrecht, 2017, § 81 GWB Rz. 11.

620 *Achenbach*, in Jaeger/Kokott/Pohlmann/Schroeder/Seeliger, Frankfurter Kommentar zum Kartellrecht, § 81 GWB Rz. 8 (Mai 2022); *Meyer-Lindemann*, in Kersting/Meyer-Lindemann/Podszun, Kartellrecht, 5. Aufl. 2025, § 81 GWB Rz. 100.

621 *Biermann*, in Immenga/Mestmäcker, Wettbewerbsrecht, Bd. 2, 7. Aufl. 2024, Vor § 81 GWB Rz. 82; *Schmidt-Volkmar*, in Oppenländer/Trölitzsch, Praxishandbuch der GmbH-Geschäftsführung, 4. Aufl. 2025, § 49 Rz. 5 f.

622 *Achenbach*, in Jaeger/Kokott/Pohlmann/Schroeder/Seeliger, Frankfurter Kommentar zum Kartellrecht, Vor §§ 81 bis 81g GWB Rz. 135 ff. (Mai 2022); *Schmidt-Volkmar*,

befugtermaßen handelnden natürlichen Personen zuzurechnen, nicht ohne Weiteres auf das deutsche Kartellordnungswidrigkeitenrecht übertragen.[623] Eine gewisse Parallelität lässt sich jedoch durchaus im Hinblick auf das sogenannte Organisationsverschulden ausmachen. So findet sich mit § 130 OWiG im deutschen Bußgeldrecht eine Vorschrift, die die Verantwortlichkeit von Leitungspersonen im Sinne von § 9 OWiG[624] für Zuwiderhandlungen von Mitarbeitern aufgrund einer vorsätzlichen oder fahrlässigen Aufsichtspflichtverletzung explizit begründet, dies via § 30 OWiG auch dem Unternehmen selbst zurechnet und auf §§ 81 ff. GWB durchaus anwendbar ist.[625]

---

in Oppenländer/Trölitzsch, Praxishandbuch der GmbH-Geschäftsführung, 4. Aufl. 2025, § 49 Rz. 2.

623 *Biermann*, in Immenga/Mestmäcker, Wettbewerbsrecht, Bd. 2, 7. Aufl. 2024, Vor § 81 GWB Rz. 155.

624 *Engelhart*, in Esser/Rübenstahl/Saliger/Tsambikakis, Wirtschaftsstrafrecht, 2017, § 130 OWiG Rz. 26.

625 *Raum*, CCZ 2020, 245 (247).

C. Bestandsaufnahme zur Wissenszurechnung im Umsatzsteuerrecht

I. Bisherige Ansätze zur Frage der Wissenszurechnung im Umsatzsteuerrecht

Der Problematik der Wissenszurechnung wurde im Umsatzsteuerrecht – anders als beispielsweise im Zivilrecht – bislang nur vereinzelt Beachtung geschenkt. So existieren zum einen lediglich wenige Entscheidungen, die sich mit dieser Frage auseinandersetzen (mussten). Auch die diesbezügliche Literatur ist „rar gesät", wobei sie vornehmlich die Judikatur aufgreift, ohne diese im Hinblick auf die Rechtsgrundlage oder die exakte Reichweite der Wissenszurechnung zu hinterfragen. Beachtenswert ist insoweit auch, dass sich erst seit der Einführung von § 25f UStG vermehrt mit der Frage der umsatzsteuerrechtlichen Wissenszurechnung beschäftigt wird, obwohl sie sowohl im Rahmen des Gutglaubensschutzes – beispielsweise nach § 6a Abs. 4 UStG – als auch im Hinblick auf § 25d UStG a.F. oder die Missbrauchsrechtsprechung des EuGH bereits zuvor von Relevanz gewesen wäre. Doch selbst der EuGH hat sich erst im Dezember 2022 erstmals ausdrücklich zur Frage der Wissenszurechnung im Umsatzsteuerrecht geäußert.[626]

Aufgrund der Anknüpfung des Schrifttums an die Judikatur wird im Folgenden zunächst die zur Frage der Wissenszurechnung im Umsatzsteuerrecht ergangene Rechtsprechung dargestellt, bevor auf die begleitende Literatur eingegangen wird.

---

626 Hierzu sogleich unter C. I. 1. a).

1. Entscheidungen des EuGH

a) EuGH, Urteil vom 1.12.2022 – C-512/21, *Aquila Part Prod Com*

Noch recht jung[627] ist ein Urteil des EuGH, in welchem er sich erstmals explizit mit der Frage der Zurechnung von Wissen bei der Versagung des Vorsteuerabzugs beschäftigt. Hierbei handelt es sich um einen etwas außergewöhnlich gelagerten Fall, als es um die Zurechnung der Kenntnis des gesetzlichen Vertreters einer Gesellschaft an die Steuerpflichtige (*Aquila Part Prod Com SA*) ging, mit welcher die Steuerpflichtige für die Ausübung ihrer Tätigkeit einen Auftragsvertrag geschlossen hatte. Ohne Nennung von Normen oder zumindest primärrechtlichen Grundsätzen führt der EuGH hierzu lediglich aus, dass „unabhängig von den nationalen Vorschriften über die Beauftragung und den Bestimmungen des Auftragsvertrags, mit dem der Steuerpflichtige einen Dritten mit der Bewirkung steuerbarer Umsätze betraut hat, [...] sich der Steuerpflichtige gegenüber dem Fiskus nicht von dieser Haftung befreien [kann], indem er sich auf das Vorliegen eines Auftragsvertrags, die einschlägigen nationalen Vorschriften oder die Bestimmungen dieses Vertrags beruft und geltend macht, dass er von den die Mehrwertsteuerhinterziehung begründenden Umständen, die dem Beauftragten bekannt waren, nichts gewusst habe. Ließe man nämlich zu, dass der Steuerpflichtige in dieser Weise handeln kann, würde dies die Hinterziehung erleichtern und damit dem Ziel der Bekämpfung der Mehrwertsteuerhinterziehung zuwiderlaufen".[628] Der EuGH rechnet damit auch die Kenntnis eines beauftragten, vom Steuerpflichtigen verschiedenen rechtlich selbständigen Dritten zu,[629] um so

---

[627] Dennoch hat sich der BFH in seinem Beschluss v. 14.6.2023 – XI S 2/23, BB 2023, 1953, Rz. 12, bereits auf dieses Urteil bezogen. Einen Erkenntnisgewinn zur Frage der Wissenszurechnung brachte diese Bezugnahme jedoch nicht, als der BFH lediglich ausführte, dass das „EuGH-Urteil Aquila Part Prod Com vom 01.12.2022 – C-512/21 (EU:C:2022:950, Rz 64 ff., 67) zur Zurechnung des Wissens von beauftragten Personen [...] diese Ausführungen des Senats" bestätigt, wobei er seine Ausführungen im Beschluss v. 22.11.2022 – XI B 1/22, HFR 2023, 257, Rz. 20 ff. meint, in welchen er lediglich anmerkt, dass die Kenntnis von Familienmitgliedern der Unternehmerin durchaus auch die Kenntnis bzw. zumindest fahrlässige Unkenntnis der Unternehmerin selbst nahelegt.

[628] EuGH, Urteil v. 1.12.2022 – C-512/21, *Aquila Part Prod Com*, UR 2023, 166, Rz. 67.

[629] *Nieskens*, in Rau/Dürrwächter, UStG, § 25f Rz. 122 (März 2025).

der Etablierung neuer Betrugsmodelle durch Einschaltung verschachtelter Unterauftragsverhältnisse zuvor zu kommen.[630]

b) EuGH, Urteil vom 30.1.2024 – C-442/22, *P sp. z o.o.*

Nicht direkt um die Frage der Zurechnung von Kenntnissen – gleichwohl mit einer potentiellen „Ausstrahlungswirkung“ auf diesen Themenkomplex – geht es in einem Urteil des EuGH vom Januar 2024. Das polnische „Naczelny Sąd Administracyjny“ hat dem EuGH dabei folgende Fragen vorgelegt:

„1. Ist Art. 203 MwStSystRL dahin auszulegen, dass in dem Fall, dass ein Arbeitnehmer eines Mehrwertsteuerpflichtigen ohne dessen Wissen und Zustimmung eine falsche Mehrwertsteuerrechnung mit den Angaben des Arbeitgebers ausstellt, der als der Steuerpflichtige angegeben wird, als diejenige Person, die die Mehrwertsteuer in der Rechnung ausweist und zur Entrichtung der Mehrwertsteuer verpflichtet ist, anzusehen ist:
   - der Mehrwertsteuerpflichtige, dessen Angaben unrechtmäßig in der Rechnung verwendet wurden, oder
   - der Arbeitnehmer, der in der Rechnung unter Verwendung der Angaben des Mehrwertsteuerpflichtigen unrechtmäßig die Mehrwertsteuer ausgewiesen hat?
2. Ist es für die Bestimmung, wer unter den in der ersten Frage genannten Umständen iSv Art. 203 MwStSystRL als derjenige anzusehen ist, der die Mehrwertsteuer in der Rechnung ausweist und zur Entrichtung der Mehrwertsteuer verpflichtet ist, erheblich, ob dem Mehrwertsteuerpflichtigen, der den Arbeitnehmer beschäftigt, der in der Mehrwertsteuerrechnung unrechtmäßig die Angaben des ihn beschäftigenden Steuerpflichtigen verwendet hat, die Nichteinhaltung der erforderlichen Sorgfalt bei der Aufsicht über den Arbeitnehmer vorgeworfen werden kann?“[631]

Der EuGH führt hierbei zunächst aus, dass im relevanten Fall die Arbeitnehmerin „als die ‚Person, die die Mehrwertsteuer ausweist‘, iSv Art. 203 [MwStSystRL] anzusehen“ ist, weil diese „die Daten ihres Arbeitgebers ohne

---

[630] *Grommes*, UR 2023, 433 (434); *Jansen*, UStB 2023, 186 (189).
[631] EuGH, Urteil v. 30.1.2024 – C-442/22, *P sp. z o.o.*, DStR 2024, 238, Rz. 20.

dessen Wissen und Zustimmung für die Ausstellung falscher Mehrwertsteuerrechnungen verwendet" hatte und wenn der Arbeitgeber als „scheinbare[r] Aussteller gutgläubig ist".[632] Hierdurch wird bereits deutlich, dass der EuGH ganz offensichtlich zwischen der Gutgläubigkeit, also der Kenntnis, des Arbeitgebers – einer Gesellschaft – und der Arbeitnehmerin trennt und ihr nicht jegliches Wissen und Handeln der Arbeitnehmerin ohne Weiteres zurechnet.

Anschließend betont er – unter Verweis auf seine zum Gutglaubensschutz bzw. der Missbrauchsrechtsprechung ergangenen Urteile *Teleos*[633] und *Mahagében und Dávid*[634] –, dass von einem Wirtschaftsteilnehmer gefordert werden dürfe, „dass er alle Maßnahmen ergreift, die vernünftigerweise von ihm verlangt werden können, um sicherzustellen, dass der von ihm getätigte Umsatz nicht zu seiner Beteiligung an einem Mehrwertsteuerbetrug führt"[635] und dass er „nach den Umständen des konkreten Falls verpflichtet sein kann, über einen anderen Wirtschaftsteilnehmer [...] Auskünfte einzuholen, um sich von dessen Zuverlässigkeit zu überzeugen".[636] Eine solche Sorgfaltspflicht obliege auch dem Arbeitgeber gegenüber seinem Arbeitnehmer, so dass er „nicht als gutgläubig angesehen werden [kann], wenn er nicht die zumutbare Sorgfalt an den Tag gelegt hat, um das Handeln seines Arbeitnehmers zu überwachen [...]. In einem solchen Fall kann ihm das betrügerische Handeln seines Arbeitnehmers zugerechnet werden".[637]

Der EuGH geht damit – in Übereinstimmung mit der Generalanwältin *Kokott*[638] – davon aus, dass das Verhalten eines Arbeitnehmers dem Arbeitgeber nicht uneingeschränkt zuzurechnen ist, sondern nur dann, wenn dieser seine Sorgfalts- in Form von Überwachungspflichten verletzt, wobei – so die Ansicht der Generalanwältin *Kokott* – „wohl danach zu differenzieren

---

632 Zu allem EuGH, Urteil v. 30.1.2024 – C-442/22, *P sp. z o.o.*, DStR 2024, 238, Rz. 30 f.

633 EuGH, Urteil v. 27.9.2007 – C-409/04, *Teleos*, BStBl. II 2009, 70, Rz. 65.

634 EuGH, Urteil v. 21.6.2012 – C-80/11, C-142/11, *Mahagében und Dávid*, UR 2012, 591, Rz. 54, 60.

635 EuGH, Urteil v. 30.1.2024 – C-442/22, *P sp. z o.o.*, DStR 2024, 238, Rz. 33.

636 EuGH, Urteil v. 30.1.2024 – C-442/22, *P sp. z o.o.*, DStR 2024, 238, Rz. 34.

637 EuGH, Urteil v. 30.1.2024 – C-442/22, *P sp. z o.o.*, DStR 2024, 238, Rz. 35.

638 Schlussanträge der Generalanwältin *Kokott* v. 21.9.2023 – C-442/22, *P sp. z o.o.*, UR 2023, 918, Rz. 60 ff.

sein [wird], ob es einen konkreten Anlass oder konkrete Anhaltspunkte [...] für eine besondere Überwachung gab oder nicht. Ohne einen konkreten Anlass dürfte von einem Steuerpflichtigen allenfalls ein einfaches internes Risikomanagementsystem – der Steuerpflichtige kann nicht blindlings seinen Arbeitnehmern vertrauen – verlangt werden können“.[639]

Diese eingeschränkte Zurechnung des Verhaltens von Arbeitnehmern, die an die Einhaltung der Sorgfaltspflichten durch den Arbeitgeber anknüpft, hat meines Erachtens insofern eine „Ausstrahlungswirkung“ auf die Zurechnung von Kenntnissen, als die Kenntnis eines Mitarbeiters vom Betrug eines Dritten ein „Weniger“ gegenüber der aktiven Teilnahme daran darstellt, so dass diese eingeschränkte Zurechnung von Handlungen „a maiore ad minus“ zwingend auch eine eingeschränkte Zurechnung von Kenntnissen nach sich ziehen muss. Diese Parallelität zeigt sich auch in der von der Generalanwältin *Kokott* in ihren Schlussanträgen gewählten Formulierung – die sich „eins zu eins“ auf die Problematik der Wissenszurechnung übertragen lässt –, dass die genannten Vorlagefragen „im Kern die Frage auf[werfen], welche Risiken ein steuerpflichtiges Unternehmen im Mehrwertsteuerrecht zu tragen hat, wenn es von seinen Arbeitnehmern hintergangen wurde.“[640]

2. Nationale Rechtsprechung

a) BFH, Urteil vom 19.5.2010 – XI R 78/07[641]

Wohl als Ausgangspunkt und Zentrum der Frage der Wissenszurechnung im Umsatzsteuerrecht muss auf nationaler Ebene das Urteil des XI. Senats des BFH aus dem Jahr 2010 – XI R 78/07 – gesehen werden.[642] Denn auf dieses

---

639 Schlussanträge der Generalanwältin *Kokott* v. 21.9.2023 – C-442/22, *P sp. z o.o.*, UR 2023, 918, Rz. 64.

640 Schlussanträge der Generalanwältin *Kokott* v. 21.9.2023 – C-442/22, *P sp. z o.o.*, UR 2023, 918, Rz. 19.

641 BFH, Urteil v. 19.5.2010 – XI R 78/07, UR 2010, 952 ff.

642 Genau auf dieses Urteil bezieht sich auch die Finanzverwaltung in Abschn. 25f.1 Abs. 2 Satz 2 UStAE, wenn sie formuliert, dass „dem Unternehmer auch das Wissen oder Wissen müssen seiner Angestellten in analoger Anwendung von § 166 BGB zuzurechnen [ist], welches die Angestellten im Rahmen ihrer jeweiligen Zuständigkeit erlangt haben oder hätten erlangen müssen“.

Urteil verweisen sowohl der BFH in zwei anderen umsatzsteuerlichen Entscheidungen,[643] als auch BGH[644] und Finanzgerichte.[645]

Der Entscheidung liegt – verkürzt – folgender Sachverhalt zugrunde: Die Klägerin – eine GmbH – handelte mit Computerteilen und nahm, nach den Ermittlungen der Steuerfahndung, innerhalb eines Umsatzsteuerkarussells die Stellung des sogenannten „Buffer II" ein. Als solche erwarb sie Ware vom „Buffer I", welche sie nach Geltendmachung des Vorsteuerabzugs an verschiedene Exporteure (sogenannte Distributoren) veräußerte. Nach den Feststellungen der Steuerfahndung und nach Ansicht des zuständigen Finanzamtes hatte die GmbH diese Vorsteuerbeträge zu Unrecht geltend gemacht, weil sie zumindest hätte wissen müssen, dass sie sich mit ihrem jeweiligen Erwerb an einem Umsatz beteiligt hatte, der in eine Mehrwertsteuerhinterziehung einbezogen gewesen sei.[646] Diese Kenntnis bzw. das „Kennenmüssen" beruhe auf der Tatsache, dass ihr nicht nur das Wissen ihres gesetzlichen Vertreters, sondern unter gewissen Umständen auch das Wissen ihrer Angestellten zuzurechnen sei. Die Klägerin hingegen war der Ansicht, dass sie – mangels „Kennenmüssens" ihres Geschäftsführers – als gutgläubig gelten müsse. Denn unter Heranziehung des Rechtsgedankens des § 69 AO könne es wegen der damit verbundenen Haftung ausschließlich auf die Kenntnis oder das „Kennenmüssen" des Geschäftsführers ankommen.

---

643 BFH, Urteil v. 11.8.2011 – V R 19/10, BStBl. II 2012, 156, Rz. 32; BFH, Beschluss v. 19.12.2014 – XI B 12/14, BFH/NV 2015, 534, Rz. 22. Diese Urteile sind jedoch nicht von weiterer Relevanz, weil sie – unter Verweis auf das genannte Urteil aus dem Jahr 2010 und ohne sonstige Begründung – lediglich sehr kurz feststellen, dass sich die Gesellschaft sowohl das Wissen ihres Geschäftsführers als auch ihrer sonstigen Angestellten zurechnen lassen muss.

644 BGH, Urteil v. 19.3.2013 – 1 StR 318/12, NZWiSt 2014, 73, Rz. 65; BGH, Beschluss v. 29.1.2015 – 1 StR 216/14, NStZ 2015, 283 (285); BGH, Urteil v. 15.5.2018 – 1 StR 159/17, WM 2018, 2028, Rz. 198.

645 FG Berlin-Brandenburg, Urteil v. 24.11.2010 – 7 K 2356/06, EFG 2011, 918 (921); FG Baden-Württemberg, Urteil v. 15.11.2013 – 1 K 1766/12, juris, Rz. 119; FG Hamburg, Urteil v. 25.11.2014 – 3 K 85/14, juris, Rz. 81; Hessisches FG, Urteil v. 10.12.2020 – 1 K 1263/17, juris, Rz. 73.

646 S. zu dieser ungeschriebenen Voraussetzung des Vorsteuerabzugs EuGH, Urteil v. 6.7.2006 – C-439/04, C-440/04, *Kittel und Recolta Recycling*, DStR 2006, 1274, Rz. 55 ff. sowie unter A. III.

Der BFH bestätigt die Ansicht des Finanzamtes und der Vorinstanz[647] und führt aus, dass „der Klägerin hinsichtlich der Kenntnis oder des ‚Kennenmüssens' der objektiven Umstände, wonach sie an einem Umsatzsteuerkarussell beteiligt war, nicht nur das etwaige Wissen ihres Geschäftsführers als ihres gesetzlichen Vertreters nach § 35 GmbHG, sondern auch das ihrer sonstigen Angestellten in analoger Anwendung von § 166 BGB zuzurechnen ist. Dies beruht auf der Erwägung, dass derjenige, der sich zur Erfüllung seiner Verpflichtungen eines anderen bedient, nicht besser stehen darf als derjenige, der diese Verpflichtungen selbst erfüllt. Daher ist für die entsprechende Anwendung von § 166 BGB das Bestehen eines Vertretungsverhältnisses nicht maßgeblich (vgl. BFH, Urt. v. 29.7.2003 – VII R 3/01, BFHE 203, 222; BFH, Urt. v. 26.4.1988 – VII R 124/85, BFHE 153, 463 [...]). Eine Wissenszurechnung kommt jedoch nach wertender Beurteilung nur für die Kenntnisse in Betracht, welche die Mitarbeiter infolge der vorgesehenen Arbeitsteilung und Organisation des Betriebs im Rahmen ihrer jeweiligen Zuständigkeit erlangt haben ([...] OLG Saarl., Urt. v. 31.1.2006 – 4 U 423/04, OLG-Report Saarbrücken 2006, 944 – Rz. 48 m.w.N.) oder hätten erlangen müssen".[648]

Es tritt dabei deutlich zu Tage, dass sich der BFH auf drei andere Urteile bezieht, um die Reichweite der Wissenszurechnung und deren – (vermeintlich) in § 166 BGB liegende – Rechtsgrundlage zu begründen:

aa) Saarländisches OLG, Urteil vom 31.1.2006 – 4 U 423/04

Im Hinblick auf die Frage, welche Mitarbeiter für eine etwaige Wissenszurechnung in Betracht kommen, stützt sich der BFH auf ein Urteil des saarländischen Oberlandesgerichts (OLG) aus dem Jahr 2006.[649] In diesem wird maßgeblich auf die vom BGH aufgestellten Grundsätze zur Wissenszurechnung und zum Wissensvertreter Bezug genommen.[650] Das saarländische OLG definiert den Begriff des Wissensvertreters dabei in Übereinstimmung mit dem BGH und unter Heranziehung des Gedankens der Wissensorganisationspflicht.[651] Es wird insoweit deutlich, dass der BFH maßgeblich an die – vom

647 FG Baden-Württemberg, Urteil v. 1.10.2007 – 12 K 160/04, EFG 2008, 574 ff.

648 BFH, Urteil v. 19.5.2010 – XI R 78/07, UR 2010, 952, Rz. 30.

649 Saarländisches OLG, Urteil v. 31.1.2006 – 4 U 423/04, juris, Rz. 48.

650 Insbesondere BGH, Urteil v. 24.1.1992 – V ZR 262/90, NJW 1992, 1099 f. und BGH, Urteil v. 2.2.1996 – V ZR 239/94, BGHZ 132, 30 ff. Vgl. hierzu schon B. I. 2. a).

651 Vgl. zu allem schon B. I. 2. a).

BGH für das Zivilrecht entwickelten – Grundsätze der Wissenszurechnung anknüpft, die insbesondere auch vom Gedanken des Verkehrsschutzes geleitet werden,[652] ohne jedoch zu hinterfragen, ob entsprechende Erwägungen auf das Umsatzsteuerrecht übertragbar sind.

Gleichwohl ist einzuräumen, dass der BFH nicht lediglich auf zivilrechtliche Rechtsprechung zurückgreift, sondern auch auf zwei Urteile des VII. Senats des BFH, die den Bereich des Zollrechts betreffen:

bb) BFH, Urteil vom 26.4.1988 – VII R 124/85

In seinem Urteil aus dem Jahr 1988[653] führt der VII. Senat aus, dass einer juristischen Person nicht nur das Wissen eines ihrer Organe zuzurechnen sei, sondern auch das Wissen des jeweils zuständigen Mitarbeiters. Beachtenswert ist jedoch, dass der BFH insoweit keine allgemeinen Grundsätze aufstellt, sondern die Frage der Zurechnung von Wissen eines Mitarbeiters einer juristischen Person lediglich im Hinblick auf den Streitfall der Übernahme von Zollgut nach § 57 Abs. 2 Satz 2 ZG[654] und unter Verweis auf Wortlaut, Sinn und Zweck jener Vorschrift beantwortet. So gehe § 57 Abs. 2 Satz 2 ZG „offensichtlich davon aus, daß derjenige, der das Zollgut übernimmt oder an sich bringt, auch derjenige ist, auf dessen Wissen oder Wissenmüssen von der Zollguteigenschaft der Waren es ankommt. Im Falle der Übernahme von Zollgut durch eine juristische Person muß also auch das Wissen oder Wissenmüssen jener Personen zur Zollschuldentstehung führen, die an der Übernahme für die juristische Person im Rahmen ihrer dienstlichen Obliegenheiten beteiligt waren. Es wäre ein unerträgliches Ergebnis, wenn eine juristische Person ihre Bediensteten zwar zur Übernahme z.B. von Zollgut ermächtigen könnte, sich deren Wissen um die Zollguteigenschaft aber nicht zurechnen lassen müßte. Die juristische Person wäre dann gegenüber natürlichen Personen in einer durch nichts gerechtfertigten Weise privilegiert; denn zumindest bei juristischen Personen mit einem großen Mitarbeiterstab könnte es im Regelfall nicht zu einer Zollschuldentstehung zu Lasten der juristischen Person nach § 57 Abs. 2 Satz 2 ZG kommen. Es kann nicht

---

652 Hierzu beispielsweise BGH, Urteil v. 2.2.1996 – V ZR 239/94, BGHZ 132, 30 (35 ff.).

653 BFH, Urteil v. 26.4.1988 – VII R 124/85, BFHE 153, 463 (467 ff.).

654 Mit dem Zollkodex 1992 trat das (alte) Zollgesetz (ZG) außer Kraft.

davon ausgegangen werden, daß dies Sinn und Zweck der genannten Regelung entspräche".[655]

Hierbei wird dreierlei deutlich: Der BFH bezieht sich bzw. seine Überlegungen nicht auf die – auch im Jahr 1988 bereits existierende[656] – Judikatur des BGH zur Zurechnung von Mitarbeiterwissen. Auch knüpft er die Wissenszurechnung nicht an eine – gar zivilrechtliche – Norm, insbesondere nicht an § 166 BGB. Vielmehr leitet er die Wissenszurechnung aus der konkreten Norm her unter Berücksichtigung des – dem im Zivilrecht anzutreffenden Gleichstellungsargument auf den ersten Blick ähnlich erscheinenden – Prinzips, dass juristische Personen gegenüber natürlichen Personen nicht ungerechtfertigt zu privilegieren sind. Während jedoch das oben genannte Gleichstellungsargument darauf abzielt, dass der Vertragspartner nicht schlechter – aber auch nicht besser – gestellt werden darf, als wenn er mit einer einzelnen natürlichen Person kontrahiert hätte,[657] setzt der BFH hier „lediglich" den allgemeinen Gleichheitssatz des Art. 3 Abs. 1 GG um. Diesen Aspekt greift auch der XI. Senat des BFH auf, wenn er in seinem Urteil vom 19.5.2010 darauf abstellt, dass „derjenige, der sich zur Erfüllung seiner Verpflichtungen eines anderen bedient, nicht besser stehen darf als derjenige, der diese Verpflichtungen selbst erfüllt".[658]

cc) BFH, Urteil vom 29.7.2003 – VII R 3/01

Einen (nur) etwas anderen Weg geht der VII. Senat 15 Jahre später. So stellt er in seinem Urteil aus dem Jahr 2003 ausschließlich auf diesen allgemeinen Rechtsgedanken – keine Schlechterstellung des selbst Handelnden – ab. Dabei führt er aus, dass dieser Rechtsgedanke seine positiv-rechtliche Ausgestaltung unter anderem in §§ 166, 278 BGB gefunden habe, aber gleichermaßen im öffentlichen Recht gelte.[659]

---

655 BFH, Urteil v. 26.4.1988 – VII R 124/85, BFHE 153, 463 (468).

656 Vor allem BGH, Urteil v. 9.2.1960 – VIII ZR 51/59, JZ 1961, 24 ff.; BGH, Urteil v. 2.4.1962 – II ZR 42/61, JZ 1963, 255 ff.; BGH, Urteil v. 1.3.1984 – IX ZR 34/83, NJW 1984, 1953 ff.

657 Vgl. insoweit schon B. I. 2. a) aa) (2) (b).

658 BFH, Urteil v. 19.5.2010 – XI R 78/07, UR 2010, 952, Rz. 30.

659 BFH, Urteil v. 29.7.2003 – VII R 3/01, BFHE 203, 222 (226).

dd) Zweifel an der Begründung des XI. Senats im Urteil vom 19.5.2010

Unter Berücksichtigung dieser drei Urteile darf zunächst darauf geschlossen werden, dass der BFH in seinem ersten Urteil zur Wissenszurechnung im Umsatzsteuerrecht[660] die Wissenszurechnung primär mit dem – in beiden Urteilen des VII. Senats herangezogenen – allgemeinen Rechtsgedanken begründen wollte, dass derjenige, der sich zur Erfüllung seiner Verpflichtungen eines anderen bedient, nicht besser stehen darf als derjenige, der diese Verpflichtungen selbst erfüllt. Bei der Heranziehung von § 166 BGB unter Verweis auf das Urteil des VII. Senats aus dem Jahr 2003[661] verkennt der XI. Senat jedoch, dass im Bezug genommenen Urteil die Wissenszurechnung zu keinem Zeitpunkt aus § 166 BGB hergeleitet wurde. Der VII. Senat hat dort lediglich festgestellt, dass dieser Rechtsgedanke seine positiv-rechtliche Ausgestaltung – im Zivilrecht – unter anderem in §§ 166, 278 BGB gefunden hat. Das bedeutet jedoch nicht – und wurde vom VII. Senat auch nicht so ausgeführt –, dass diese Normen gleichfalls auf das öffentliche Recht anzuwenden sind. Insoweit vernachlässigt der XI. Senat vollkommen, dass der genannte Rechtsgedanke der „Gleichstellung" – insbesondere im Steuerrecht – auf einer gänzlich anderen Grundlage fußen könnte.

b) BGH, Beschluss vom 29.1.2015 – 1 StR 216/14

Als Auslöser meiner Überlegungen zur Frage der Wissenszurechnung im Umsatzsteuerrecht[662] ist auch der Beschluss des BGH vom 29.1.2015[663] von Relevanz: In diesem Fall führte der Angeklagte als technischer Leiter den operativen Geschäftsbetrieb einer GmbH, die Ware von Personen bezog, die gewerbsmäßig Umsatzsteuer hinterzogen. In die Zuständigkeit des Angeklagten fiel der Kontakt mit den Lieferanten dieser Gegenstände sowie die Entscheidung darüber, mit welchen Unternehmen Geschäftsbeziehungen aufgenommen bzw. bestehende fortgeführt werden sollten. Da der BGH – in Übereinstimmung mit der Vorinstanz – davon ausgeht, dass der Angeklagte ab einem gewissen Zeitpunkt erkannte bzw. als naheliegend wahrnahm, dass die Lieferanten der GmbH Umsatzsteuerbetrug begingen, sei die GmbH ab

660 BFH, Urteil v. 19.5.2010 – XI R 78/07, UR 2010, 952 ff.
661 BFH, Urteil v. 29.7.2003 – VII R 3/01, BFHE 203, 222 ff.
662 Vgl. insoweit die Einleitung.
663 BGH, Beschluss v. 29.1.2015 – 1 StR 216/14, NStZ 2015, 283 ff.

diesem Zeitpunkt nicht mehr zum Vorsteuerabzug – den sie gleichwohl geltend machte – berechtigt gewesen. Der BGH führt insoweit aus, dass sich die GmbH „das Wissen des Angekl. zurechnen lassen [muss]. Einer Gesellschaft mit beschränkter Haftung ist nicht nur das etwaige Wissen ihres Geschäftsführers als ihres gesetzlichen Vertreters nach § 35 GmbHG, sondern auch das Wissen ihrer sonstigen Angestellten in analoger Anwendung des § 166 BGB zuzurechnen, wenn die Mitarbeiter die Kenntnisse infolge der vorgesehenen Arbeitsteilung und Organisation des Betriebs im Rahmen ihrer Zuständigkeit erlangt haben oder hätten erlangt haben müssen. Dies beruht auf der Erwägung, dass derjenige, der sich zur Erfüllung seiner Verpflichtungen eines anderen bedient, nicht besser stehen darf als derjenige, der diese Verpflichtungen selbst erfüllt (vgl. BFH Urt. v. 19.5.2010 – XI R 78/07, BFH/NV 2010, 2132 mwN; vgl. auch BGH Urt. v. 19.3.2013 – 1 StR 318/12, wistra 2013, 463). Die Zuständigkeit des Angekl. für das operative Geschäft und insbesondere für die Entscheidungen über Aufnahme und Aufrechterhaltung der Geschäftsbeziehungen mit den Lieferanten rechtfertigt eine Zurechnung seiner in diesem Zusammenhang erlangten Kenntnisse“.[664]

Der Beschluss stellt mithin lediglich auf die im Urteil des BFH vom 19.5.2010[665] aufgestellten – und unzureichend begründeten – Thesen zur Wissenszurechnung ab, ohne selbst Erwägungen zu dieser Frage anzustellen. In dogmatischer Hinsicht ist er daher unzureichend.[666]

c) BGH, Urteil vom 15.5.2018 – 1 StR 159/17

Zumindest einen Schritt weiter geht der I. Strafsenat in seinem Urteil vom 15.5.2018, indem er weitere Begründungsansätze für eine Wissenszurechnung – insbesondere von Mitarbeiterwissen – sucht. So führt er zunächst an, dass „die Versagung des Vorsteuerabzugsanspruchs [...] nicht nur auf das Wissen des Steuerpflichtigen selbst oder der Organe einer steuerpflichtigen juristischen Person gestützt werden [kann], sondern auch auf das Wissen sonstiger Mitarbeiter der Gesellschaft, wenn diese ihr Wissen im Rahmen ihrer Zuständigkeit für die juristische Person erlangt haben“, was bereits

664 BGH, Beschluss v. 29.1.2015 – 1 StR 216/14, NStZ 2015, 283 (285).

665 BFH, Urteil v. 19.5.2010 – XI R 78/07, UR 2010, 952 ff.

666 So auch die Urteile des FG Berlin-Brandenburg und des FG Baden-Württemberg (s. Fn. 645), die ebenfalls lediglich an die in den Urteilen des BFH v. 26.4.1988, v. 29.7.2003 und v. 19.5.2010 aufgestellten Erwägungen anknüpfen.

daraus folge – „ohne dass der EuGH diese Frage ausdrücklich thematisiert hat [–], dass Steuerpflichtige in den Urteilen ‚Italmoda' und ‚Halifax' keine natürlichen Personen waren, sondern Gesellschaften".[667]

Dieser Schluss ist jedoch zu voreilig. Denn Äußerungen des EuGH zu der Frage, wer genau im Rahmen der jeweiligen Gesellschaft die relevante – zuzurechnende – Kenntnis hatte, fehlen gänzlich.[668] Es ist daher lediglich der Schluss zulässig, dass der EuGH zumindest eine Wissenszurechnung der Organe juristischer Personen verlangt.

Der BGH führt zudem aus, dass die Frage der Zurechnung von Mitarbeiterwissen eine „Frage des nationalen Rechts" sei. Gleichzeitig sei jedoch zu beachten, „dass die nationalen Gerichte gehalten sind, das nationale Recht so weit wie möglich im Licht des Wortlauts und der Zielsetzung der betreffenden Richtlinie (hier der effektiven Bekämpfung von Steuerhinterziehungen und etwaigen Missbräuchen) auszulegen. Dies erfordert, dass die nationalen Gerichte unter Berücksichtigung des gesamten nationalen Rechts und unter Anwendung der in diesem anerkannten Auslegungsmethoden alles tun, um dieses Ziel zu erreichen [...]. Die durch den Bundesfinanzhof und den Bundesgerichtshof statuierte europarechtskonforme Wissenszurechnung über analog angewendete Zurechnungsvorschriften steht hiermit in Einklang."[669] Insoweit knüpft der I. Strafsenat erneut – wie in seinem Urteil vom 29.1.2015[670] – an die im Urteil des BFH vom 19.5.2010 aufgestellten Grundsätze an. Erst in einem weiteren Schritt, für die konkrete Anwendung der Wissenszurechnung auf Mitarbeiter einer Aktiengesellschaft – zur Differenzierung von der Judikatur des BFH[671] und des BGH[672], die jeweils eine GmbH betrafen – distanziert sich der I. Strafsenat von der Grundlage des § 166 BGB zumindest ein wenig und lässt diese Frage explizit offen.[673]

---

667 Beide Zitate aus BGH, Urteil v. 15.5.2018 – 1 StR 159/17, WM 2018, 2028, Rz. 195.

668 EuGH, Urteil v. 21.2.2006 – C-255/02, *Halifax u.a.*, DStR 2006, 420 ff.; EuGH, Urteil v. 18.12.2014 – C-131/13, C-163/13, C-164/13, *Italmoda*, UR 2015, 106 ff.

669 Beide Zitate aus BGH, Urteil v. 15.5.2018 – 1 StR 159/17, WM 2018, 2028, Rz. 197.

670 BGH, Beschluss v. 29.1.2015 – 1 StR 216/14, NStZ 2015, 283 (285).

671 BFH, Urteil v. 19.5.2010 – XI R 78/07, UR 2010, 952 ff.

672 BGH, Beschluss v. 29.1.2015 – 1 StR 216/14, NStZ 2015, 283 ff.

673 BGH, Urteil v. 15.5.2018 – 1 StR 159/17, WM 2018, 2028, Rz. 199: „[...] gleich auf welche Rechtsgrundlage diese Zurechnung gestützt wird (analoge Anwendung von § 166 BGB [...] oder §§ 26 Abs. 2 Satz 2, 31 BGB bzw. § 78 Abs. 2 Satz 2 AktG analog [...] oder weil jedes Wissen eines Organmitglieds bzw. der vertretungsberechtigten

Insoweit ist dem BGH jedenfalls zugute zu halten, dass er die – dogmatisch nicht hinreichend durchdachte und begründete – Anwendung des § 166 BGB nicht mehr unreflektiert aufgreift.

3. Literatur

Die soeben aufgezeigte Judikatur von BFH und BGH wird auch von Seiten des Schrifttums überwiegend lediglich aufgegriffen und zur Beantwortung der Frage der Wissenszurechnung dargestellt[674] bzw. als zutreffend erachtet.[675] Teils wird angemerkt, dass auch für die „neue" Vorschrift § 25f UStG diese „alten" Grundsätze der Rechtsprechung anzuwenden seien.[676]

Auch *Pflaum* beruft sich zwar auf die Judikatur von BFH und BGH.[677] Da aber „das Wissen oder Wissenmüssen ein unionsrechtlicher Begriff ist, [sollen] sich Voraussetzungen und Umfang der Zurechnung im Einzelnen ebenfalls aus dem Unionsrecht" ergeben.[678] So seien die im zollrechtlichen Urteil des EuGH *Ultra-Brag AG*[679] zur Frage der Wissenszurechnung ergangenen Grundsätze auf das Umsatzsteuerrecht entsprechend anzuwenden,[680] was „im Ergebnis den Zurechnungsgrundsätzen nach nationalem Recht entsprechen"[681] dürfte. In diesem Urteil, das unter anderem die Auslegung von Art. 212a des Zollkodex a.F.[682] betraf, entschied der EuGH, dass „für die Darlegung einer

Organwalter der AG zugerechnet wird [...] oder aufgrund der in Arbeitsbereiche aufgeteilten, Aufgaben delegierenden Organisationsstruktur im Unternehmen, § 242 BGB)".

674 So z.B. *Gehm*, in Küffner/Zugmaier, UStG, § 25f Rz. 26 (Juli 2024); *Tormöhlen*, in Reiß/Kraeusel/Langer, UStG, § 25f Rz. 28 (Aug. 2023); *Treiber*, in Sölch/Ringleb, UStG, § 25f Rz. 70 (März 2024); *Vobbe/Pötters*, UR 2023, 777 (780).

675 *Ladiges*, WuB 2019, 48 (51).

676 *Grommes*, UR 2020, 135 (138); *Madauß*, NZWiSt 2020, 235 (240).

677 *Pflaum*, UR 2019, 63 (64); *Pflaum*, in Wäger, UStG, 3. Aufl. 2024, § 25f Rz. 37.

678 *Pflaum*, in Wäger, UStG, 3. Aufl. 2024, § 25f Rz. 37; ähnlich auch *Pflaum*, UR 2021, 453 (455 f.); a.A. *Buse*, in Baum/Buse/Brandl/Szymczak, 360° AO eKommentar, § 370 Rz. 45.12 (Dez. 2023): „Dies ist eine Frage des nationalen Rechts".

679 EuGH, Urteil v. 25.1.2017 – C-679/15, *Ultra-Brag AG*, RdTW 2017, 96 ff.

680 *Pflaum*, UR 2021, 453 (456); *Pflaum*, in Wäger, UStG, 3. Aufl. 2024, § 25f Rz. 37.

681 *Pflaum*, in Wäger, UStG, 3. Aufl. 2024, § 25f Rz. 37.

682 Art. 212a des Zollkodex in der zum damaligen Zeitpunkt gültigen Fassung vom 20.11.2006 lautete: „Sieht das Zollrecht eine zolltarifliche Begünstigung aufgrund der Art oder der besonderen Verwendung einer Ware, Zollfreiheit oder eine vollständige oder teilweise Befreiung von den Einfuhr- oder Ausfuhrabgaben gemäß den

betrügerischen Absicht oder offensichtlichen Fahrlässigkeit im Sinne dieser Vorschrift in Bezug auf einen Arbeitgeber, eine juristische Person, nicht nur auf den Arbeitgeber selbst abzustellen ist, sondern ihm auch das Verhalten des Mitarbeiters oder der Mitarbeiter zuzurechnen ist, die unter Beachtung des Rahmens der ihnen von ihrem Arbeitgeber übertragenen Aufgaben und damit im Rahmen ihres jeweiligen Zuständigkeitsbereichs im Namen und für Rechnung ihres Arbeitgebers den Grund für das vorschriftswidrige Verbringen von Waren gesetzt haben".[683]

Einen Schritt weiter geht *Adick*. Zwar sieht auch er die von der Rechtsprechung vertretene Ansicht sowie die analoge Anwendung von § 166 BGB im Grundsatz als unstreitig an. Denn „sowohl die steuerrechtliche und die strafrechtliche Rechtsprechung als auch die Literatur [befürworten] einhellig eine Wissenszurechnung bei Organvertretern, Wissensvertretern und anderen Personen, die in einen arbeitsteiligen Prozess eingebunden sind".[684] Es gelte damit die grundsätzliche Wirkungsweise, dass die „Bösgläubigkeit des Mitarbeiters [...] die Bösgläubigkeit der juristischen Person" begründe.[685] Allerdings hebt er auch das Bedürfnis einer Einschränkung dieser Wissenszurechnung hervor.[686] Denn bereits im Zivilrecht wird stets betont, dass die Wissenszurechnung eine Gleichstellung zwischen natürlichen und juristischen Personen bewirken soll.[687] Diese „Gleichstellung" dürfe aber gleichsam nicht zu einer „Schlechterstellung" der juristischen Personen führen, was beispielsweise insbesondere in Fällen des „geheimen" und absichtlichen, pflichtwidrigen Handelns durch

---

Artikeln 21, 82, 145 oder 184 bis 187 vor, so findet die zolltarifliche Begünstigung, die Zollfreiheit oder die teilweise Abgabenbefreiung auch in den Fällen des Entstehens einer Zollschuld nach den Artikeln 202 bis 205, 210 oder 211 Anwendung, sofern im Verhalten des Beteiligten weder betrügerische Absicht noch offensichtliche Fahrlässigkeit liegt und dieser nachweist, dass die übrigen Voraussetzungen für die Begünstigung, die Zollfreiheit oder die teilweise Abgabenbefreiung erfüllt sind".

683 EuGH, Urteil v. 25.1.2017 – C-679/15, *Ultra-Brag AG*, RdTW 2017, 96, Rz. 41.

684 *Adick*, in Schaumburg/Peters, Internationales Steuerstrafrecht, 2. Aufl. 2021, Rz. 18.61; *Adick/Linke*, ZWH 2020, 290 (294).

685 *Adick*, in Schaumburg/Peters, Internationales Steuerstrafrecht, 2. Aufl. 2021, Rz. 18.61; *Adick/Linke*, ZWH 2020, 290 (294).

686 *Adick*, in Schaumburg/Peters, Internationales Steuerstrafrecht, 2. Aufl. 2021, Rz. 18.62 ff.; *Adick/Linke*, ZWH 2020, 290 (294 f.).

687 S.o. B. I. 2. a) aa) (2) (b).

Mitarbeiter der Fall wäre.[688] Das zentrale Gleichstellungsargument im Zivilrecht soll deshalb die Wissenszurechnung nicht nur begründen, sondern auch begrenzen.[689] Deshalb bedürfe die Frage der Wissenszurechnung einer wertenden Beurteilung.[690] Hierbei sei insbesondere zu berücksichtigen, ob das gesetzliche Vertretungsorgan mit der erforderlichen Sorgfalt gehandelt hat, ob also die internen, betriebsbezogenen Organisationspflichten eingehalten wurden.[691] Ist dem der Fall, so spricht sich *Adick* dafür aus, dass „die juristische Person sich das Wissen eines dolos agierenden Mitarbeiters nicht über § 166 BGB analog zurechnen lassen" muss.[692] Dies gebiete auch der Gedanke der Einheit der Rechtsordnung, denn nach der – ähnlichen Zwecken wie der Zurechnung von Wissen dienenden – Bußgeldvorschrift des § 130 OWiG tritt eine Sanktionierung nur bei Verletzung der Aufsichtspflichten ein, so dass die für § 130 OWiG geltenden Kriterien auch für die Wissenszurechnung heranzuziehen seien.[693] Nur eine solche Sichtweise sei konsistent mit dem deutschen Sanktionsrecht, welchem eine „*strict liability* nach dem Prinzip einer unbegrenzten Gefährdungshaftung" fremd sei.[694]

---

688 *Adick*, in Schaumburg/Peters, Internationales Steuerstrafrecht, 2. Aufl. 2021, Rz. 18.64 f., 18.67; *Adick/Linke*, ZWH 2020, 290 (294).

689 *Adick*, in Schaumburg/Peters, Internationales Steuerstrafrecht, 2. Aufl. 2021, Rz. 18.65; *Adick/Linke*, ZWH 2020, 290 (294) je unter Verweis auf *Schubert*, in MüKo BGB, Bd. 1, 8. Aufl. 2018, § 166 Rz. 48 (nunmehr: 10. Aufl. 2025, unter Rz. 65).

690 S. schon B. I. 2. a) aa) (2); BGH, Urteil v. 8.12.1989 – V ZR 246/87, BGHZ 109, 327 (331): „Die Frage der Wissenszurechnung von Organvertretern läßt sich nicht mit logisch-begrifflicher Stringenz [...], sondern nur in wertender Beurteilung entscheiden." So aber auch schon BFH, Urteil v. 19.5.2010 – XI R 78/07, UR 2010, 952, Rz. 30 und BGH, Urteil v. 15.5.2018 – 1 StR 159/17, WM 2018, 2028, Rz. 198: „Eine Wissenszurechnung kommt jedoch nach wertender Beurteilung nur für die Kenntnisse in Betracht, welche die Mitarbeiter infolge der vorgesehenen Arbeitsteilung und Organisation des Betriebs im Rahmen ihrer jeweiligen Zuständigkeit erlangt haben [...] oder hätten erlangen müssen".

691 *Adick*, in Schaumburg/Peters, Internationales Steuerstrafrecht, 2. Aufl. 2021, Rz. 18.67 f.

692 *Adick*, in Schaumburg/Peters, Internationales Steuerstrafrecht, 2. Aufl. 2021, Rz. 18.68; *Adick/Linke*, ZWH 2020, 290 (295).

693 *Adick*, in Schaumburg/Peters, Internationales Steuerstrafrecht, 2. Aufl. 2021, Rz. 18.69; *Adick/Linke*, ZWH 2020, 290 (295).

694 *Adick*, in Schaumburg/Peters, Internationales Steuerstrafrecht, 2. Aufl. 2021, Rz. 18.62; *Adick/Linke*, ZWH 2020, 290 (294), Hervorhebung im Original.

Ähnlich äußert sich auch *Hick* zur Frage der Wissenszurechnung beim Gutglaubensschutz nach § 6a Abs. 4 UStG. Demnach soll bei Kenntnissen eines Mitarbeiters der Gutglaubensschutz für den gesetzlichen Vertreter nicht ausgeschlossen werden, „soweit das Unternehmen über ein funktionsfähiges Kontroll- und Informationssystem verfügt".[695] Im Gegensatz beispielsweise zu *Adick* spricht er sich jedoch gegen eine analoge Anwendung von § 166 Abs. 1 BGB aus, dem „die insbesondere bei Großunternehmen gegebene Arbeitsteilung entgegen stehen" dürfte. So könne für den Gutglaubensschutz im Ergebnis „nur das Wissen des Mitarbeiters maßgeblich sein, der konkret mit der Bearbeitung des Sachverhalts befasst war".[696]

II. Übertragbarkeit des Umgangs mit der Zurechnung von Wissen in anderen Rechtsgebieten auf das Umsatzsteuerrecht

Ersichtlich knüpfen damit sowohl Rechtsprechung als auch Literatur in erster Linie an die zivilrechtlichen Begründungsansätze und Denkweisen an, um eine Wissenszurechnung zu begründen und auszugestalten.

Dieses Vorgehen sollte jedoch kritisch hinterfragt werden. Es stellt sich – so wie die gleichsam mögliche Übertragung der Ansätze der anderen (Teil-) Rechtsgebiete – als vorschnell dar, eine Wissenszurechnung im Umsatzsteuerrecht unter Heranziehung rechtlicher Konstruktionen anderer (Teil-) Rechtsgebiete zu begründen.

1. Vorherigkeit, nicht aber Vorrang des Zivilrechts

So ist zwar anzuerkennen, dass es zahlreiche Fälle gibt, „in denen eine Teilrechtsordnung (Wertungs-)Vorgaben der anderen als (widerlegbares) Indiz einer angemessenen Problemlösung akzeptiert"[697] oder gar „derart von dem Regelungsangebot der anderen Teilrechtsordnung ‚überzeugt' worden ist, daß einzelne Argumentationsfiguren oder Rechtsinstitute sogar in das eigene

---

[695] *Hick*, in Krieger/Schneider, Handbuch Managerhaftung, 4. Aufl. 2023, § 40 Rz. 40.48.

[696] Beide Zitate aus *Hick*, in Krieger/Schneider, Handbuch Managerhaftung, 4. Aufl. 2023, § 40 Rz. 40.48.

[697] *Hoffmann-Riem*, in Hoffmann-Riem/Schmidt-Aßmann, Öffentliches Recht und Privatrecht als wechselseitige Auffangordnungen, 1996, S. 261 (274 f.).

Teilrechtsgebiet vollständig oder modifiziert transformiert worden sind“[698] – so offenbar auch durch die Rechtsprechung für die Frage der Wissenszurechnung im Umsatzsteuerrecht. Dergleichen ist jedoch zu bedenken, dass Zivilrecht und Steuerrecht gleichrangige, nebengeordnete Rechtsgebiete sind[699] und ein Vorrang des Zivilrechts vor dem Steuerrecht gerade nicht besteht, sondern allenfalls eine „Vorherigkeit“.[700] Freilich wird heute ebenfalls nicht mehr vertreten, dass ein Rückgriff im öffentlichen Recht auf das Privatrecht ganz verboten sei.[701] Vor einer – wie es die Rechtsprechung (nicht nur[702]) hier allerdings getan hat – unreflektierten Übernahme zivilrechtlicher Normen und Konstrukte ist jedoch zu bedenken, dass „privatrechtliche Normen auch nur privatrechtliche Rechtsverhältnisse erfassen, so daß die Erstreckung auf verwaltungsrechtliche Rechtsverhältnisse [bzw. hier eben steuerrechtliche Rechtsverhältnisse] etwas Besonderes ist, das auch besonderer Begründung bedarf“[703]. Es bedarf also einer „methodisch abgesicherten Untersuchung und Begründung, weshalb eine Vorschrift des BGB auf ein öffentlichrechtliche[s] Rechtsverhältnis[...], auf das sie – um es zu wiederholen – grundsätzlich keinen Geltungsanspruch erheben kann, anwendbar ist“.[704] Eine solche Begründung sucht man für die Frage der Wissenszurechnung im Umsatzsteuerrecht bislang vergeblich.

---

698 *Hoffmann-Riem*, in Hoffmann-Riem/Schmidt-Aßmann, Öffentliches Recht und Privatrecht als wechselseitige Auffangordnungen, 1996, S. 261 (275).

699 So die heute wohl ganz herrschende Meinung, z.B. BVerfG, Kammerbeschluss v. 27.12.1991 – 2 BvR 72/90, BStBl. II 1992, 212 (213); *Drüen*, VVDStRL 79 (2020), S. 127 (130, 141 f.); *von Wallis*, in Gedenkschrift Spitaler, 1965, S. 207 (221 f.).

700 BVerfG, Kammerbeschluss v. 27.12.1991 – 2 BvR 72/90, BStBl. II 1992, 212 (213).

701 So *de Wall*, Die Anwendbarkeit privatrechtlicher Vorschriften im Verwaltungsrecht, 1999, S. 55 u.a. unter Verweis auf *Otto Mayer*, der durchaus noch diesen Standpunkt vertrat.

702 So z.B. *Hallerbach*, DStR 1999, 2125 unter beispielhaftem Verweis auf BFH, Urteil v. 27.6.1989 – VII R 100/86, BStBl. II 1989, 952, wonach der BFH die zivilrechtlichen Wertungen zum Teil kommentarlos akzeptiere; oder auch *Schulze-Osterloh*, AcP 190 (1990), 139 (160), wonach „teilweise unter Berufung auf die eine oder die andere zivilrechtliche Theorie entschieden [würde], ohne daß die spezifisch steuerrechtlichen Erwägungen ausreichend berücksichtigt werden“.

703 *de Wall*, Die Anwendbarkeit privatrechtlicher Vorschriften im Verwaltungsrecht, 1999, S. 53 Fn. 1.

704 *de Wall*, Die Anwendbarkeit privatrechtlicher Vorschriften im Verwaltungsrecht, 1999, S. 58 f.

2. Einheit der Rechtsordnung

Dem kann auch der umstrittene[705] Topos der „Einheit der Rechtsordnung" nicht entgegengehalten werden. Dieser Grundsatz soll gewährleisten, dass die Rechtsordnung nicht in eine Vielzahl unzusammenhängender Einzelwertungen zerfällt[706] und basiert verfassungsrechtlich auf dem Gleichheitssatz sowie dem Rechtsstaatsprinzip in Gestalt des Rechtssicherheitsprinzips.[707] Insbesondere der Gedanke der möglichst umfassenden Widerspruchslosigkeit der Rechtsordnung – der schon der Idee nach als Ideal angesehen werden muss[708] und allenfalls mit einer Appellfunktion[709] belegt sein kann – kann insoweit keine – insbesondere unreflektierte – Übertragung zivilrechtlicher oder anderer Wertungen zur Wissenszurechnung auf das Umsatzsteuerrecht begründen.

So ist im Hinblick auf den Gleichheitssatz zu konstatieren, dass ein unterschiedlicher Umgang mit der Wissenszurechnung im Vergleich beispielsweise zum Zivilrecht oder auch zum Verwaltungsrecht keinerlei gleichheitswidrige Bedenken hervorruft, weil die jeweiligen Sachverhalte nicht vergleichbar sind. So liegen – wie noch auszuführen sein wird – im Umsatzsteuerrecht gänzlich andere Gründe für das Bedürfnis der Zurechnung von Wissen vor.

Ebenso kann das Rechtssicherheitsprinzip keinerlei identisches Muster für die Wissenszurechnung verlangen. So ist zwar einzugestehen, dass eine einheitliche Praktik der Wissenszurechnung – insbesondere im Hinblick auf den relevanten Personenkreis – sowohl für den Rechtsanwender als auch für die betroffenen Personen eine gewisse Erleichterung – insbesondere beispielsweise im Hinblick auf Compliance-Maßnahmen – beim Umgang mit dieser Thematik darstellen würde. Gleichsam ist jedoch zu konstatieren, dass zum einen auch die Wissenszurechnung in den anderen Teilrechtsgebieten – man möge hier nur das Kartellrecht erwähnen, für welches die Rechtslage wohl nahezu genauso offen ist wie im Umsatzsteuerrecht – noch immer im Fluss und für den Rechtsanwender somit ohnehin nicht vorhersehbar ist. Dies gilt selbst für das Zivilrecht, das hinsichtlich der Frage der Wissenszurechnung

---

705 *Drüen*, VVDStRL 79 (2020), S. 127 (131).

706 *Canaris*, Systemdenken und Systembegriff in der Jurisprudenz, 1969, S. 17.

707 *Hallerbach*, DStR 1999, 2125 (2128).

708 *Rossi*, in Hellwege/Soniewicka, Die Einheit der Rechtsordnung, 2020, S. 107.

709 *Damm*, in Hoffmann-Riem/Schmidt-Aßmann, Öffentliches Recht und Privatrecht als wechselseitige Auffangordnungen, 1996, S. 85 (134).

zugegebenermaßen wohl als das Rechtsgebiet erachtet werden muss, in welchem diese Frage am ehesten als „geklärt“ gilt. Gleichwohl sind die dortigen Muster und Begründungsansätze – logischerweise – gerade auf das Zivilrecht und dessen Besonderheiten, insbesondere unter Berücksichtigung des Rechtsverkehrs, zugeschnitten und nicht allgemeingültig. Zudem sind auch im Zivilrecht zahlreiche Zurechnungsfragen noch immer im Fluss[710] bzw. zwar rechtstheoretisch geklärt, in der Praxis aber erheblichen Einschätzungsspielräumen und Unwägbarkeiten ausgeliefert[711] und damit keinesfalls als gänzlich „rechtssicher“ anzusehen. Zum anderen könnte eine auf das jeweilige Rechtsgebiet zugeschnittene, gut begründete, plausible und ausgeformte Handhabung der Wissenszurechnung – jedenfalls für das einzelne Teilrechtsgebiet – weit mehr Rechtssicherheit und Akzeptanz begründen, als eine Wissenszurechnung, die zwar für alle Teilrechtsgebiete eine einheitliche Methode bietet, dabei aber womöglich die wesentlichen Eigenheiten mancher Teilrechtsgebiete gänzlich vernachlässigt und Begründungsmuster unreflektiert zu vereinheitlichen gedenkt. Dies gilt insbesondere, wenn eine solche auf das jeweilige Rechtsgebiet zugeschnittene und ausgeformte Handhabung schlussendlich für jedes Teilrechtsgebiet gelänge. Auf diese Weise würde dem Rechtsstaatsprinzip in Gestalt des Rechtssicherheitsprinzips sicherlich mehr entsprochen, als durch eine unreflektierte, einheitliche Methodik.

Dabei ist auch zu bedenken, dass auch bzw. selbst der Grundsatz der Einheit der Rechtsordnung „die unterschiedliche Teleologie sowie Regelungsmodalitäten und -rationalitäten der einzelnen Teilrechtsordnungen“ gerade nicht in Frage stellen darf.[712] Von einem „Widerspruch“ der Teilrechtsgebiete kann dann gerade nicht die Rede sein, wenn keinerlei Begründung besteht, sie gleich zu behandeln.

---

710 Man möge hier nur an die, sich aufgrund des technischen Fortschritts ergebenden, neuen Probleme der Wissenszurechnung denken, wie beispielsweise beim Einsatz Künstlicher Intelligenz; vgl. hierzu *Biermann*, Wissenszurechnung und Künstliche Intelligenz, 2022; *Linke*, Digitale Wissensorganisation, 2021.

711 Dies bringt die, von Rechtsprechung und Literatur präferierte, wertende Gesamtbetrachtung, die im Rahmen der Wissensorganisationspflicht vorgenommen wird, denknotwendig mit sich, was zwar „den Vorteil denkbar großer Flexibilität für sich [hat]. Dies geht andererseits zwangsläufig zu Lasten von Rechtssicherheit und Rechtsklarheit und macht die Frage der Wissenszurechnung von den Umständen des Einzelfalls abhängig“, vgl. *Faßbender/Neuhaus*, WM 2002, 1253 (1256).

712 *Drüen*, VVDStRL 79 (2020), S. 127 (131).

3. Übernahme von Ideen

Wenn nun vorab ein Blick auf die Handhabung der Wissenszurechnung in anderen (Teil-)Rechtsgebieten geworfen wird, ist insbesondere zu bedenken, dass Wertungen und Ausformungen in einer Teilrechtsordnung nicht zwingend als vorgefestigtes Konstrukt auf eine andere zu übertragen sind. Vielmehr ist es auch erlaubt, eine Teilrechtsordnung nur „als Fundus für Anregungen [...] (inspirierende Wirkung)“[713] zu nutzen. So kann beispielsweise das zivilrechtliche Konstrukt des „Wissensvertreters“ als Anregung für eine Eingrenzung des relevanten Personenkreises angesehen werden, ohne zwingend die im Zivilrecht hierfür entwickelten Merkmale und Voraussetzungen übernehmen zu müssen. Auch die im Verwaltungsrecht anzutreffende Auslegung des Begriffs „Behörde“ kann als Anregung dafür dienen, welcher Ansatz- bzw. „Start“-Punkt im Umsatzsteuerrecht für die Frage der Zurechnung von Wissen denkbar ist.

4. Lückenausfüllung – Primat der Auslegung

Unabhängig davon, ob lediglich Ideen oder gar Vorschriften und Begründungsmuster übernommen werden, setzt eine solche Übernahme jedenfalls eine „Lücke“ in der Teilrechtsordnung voraus, die gerade mithilfe der genannten Möglichkeiten geschlossen werden soll.[714] Eine solche Ausfüllung einer im Gesetz vorhandenen Lücke geschieht im Wege der Rechtsfortbildung,[715] beispielsweise durch Analogie,[716] aber auch durch Umkehrschluss oder Teleologische Reduktion.[717]

---

[713] *Hoffmann-Riem*, in Hoffmann-Riem/Schmidt-Aßmann, Öffentliches Recht und Privatrecht als wechselseitige Auffangordnungen, 1996, S. 261 (273).

[714] In diese Richtung auch *de Wall*, Die Anwendbarkeit privatrechtlicher Vorschriften im Verwaltungsrecht, 1999, S. 64 Fn. 44.

[715] Die Terminologie der „Lückenausfüllung“ wird im Rahmen der Rechtsfortbildung ganz einhellig verwendet, s. z.B. *Neumann*, in Gosch, AO/FGO, § 4 AO Rz. 43 ff. (Juli 2020); *Tipke*, in Festschrift von Wallis, 1985, S. 133 ff.

[716] Zur Rechtsfortbildung im Wege der Analogie speziell im Steuerrecht s. beispielsweise *Hess*, Analogieverbot und Steuerrecht, 1974; *Jochum*, Grundfragen des Steuerrechts, 2012, S. 93 ff.

[717] Hierzu beispielsweise *Rüthers/Fischer/Birk*, Rechtstheorie und Juristische Methodenlehre, 12. Aufl. 2022, § 23 Rz. 888, 899 ff.

Diese Rechtsfortbildung geht „einen Schritt weiter" als das methodologische Instrument der Auslegung:[718]

„Unter Auslegung wird zumeist Klarstellung des Sinns einer Rechtsnorm verstanden [...]. Diese Klarstellung wird für erforderlich gehalten, weil die Wortfassung der Rechtsnorm ihren Inhalt oft nur unvollkommen zum Ausdruck bringt".[719] Im Allgemeinen werden – nicht lediglich in Deutschland, sondern auch in anderen Ländern und durch den EuGH[720] – vier „klassische Auslegungskriterien" unterschieden, die auch für das Steuerrecht gelten[721] und auf *von Savigny*[722] bzw. *Jhering*[723] zurückgehen: grammatische,[724] teleologische, historische sowie systematische Kriterien. Daneben kommen weitere Auslegungskriterien, wie die Volksanschauung,[725] die Rechtsvergleichung[726] oder im Steuerrecht auch die wirtschaftliche Betrachtungsweise[727] in Betracht. Als Ausgangspunkt einer jeden Gesetzesauslegung fungiert dabei die grammatische Auslegung aus dem Wortlaut der Norm. Durch sie „wird der Bedeutungsgehalt des Gesetzes aus dessen sprachlicher Fassung ermittelt".[728] Gleichzeitig und daneben[729] können zur Ermittlung des Gesetzessinns die

---

[718] Der EuGH unterscheidet – der französischen Tradition folgend – nicht zwischen Auslegung und Rechtsfortbildung, sondern bezeichnet auch die Rechtsfortbildung als Auslegung, s. *Neuner*, in Riesenhuber, Europäische Methodenlehre, 4. Aufl. 2021, § 12 Rz. 2; *Riesenhuber*, in Riesenhuber, Europäische Methodenlehre, 4. Aufl. 2021, § 10 Rz. 3.

[719] *Drüen*, in Tipke/Kruse, AO/FGO, § 4 AO Rz. 214 (April 2025).

[720] *Riesenhuber*, in Riesenhuber, Europäische Methodenlehre, 4. Aufl. 2021, § 10 Rz. 12.

[721] *Bodden*, FR 2014, 1053 (1056); *Drüen*, in Tipke/Kruse, AO/FGO, § 4 AO Rz. 250 (Juli 2025).

[722] *Drüen*, in Tipke/Kruse, AO/FGO, § 4 AO Rz. 251 (Juli 2025); *Zippelius*, Juristische Methodenlehre, 12. Aufl. 2021, S. 35.

[723] *Jhering* fügte den Auslegungskriterien *von Savignys* noch das teleologische Kriterium bei, vgl. *Drüen*, in Tipke/Kruse, AO/FGO, § 4 AO Rz. 251, 202 (Juli 2025).

[724] Häufig auch als „grammatikalisches" Auslegungskriterium bezeichnet, so z.B. von *Bodden*, FR 2014, 1053 (1056 ff.); *Geserich*, DStR-Beih. 2011, 59 (60).

[725] *Drüen*, in Tipke/Kruse, AO/FGO, § 4 AO Rz. 297 ff. (Juli 2025).

[726] Zu diesem teils als „fünfte Auslegungsmethode" bezeichneten Auslegungskriterium schon *Häberle*, JZ 1989, 913 (916 f.).

[727] Hierzu beispielsweise *Beisse*, StuW 1981, 1 ff.; *Eibelshäuser*, DStR 2002, 1426 ff.

[728] *Bodden*, FR 2014, 1053 (1057).

[729] BFH, Urteil v. 21.10.2010 – IV R 23/08, BStBl. II 2011, 277, Rz. 23; *Geserich*, DStR-Beih. 2011, 59 (60).

Entstehungsgeschichte des Gesetzes (historische Auslegung),[730] der Zusammenhang im jeweiligen Gesetz oder gar im Rechtssystem (systematische Auslegung),[731] sowie der Zweck des Gesetzes (teleologische Auslegung)[732] herangezogen werden.[733] Durch ihren so ermittelten Wortsinn – nicht zu verwechseln mit dem „Wortlaut" – wird die Auslegung begrenzt.[734] Wird darüber hinaus gegangen, handelt es sich um Rechtsfortbildung.[735] Im Steuerrecht gilt dabei die Besonderheit, dass – ähnlich dem Strafrecht mit seinem Grundsatz „nullum crimen sine lege"[736] – im „Wege der Rechtsfortbildung [...] über den möglichen Wortsinn des Gesetzes hinaus keine Steuertatbestände ausgeweitet und keine neuen Steuertatbestände geschaffen werden" dürfen.[737] Dies bedeutet jedoch meines Erachtens, dass eine Rechtsfortbildung – im Sinne einer ergänzenden Rechtsfortbildung[738] – lediglich dann vonnöten ist, wenn eine Auslegung nicht zielführend ist. Andernfalls besteht gerade keine Regelungslücke, die ausgefüllt werden müsste.[739]

Dieser – vor einer Rechtsfortbildung vorzunehmende – „erste Schritt" der Auslegung[740] wird jedoch sowohl von der Rechtsprechung als auch von der umsatzsteuerrechtlichen Literatur gänzlich unterschlagen, obwohl er – wie sich noch zeigen wird – in der Lage ist, die „Zurechnung" von Wissen im

---

730 *Stotz*, in Riesenhuber, Europäische Methodenlehre, 4. Aufl. 2021, § 20 Rz. 13.

731 *Bodden*, FR 2014, 1053 (1058).

732 *Drüen*, in Tipke/Kruse, AO/FGO, § 4 AO Rz. 274 ff. (Juli 2025).

733 Da Schriften zur Auslegung und Rechtsfortbildung „zu Hauf" existieren, werden hier lediglich die Grundzüge der Auslegung dargestellt. Zu den einzelnen Auslegungskriterien im Detail s. unter D. II.

734 *Drüen*, in Tipke/Kruse, AO/FGO, § 4 AO Rz. 340 (Juli 2025).

735 *Drüen*, in Tipke/Kruse, AO/FGO, § 4 AO Rz. 344 (Juli 2025); *Neuner*, in Riesenhuber, Europäische Methodenlehre, 4. Aufl. 2021, § 12 Rz. 2.

736 Hierzu beispielsweise *Pohlreich*, in Lackner/Kühl/Heger, StGB, 31. Aufl. 2025, § 1 Rz. 1 ff.

737 *Drüen*, in Tipke/Kruse, AO/FGO, § 4 AO Rz. 360 (Juli 2025).

738 Mit dem hier verwendeten Begriff der Rechtsfortbildung ist lediglich die ergänzende bzw. abändernde Rechtsfortbildung gemeint, auch wenn zugegebenermaßen jeder Auslegung eine „Rechtsfortbildung" innewohnt; so auch *Drüen*, in Tipke/Kruse, AO/FGO, § 4 AO Rz. 205 (April 2025), Rz. 344 (Juli 2025).

739 In diesem Sinne ist wohl auch *Neumann*, in Gosch, AO/FGO, § 4 AO Rz. 11 (Juli 2020) zu verstehen.

740 In diese Richtung gehend auch *Drüen*, in Tipke/Kruse, AO/FGO, § 4 AO Rz. 346 (Juli 2025): „Die Feststellung von Lücken des Gesetzes beruht auf demselben gedanklichen Verfahren wie die Auslegung des Gesetzes".

Umsatzsteuerrecht dogmatisch auf einen gänzlich anderen Weg zu führen. So wird stets – pauschalierend gesprochen – lediglich danach gefragt, wessen Wissen dem Unternehmer zugerechnet werden kann, ohne jedoch auf die – primär zu beantwortende – Frage einzugehen, wer denn dieser „Unternehmer" ist. Zwar existiert eine Legaldefinition[741] für diesen unbestimmten Rechtsbegriff.[742] Dies ändert jedoch nichts an der Tatsache, dass es sich um einen auslegungsfähigen[743] Begriff handelt, der meines Erachtens den richtigen Anknüpfungs- bzw. Einstiegspunkt für die Frage bietet, wessen Kenntnis als Wissen des Unternehmens zu behandeln ist. Denn sämtliche, im Anwendungsbereich der Wissenszurechnung liegende Tatbestände wie § 25f Abs. 1 UStG,[744] § 6a Abs. 4 UStG,[745] Art. 5c MwStVO[746] sowie die Missbrauchsrechtsprechung des EuGH[747] greifen auf den Begriff des „Unternehmers" – bzw. des „Steuerpflichtigen" als unionsrechtliches Pendant – zurück.

---

741 Hierzu sogleich D. I. 1. a).

742 *Klose*, Die Begriffe des Unternehmers und des Steuerpflichtigen im deutschen und europäischen Umsatzsteuerrecht, 2000, S. 70 f., 124 f.; *Treiber*, in Sölch/Ringleb, UStG, § 2 Rz. 13 (März 2023).

743 *Drüen*, in Tipke/Kruse, AO/FGO, § 4 AO Rz. 221 ff. (April 2025); hierzu noch genauer im Folgenden.

744 „Sofern der Unternehmer wusste oder hätte wissen müssen, [...]".

745 „[...] und der Unternehmer die Unrichtigkeit dieser Angaben auch bei Beachtung der Sorgfalt eines ordentlichen Kaufmanns nicht erkennen konnte".

746 „[...] der Steuerpflichtige kann nachweisen, dass er nicht wusste und nach vernünftigem Ermessen nicht wissen konnte, [...]".

747 Z.B. EuGH, Urteil v. 12.1.2006 – C-354/03, C-355/03, C-484/03, *Optigen u.a.*, UR 2006, 157 ff.; EuGH, Urteil v. 18.12.2014 – C-131/13, C-163/13, C-164/13, *Italmoda*, UR 2015, 106 ff.

D. Dogmatische Grundlagen und Einzelfragen der Wissenszurechnung im Umsatzsteuerrecht

I. Anknüpfungspunkt: Auslegung des Begriffs „Unternehmer"

1. Rückgriff auf natürliche Personen

Der Begriff des Unternehmers wird – ebenso wenig wie der Begriff des Steuerpflichtigen in den Urteilen des EuGH zum Gutglaubensschutz oder zur Rechteversagung aufgrund Kenntnis – weder in den mit subjektiven Merkmalen ausgestatteten Normen des UStG, wie § 6a Abs. 4 UStG oder § 25f UStG, noch in entsprechenden BFH-Urteilen definiert. Gleichwohl existiert mit § 2 UStG eine Norm, die – entsprechend der unionsrechtlichen Vorgaben aus Art. 9, 10 MwStSystRL – durchaus versucht, diesen Begriff für das Umsatzsteuerrecht allgemein zu definieren.

a) Legaldefinition

So ist nach § 2 Abs. 1 Sätze 1, 3 UStG Unternehmer, wer eine gewerbliche oder berufliche Tätigkeit selbstständig ausübt, wobei gewerblich oder beruflich jede nachhaltige Tätigkeit zur Erzielung von Einnahmen ist. Nach Art. 9 Abs. 1 MwStSystRL gilt als „Steuerpflichtiger", wer eine wirtschaftliche Tätigkeit unabhängig von ihrem Ort, Zweck und Ergebnis selbstständig ausübt. Als „wirtschaftliche Tätigkeit" gelten dabei alle Tätigkeiten eines Erzeugers, Händlers oder Dienstleistenden einschließlich der Tätigkeiten der Urproduzenten, der Landwirte sowie der freien Berufe und der diesen gleichgestellten Berufe. Zu berücksichtigen ist in diesem Zusammenhang auch Art. 10 MwStSystRL, wonach die selbstständige Ausübung der wirtschaftlichen Tätigkeit im Sinne des Art. 9 Abs. 1 Lohn- und Gehaltsempfänger und sonstige Personen von der Besteuerung ausschließt, soweit sie an ihren Arbeitgeber durch einen Arbeitsvertrag oder ein sonstiges Rechtsverhältnis gebunden sind, das hinsichtlich der Arbeitsbedingungen und des Arbeitsentgelts sowie der Verantwortlichkeit des Arbeitgebers ein Verhältnis der Unterordnung schafft.

Es stellt sich jedoch die Frage, ob diese Legaldefinitionen auch für die im Kontext der Wissenszurechnung relevanten Tatbestände abschließend heranzuziehen sind. Denn der Begriff des Unternehmers ist und bleibt ein unbestimmter Rechtsbegriff,[748] dessen Auslegung in der Regel unter Berücksichtigung des Charakters der Umsatzsteuer als Verbrauchsteuer[749] sowie dem Verbot der Schaffung größerer Wettbewerbsverzerrungen[750] zu erfolgen hat. Die Befassung mit dieser Thematik – der Frage nach „dem Unternehmer" – erfolgt jedoch prinzipiell auf der „ersten Stufe", also bei der Frage, ob der relevanten Person der Vorsteuerabzug zusteht, ob sie steuerpflichtige Umsätze erbringt oder ob sie Rechnungen im Sinne von § 14 UStG auszustellen hat. § 2 UStG mit seiner dort aufgestellten Legaldefinition versucht also in erster Linie zu ermitteln, *ob* die Vorschriften des UStG auf die relevante Person überhaupt anwendbar sind.[751]

b) Bedürfnis differenzierter Begriffsauslegung

Einen vollkommen anderen Ansatz bedarf es jedoch für die Fälle der „Wissenszurechnung". Denn hierbei ist längst geklärt, *dass* das UStG auf die fragliche Person bzw. den Personenzusammenschluss anzuwenden ist. Der mit § 2 UStG verfolgte Zweck kann hierbei also nicht erreicht werden. Vielmehr muss – ähnlich der eigenständigen bzw. abweichenden Auslegung des

---

748 *Klose*, Die Begriffe des Unternehmers und des Steuerpflichtigen im deutschen und europäischen Umsatzsteuerrecht, 2000, S. 70 f., 124 f.; *Treiber*, in Sölch/Ringleb, UStG, § 2 Rz. 13 (März 2023).

749 *Stadie*, in Rau/Dürrwächter, UStG, Einführung Rz. 681 (Jan. 2024); *Wäger*, in Birkenfeld/Wäger, Das große Umsatzsteuer-Handbuch, Abschn. I Kapitel 3 A Rz. 3 (Aug. 2017).

750 Dies ergibt sich schon aus § 2b UStG bzw. Art. 13 MwStSystRL, deren Rechtsgedanke zu übertragen ist; im Übrigen auch *Stadie*, in Rau/Dürrwächter, UStG, Einführung Rz. 681 (Jan. 2024).

751 Hierzu auch *Klose*, Die Begriffe des Unternehmers und des Steuerpflichtigen im deutschen und europäischen Umsatzsteuerrecht, 2000, S. 4 ff., 19 ff., der den Unternehmer als „Subjekt der Umsatzsteuer" bezeichnet.

Begriffs „Behörde" im Verwaltungsrecht[752] – eine von dieser Legaldefinition losgelöste Begriffsauslegung des „Unternehmers" erfolgen. Dabei mag der Unternehmerbegriff des Umsatzsteuergesetzes zwar grundsätzlich ein einheitlicher sein.[753] Eine solch differenzierte Begriffsauslegung je nach Verwendung bzw. Norm ist jedoch nicht ausgeschlossen bzw. muss aufgrund eines etwaig anderen Normzwecks sogar erfolgen.[754] So legt selbst der EuGH beispielsweise den Begriff der Wettbewerbsverzerrung in Art. 132 Abs. 1 Buchst. f MwStSystRL anders aus als im Rahmen des Art. 13 Abs. 1 MwStSystRL zur Unternehmereigenschaft von öffentlichen Einrichtungen.[755] Und obwohl der Unternehmerbegriff des § 15 UStG aufgrund des Entlastungszwecks des Vorsteuerabzugs heutzutage zu Recht als grundsätzlich identisch mit jenem des § 2 UStG angesehen wird,[756] fanden sich hierzu früher teils andere Auffassungen.[757] Denn nach der Rechtsprechung des EuGH sind bei der Auslegung einer Unionsvorschrift – und damit auch der umsetzenden nationalen Norm – nicht nur ihr Wortlaut, sondern auch ihr Zusammenhang und die Ziele zu berücksichtigen, die mit der Regelung, zu der sie gehört, verfolgt werden.[758] Dies entspricht auch der teleologischen Auslegung, der heutzutage die größte Bedeutung der verschiedenen Auslegungsmethoden beigemessen wird.[759]

Insofern ist insbesondere zu berücksichtigen, dass die Legaldefinition des § 2 UStG ohne Frage in all jenen Fällen eine sachgerechte Lösung bieten mag, in welchen „der Unternehmer" ein Einzelunternehmer ist. Denn dieser Einzelunternehmer als natürliche Person ist des Denkens bzw. Wissens fähig und

---

752 S.o. B. III. 2. a).

753 So *Stadie*, UStG, 3. Aufl. 2015, § 2 Rz. 3.

754 *Drüen*, in Tipke/Kruse, AO/FGO, § 4 AO Rz. 264 f., 324 (Juli 2025).

755 EuGH, Urteil v. 20.11.2003 – C-8/01, *Taksatorringen*, UR 2004, 82, Rz. 58 ff.; EuGH, Urteil v. 16.9.2008 – C-288/07, *Isle of Wight Council u.a.*, UR 2008, 816, Rz. 40; EuGH, Urteil v. 29.10.2015 – C-174/14, *Saudacor*, UR 2015, 901, Rz. 74; EuGH, Urteil v. 21.9.2017 – C-616/15, *Kommission/Deutschland*, UR 2017, 792, Rz. 67; *Grünwald*, JbFSt 2019/2020, S. 645 (647 f.).

756 *Stadie*, in Rau/Dürrwächter, UStG, § 15 Rz. 130 (Sept. 2025).

757 *Geist*, in Steuerberaterkongress-Report 1979, S. 129 (132 ff.); dies aufzeigend auch *Rau*, UR 1987, 121 (124).

758 EuGH, Urteil v. 10.9.2014 – C-491/13, *Ben Alaya*, NVwZ 2014, 1446, Rz. 22; EuGH, Urteil v. 21.9.2017 – C-616/15, *Kommission/Deutschland*, UR 2017, 792, Rz. 43.

759 *Drüen*, in Tipke/Kruse, AO/FGO, § 4 AO Rz. 254, 274 (Juli 2025).

kann daher auch Kenntnis von gewissen umsatzsteuerrechtlich relevanten Umständen haben. Sein Wissen ist denknotwendigerweise das Wissen des „Unternehmens". Sobald das Unternehmen im Sinne von § 2 UStG jedoch nicht als natürliche Person, sondern in Form eines Personenzusammenschlusses – sei es als Personengesellschaft oder juristische Person – auftritt, ist die genannte Legaldefinition keineswegs mehr zielführend, weil das juristische Konstrukt selbst – „der Unternehmer" in Form von beispielsweise OHG, GmbH oder AG – natürlich nicht des Denkens bzw. Wissens fähig ist. Selbst in den ersten Entscheidungen des EuGH zur Missbrauchsrechtsprechung, in welchen der EuGH bereits die Formulierung nutzt, dass der „Steuerpflichtige [...] Kenntnis hat oder haben kann"[760] bzw. „der Steuerpflichtige wusste oder hätte wissen müssen",[761] waren die dort auftretenden Steuerpflichtigen allesamt Gesellschaften.[762] Insoweit darf wohl davon ausgegangen werden, dass selbst der EuGH keine „starre" Auslegung des von ihm verwendeten Begriffs „Steuerpflichtiger" im Sinne der Legaldefinition des Art. 9 MwStSystRL vor Augen hatte bzw. hat. Vielmehr muss für die Frage, wer als „Unternehmer" im Sinne von Tatbeständen, die an die Kenntnis gewisser Umstände anknüpfen („wissensrelevanter Kontext"), in Betracht kommt, augenscheinlich auf die „hinter" bzw. „in" dem Unternehmen agierenden natürlichen Personen zurückgegriffen werden. Diese Überlegungen gelten gleichermaßen für den Einzelunternehmer, der – wie es wohl häufig der Fall sein dürfte – noch zumindest eine oder gar mehrere Mitarbeiter hinter sich stehen hat.

2. Abgrenzung bei Mehr-Personen-Verhältnissen

a) Umsatzsteuerrechtlich-autonome Abgrenzung

Gleichwohl stellt sich natürlich die Frage, auf welche natürlichen Personen des Unternehmens hierbei abzustellen ist. Dass für diese Frage nicht alle Mitarbeiter eines Unternehmens gleich behandelt werden können, erscheint naheliegend. So wird beispielsweise im Zivilrecht im Rahmen der Zurechnung

---

760 EuGH, Urteil v. 12.1.2006 – C-354/03, C-355/03, C-484/03, *Optigen u.a.*, UR 2006, 157, Rz. 52, 55.

761 EuGH, Urteil v. 6.7.2006 – C-439/04, C-440/04, *Kittel und Recolta Recycling*, DStR 2006, 1274, Rz. 59.

762 *Optigen Ltd.*, *Fulcrum Electronics Ltd.*, *Bond House Systems Ltd.*, *Recolta Recycling SPRL* sowie die *AG Ang Computime Belgium*, für welche *Herr Kittel* lediglich als Konkursverwalter auftrat.

von Wissen stets anhand der gesellschafts- bzw. zivilrechtlichen Stellung differenziert – also Mitglied eines Leitungsorgans, Mitglied eines vertretungsberechtigten Nichtleitungsorgans, gewillkürter Vertreter, Geschäftsgehilfe.[763] Auch im Umsatzsteuerrecht besteht natürlich die Möglichkeit, diese gesellschaftsrechtlichen Stellungen aufzugreifen und die im Unternehmen agierenden Personen auf diese Weise voneinander abzugrenzen. Dies gilt insbesondere, als das Steuerrecht in gewisser Weise durchaus zivilrechtlich geprägt sein mag.[764] Da jedoch ein „Vorrang" des Zivilrechts gegenüber dem Steuerrecht gerade nicht besteht[765] und bei jeder Auslegung die steuerrechtlichen Besonderheiten und Eigenheiten zu berücksichtigen sind,[766] wird im Folgenden eine umsatzsteuerrechtlich-autonome Abgrenzung der im Unternehmen agierenden natürlichen Personen vorgenommen.

b) Steuerrechtliche Handlungspflichten als Anknüpfungspunkt

Für diese Abgrenzung könnten in einem ersten Schritt diejenigen umsatzsteuerrechtlichen Vorschriften in den Blick genommen werden, die ebenfalls an den „Unternehmer" anknüpfen, aufgrund einer aktiven Handlung aber nicht vom juristischen Konstrukt selbst, sondern von den dahinterstehenden natürlichen Personen vorgenommen werden müssen. Dies sind in erster Linie Verfahrensvorschriften, wie § 18 UStG. Hierbei „hilft" das nationale Verfahrensrecht, wie §§ 34, 35 AO. Diese Normen legen fest, wer die steuerlichen Pflichten zu erfüllen hat, wenn der Steuerpflichtige nur ein juristisches Konstrukt ist und daher nicht selbst handeln kann. Zwar knüpfen auch diese Vorschriften an zivil- bzw. gesellschaftsrechtliche Stellungen an. Im Sinne der bereits genannten „Vorherigkeit" des Zivilrechts ist dies aber nur der „erste Schritt", während das Steuerrecht in einer Art „zweitem Schritt"

---

763 Vgl. z.B. *Bruns*, Voraussetzungen und Auswirkungen der Zurechnung von Wissen und Wissenserklärungen im allgemeinen Privatrecht und im Privatversicherungsrecht, 2007, S. 256 ff.; *Buck*, Wissen und juristische Person, 2001.

764 Zumeist wird von der bereits genannten sog. „Vorherigkeit" des Zivilrechts gesprochen, so z.B. BVerfG, Kammerbeschluss v. 27.12.1991 – 2 BvR 72/90, BStBl. II 1992, 212 (213); *Drüen*, in Droege/Seiler, Eigenständigkeit des Steuerrechts, 2019, S. 95 (100); *Schön*, StuW 2005, 247 (248, 251).

765 S. schon oben C. II. 1.

766 In diesem Sinne beispielsweise *Drüen*, in Droege/Seiler, Eigenständigkeit des Steuerrechts, 2019, S. 95 (105); *Stadie*, in Rau/Dürrwächter, UStG, Einführung Rz. 703 f. (Jan. 2024).

lediglich differenziert zwischen denjenigen natürlichen Personen, welche die steuerlichen Pflichten des Unternehmens zu erfüllen haben, und jenen natürlichen Personen, welche diese Pflichten gerade nicht haben. Erstere werden insoweit – für steuerliche Zwecke und bildlich gesprochen – als die „Hände" des Unternehmens betrachtet.

Diese Differenzierung und Abgrenzung der natürlichen Personen erscheint auch als für die Tatbestände mit wissensrelevantem Kontext geeigneter Ansatz.

aa) Synthese von Wissen und Handlung

Denn zunächst ist zu berücksichtigen, dass Wissen nur dann umsatzsteuerrechtlich relevant wird, wenn ein bestimmtes Verhalten, eine Handlung, hinzutritt.[767] Nur im Rahmen einer Handlung kann Wissen (potentiell) „verwertet" werden. So stellen beispielsweise die Vorschriften des Gutglaubensschutzes darauf ab, dass der „Unternehmer eine Lieferung als steuerfrei *behandelt*" hat – so § 6a Abs. 4 UStG – oder, dass der Steuerpflichtige Mehrwertsteuer „*erklärt* und entrichtet hat" – so Art. 5c MwStVO. Macht der Unternehmer Rechte nicht entsprechend geltend, kommt auch kein Gutglaubensschutz in Betracht. Hierbei wird meines Erachtens auch deutlich, dass Handlung und Wissen in einer Person „zusammenfallen" müssen. Denn die Vorschriften des Gutglaubensschutzes stellen stets darauf ab, dass der „Unternehmer" bzw. der „Steuerpflichtige" das entsprechende Recht geltend gemacht hat, ohne dass er – der „Unternehmer" bzw. der „Steuerpflichtige" – vom Nicht-Vorliegen der Voraussetzungen wusste. Hierbei wird für die Handlung – die Geltendmachung des Rechts – sowie für die Kenntnis bzw. fahrlässige Unkenntnis stets der gleiche Begriff, „der Unternehmer" bzw. „der Steuerpflichtige", verwendet,[768] bzw. nur noch das Personalpronomen „er".[769] Wenn nun hinsichtlich der Handlung – „ganz selbstverständlich" – auf den Einzelunternehmer bzw. allgemein die Personen abgestellt wird, die die steuerlichen Pflichten des Unternehmens zu erfüllen haben, erscheint es nur naheliegend, auch hinsichtlich der

---

767 So sehen es für das Zivilrecht auch *Faßbender/Neuhaus*, WM 2002, 1253 ff.

768 So z.B. bei § 6a Abs. 4 UStG.

769 So z.B. in Art. 5c MwStVO: „[…] der Steuerpflichtige kann nachweisen, dass *er* nicht wusste und nach vernünftigem Ermessen nicht wissen konnte, dass […]" (Hervorhebung durch *Verfasser*).

Kenntnis auf dieses Begriffsverständnis abzustellen und nicht innerhalb einer Norm verschiedene Auslegungen des Begriffs „Unternehmer" bzw. „Steuerpflichtiger" zu wählen.

Gleiches gilt – in etwas anderer Form – für die Versagung von Rechten wegen Bösgläubigkeit. Insofern könnte man zwar argumentieren, dass es hierbei gerade keiner Handlung bedarf, weil sich die Kenntnis direkt materiell-rechtlich auf das Recht auswirkt,[770] welches unabhängig von einer Geltendmachung besteht oder nicht. Die „objektiven Voraussetzungen für die Erlangung des angestrebten Vorteils [...] [sind] in Wirklichkeit nicht erfüllt".[771] Eine solch theoretische Betrachtung geht jedoch zum einen stark an der Realität vorbei. Denn umsatzsteuerrechtlich tatsächlich relevant wird der Anspruch bzw. das Recht erst, wenn es auch geltend gemacht wird. Zum anderen zeigt sich auch in der Rechtsprechung des EuGH, dass Wissen nicht isoliert zu betrachten ist, sondern stets im Hinblick auf eine Handlung: So führt der EuGH im Rahmen seiner Missbrauchsrechtsprechung aus, dass der Neutralitätsgrundsatz hierdurch nicht verletzt sei,[772] weil eine missbräuchliche Berufung auf das Unionsrecht – und damit auch den Neutralitätsgrundsatz als unionsrechtlichen Grundsatz[773] – nicht erlaubt ist.[774] Im Falle eines

---

770 So *Pflaum*, in Wäger, UStG, 3. Aufl. 2024, § 25f Rz. 5.1 in Übereinstimmung mit der bisherigen Praxis des I. Strafsenats des BGH, z.B. BGH, Beschluss v. 29.1.2015 – 1 StR 216/14, NStZ 2015, 283 ff.; BGH, Urteil v. 15.5.2018 – 1 StR 159/17, WM 2018, 2028 ff.; a.A. *Filtzinger*, JbFSt 2021, S. 692 (707); *Widmann*, UR 2020, 633 (635 f.).

771 EuGH, Urteil v. 18.12.2014 – C-131/13, C-163/13, C-164/13, *Italmoda*, UR 2015, 106, Rz. 57; nahezu wortlautgleich auch EuGH, Urteil v. 22.11.2017 – C-251/16, *Cussens u.a.*, MwStR 2018, 217, Rz. 32.

772 Näher hierzu noch unter D. II. 2. b) bb) (3) (c) (i); EuGH, Urteil v. 7.12.2010 – C-285/09, *R.*, BStBl. II 2011, 846, Rz. 54; EuGH, Urteil v. 18.12.2014 – C-131/13, C-163/13, C-164/13, *Italmoda*, UR 2015, 106, Rz. 47 f.; EuGH, Beschluss v. 14.4.2021 – C-108/20, *Finanzamt Wilmersdorf*, UR 2021, 433, Rz. 37.

773 So z.B. EuGH, Urteil v. 15.11.2012 – C-174/11, *Zimmermann*, DStRE 2013, 423, Rz. 33: „[...] unter Beachtung der Grundsätze des Unionsrechts [...], einschließlich insbesondere des Grundsatzes der Gleichbehandlung, der im Mehrwertsteuerbereich im Grundsatz der steuerlichen Neutralität zum Ausdruck kommt" und Rz. 50: „[...] der Grundsatz der steuerlichen Neutralität, bei dem es sich um eine besondere Ausprägung des Gleichheitssatzes auf der Ebene des abgeleiteten Unionsrechts und im besonderen Sektor des Abgabenwesens handelt".

774 Z.B. EuGH, Urteil v. 31.1.2013 – C-642/11, *Stroy trans*, UR 2013, 275, Rz. 46; EuGH, Urteil v. 20.6.2013 – C-259/12, *Rodopi-M 91*, UR 2013, 633, Rz. 41; EuGH, Urteil v. 13.10.2022 – C-397/21, *HUMDA*, UR 2023, 290, Rz. 28.

Missbrauchs aufgrund einer Beteiligung an einer fremden Steuerhinterziehung durch Kenntnis derselben, wird die Versagung gewisser Rechte damit als angemessene Einschränkung der Belastungsneutralität aufgefasst. Nach der Rechtsprechung des EuGH setzt dabei „auf dem Gebiet der Mehrwertsteuer die Feststellung einer missbräuchlichen Praxis das Zusammentreffen zweier Bedingungen voraus[…]. Zum einen müssen die fraglichen Umsätze trotz formaler Anwendung der Bedingungen der einschlägigen Bestimmungen der 6. EG-Richtlinie und des zu ihrer Umsetzung erlassenen nationalen Rechts einen Steuervorteil zum Ergebnis haben, dessen Gewährung dem mit diesen Bestimmungen verfolgten Ziel zuwiderliefe […]. Zum anderen muss auch aus einer Reihe objektiver Anhaltspunkte ersichtlich sein, dass mit den fraglichen Umsätzen im Wesentlichen ein Steuervorteil bezweckt wird. Das Missbrauchsverbot ist nämlich nicht relevant, wenn die fraglichen Umsätze eine andere Erklärung haben können als nur die Erlangung von Steuervorteilen."[775] Durch die direkte Bezugnahme auf die „Erlangung von Steuervorteilen" kommt meines Erachtens auch in dieser Definition der „missbräuchlichen Praxis" zum Ausdruck, dass das Wissen mit einer Handlung verbunden sein muss, um umsatzsteuerrechtlich relevant zu werden. Zudem fällt bei weiterer Untersuchung gerade des Begriffs „Missbrauch" die Zweiteilung des Wortes – „miss" und „brauch" – auf. So drückt das Präfix „miss" „einen Mangel, Fehler oder das Gegenteil von einem Gebrauch aus",[776] während durch den Begriffsteil „brauch" die Handlung, der „Gebrauch", zum Ausdruck kommt. Auch hierdurch wird meines Erachtens sichtbar, dass Wissen und Handlung nicht losgelöst voneinander vorliegen dürfen. Vielmehr gebietet es, dass das Wissen – bzw. zumindest die grob fahrlässige Unkenntnis – gerade beim Handelnden vorliegen muss. Er muss Wissen zumindest potentiell berücksichtigen können; andernfalls kann die Erlangung bzw. Geltendmachung von Steuervorteilen nicht als „miss"bräuchlich bezeichnet werden.

---

775 EuGH, Urteil v. 22.12.2010 – C-103/09, *Weald Leasing*, UR 2011, 705 (708); in diesem Sinne auch EuGH, Urteil v. 21.2.2006 – C-255/02, *Halifax u.a.*, DStR 2006, 420 (424 f.); EuGH, Urteil v. 15.9.2022 – C-227/21, *HA.EN.*, UR 2022, 804, Rz. 35.

776 *Drüen*, ISR 2020, 98 (99).

bb) Wahrheitspflicht

Daneben ist zu bedenken, dass die genannten Verpflichteten im Sinne von §§ 34, 35 AO im Rahmen der ihnen zukommenden steuerlichen Handlungs- bzw. Mitwirkungspflichten einer Wahrheitspflicht nach § 90 Abs. 1 AO unterliegen.[777] Insofern werden sie also nicht nur als die „Hände" des Unternehmens angesehen, sondern – ohne insoweit bereits ein Ergebnis vorwegnehmen zu wollen – in gewisser Weise auch als dessen „Kopf". Gerade die nach §§ 34, 35 AO Verpflichteten sind demnach gesetzlich dazu verpflichtet, das im Unternehmen vorhandene Wissen umsatzsteuerrechtlich korrekt einzuordnen und entsprechend zu agieren – mit anderen Worten „zu verwerten".

Dem könnte selbstredend entgegengehalten werden, dass aus einem steuerstrafrechtlichen bzw. steuerordnungswidrigkeitsrechtlichen Blickwinkel ein weitaus größerer Personenkreis zur Verwertung umsatzsteuerrechtlichen Wissens „verpflichtet" ist. So knüpft § 370 Abs. 1 Nr. 1 AO – als gerade für die Fälle der Missbrauchsrechtsprechung und § 25f UStG relevante Norm[778] – nicht an eine steuerliche Pflicht an. Es soll sich dabei vielmehr um ein sogenanntes Jedermannsdelikt handeln.[779] Selbst für § 378 Abs. 1 AO, der zumindest an die „Wahrnehmung der Angelegenheiten eines Steuerpflichtigen" anknüpft, werden nicht lediglich die zur Erfüllung der steuerlichen Pflichten Verpflichteten nach §§ 34, 35 AO herangezogen,[780] sondern auch „die nachgeordneten Mitarbeiter erfasst, deren Hauptpflicht die Wahrnehmung der steuerlichen Belange ihres Arbeitgebers ist. Dies betrifft z.B. Steuerabteilungsleiter, aber auch andere Personen, die eigenständig steuerliche Erklärungspflichten wahrnehmen dürfen, z.B. den (Lohn-)Buchhalter, der aus den

---

777 *Roser*, in Gosch, AO/FGO, § 90 AO Rz. 10, 33 (März 2025).

778 So z.B. BGH, Beschluss v. 1.10.2013 – 1 StR 312/13, DStR 2014, 365 (366 f.); BGH, Urteil v. 7.10.2014 – 1 StR 182/14, wistra 2015, 188, Rz. 32.

779 BGH, Urteil v. 6.6.2007 – 5 StR 127/07, BGHSt 51, 356, Rz. 17; BGH, Urteil v. 7.10.2014 – 1 StR 182/14, wistra 2015, 188, Rz. 34; so auch *Krumm*, in Tipke/Kruse, AO/FGO, § 370 AO Rz. 22 (Juli 2025): „Jedenfalls für *§ 370 I Nr. 1* ist es Gemeingut, dass in der Begehungsvariante jeder Täter sein kann, auch wenn ihn selbst keine steuerlichen Pflichten treffen (‚*Jedermannsdelikt*', […]). Neben dem Stpfl. kommen daher auch Steuerberater, Buchhalter und andere Unternehmensangehörige […] als Täter in Frage" (Hervorhebungen im Original).

780 Diese Personengruppe soll bereits unter das Tatbestandsmerkmal „als Steuerpflichtiger" zu fassen sein, vgl. *Bülte*, in Hübschmann/Hepp/Spitaler, AO/FGO, § 378 AO Rz. 12, 14 (Nov. 2023); *Jäger*, in Klein, AO, 18. Aufl. 2024, § 378 Rz. 7.

Buchführungsunterlagen eigenständig Umsatzsteuervoranmeldungen und Lohnsteueranmeldungen fertigt und übersendet".[781]

Insofern muss natürlich auch derjenige Mitarbeiter, dem die Aufgabe zukommt, Steuererklärungen (eigenständig) zu fertigen und abzugeben, stets wahrheitsgemäße Angaben machen, um sich nicht strafbar zu machen. Auch er „sollte" also – schon um seiner selbst Willen – umsatzsteuerrechtlich relevantes Wissen verwerten. Die „originäre" gesetzliche Pflicht zur Erfüllung der steuerlichen Pflichten des Unternehmens und daher nach § 90 Abs. 1 AO auch die Wahrheitspflicht bei der Erfüllung dieser Angelegenheiten trifft jedoch nach wie vor ausschließlich den in §§ 34, 35 AO genannten Personenkreis. Nur die dort genannten Personen werden insoweit als „Kopf" des Unternehmens betrachtet. Zwar können sie sich – und werden bzw. müssen dies in größeren Unternehmen auch tun – hierbei durch Mitarbeiter vertreten lassen. Dies ändert – wie ein Blick auf die entsprechenden Vorschriften zeigt[782] – jedoch nichts am Bestehen ihrer „Erfüllungspflicht". Die von ihnen eingesetzten Mitarbeiter sind insoweit lediglich als eine Art „verlängerter Arm" anzusehen, mit dem sie ihrer Pflicht nachkommen. Dies wird auch durch die Überwachungspflicht des bzw. der zur Erfüllung der steuerlichen Pflichten Verpflichteten[783] gestützt. Dies bedeutet natürlich nicht, dass das Wissen des oben genannten „einfachen" Mitarbeiters vollkommen irrelevant wäre. In diesem „ersten" Schritt jedoch geht es zunächst lediglich um die Frage, mittels welchen Merkmals die im Personenzusammenschluss, dem Unternehmen, agierenden natürlichen Personen voneinander abgegrenzt werden können.

c) Nach §§ 34, 35 AO zur Erfüllung der steuerlichen Pflichten Verpflichtete

aa) Gesetzliche Vertreter und Vermögensverwalter nach § 34 AO

Nach § 34 Abs. 1 AO sind zunächst die gesetzlichen Vertreter juristischer Personen und rechtsfähiger Personenvereinigungen im Sinne von § 14a Abs. 2 AO n.F.[784] sowie die Geschäftsführer von Vermögensmassen zur Erfüllung

---

781 *Krumm*, in Tipke/Kruse, AO/FGO, § 378 AO Rz. 8a (Sept. 2025).

782 S. sogleich.

783 S. D. I. 2. c) bb).

784 Nachdem durch das MoPeG (s. Fn. 533) nunmehr klargestellt wurde, dass Personengesellschaften durchaus rechtsfähig sind, wurde § 14a AO – zur

deren steuerlicher Pflichten verpflichtet.[785] Darunter fallen beispielsweise der Vorstand des Vereins nach § 26 BGB, der Stiftung nach § 84 Abs. 2 BGB, der Aktiengesellschaft nach § 78 AktG, der Genossenschaft nach §§ 24, 25 GenG oder der bzw. die Geschäftsführer der GmbH nach § 35 GmbHG. § 34 Abs. 1 AO umfasst damit lediglich das Handlungsorgan, nicht aber das Aufsichtsorgan oder das Willensbildungsorgan wie die Hauptversammlung.[786] Handelt es sich dagegen um eine nicht rechtsfähige Personenvereinigung im Sinne von § 14a Abs. 3 AO n.F., kommt diese Verpflichtung nach § 34 Abs. 2 AO den Mitgliedern, Gesellschaftern oder Gemeinschaftern zu.[787] Steht eine Vermögensverwaltung zudem anderen Personen als den Eigentümern des Vermögens oder deren gesetzlichen Vertretern zu, so haben die Vermögensverwalter nach § 34 Abs. 3 AO die in Abs. 1 bezeichneten Pflichten, soweit ihre Verwaltung reicht. Insbesondere bei großen Gesellschaften mit mehreren Geschäftsführern bzw. auch beim Vorstand, der wohl in der Regel[788] aus mehreren Personen besteht, stellt sich jedoch die Frage, inwieweit sich interne Geschäftsverteilungsabreden auf die Verpflichtung nach § 34 Abs. 1 AO auswirken. Insoweit könnte womöglich lediglich dem nach der internen Aufgabenverteilung für deren kaufmännischen und steuerlichen Bereich

---

entsprechenden steuerrechtlichen Umsetzung – durch Art. 23 Nr. 3 des Gesetzes zur Förderung geordneter Kreditzweitmärkte und zur Umsetzung der Richtlinie (EU) 2021/2167 über Kreditdienstleister und Kreditkäufer sowie zur Änderung weiterer finanzrechtlicher Bestimmungen (Kreditzweitmarktförderungsgesetz) v. 22.12.2023 (BGBl. I 2023, Nr. 411) mit Wirkung vom 1.1.2024 in die Abgabenordnung eingefügt.

785 Die Befugnis zur Vertretung der (rechtsfähigen) Personengesellschaft wurde durch das MoPeG (s. Fn. 533) von der Befugnis zu ihrer Geschäftsführung getrennt (vgl. §§ 715, 720 BGB n.F.), so dass § 34 Abs. 1 Satz 1 AO durch Art. 23 Nr. 5 des Kreditzweitmarktförderungsgesetzes v. 22.12.2023 (BGBl. I 2023, Nr. 411) ebenfalls mit Wirkung vom 1.1.2024 entsprechend angepasst wurde und die Verpflichtung zur Erfüllung der steuerlichen Pflichten der Personengesellschaft nunmehr ihren gesetzlichen Vertretern und nicht mehr deren Geschäftsführern zukommt (vgl. auch die Gesetzesbegründung, BT-Drs. 20/9782, S. 199).

786 *Koenig*, in Koenig, AO, 5. Aufl. 2024, § 34 Rz. 11.

787 Auch § 34 Abs. 2 Satz 1 AO stellt eine Anpassung an die durch das MoPeG (s. Fn. 533) eingetretenen Rechtsänderungen und eine Folgeänderung zur Neufassung von § 34 Abs. 1 Satz 1 AO (s. Fn. 785) dar, vgl. BT-Drs. 20/9782, S. 199.

788 Eine gesetzliche Verpflichtung zur Bestellung mehrerer Vorstandsmitglieder besteht nur für die Aktiengesellschaft und die Genossenschaft bei Erreichen gewisser Größen, vgl. § 76 Abs. 2 Satz 2 AktG, § 24 Abs. 2 GenG. Gleichwohl dürfte die Bestellung mehrerer Personen in den Vorstand in der Praxis wohl die Regel sein.

zuständigen Geschäftsführer die Pflicht nach § 34 Abs. 1 AO obliegen. Dem ist jedoch nicht so. Vielmehr „bleibt grundsätzlich jeder Geschäftsführer für die Geschäftsführung im ganzen verantwortlich",[789] denn „die Führung der Geschäfte – sei es einer Kapitalgesellschaft, sei es einer offenen Handelsgesellschaft oder Kommanditgesellschaft – umfaßt nicht in erster Linie die Besorgung eines bestimmten Geschäftsbereichs, sondern die verantwortliche Leitung der Geschäfte in ihrer Gesamtheit. [...] Die Gesellschaft kann folglich im Gesellschaftsvertrage oder durch Beschluß der Gesellschafter (§ 37 Abs. 1 GmbHG) unter mehreren Geschäftsführern zwar eine Arbeitsteilung verfügen, bei der für jeden Bereich stets mindestens ein Geschäftsführer zuständig sein muß (§ 6 Abs. 1 GmbHG); sie kann aber keinen Geschäftsführer von seinem Anteil an der Gesamtverantwortung entlasten".[790] Interne Geschäftsverteilungsabreden sind mithin für die Stellung eines nach § 34 AO Verpflichteten unbeachtlich.

bb) Verfügungsberechtigte nach § 35 AO

Daneben besteht die Möglichkeit der Verpflichtung zur Erfüllung der steuerlichen Pflichten als Verfügungsberechtigter nach § 35 AO. Als solche können beispielsweise der Generalbevollmächtigte[791] oder der für die Wahrnehmung der steuerlichen Pflichten zuständige Prokurist[792] auftreten. „Einfache" Mitarbeiter der Steuerabteilung bzw. der Buchhaltung hingegen sind keine Verfügungsberechtigten im Sinne von § 35 AO, weil sie die Erklärungen lediglich abgeben und nicht unterzeichnen und somit nach außen nicht dafür einstehen.[793]

Zu beachten ist insoweit, dass trotz Übertragung der steuerlichen Pflichten auf einen solchen Verfügungsberechtigten im Sinne von § 35 AO die Verantwortung des bzw. der nach § 34 AO Verpflichteten bzw. des Einzelunternehmers nicht erlischt. Er bleibt stattdessen „verpflichtet, die *ordnungsgemäße*

---

789 BFH, Urteil v. 17.5.1988 – VII R 89/85, juris, Rz. 12.

790 BFH, Urteil v. 26.4.1984 – V R 128/79, BStBl. II 1984, 776 (777 f.).

791 *Koenig*, in Koenig, AO, 5. Aufl. 2024, § 35 Rz. 16.

792 *Boeker*, in Hübschmann/Hepp/Spitaler, AO/FGO, § 35 AO Rz. 19 (Juli 2023).

793 *Koenig*, in Koenig, AO, 5. Aufl. 2024, § 35 Rz. 8; *Rüsken*, in Klein, AO, 18. Aufl. 2024, § 35 Rz. 5 f.; a.A. *Boeker*, in Hübschmann/Hepp/Spitaler, AO/FGO, § 35 AO Rz. 11 (Juli 2023).

Erfüllung der steuerrechtlichen Pflichten zu überwachen".[794] Demnach existieren auch in derartigen Fällen mehrere Personen, denen eine eigene gesetzliche Pflicht zur Erfüllung der steuerlichen Pflichten des Unternehmens zukommt.

Diese Abgrenzung ist auch für die Fälle des Einzelunternehmers heranzuziehen. Insoweit sind zum ersten der Einzelunternehmer als natürliche Person selbst, zum zweiten seine „einfachen" sonstigen Mitarbeiter[795] sowie drittens eventuelle Verfügungsberechtigte im Sinne von § 35 AO[796] voneinander abzugrenzen.

3. Fazit

Die Auslegung des umsatzsteuerlichen Unternehmerbegriffs hat im wissensrelevanten Kontext losgelöst von der Legaldefinition des § 2 UStG zu erfolgen, wobei auf die im Unternehmen agierenden natürlichen Personen zurückgegriffen werden muss. Diese natürlichen Personen sind dabei anhand des Merkmals der Verpflichtung zur Erfüllung der steuerlichen Pflichten des Unternehmens nach §§ 34, 35 AO zu differenzieren. Im Weiteren sollen sie – insbesondere in Abgrenzung zum „Steuerpflichtigen", mithin dem Unternehmen im Sinne von § 2 UStG selbst – als „Steuererfüllungsverpflichtete" bezeichnet werden.[797]

II. Fallgruppen

Auf Basis der soeben vorgenommenen Abgrenzung bzw. Differenzierung der für das Unternehmen tätigen natürlichen Personen – Einzelunternehmer,[798]

794 *Loose*, in Tipke/Kruse, AO/FGO, § 34 AO Rz. 17 (Juli 2025), Hervorhebung im Original; in diesem Sinne auch BFH, Urteil v. 16.4.1985 – VII R 132/80, BFH/NV 1987, 273 (274).

795 Zur Frage, welcher Personenkreis als „sonstige Mitarbeiter" in Betracht kommt – d.h. ob lediglich Arbeitnehmer im arbeitsrechtlichen oder im ertragsteuerrechtlichen Sinn oder auch anderweitige, für das Unternehmen tätige Personen – s. D. II. 4.

796 BFH, Beschluss v. 11.12.2007 – VII B 172/07, BFH/NV 2008, 748 (749): „auch bei einem Einzelunternehmen [ist] die Einräumung einer Verfügungsberechtigung i.S. des § 35 AO möglich".

797 Auch die in §§ 34, 35 AO genannten Personen gelten aufgrund der ihnen selbst zukommenden Verpflichtung als Steuerpflichtige i.S.v. § 33 Abs. 1 AO, vgl. *Boeker*, in Hübschmann/Hepp/Spitaler, AO/FGO, § 33 AO Rz. 26 (Juli 2023); *Boeker*, in Hübschmann/Hepp/Spitaler, AO/FGO, § 34 AO Rz. 8 (Sept. 2025); *Drüen*, in Tipke/Kruse, AO/FGO, § 33 AO Rz. 14 (Nov. 2023).

798 Auch wenn der Einzelunternehmer selbst „der Unternehmer" ist, ist er – als natürliche Person – dennoch *für* sein Unternehmen tätig.

Steuererfüllungsverpflichtete sowie sonstige Mitarbeiter – werden im Folgenden verschiedene Fallgruppen gebildet und separat betrachtet. Auf diese Weise kann die Auslegung bzw. Definition des wissenskontextualen Begriffs des Unternehmers „Schritt für Schritt" – bzw. von Fallgruppe zu Fallgruppe[799] – fortentwickelt werden. Konsequenz der „Einordnung" einer der genannten natürlichen Personen als „Unternehmer" in diesem Sinne ist sodann, dass sein Wissen automatisch und ohne weitere Einschränkung als Wissen des Unternehmens zu behandeln ist.

1. Wissen des Einzelunternehmers

Als Ausgangspunkt für diese sich fortentwickelnde Auslegung soll der „wissende" Einzelunternehmer sowie die Legaldefinition des § 2 UStG fungieren. Der Einzelunternehmer selbst ist Unternehmer im Sinne der Legaldefinition und als natürliche Person des Denkens bzw. Wissens fähig. Sein Wissen als Wissen des Unternehmens zu behandeln, ist evident. Gründe, für diesen einfach gelagerten Fall von der Legaldefinition des „Unternehmers" abzurücken, existieren daher nicht.

Es kann daher zunächst festgehalten werden, dass der Rechtsbegriff „Unternehmer" im wissensrelevanten Kontext so auszulegen ist, dass darunter in jedem Fall der Einzelunternehmer im Sinne von § 2 UStG als natürliche Person zu fassen ist.

2. Wissen des einzigen Steuererfüllungsverpflichteten des Unternehmens

Als zweite Fallgruppe wird ein dem Einzelunternehmen ähnlich gelagerter Fall betrachtet: Das Unternehmen im Sinne von § 2 UStG ist ein Personenzusammenschluss, welches über lediglich einen Steuererfüllungsverpflichteten im Sinne von § 34 AO verfügt.

Es stellt sich nunmehr die Frage, ob der Begriff des „Unternehmers" im wissenskontextualen Sinn – mittels der klassischen Auslegungskriterien – derart ausgelegt werden kann, dass dieser einzige Steuererfüllungsverpflichtete im Sinne von § 34 AO unter den Begriff des „Unternehmers" gefasst werden kann.

---

799 Die Auslegung ist „notwendigerweise fallbezogen", s. *Drüen*, in Tipke/Kruse, AO/FGO, § 4 AO Rz. 216 (April 2025).

a) Grammatische Auslegung

Die grammatische Auslegung bildet dabei den Ausgangspunkt einer jeden Auslegung.[800] Ausgehend vom Wortlaut der Norm soll so ihr Wortsinn ermittelt werden, jedoch unter steter Berücksichtigung der anderen Auslegungskriterien, insbesondere des Normzwecks.[801] Dabei wird an den allgemeinen Sprachgebrauch[802] bzw. zumeist einen gesetzesspezifischen[803] Sprachgebrauch angeknüpft, wobei beispielsweise Wörterbücher und Lexika[804] aber auch Legaldefinitionen[805] als Hilfsmittel zur Deutung herangezogen werden dürfen.

Bei strenger Heranziehung einer solchen Legaldefinition – eben jener des „Unternehmers“ aus § 2 UStG – gälte der Steuererfüllungsverpflichtete gerade nicht als „Unternehmer“ im wissenskontextualen Sinn, sondern ausschließlich der von ihm vertretene Personenzusammenschluss. Wie jedoch bereits ausgeführt, können unterschiedlichen Rechtssätzen verschiedene Zwecke innewohnen, so dass eine von dieser Legaldefinition losgelöste Begriffsauslegung vorgenommen werden kann[806] bzw. womöglich sogar vorgenommen werden muss.

Im allgemeinen – nicht-juristischen – Sprachgebrauch wird als Unternehmer zumeist der „Eigentümer eines Unternehmens“[807] bezeichnet. Als Synonyme für den Begriff „Unternehmer“ werden dabei unter anderem die Begriffe „Arbeitgeber“, „Fabrikant“ oder „Geschäftsmann“ aufgeführt.[808] Einen wirklichen Mehrwert bieten jedoch auch diese Begriffe nicht, weil sie zu unscharf und einzelfallabhängig sind. So mag zwar beispielsweise

---

800 *Bodden*, FR 2014, 1053 (1057); *Drüen*, in Tipke/Kruse, AO/FGO, § 4 AO Rz. 261 (Juli 2025).

801 *Drüen*, in Tipke/Kruse, AO/FGO, § 4 AO Rz. 261 f. (Juli 2025).

802 *Bodden*, FR 2014, 1053 (1057); *Zippelius*, Juristische Methodenlehre, 12. Aufl. 2021, S. 35.

803 *Bodden*, FR 2014, 1053 (1057); ähnlich auch *Drüen*, in Tipke/Kruse, AO/FGO, § 4 AO Rz. 263 (Juli 2025).

804 *Drüen*, in Tipke/Kruse, AO/FGO, § 4 AO Rz. 263 (Juli 2025).

805 So jedenfalls ist m.E. *Zippelius*, Juristische Methodenlehre, 12. Aufl. 2021, S. 37 zu verstehen.

806 *Drüen*, in Tipke/Kruse, AO/FGO, § 4 AO Rz. 264, 324 (Juli 2025).

807 https://www.duden.de/rechtschreibung/Unternehmer (zuletzt abgerufen am 30.9.2025).

808 https://www.duden.de/synonyme/Unternehmer (zuletzt abgerufen am 30.9.2025).

ein Geschäftsführer einer GmbH, der zugleich eine Mehrheitsbeteiligung an der Gesellschaft sein Eigen nennt, im allgemeinen Sprachgebrauch als „Unternehmer“ bezeichnet werden; einer der Vorstände einer großen Aktiengesellschaft – obwohl ihm weitreichende Befugnisse wie auch Verantwortung zukommen – sowie Klein-Aktionäre der AG, die streng betrachtet durchaus „Eigentümer des Unternehmens“ – oder jedenfalls „Mit-Eigentümer“ – sind, aber wohl gerade nicht.

Der bloße Sprachgebrauch bietet daher keinen hinreichenden Anknüpfungspunkt, wenngleich er durchaus veranschaulicht, dass gegebenenfalls auch die „hinter“ einer Gesellschaft stehenden natürlichen Personen in diesem Kontext als „Unternehmer“ angesehen werden können.

Erheblich „ergiebiger“ könnte hingegen die teleologische Auslegung sein.

b) Teleologische Auslegung

Mithilfe der teleologischen Auslegung soll der Zweck des Gesetzes bzw. des Rechtssatzes ermittelt werden.[809] Dabei können „Argumente aus dem inneren System der Steuergesetze“[810] herangezogen werden, Prinzipien und Wertungen, also beispielsweise allgemeine Rechtsgrundsätze. Eine solch teleologische Auslegung nimmt auch der EuGH vor,[811] wobei er im Mehrwertsteuerrecht häufig allgemeine Prinzipien wie den Neutralitätsgrundsatz[812] oder den Verbrauchsteuercharakter[813] heranzieht. Unter Berücksichtigung der richtlinienkonformen Anwendung des nationalen Rechts[814] sind derlei Prinzipien daher auch bei der Auslegung der – die

---

809 *Bodden*, FR 2014, 1053 (1059).

810 *Drüen*, in Tipke/Kruse, AO/FGO, § 4 AO Rz. 289 (Juli 2025).

811 *Stotz*, in Riesenhuber, Europäische Methodenlehre, 4. Aufl. 2021, § 20 Rz. 15.

812 Z.B. EuGH, Urteil v. 24.10.1996 – C-317/94, *Elida Gibbs*, BStBl. II 2004, 324 ff.; EuGH, Urteil v. 19.7.2012 – C-44/11, *Deutsche Bank*, BStBl. II 2012, 945 ff., in welchem der EuGH explizit ausführt, dass der Grundsatz der steuerlichen Neutralität „ein Auslegungsgrundsatz“ sei (Rz. 45); *Kokott*, Das Steuerrecht der Europäischen Union, 2018, § 3 Rz. 37.

813 *Ehrke-Rabel*, in Festschrift für den BFH, 2018, S. 1529 (1540); *Stadie*, in Rau/Dürrwächter, UStG, Einführung Rz. 120 (Jan. 2024).

814 Zur richtlinienkonformen Auslegung allgemein *Drüen*, in Tipke/Kruse, AO/FGO, § 4 AO Rz. 241 ff. (Juli 2025); *Roth/Jopen*, in Riesenhuber, Europäische Methodenlehre, 4. Aufl. 2021, § 13.

Mehrwertsteuersystemrichtlinie umsetzenden – nationalen Umsatzsteuervorschriften zwingend zu beachten.[815]

aa) Prinzip der Rechtsformneutralität

Als ein solches ist zunächst das Prinzip der Rechtsformneutralität zu betrachten. Dieses Prinzip wird im Hinblick auf die Rechtsprechung des EuGH als eine Ausprägung des Neutralitätsgrundsatzes angesehen.[816]

(1) Herleitung und Differenzierung

Der Grundsatz der Neutralität gilt als „eines der Grundprinzipien, auf denen das Mehrwertsteuersystem beruht".[817] Seine Herleitung jedoch ist bemerkenswerten Ungewissheiten ausgesetzt. So ist zunächst beachtenswert, dass der Neutralitätsgrundsatz weder im Primärrecht noch in auch nur einer der Normen der MwStSystRL explizit erwähnt wird.[818] Gleichwohl finden sich in sogar fünf der Erwägungsgründe zur MwStSystRL eindeutige Bezugnahmen auf dieses Prinzip,[819] weshalb offensichtlich selbst der europäische Richtliniengeber dessen Existenz voraussetzt. Der EuGH sieht zwar im Neutralitätsgrundsatz selbst keine Regelung des Primärrechts.[820] Andererseits betrachtet er ihn als „besondere Ausprägung des Gleichheitssatzes",[821] welchem wiederum durchaus Verfassungsrang zukommt.[822] Insbesondere unter Berücksichtigung von Formulierungen wie „In diesem Grundsatz der steuerlichen Neutralität hat der Gemeinschaftsgesetzgeber den Grundsatz

---

815 *Lippross*, Umsatzsteuer, 25. Aufl. 2022, S. 62 – 1.4.2; *Stadie*, in Rau/Dürrwächter, UStG, Einführung Rz. 101 (Jan. 2024).

816 Schlussanträge der Generalanwältin *Kokott* v. 1.3.2007 – C-363/05, *JP Morgan Fleming Claverhouse Investment Trust und The Association of Investment Trust Companies*, Slg. 2007, I-5517 (5530); *Nieuwenhuis*, UR 2013, 663 f.

817 EuGH, Urteil v. 24.10.1996 – C-317/94, *Elida Gibbs*, BStBl. II 2004, 324, Rz. 20.

818 *Streit*, Steuerschuld durch Steuerausweis: Die Berichtigungsverfahren nach § 14c Abs. 1 und Abs. 2 UStG unter dem Einfluss unionsrechtlicher Prinzipien, 2017, S. 61.

819 Dies sind die Erwägungsgründe Nr. 5, 7, 13, 30 und 34. Hierzu im Detail *Zirkl*, Die Neutralität der Umsatzsteuer als europäisches Besteuerungsprinzip, 2015, S. 141 f.

820 Vgl. z.B. EuGH, Urteil v. 19.7.2012 – C-44/11, *Deutsche Bank*, BStBl. II 2012, 945, Rz. 45.

821 EuGH, Urteil v. 15.11.2012 – C-174/11, *Zimmermann*, DStRE 2013, 423, Rz. 50.

822 EuGH, Urteil v. 29.10.2009 – C-174/08, *NCC Construction Danmark*, DStRE 2010, 170 (173).

der Gleichbehandlung im Mehrwertsteuerbereich zum Ausdruck gebracht"[823] ist es daher durchaus verständlich, dass sich einige Stimmen in der Literatur mit dieser vom EuGH getätigten Differenzierung zwischen Neutralitätsgrundsatz und Gleichbehandlungsgrundsatz nicht anfreunden können.[824] Nach Ansicht des EuGH jedoch seien der Gleichbehandlungsgrundsatz auf dem Gebiet der Steuern und der Grundsatz der steuerlichen Neutralität nicht deckungsgleich.[825] Denn während „ein Verstoß gegen den Grundsatz der steuerlichen Neutralität nur zwischen konkurrierenden Wirtschaftsteilnehmern in Betracht gezogen werden kann, kann indessen ein Verstoß gegen den allgemeinen Grundsatz der Gleichbehandlung im Steuerbereich durch andere Arten der Diskriminierung gekennzeichnet sein, die Wirtschaftsteilnehmer betreffen, die nicht zwangsläufig miteinander konkurrieren, aber sich trotzdem in einer in anderer Beziehung vergleichbaren Situation befinden".[826] Diese Abgrenzung kommt auch in den verschiedenen[827] Formulierungen des EuGH zur Umschreibung des Grundsatzes der Rechtsformneutralität zum Ausdruck. So stellt er einmal darauf ab, dass der „Grundsatz der steuerlichen Neutralität [es] verbietet [...], dass Wirtschaftsteilnehmer, die gleichartige Umsätze bewirken, bei der Mehrwertsteuererhebung unterschiedlich behandelt werden".[828] Zum Teil nutzt der EuGH die Formulierung, dass der Grundsatz der steuerlichen Neutralität insbesondere verbiete, „gleichartige und

---

823 EuGH, Urteil v. 29.10.2009 – C-174/08, *NCC Construction Danmark*, DStRE 2010, 170 (173).

824 So z.B. *Oldiges*, Vorsteuerabzug und umsatzsteuerlicher Eigenverbrauch bei gemischter Verwendung von Eingangsleistungen teils für steuerbare Ausgangsumsätze, teils für nicht wirtschaftliche oder private Zwecke, 2016, S. 30 ff.; *Stadie*, in Rau/Dürrwächter, UStG, Einführung Rz. 608 ff. (Jan. 2024); ähnlich auch *Dobratz*, UR 2014, 425 (427), der diese Handhabung jedenfalls als „verwirrend" empfindet.

825 EuGH, Urteil v. 25.4.2013 – C-480/10, *Kommission/Schweden*, MwStR 2013, 276 (277); *Kokott*, Das Steuerrecht der Europäischen Union, 2018, § 3 Rz. 22; *Stadie*, in Rau/Dürrwächter, UStG, Einführung Rz. 601 (Jan. 2024).

826 EuGH, Urteil v. 25.4.2013 – C-480/10, *Kommission/Schweden*, MwStR 2013, 276 (277); so auch EuGH, Urteil v. 10.4.2008 – C-309/06, *Marks & Spencer*, DStRE 2008, 1395 (1399).

827 Schlussanträge der Generalanwältin *Kokott* v. 1.3.2007 – C-363/05, *JP Morgan Fleming Claverhouse Investment Trust und The Association of Investment Trust Companies*, Slg. 2007, I-5517 (5530 f.).

828 EuGH, Urteil v. 10.9.2002 – C-141/00, *Kügler*, IStR 2002, 666, Rz. 30; ganz ähnlich auch EuGH, Urteil v. 7.9.1999 – C-216/97, *Gregg*, DStRE 1999, 803 (805).

deshalb miteinander in Wettbewerb stehende Waren oder Dienstleistungen hinsichtlich der Mehrwertsteuer unterschiedlich zu behandeln".[829] Insoweit kommt – in Übereinstimmung mit seiner Abgrenzung zwischen Neutralitätsgrundsatz und Gleichbehandlungsgrundsatz – deutlich zum Ausdruck, dass der EuGH für die Anwendung des Grundsatzes der Rechtsformneutralität ein Konkurrenzverhältnis der Wirtschaftsteilnehmer voraussetzt.

(2) Rechtsformneutralität unabhängig von der „Rechtsform"

Ebenso wird sichtbar, dass der EuGH allenfalls am Rande und klarstellend den Begriff der „Rechtsform" verwendet und den Grundsatz der Rechtsformneutralität meist in einem erheblich weiteren Korridor umschreibt. Andernfalls könnte hier angeführt werden, dass die Frage einer Wissenszurechnung gänzlich unabhängig von der Rechtsform ist. So könnte die Problematik einer Wissenszurechnung beispielsweise für eine, ohne sonstige Angestellte agierende, „Ein-Mann-GmbH" kaum von Relevanz sein, während sie für einen Einzelunternehmer mit zehn Angestellten – je nach Ausgestaltung – zu divergierenden Ergebnissen kommen könnte. Eine etwaige Ungleichbehandlung hängt also vielmehr von der innerbetrieblichen Organisationsstruktur denn von einer bestimmten Rechtsform ab. Die bereits aufgeführten Formulierungen des EuGH lassen jedoch ein striktes Abstellen auf die „Rechtsform" als solche nicht erkennen. Vielmehr lassen diese Formulierungen auch das Verbot einer Ungleichbehandlung aufgrund etwaig differenzierender Organisationsstrukturen zu. Der Begriff der Rechtsform kann insoweit als eine Art „typisierendes Beispiel" erachtet werden, weil die jeweilige Rechtsform wohl in der Regel auf die Komplexität der innerbetrieblichen Organisationsstruktur schließen lässt.

(3) Konkurrenzverhältnis für Wissenszurechnung irrelevant

Unabhängig hiervon kann das für die Anwendbarkeit des Prinzips der Rechtsformneutralität vorausgesetzte Konkurrenzverhältnis für die hier vorliegende Frage der Wissenszurechnung jedoch nicht von Relevanz sein. Denn – insbesondere im Hinblick auf weitergehende haftungs- und steuerstrafrechtliche

---

[829] EuGH, Urteil v. 23.10.2003 – C-109/02, *Kommission/Deutschland*, BStBl. II 2004, 482, Rz. 20; EuGH, Urteil v. 17.2.2005 – C-453/02, C-462/02, *Linneweber und Akritidis*, DStR 2005, 371, Rz. 24.

Aspekte – bestünde nicht nur das Bedürfnis zur Gleichstellung konkurrierender Wirtschaftsteilnehmer, sondern zur Gleichstellung aller Wirtschaftsteilnehmer. Insoweit kommt die Heranziehung der Rechtsformneutralität als Ausprägung des Neutralitätsgrundsatzes hier nicht in Betracht, sondern allenfalls der Gleichbehandlungsgrundsatz.

bb) Grundsatz der Gleichbehandlung

Da mithin zwar nicht der – durchaus speziellere – Grundsatz der Rechtsformneutralität in Betracht kommt, ist jedoch zumindest die Möglichkeit der Heranziehung des in Art. 20 GrCh normierten Grundsatzes der Gleichbehandlung zu erwägen.

(1) Anwendbarkeit

Zunächst stellt sich hierbei die Frage, ob tatsächlich der Gleichheitssatz nach Art. 20 GrCh anzuwenden ist, oder ob nicht auch die Möglichkeit bzw. Notwendigkeit besteht, auf Art. 3 Abs. 1 GG zurückzugreifen.

(a) BVerfG – Solange I und II

Mit der Charta der Grundrechte der Europäischen Union (GrCh) existiert erst seit Inkrafttreten des Lissabonner Vertrages zum 1.12.2009 ein geschriebener und rechtsverbindlicher unionaler Grundrechtskatalog.[830] Dieser ist nach Art. 6 Abs. 1 UAbs. 1 Halbsatz 2 EUV Bestandteil des Primärrechts und bildet daher insbesondere den Maßstab für das Sekundärrecht.[831] Dem ist das Bundesverfassungsgericht (BVerfG) in seiner sogenannten *Solange I*-Entscheidung noch entgegen getreten, als es die Kompetenz zur Überprüfung von Sekundärrechtsakten für sich beansprucht hatte, und zwar am Maßstab der Grundrechte des deutschen Grundgesetzes.[832] Erst seit dem Jahr 1986 und seinem *Solange II*-Beschluss übt das Bundesverfassungsgericht seine Gerichtsbarkeit über die Anwendbarkeit von abgeleitetem Gemeinschaftsrecht nicht mehr aus und überprüft es mithin nicht mehr am Maßstab der Grundrechte des Grundgesetzes[833] – dies gilt jedenfalls, „solange auf Unions-

---

830 *Nowak*, in Pechstein/Nowak/Häde, Frankfurter Kommentar EUV/GRC/AEUV, Bd. 1, 2. Aufl. 2023, GRC-Präambel Rz. 3, 5.

831 *Kingreen*, in Calliess/Ruffert, EUV/AEUV, 6. Aufl. 2022, Art. 6 EUV Rz. 12.

832 BVerfG, Beschluss v. 29.5.1974 – 2 BvL 52/71, BVerfGE 37, 271 – *Solange I.*

833 BVerfG, Beschluss v. 22.10.1986 – 2 BvR 197/83, BVerfGE 73, 339 – *Solange II.*

ebene ein wirksamer, dem des GG im Wesentlichen gleich zu achtender Grundrechtsschutz gewährleistet bleibt".[834] Insoweit ist die Überprüfung von Sekundärrechtsakten ausschließlich anhand der Unionsgrundrechte und nicht der Grundrechte des Grundgesetzes heute – zumindest in der Praxis – weitestgehend anerkannt.[835]

(b) BVerfG – Recht auf Vergessen I und II

Im Hinblick auf mitgliedstaatliche Umsetzungsakte dagegen ist die Lage – trotz zweier wegweisender Entscheidungen des BVerfG aus dem Jahr 2019[836] – noch immer nicht ganz eindeutig. So ist zwar zu konstatieren, dass die ausschließliche Geltung der Grundrechte und grundrechtsgleichen Rechte des Grundgesetzes „nur noch für *Sachverhalte* [in Betracht kommt], *die sich (vollständig) jenseits einer Kompetenz der EU bewegen*"[837]. Auch im vollharmonisierten Bereich, also bei der Anwendung unionsrechtlich vollständig vereinheitlichter Regelungen, gehen BVerfG und EuGH[838] konform: Hierbei sollen „grundsätzlich nicht die deutschen Grundrechte, sondern allein die Unionsgrundrechte maßgeblich [sein]; das Unionsrecht hat hier gegenüber den Grundrechten des Grundgesetzes Anwendungsvorrang".[839] Denn wenn

---

834 *Zirkl*, Die Neutralität der Umsatzsteuer als europäisches Besteuerungsprinzip, 2015, S. 147.

835 Ein Rückgriff auf seine Prüfungskompetenz, wie er sie sich in BVerfG, Urteil v. 12.10.1993 – 2 BvR 2134/92, 2 BvR 2159/92, BVerfGE 89, 155 – *Maastricht* ausdrücklich vorbehalten hat, um Sekundärrechtsakte doch am Maßstab der Grundrechte des Grundgesetzes zu prüfen, ist – jedenfalls nach heutigem Stand – sehr unwahrscheinlich, vgl. *Dederer*, in Dürig/Herzog/Scholz, GG, Art. 100 Rz. 119 (April 2024); *Müller-Terpitz*, in Schmidt-Bleibtreu/Hofmann/Henneke, GG, 15. Aufl. 2022, Art. 100 Rz. 14. Nach anderer Ansicht müssten Unionsakte dagegen nicht nur an Unionsgrundrechten, sondern parallel auch an deutschen Grundrechten gemessen werden, vgl. *Karaosmanoğlu/Ebert*, DVBl. 2016, 875 (880).

836 BVerfG, Beschluss v. 6.11.2019 – 1 BvR 16/13, BVerfGE 152, 152 – *Recht auf Vergessen I*; BVerfG, Beschluss v. 6.11.2019 – 1 BvR 276/17, BVerfGE 152, 216 – *Recht auf Vergessen II*.

837 *Krumm*, in Tipke/Kruse, AO/FGO, Einführung zur AO Rz. 39 (Nov. 2022), Hervorhebungen im Original.

838 Z.B. EuGH, Urteil v. 24.3.1994 – C-2/92, *Bostock*, Slg. 1994, I-955, Rz. 16 und EuGH, Urteil v. 27.6.2006 – C-540/03, *Parlament/Rat*, NVwZ 2006, 1033, Rz. 104 f. a maiore ad minus.

839 BVerfG, Beschluss v. 6.11.2019 – 1 BvR 276/17, BVerfGE 152, 216 – *Recht auf Vergessen II*, Rz. 42, m.w.N. in Rz. 43, wodurch diese Ansicht des BVerfG als „ständige Rechtsprechung" bezeichnet werden kann.

das Unionsrecht „Regelungen schafft, die in der gesamten Union gelten und einheitlich angewendet werden sollen, muss auch der bei Anwendung dieser Regelungen zu gewährleistende Grundrechtsschutz einheitlich sein".[840] Andernfalls würde das Ziel der Rechtsvereinheitlichung konterkariert[841] und es bestünde die Gefahr, „innerstaatlich gewonnene Maßstäbe vorschnell auch dem Unionsrecht zu unterlegen – mit der Folge, dass diese Maßstäbe dann auch als Maßstäbe für die anderen Mitgliedstaaten verstanden würden".[842]

Als divergierend müssen jedoch die Auffassungen von BVerfG und EuGH im Falle unionsrechtlich nicht vollständig determinierten innerstaatlichen Rechts angesehen werden, wenn also das Unionsrecht den Mitgliedstaaten Gestaltungsspielräume belässt. Sofern es sich hierbei um eine „Durchführung des Rechts der Union" im Sinne von Art. 51 Abs. 1 Satz 1 GrCh handelt, treten nach Ansicht des BVerfG die Unionsgrundrechte nach Art. 51 Abs. 1 Satz 1 GrCh zwar zu den Grundrechtsgewährleistungen des Grundgesetzes hinzu.[843] Prüfungsmaßstab soll dennoch primär das Grundgesetz sein.[844] Denn dort, wo das Unionsrecht den Mitgliedstaaten Gestaltungsspielräume belässt, ziele es regelmäßig nicht auf eine Einheitlichkeit des Grundrechtsschutzes,[845] sondern lasse Grundrechtsvielfalt zu.[846] Insofern stützt sich das BVerfG auf die Vermutung, „dass durch eine Prüfung am Maßstab der Grundrechte des Grundgesetzes das Schutzniveau der Charta [...] in der Regel mitgewährleistet ist".[847] Eine Prüfung allein am Maßstab der deutschen Grundrechte sei jedoch dann unzureichend, wenn konkrete und hinreichende Anhaltspunkte

840 BVerfG, Beschluss v. 6.11.2019 – 1 BvR 276/17, BVerfGE 152, 216 – *Recht auf Vergessen II*, Rz. 44.
841 BVerfG, Beschluss v. 6.11.2019 – 1 BvR 276/17, BVerfGE 152, 216 – *Recht auf Vergessen II*, Rz. 44.
842 BVerfG, Beschluss v. 6.11.2019 – 1 BvR 276/17, BVerfGE 152, 216 – *Recht auf Vergessen II*, Rz. 45.
843 BVerfG, Beschluss v. 6.11.2019 – 1 BvR 16/13, BVerfGE 152, 152 – *Recht auf Vergessen I*, Rz. 44.
844 BVerfG, Beschluss v. 6.11.2019 – 1 BvR 16/13, BVerfGE 152, 152 – *Recht auf Vergessen I*, Rz. 45, 49.
845 BVerfG, Beschluss v. 6.11.2019 – 1 BvR 16/13, BVerfGE 152, 152 – *Recht auf Vergessen I*, Rz. 49, 51.
846 BVerfG, Beschluss v. 6.11.2019 – 1 BvR 16/13, BVerfGE 152, 152 – *Recht auf Vergessen I*, Rz. 50.
847 BVerfG, Beschluss v. 6.11.2019 – 1 BvR 16/13, BVerfGE 152, 152 – *Recht auf Vergessen I*, Rz. 55.

vorliegen, dass das grundrechtliche Schutzniveau des Unionsrechts hierdurch ausnahmsweise nicht gewahrt sein könnte[848] oder dass das unionsrechtliche Fachrecht – trotz seiner Gestaltungsoffenheit – ausnahmsweise nicht auf Grundrechtsvielfalt ausgerichtet ist, sondern engere grundrechtliche Maßgaben enthält.[849] Insoweit habe die Prüfung des innerstaatlichen Umsetzungsaktes auch unmittelbar an den Grundrechten der Charta zu erfolgen.[850]

(c) EuGH – Extensive Anwendung der EU-Grundrechtecharta

Der EuGH hingegen verlangt eine weitaus extensivere Anwendung der EU-Grundrechtecharta. So beansprucht er eine Bindungswirkung der Unionsgrundrechte für jeglichen Umsetzungsakt, unabhängig von der Überlassung etwaiger Umsetzungsspielräume,[851] sowie darüber hinaus selbst dann, wenn eine nationale Regelung nur „in den Anwendungsbereich des Gemeinschaftsrechts" fällt.[852] Ob dies noch der Bindungswirkung der Unionsgrundrechte entspricht, wie sie in Art. 51 Abs. 1 Satz 1 GrCh normiert ist, ist umstritten.[853] Denn nach Art. 51 Abs. 1 Satz 1 GrCh gilt die EU-Grundrechtecharta „für die Mitgliedstaaten ausschließlich bei der Durchführung des Rechts der Union". Insoweit ist jedoch zu berücksichtigen, dass der EuGH die genannte extensive Bindungswirkung der Unionsgrundrechte bereits vor Erlass der EU-Grundrechtecharta und Art. 51 Abs. 1 Satz 1 GrCh proklamierte und dass nach dem, in den Erläuterungen zur GrCh niedergeschriebenen, eindeutigen

---

848 BVerfG, Beschluss v. 6.11.2019 – 1 BvR 16/13, BVerfGE 152, 152 – *Recht auf Vergessen I*, Rz. 63, 67.

849 BVerfG, Beschluss v. 6.11.2019 – 1 BvR 16/13, BVerfGE 152, 152 – *Recht auf Vergessen I*, Rz. 67 f.

850 BVerfG, Beschluss v. 6.11.2019 – 1 BvR 16/13, BVerfGE 152, 152 – *Recht auf Vergessen I*, Rz. 63, 72.

851 *Matz-Lück*, in Matz-Lück/Hong, Grundrechte und Grundfreiheiten im Mehrebenensystem, 2012, S. 161 (182); *Zirkl*, Die Neutralität der Umsatzsteuer als europäisches Besteuerungsprinzip, 2015, S. 152.

852 Z.B. EuGH, Urteil v. 18.6.1991 – C-260/89, *ERT*, Slg. 1991, I-2925, Rz. 42; EuGH, Urteil v. 10.4.2003 – C-276/01, *Steffensen*, EuZW 2003, 666, Rz. 70.

853 Bejahend z.B. *Ehlers/Germelmann*, in Ehlers/Germelmann, Europäische Grundrechte und Grundfreiheiten, 5. Aufl. 2023, § 2.2 Rz. 80 ff.; *Pache*, in Pechstein/Nowak/Häde, Frankfurter Kommentar EUV/GRC/AEUV, Bd. 1, 2. Aufl. 2023, Art. 51 GRC Rz. 30 f.; *Wollenschläger*, EuZW 2014, 577 ff.; kritisch *P. M. Huber*, NJW 2011, 2385 (2386 f.); *Kingreen*, in Calliess/Ruffert, EUV/AEUV, 6. Aufl. 2022, Art. 51 GrCh Rz. 14 ff.; *Lange*, NVwZ 2014, 169 (171 f.).

Willen des Gesetzgebers – der nach Art. 6 Abs. 1 UAbs. 3 EUV und Art. 52 Abs. 7 GrCh von den Gerichten der Union und den Mitgliedstaaten als Anleitung für die Auslegung der Charta (und mithin auch für den Begriff der „Durchführung“ im Sinne von Art. 51 Abs. 1 Satz 1 GrCh) „gebührend zu berücksichtigen“ ist – diese Rechtsprechung in Art. 51 Abs. 1 Satz 1 GrCh „kodifiziert“[854] wurde.[855] Entsprechend gilt die Linie des EuGH, wonach auch die Ausgestaltung eines Umsetzungsspielraums durch die Mitgliedstaaten eine „Durchführung“ von Unionsrecht darstellt[856] und somit unter Beachtung der Unionsgrundrechte zu Erfolgen hat, nach wie vor.[857] Insoweit erscheint es nur stringent, wenn der EuGH „das gesamte, in Umsetzung der MwStSystRL ergangene materielle Umsatzsteuerrecht als ‚Durchführung‘ im Sinne des Art. 51 Abs. 1 GrCh [begreift], gleich ob dieses auf zwingenden Richtlinienvorgaben beruht oder Gestaltungsspielräume derselben ausfüllt.“[858]

(d) Unionsgrundrechte aufgrund einheitlicher, unionsautonomer Auslegung des „Unternehmers“

Es stellt sich somit die Frage, ob der wissenskontextuale Begriff des „Unternehmers“ den Mitgliedstaaten einen Gestaltungsspielraum bei dessen Auslegung überlässt oder ob es vielmehr einer einheitlichen Auslegung dieses Begriffs bedarf – mit der Konsequenz, dass in jedem Fall der Gleichheitssatz nach Art. 20 GrCh der richtige Ansatzpunkt wäre.

Hierbei ist zum einen zu berücksichtigen, dass ein wesentlicher Anwendungsbereich des wissenskontextualen Begriffs des „Unternehmers“ – als im Vergleich zu § 2 UStG weitergehender Definition – auf der Missbrauchsrechtsprechung des EuGH beruht, die vom BFH bzw. vom deutschen Gesetzgeber in § 25f UStG ohne Abweichungen – bzw. jedenfalls ohne beabsichtigte

---

854 So die Formulierung von *Wollenschläger*, EuZW 2014, 577 (578 f.).

855 ABl. EU 2007 Nr. C 303/32.

856 EuGH, Urteil v. 18.6.1991 – C-260/89, *ERT*, Slg. 1991, I-2925 ff.; EuGH, Urteil v. 27.6.2006 – C-540/03, *Parlament/Rat*, NVwZ 2006, 1033, Rz. 104 f.

857 Dies bestätigt er auch in EuGH, Urteil v. 26.2.2013 – C-617/10, *Åkerberg Fransson*, NJW 2013, 1415, Rz. 18 ff. und EuGH, Urteil v. 30.4.2014 – C-390/12, *Pfleger u.a.*, EuZW 2014, 597, Rz. 32 ff.

858 *Zirkl*, Die Neutralität der Umsatzsteuer als europäisches Besteuerungsprinzip, 2015, S. 155.

Abweichungen[859] – übernommen wurde. Zum anderen ist zu bedenken, dass auch die MwStVO – die für die Unternehmer unmittelbar gilt[860] – Möglichkeiten des Gutglaubensschutzes bietet. Aus Gründen der Rechtssicherheit erscheint es jedoch nur angebracht, den wissenskontextualen Begriff des „Unternehmers" und im Fall der Anwendung der Vorschriften der MwStVO des „Steuerpflichtigen" einheitlich auszulegen, so dass in Anbetracht dieses Sekundärrechtsaktes nur die Anwendung der Unionsgrundrechte verbleibt.[861]

Dem mag auf den ersten Blick die Abgrenzung der relevanten natürlichen Personen des Unternehmens anhand der „Steuererfüllungspflicht" nach den nationalen Verfahrensvorschriften – §§ 34, 35 AO – entgegenstehen. Insoweit ist jedoch zu bedenken, dass diese „Ausfüllung" mittels nationaler – bereits existenter – Verfahrensvorschriften keine „Grundrechtsvielfalt" berücksichtigt und meines Erachtens auch keinen relevanten Gestaltungsspielraum gewährt. Dies zeigt ein paralleles Beispiel vollharmonisierten[862] Mehrwertsteuerrechts: der Steuerpflicht von Einrichtungen des öffentlichen Rechts nach Art. 13 MwStSystRL. Dabei hat der EuGH klargestellt, dass zwar die in Art. 13 Abs. 1 MwStSystRL „enthaltenen Begriffe, darunter derjenige der sonstigen Einrichtungen des öffentlichen Rechts in der gesamten Union autonom und einheitlich auszulegen"[863] sind. „Nichtsdestoweniger stellt der Umstand, dass der betreffenden Einrichtung nach dem anwendbaren nationalen Recht hoheitliche Befugnisse zukommen, […] doch einen Hinweis dar, der für die Feststellung, dass diese Einrichtung als Einrichtung des öffentlichen Rechts einzustufen ist, sicher von Bedeutung ist".[864] Insofern stellt der EuGH selbst klar, dass eine „Ausfüllung" mittels nationaler Vorschriften in gewissem Maße – und wie es in mancher Hinsicht auch denknotwendig erfolgen muss[865] – einer unionsautonomen und -einheitlichen Auslegung nicht entgegensteht.

---

859 Zur Kritik an § 25f UStG und dessen Umsetzungsdefiziten s. vor allem *Grommes*, UR 2023, 433 ff. sowie unter A. III. 2.

860 *Burgmaier*, in Wäger, UStG, 3. Aufl. 2024, § 6a Rz. 147; *Ruffert*, in Calliess/Ruffert, EUV/AEUV, 6. Aufl. 2022, Art. 288 AEUV Rz. 21.

861 S.o. D. II. 2. b) bb) (1) (a).

862 *Englisch*, UR 2021, 338 (339).

863 EuGH, Urteil v. 29.10.2015 – C-174/14, *Saudacor*, UR 2015, 901, Rz. 54.

864 EuGH, Urteil v. 29.10.2015 – C-174/14, *Saudacor*, UR 2015, 901, Rz. 58.

865 So im Beispielsfall: ohne die Gewährung bzw. Auferlegung hoheitlicher Befugnisse durch *nationales Recht*, wäre eine Einordnung als „Einrichtung des öffentlichen Rechts" wohl ausgeschlossen.

Meines Erachtens bedarf es somit einer autonomen – in Bezug auf den „Steuerpflichtigen“ im Sinne der MwStVO insbesondere aber auch einheitlichen – Definition des „Unternehmers“ im wissensrelevanten Kontext, so dass die Unionsgrundrechte in diesem Fall durchaus der richtige Maßstab sind.

(2) Inhalt

Der „allgemeine Gleichheitssatz“[866] des Art. 20 GrCh zählt zu den „Grundprinzipien“ des Unionsrechts.[867] Er stellt jedoch nicht lediglich einen objektiven Grundsatz dar, sondern auch ein „Grundrecht“ – ein subjektives Recht,[868] welches den Einzelnen berechtigt[869] und unmittelbar anwendbar ist.[870] Gegenüber den spezielleren Diskriminierungsverboten, wie den Grundfreiheiten, Art. 21 und 23 GrCh oder dem Diskriminierungsverbot aufgrund der Staatsangehörigkeit nach Art. 18 AEUV, ist der allgemeine Gleichheitssatz nach Art. 20 GrCh subsidiär.[871] Während der Gesetzeswortlaut („vor dem Gesetz“) lediglich die Rechtsanwendung hervorhebt, bindet der allgemeine Gleichheitssatz jedoch nicht lediglich Verwaltung und Rechtsprechung, sondern auch den Gesetzgeber.[872]

---

866 So EuGH, Urteil v. 10.3.1998 – C-122/95, *Deutschland/Rat*, Slg. 1998, I-973, Rz. 62; daneben finden sich auch die Bezeichnungen „Allgemeiner Gleichheitsgrundsatz“ (vgl. beispielsweise EuGH, Urteil v. 3.12.1998 – C-368/96, *Generics [UK] u.a.*, Slg. 1998, I-7967, Rz. 61), „Grundsatz der Gleichbehandlung“ (so *Jarass*, GrCh, 4. Aufl. 2021, Art. 20 Rz. 2) oder schlicht „Gleichheitsgrundsatz“ (vgl. EuGH, Urteil v. 16.12.2008 – C-127/07, *Arcelor Atlantique et Lorraine u.a.*, NVwZ 2009, 382, Rz. 39).

867 So z.B. EuGH, Urteil v. 19.11.1998 – C-85/97, *SFI*, UR 1999, 205, Rz. 30; Schlussanträge der Generalanwältin *Trstenjak* v. 8.9.2011 – C-282/10, *Dominguez*, Rz. 92.

868 EuGH, Urteil v. 7.9.2006 – C-81/05, *Cordero Alonso*, NJW 2006, 3623 (3625); *Heselhaus*, in Pechstein/Nowak/Häde, Frankfurter Kommentar EUV/GRC/AEUV, Bd. 1, 2. Aufl. 2023, Art. 20 GRC Rz. 13.

869 *Terhechte*, in von der Groeben/Schwarze/Hatje, Europäisches Unionsrecht, 7. Aufl. 2015, Vorbemerkung zur GRC Rz. 17.

870 *Streinz*, in Streinz, EUV/AEUV, 3. Aufl. 2018, Art. 20 GrCh Rz. 7.

871 *Heselhaus*, in Pechstein/Nowak/Häde, Frankfurter Kommentar EUV/GRC/AEUV, Bd. 1, 2. Aufl. 2023, Art. 20 GRC Rz. 15; *Lemke*, in von der Groeben/Schwarze/Hatje, Europäisches Unionsrecht, 7. Aufl. 2015, Art. 20 GRC Rz. 5 f.

872 *Heselhaus*, in Pechstein/Nowak/Häde, Frankfurter Kommentar EUV/GRC/AEUV, Bd. 1, 2. Aufl. 2023, Art. 20 GRC Rz. 16; *Hölscheidt*, in Meyer/Hölscheidt, GrCh, 6. Aufl. 2024, Art. 20 Rz. 19.

Die Prüfung des allgemeinen Gleichheitssatzes hat nach wohl überwiegender Ansicht im Rahmen einer zweistufigen Prüfung zu erfolgen:[873] dabei ist zunächst festzustellen, ob eine Ungleichbehandlung vorliegt (erster Schritt), die – für einen Verstoß – nicht gerechtfertigt sein darf (zweiter Schritt). Nach der Rechtsprechung des EuGH verlangt dabei „der in Art. 20 der Charta der Grundrechte der Europäischen Union verankerte Grundsatz der Gleichbehandlung oder Nichtdiskriminierung, dass vergleichbare Sachverhalte nicht unterschiedlich und unterschiedliche Sachverhalte nicht gleichbehandelt werden, es sei denn, dass eine solche Behandlung objektiv gerechtfertigt ist".[874] Während dem Wortlaut des Art. 20 GrCh lediglich die erste Variante der Ungleichbehandlung – keine Ungleichbehandlung von Gleichem – unmittelbar entnommen werden kann, wird auch das Verbot der Gleichbehandlung von Ungleichem – insbesondere vom EuGH – anerkannt und aus Art. 20 GrCh hergeleitet.[875] Im Schrifttum wird diese Ausprägung des Gleichheitssatzes hingegen kritisch betrachtet.[876] Für die hier allein relevante Ausprägung des allgemeinen Gleichheitssatzes, wonach vergleichbare Sachverhalte nicht unterschiedlich behandelt werden dürfen, bedarf es zudem einer gewissen Gemeinsamkeit der für die Vergleichsbetrachtung heranzuziehenden Sachverhalte, das bedeutet eines gemeinsamen Bezugspunkts bzw. Oberbegriffs.[877] Im Rahmen des zweiten Schritts der Prüfung, der Rechtfertigung, sind die Anforderungen, die der EuGH an diese stellt,

---

873 So z.B. *Heselhaus*, in Pechstein/Nowak/Häde, Frankfurter Kommentar EUV/GRC/AEUV, Bd. 1, 2. Aufl. 2023, Art. 20 GRC Rz. 22; *Lemke*, in von der Groeben/Schwarze/Hatje, Europäisches Unionsrecht, 7. Aufl. 2015, Art. 20 GRC Rz. 14; nach a.A. hat eine dreistufige Prüfung mit separater Verhältnismäßigkeitsprüfung zu erfolgen, vgl. z.B. *von der Decken*, in Heselhaus/Nowak, Handbuch der Europäischen Grundrechte, 2. Aufl. 2020, § 47 Rz. 33 ff.; *Mayer*, in Grabitz/Hilf/Nettesheim, Das Recht der Europäischen Union, Nach Art. 6 EUV Rz. 224 (Juli 2010).

874 EuGH, Urteil v. 21.7.2011 – C-21/10, *Nagy*, Slg. 2011, I-6769, Rz. 47 m.w.N.

875 *Hölscheidt*, in Meyer/Hölscheidt, GrCh, 6. Aufl. 2024, Art. 20 Rz. 17.

876 *Heselhaus*, in Pechstein/Nowak/Häde, Frankfurter Kommentar EUV/GRC/AEUV, Bd. 1, 2. Aufl. 2023, Art. 20 GRC Rz. 29; *Hölscheidt*, in Meyer/Hölscheidt, GrCh, 6. Aufl. 2024, Art. 20 Rz. 17 m.w.N.; *Rossi*, in Calliess/Ruffert, EUV/AEUV, 6. Aufl. 2022, Art. 20 GrCh Rz. 24, 29.

877 *Heselhaus*, in Pechstein/Nowak/Häde, Frankfurter Kommentar EUV/GRC/AEUV, Bd. 1, 2. Aufl. 2023, Art. 20 GRC Rz. 24; *Lemke*, in von der Groeben/Schwarze/Hatje, Europäisches Unionsrecht, 7. Aufl. 2015, Art. 20 GRC Rz. 15.

nicht ganz klar auszumachen.[878] Vor allem in älteren Urteilen verwendet der EuGH unterschiedliche Formulierungen. So stellt er teils lediglich darauf ab, dass die Ungleichbehandlung „nicht willkürlich, sondern auf objektive Kriterien gestützt" sein müsse.[879] In anderen Urteilen führt er dagegen an, dass die „Ungleichbehandlung durch das Vorliegen objektiver Unterschiede von einigem Gewicht gerechtfertigt" sein müsse.[880] Zum Teil lässt er sogar bereits in diesen älteren Urteilen Ansätze einer Verhältnismäßigkeitsprüfung erkennen.[881] In seinen jüngeren Urteilen hingegen ist eine klare Linie erkennbar, wonach eine unterschiedliche Behandlung nur dann gerechtfertigt ist, „wenn sie auf einem objektiven und angemessenen Kriterium beruht, d.h., wenn sie im Zusammenhang mit einem rechtlich zulässigen Ziel steht, das mit der in Rede stehenden Regelung verfolgt wird und wenn diese unterschiedliche Behandlung in angemessenem Verhältnis zu dem mit der betreffenden Behandlung verfolgten Ziel steht".[882] Der EuGH wendet insoweit also stets eine Verhältnismäßigkeitsprüfung an. Zwar besteht von Seiten der Literatur noch immer Uneinigkeit darüber, inwiefern im Rahmen der Rechtfertigungsprüfung – oder als zusätzlicher Prüfungsschritt nach der Rechtfertigung[883] – tatsächlich immer auch eine Verhältnismäßigkeitsprüfung zu erfolgen hat.[884] Wegen der neueren EuGH-Rechtsprechung und der Tatsache, dass der EuGH seit vielen Jahren im Hinblick auf die Ausgestaltung

---

878 *Rossi*, in Calliess/Ruffert, EUV/AEUV, 6. Aufl. 2022, Art. 20 GrCh Rz. 25.

879 EuGH, Urteil v. 13.6.1978 – 139/77, *Denkavit/Finanzamt Warendorf*, Slg. 1978, 1317, Rz. 15; ähnlich auch EuGH, Urteil v. 13.11.1990 – C-370/88, *Marshall*, Slg. 1990, I-4071, Rz. 24.

880 EuGH, Urteil v. 15.1.1985 – 250/83, *Finsider*, Slg. 1985, 131 (152); EuGH, Urteil v. 26.9.2002 – C-351/98, *Spanien/Kommission*, Slg. 2002, I-8031, Rz. 57; EuGH, Urteil v. 22.5.2003 – C-462/99, *Connect Austria*, Slg. 2003, I-5197, Rz. 115.

881 EuGH, Urteil v. 15.7.1982 – 245/81, *Edeka Zentrale*, Slg. 1982, 2745, Rz. 13; EuGH, Urteil v. 26.10.1999 – C-273/97, *Sirdar*, Slg. 1999, I-7403, Rz. 26.

882 EuGH, Urteil v. 16.12.2008 – C-127/07, *Arcelor Atlantique et Lorraine u.a.*, NVwZ 2009, 382, Rz. 47; EuGH, Urteil v. 17.10.2013 – C-101/12, *Schaible*, juris, Rz. 77; EuGH, Urteil v. 22.5.2014 – C-356/12, *Glatzel*, VR 2014, 284, Rz. 43; EuGH, Urteil v. 9.3.2017 – C-406/15, *Milkova*, NZA 2017, 439, Rz. 55; ganz ähnlich auch EuGH, Urteil v. 7.3.2017 – C-390/15, *RPO*, MwStR 2017, 312, Rz. 53.

883 S. Fn. 873.

884 Dafür beispielsweise *Jarass*, GrCh, 4. Aufl. 2021, Art. 20 Rz. 17; *Lemke*, in von der Groeben/Schwarze/Hatje, Europäisches Unionsrecht, 7. Aufl. 2015, Art. 20 GRC Rz. 16 a.E.; *Mayer*, in Grabitz/Hilf/Nettesheim, Das Recht der Europäischen Union,

des Rechtfertigungsmaßstabes keinerlei Bezug mehr zu seinen älteren – den Verhältnismäßigkeitsgrundsatz vernachlässigenden – Urteilen nimmt, darf meines Erachtens durchaus auf eine grundsätzliche Heranziehung des Verhältnismäßigkeitsgrundsatzes durch den EuGH geschlossen werden.

(3) Berücksichtigung des allgemeinen Gleichheitssatzes im Rahmen der teleologischen Auslegung

(a) Vergleichsgruppen

Sofern nun der allgemeine Gleichheitssatz im Rahmen der teleologischen Auslegung des wissenskontextualen Unternehmerbegriffs zu berücksichtigen ist, sind zunächst – in Anlehnung an die Prüfungssystematik des Art. 20 GrCh[885] – die zwei zu vergleichenden Sachverhalte oder „Vergleichsgruppen" darzustellen bzw. zu ermitteln.

Als „Ausgangspunkt" muss dabei – im Hinblick auf die hier relevante Fallgruppe des „wissenden einzigen Steuererfüllungsverpflichteten" – selbstredend ein Personenzusammenschluss mit einem einzigen Steuererfüllungsverpflichteten, beispielsweise Geschäftsführer, Berücksichtigung finden. In Anbetracht der Tatsache, dass dessen Kenntnis unter Heranziehung der Legaldefinition des § 2 UStG bereits als Kenntnis „des Unternehmens" ermittelt wurde,[886] erscheint zudem die Betrachtung des Einzelunternehmers als geeignete Vergleichs-„Gruppe". Der Begriff des umsatzsteuerlichen Unternehmens im Sinne von § 2 UStG dient dabei als gemeinsamer Oberbegriff dieser beiden Vergleichsakteure, wobei der Steuererfüllungsverpflichtete bzw. der Einzelunternehmer jeweils als „wissende" Person gelten soll.

(b) Ungleichbehandlung

In einem zweiten Schritt stellt sich nunmehr die Frage, inwiefern diese beiden Akteure unterschiedlich behandelt werden. Hierbei ist von einer Auslegung des Begriffs „Unternehmer" im originären Sinne, also entsprechend der – und noch in Übereinstimmung mit der zur ersten Fallgruppe des wissenden Einzelunternehmers erfolgten[887] – Legaldefinition des § 2 UStG auszugehen.

Nach Art. 6 EUV Rz. 224 (Juli 2010); dagegen *Rossi*, in Calliess/Ruffert, EUV/AEUV, 6. Aufl. 2022, Art. 20 GrCh Rz. 27.

885 S.o. D. II. 2. b) bb) (2).

886 S.o. D. II. 1.

887 S.o. D. II. 1.

Dies würde – streng betrachtet – zunächst bedeuten, dass die an subjektive Merkmale anknüpfende Rechtsprechung und entsprechende Gesetze, die vor allem Nachteile wie die Versagung des Vorsteuerabzugs oder der Steuerfreiheit mit sich bringen,[888] lediglich auf Einzelunternehmer Anwendung finden könnten, nie hingegen auf Personenzusammenschlüsse. Denn als rein juristisches Konstrukt sind diese – anders als natürliche Personen – weder des Denkens noch des Wissens fähig. Ihnen könnte also eine Kenntnis von Tatsachen nie vorgeworfen werden, weshalb eine Versagung etwaiger Rechte für sie nicht in Betracht käme.

(c) Rechtfertigung

Eine solche Ungleichbehandlung wäre unter Zugrundelegung der Anforderungen des EuGH nur dann zu rechtfertigen, wenn die Ungleichbehandlung „auf einem objektiven und angemessenen Kriterium beruht, d.h., wenn sie im Zusammenhang mit einem rechtlich zulässigen Ziel steht, das mit der in Rede stehenden Regelung verfolgt wird, und wenn diese unterschiedliche Behandlung in angemessenem Verhältnis zu dem mit der betreffenden Behandlung verfolgten Ziel steht“.[889] Hier könnte allenfalls im Grundsatz der Belastungsneutralität oder in der steuerrechtlichen Haftung der gesetzlichen Vertreter nach § 69 AO ein solch rechtfertigender Umstand für eine Ungleichbehandlung zu finden sein:

(i) Belastungsneutralität

Unter dem Begriff der „Belastungsneutralität“[890] wird verstanden, dass das Mehrwertsteuersystem die Neutralität hinsichtlich der steuerlichen Belastung aller wirtschaftlichen Tätigkeiten gewährleistet, die selbst der Mehrwertsteuer unterliegen, unabhängig von ihrem Zweck oder ihrem Ergebnis.[891]

---

888 Selbst bei Maßnahmen des Gutglaubensschutzes stünden Einzelunternehmer jedenfalls nicht „besser“ dar, weil sie – im Gegensatz zu Personenzusammenschlüssen – dann auch durchaus „bösgläubig“ sein könnten.

889 Vgl. Fn. 882.

890 Vgl. z.B. *Streit*, Steuerschuld durch Steuerausweis: Die Berichtigungsverfahren nach § 14c Abs. 1 und Abs. 2 UStG unter dem Einfluss unionsrechtlicher Prinzipien, 2017, S. 58 f.; *Zirkl*, Die Neutralität der Umsatzsteuer als europäisches Besteuerungsprinzip, 2015, S. 61 ff.

891 EuGH, Urteil v. 14.2.1985 – 268/83, *Rompelman*, UR 1985, 199 (200); EuGH, Urteil v. 6.12.2012 – C-285/11, *Bonik*, UR 2013, 195, Rz. 27; *Nieuwenhuis*, UR 2013, 663 (670).

Diese Ausprägung des Neutralitätsgrundsatzes sieht der EuGH jedoch nicht im allgemeinen Gleichheitssatz, sondern vielmehr allein in den Regelungen der MwStSystRL zum Vorsteuerabzugsrecht verankert.[892] Dies erscheint sachgerecht, weil hierbei nicht die Gleichstellung zweier Wirtschaftsteilnehmer in Frage steht. Der Grundsatz der Gleichbehandlung kommt insoweit – wie hier ersichtlich – nur bei der praktischen Umsetzung bzw. Anwendung dieses Prinzips zum Tragen.[893]

Dem Prinzip der Belastungsneutralität liegt auch der Gedanke zu Grunde, dass die Mehrwertsteuer als Verbrauchsteuer ausgestaltet ist.[894] Wirtschaftlich belastet werden soll ausschließlich der Endverbraucher „am Ende der Wertschöpfungskette genau proportional zum Wert der Leistung".[895] Die „vollständige Entlastung" des Unternehmers von der Umsatzsteuer soll in erster Linie durch den Vorsteuerabzug, daneben aber auch durch die Steuerbefreiung grenzüberschreitender Umsätze erreicht werden.[896] Die Aufgabe des Unternehmers ist dagegen wohl im Wesentlichen darin zu sehen, dass er als eine Art „Steuereinsammler für den Fiskus" agieren soll.[897] Der Unternehmer soll also selbst keinerlei Steuer tragen müssen, er ist nicht Steuerdestinatar.[898]

---

892 *Kokott*, Das Steuerrecht der Europäischen Union, 2018, § 8 Rz. 12. Hierzu im Detail *Zirkl*, Die Neutralität der Umsatzsteuer als europäisches Besteuerungsprinzip, 2015, S. 185.

893 *Heber*, UR 2014, 957 (964); a.A. *Zirkl*, Die Neutralität der Umsatzsteuer als europäisches Besteuerungsprinzip, 2015, S. 186 ff., 196, die bezüglich der Grundsätze der Neutralität und der Gleichbehandlung den Blick nicht auf die Unternehmer, sondern – im Hinblick auf den Verbrauchsteuercharakter der Umsatzsteuer – auf die Verbraucher und eben deren gleiche Belastung und Leistungsfähigkeit richtet.

894 So auch Art. 1 Abs. 2 MwStSystRL; *Ehrke-Rabel*, in Festschrift für den BFH, 2018, S. 1529 (1540).

895 *Henze*, in Englisch/Nieskens, Umsatzsteuer-Kongress-Bericht 2010, 2011, S. 7 (10).

896 *Henze*, in Englisch/Nieskens, Umsatzsteuer-Kongress-Bericht 2010, 2011, S. 7 (10, 13); *Klenk*, in Sölch/Ringleb, UStG, Vor § 1 Rz. 10 (Juni 2019).

897 *Friedrich-Vache*, in Reiß/Kraeusel/Langer, UStG, § 2 Rz. 14 (Mai 2024); in diesem Sinne auch EuGH, Urteil v. 21.2.2008 – C-271/06, *Netto Supermarkt*, DStR 2008, 450, Rz. 21 und *Ismer/Schwarz*, MwStR 2019, 348 (351).

898 *Dietlein/Drüen*, Grundlagen und Reichweite des Vertrauensschutzes bei Ausfuhrlieferungen im nichtkommerziellen Reiseverkehr, 2010, S. 53; *Dobratz*, in Schaumburg/Englisch/Dobratz, Europäisches Steuerrecht, 3. Aufl. 2025, Rz. 20.15; *Harksen*, in Rau/Dürrwächter, UStG, § 21 Rz. 151 (Juni 2021).

Bei der Berücksichtigung der Belastungsneutralität als womöglich rechtfertigendem Umstand ist zu bedenken, welche Auswirkungen beispielsweise die „Bösgläubigkeit des Unternehmers“ hat: sie ist in der Lage, etwaige Rechte – wie Vorsteuerabzug oder Steuerbefreiungen – zu versagen und damit den Grundsatz der Neutralität erheblich zu beschränken. Dem ist jedoch ganz allgemein entgegenzuhalten, dass eine missbräuchliche Berufung auf das Unionsrecht – das heißt auch auf den Grundsatz der Neutralität – nicht erlaubt ist.[899] Eine solche liegt nicht nur bei eigener Steuerhinterziehung vor, sondern auch bei Beteiligung an einer fremden Steuerhinterziehung durch Kenntnis einer solchen.[900] Das Neutralitätsprinzip steht dann einer Versagung gewisser Rechte gerade nicht entgegen.[901] Dies gilt in jedem Fall für den Einzelunternehmer als „in eigener Person Kenntnis innehabender Unternehmer“. Gründe, weshalb das Prinzip der Belastungsneutralität Personenmehrheiten umfassenderen Schutz bieten sollte, sind jedenfalls in Fällen, in denen lediglich ein Steuererfüllungsverpflichteter existiert und dieser über das notwendige Wissen verfügt, nicht ersichtlich. Entsprechend lassen auch weder der Verbrauchsteuercharakter der Umsatzsteuer noch die Grund-Eigenschaft des Unternehmers als Steuereinsammler eine andere Beurteilung zu. Denn allenfalls wären (bzw. sind) diese mehrwertsteuerlichen Grundprinzipien[902] in die allgemeinen – auf alle Unternehmen anzuwendenden – Grundsätze zum Gutglaubensschutz bzw. zur Versagung von Rechten wegen Bösgläubigkeit mit einzubeziehen. Eine andere Behandlung des Personenzusammenschlusses im Vergleich zum Einzelunternehmer vermögen sie jedoch nicht zu rechtfertigen.

---

899 Vgl. z.B. EuGH, Urteil v. 6.7.2006 – C-439/04, C-440/04, *Kittel und Recolta Recycling*, DStR 2006, 1274, Rz. 54.

900 EuGH, Urteil v. 18.12.2014 – C-131/13, C-163/13, C-164/13, *Italmoda*, UR 2015, 106, Rz. 50, 64.

901 EuGH, Urteil v. 18.12.2014 – C-131/13, C-163/13, C-164/13, *Italmoda*, UR 2015, 106, Rz. 47 f.

902 *Stadie*, in Rau/Dürrwächter, UStG, Einführung Rz. 681 (Jan. 2024); *Zirkl*, Die Neutralität der Umsatzsteuer als europäisches Besteuerungsprinzip, 2015, S. 61 ff., 173 ff.

(ii) Haftungsvorschriften

Gleichermaßen vermag die Haftung von Steuererfüllungsverpflichteten nach § 69 AO eine Ungleichbehandlung nicht zu rechtfertigen. Denn soweit der Steuererfüllungsverpflichtete in Kenntnis gewisser Umstände und in eigener Person bestimmte – umsatzsteuerrechtlich nicht korrekte – Handlungen vornimmt, bestehen keinerlei Bedenken, ihn für diese haften zu lassen bzw. gar die steuerstrafrechtliche Verantwortung zu tragen. Er ist insoweit nicht anders zu behandeln als ein Einzelunternehmer.

(iii) Ungleichbehandlung nicht zu rechtfertigen

Eine Ungleichbehandlung der Vergleichsgruppen ist damit nicht zu rechtfertigen. Dies bedeutet, dass – unter Zugrundelegung der teleologischen Auslegung und unter Berücksichtigung des allgemeinen Gleichheitssatzes nach Art. 20 GrCh – der wissenskontextuale Begriff des Unternehmers so auszulegen ist, dass hierunter auch der einzige Steuererfüllungsverpflichtete eines Personenzusammenschlusses zu fassen ist.

c) Historische Auslegung

Dieses Ergebnis bestätigt sich auch im Rahmen der historischen Auslegung.

Die Forcierung der Berücksichtigung subjektiver Elemente – also der Kenntnis bzw. (grob) fahrlässigen Unkenntnis – im Mehrwertsteuerrecht beruht maßgeblich auf der Missbrauchsrechtsprechung des EuGH. Insoweit ist zu beachten, dass bereits in den ersten dieser Urteile ausschließlich Gesellschaften als Steuerpflichtige im Sinne von Art. 9 MwStSystRL auftraten.[903] Dies zieht sich nahezu lückenlos[904] durch die gesamte Missbrauchsrechtsprechung. Dennoch hat der EuGH es nie für nötig befunden, hinsichtlich des „wusste oder hätte wissen müssen" auf eine andere Person als den

---

903 S. schon oben A. III. 1.; EuGH, Urteil v. 12.1.2006 – C-354/03, C-355/03, C-484/03, *Optigen u.a.*, UR 2006, 157 ff.; EuGH, Urteil v. 6.7.2006 – C-439/04, C-440/04, *Kittel und Recolta Recycling*, DStR 2006, 1274 ff.

904 Soweit ersichtlich sind *Herr Dávid* aus dem Verfahren C-80/11, C-142/11, *Mahagében und Dávid* und *„HR"* aus dem Rechtsstreit C-108/20, *Finanzamt Wilmersdorf* die einzigen als natürliche Personen auftretenden Steuerpflichtigen i.S.v. Art. 9 MwStSystRL im Rahmen der gesamten Missbrauchsrechtsprechung.

„Steuerpflichtigen", also die Gesellschaft abzustellen.[905] Gleichwohl wird ihm – hiervon darf wohl ausgegangen werden – durchaus bewusst (gewesen) sein, dass Gesellschaften als juristische Konstrukte selbst nicht des Denkens bzw. Wissens fähig sind und daher für diese Frage zwingend die hinter dem Konstrukt auftretenden natürlichen Personen – bzw. in dem hier relevanten Fall, dass die Gesellschaft über lediglich einen Steuererfüllungsverpflichteten verfügt, zumindest auf diesen als steuerrechtlich an der „Spitze" der Gesellschaft stehende natürliche Person – zu rekurrieren sind.

d) Fazit

Sowohl die teleologische als auch die historische Auslegung verlangen daher die Fortentwicklung des Begriffs „Unternehmer" im wissensrelevanten Kontext in der Hinsicht, dass hierunter nicht nur der Einzelunternehmer im Sinne von § 2 UStG als natürliche Person zu verstehen ist, sondern daneben auch der einzige Steuererfüllungsverpflichtete eines Personenzusammenschlusses.

3. Wissen eines von mehreren Steuererfüllungsverpflichteten des Unternehmens

Die nächste Fallgruppe umfasst all jene Fälle, in welchen das Unternehmen im Sinne von § 2 UStG über mehrere Steuererfüllungsverpflichtete verfügt, wie es wohl bei den meisten Gesellschaften notgedrungen[906] oder kraft gesellschaftsvertraglicher Bestimmung[907] der Fall sein dürfte. Dies kann beispielsweise

---

905 Z.B. EuGH, Urteil v. 6.9.2012 – C-273/11, *Mecsek-Gabona*, DStR 2012, 1917 ff.; EuGH, Urteil v. 18.12.2014 – C-131/13, C-163/13, C-164/13, *Italmoda*, UR 2015, 106 ff.

906 So bei der Genossenschaft – jedenfalls wenn sie mindestens 21 Mitglieder hat, vgl. § 24 Abs. 2 GenG.

907 Die Mitgliederanzahl des vertretungsberechtigten Leitungsorgans juristischer Personen ist entweder bereits kraft Gesetzes disponibel (vgl. z.B. § 26 Abs. 2 BGB für den Verein; § 35 i.V.m. § 6 Abs. 1 GmbHG für die GmbH) oder kann jedenfalls durch die Satzung festgelegt werden (§ 78 i.V.m. § 76 Abs. 2 Satz 2 AktG für Aktiengesellschaften mit einem Grundkapital von mehr als 3 Mio. €). Auch bei Personengesellschaften, die – so durch das MoPeG (s. Fn. 533) und die Gesetzesbegründung zum neu eingefügten § 712a BGB nochmals ausdrücklich klargestellt (vgl. BT-Drs. 19/27635, S. 147; *Schäfer*, in MüKo BGB, Bd. 7, 9. Aufl. 2024, § 705 Rz. 66) – im Grundsatz die Existenz mindestens zweier Gesellschafter voraussetzen, sind von Gesetzes wegen prinzipiell alle Gesellschafter – bzw. bei der KG jedenfalls alle Komplementäre (vgl. § 170 Abs. 1 HGB n.F.) – zur Vertretung der Gesellschaft berufen (§ 720 BGB n.F.,

eine Gesellschaft mit zwei oder drei Geschäftsführern sein. Daneben sollen hierunter auch jene Fälle gefasst werden, in welchen neben dem Einzelunternehmer ein Verfügungsberechtigter im Sinne von § 35 AO existiert. Zwar ist der Einzelunternehmer kein „Steuererfüllungsverpflichteter" in obigem Sinne; weil er jedoch ebenso zur Erfüllung der steuerlichen Pflichten seines Unternehmens verpflichtet ist, ist die Grundkonzeption „mehrerer Steuererfüllungsverpflichteter" auf diese Fälle aber durchaus übertragbar.

Das umsatzsteuerrechtlich relevante Wissen sei in diesem Fall lediglich bei einem von ihnen vorhanden.

Da hinsichtlich der grammatischen Auslegung gänzlich auf die Ausführungen im Rahmen der zweiten Fallgruppe – Existenz lediglich eines Steuererfüllungsverpflichteten – verwiesen werden kann bzw. muss,[908] kann hier allenfalls die teleologische Auslegung der Fortentwicklung des wissenskontextualen Begriffs des „Unternehmers" aufschlussreich sein.

a) Teleologische Auslegung

Abweichend von der Legaldefinition in § 2 UStG, fordert bereits der allgemeine Gleichheitssatz des Art. 20 GrCh – wie bereits ausgeführt – die Auslegung des wissenskontextualen Begriffs des „Unternehmers" dahingehend, dass hierunter auch der (einzige) Steuererfüllungsverpflichtete zu fassen ist. Die dabei angeführte Argumentation, dass jegliche Tatbestände mit subjektiven Elementen andernfalls nur auf Einzelunternehmer anwendbar wären, ist für die hier relevante Fallgruppe mehrerer Steuererfüllungsverpflichteter an sich jedoch nicht förderlich. Denn das Unternehmen im Sinne von § 2 UStG ist bereits durch den „ersten" Steuererfüllungsverpflichteten wissensfähig; dieser Ansatz bietet keine weiteren Erkenntnisse hinsichtlich der Frage, auf welchen der Steuererfüllungsverpflichteten es bei subjektiven Elementen ankommt.

Gleichzeitig ist jedoch zu beachten, dass allen Steuererfüllungsverpflichteten per legem die gleiche steuerliche Verpflichtung zukommt. Insoweit wäre es jedoch willkürlich, hinsichtlich subjektiver Tatbestandsmerkmale nur auf einen von ihnen abzustellen. Vielmehr gebieten die nationalen

---

§ 124 HGB n.F., § 161 Abs. 2 HGB), wobei auch diese Normen durchaus disponibel sind (§ 720 Abs. 1 BGB n.F., § 124 Abs. 1 HGB n.F., § 161 Abs. 2 HGB).

908 S.o. D. II. 2. a).

Verfahrensvorschriften § 34 und § 35 AO, hinsichtlich subjektiver Merkmale all jene gleichermaßen in den Blick zu nehmen, denen per Gesetz auch die gleichen steuerlichen Verpflichtungen zukommen. Eine Abweichung hiervon erscheint nicht angebracht, weil durch die Einordnung als „Steuererfüllungsverpflichteter" gerade impliziert wird, dass er sein Wissen im Grundsatz verwerten können muss.

Einzig und allein ist in Betracht zu ziehen, ob – anders als in Fällen der Existenz lediglich eines Steuererfüllungsverpflichteten[909] – nicht eine eventuelle haftungs- bzw. steuerstrafrechtliche Inanspruchnahme des bzw. der anderen, nicht-wissenden Steuererfüllungsverpflichteten eine anderweitige Beurteilung erfordert. Denn eine Behandlung des Wissens eines Steuererfüllungsverpflichteten als das Wissen des Unternehmens kann zu objektiv anderweitigen steuerlichen Rechtsfolgen führen, als vom Unternehmen gegenüber der Steuerverwaltung angegeben. Im Hinblick auf eine etwaige steuerstrafrechtliche Verantwortlichkeit kann dem jedoch bereits der Grundsatz „nulla poena sine culpa" – der Grundsatz des persönlichen Schuldvorwurfs[910] – entgegengehalten werden, der eine Wissenszurechnung ausschließt.[911]

Ähnliches ist hinsichtlich einer etwaigen Haftung des bzw. der nicht-wissenden, anderen Steuererfüllungsverpflichteten zu konstatieren. So mag zwar die Abgabe einer – aufgrund der Kenntnis eines der (anderen) Steuererfüllungsverpflichteten – inhaltlich objektiv falschen Steuererklärung eine Pflichtverletzung darstellen[912] und somit eine wesentliche Voraussetzung für das Eingreifen der Haftung nach § 69 AO begründen. Ein Verschulden, wie es § 69 AO explizit fordert, kann bzw. muss jedoch – zumindest für die Frage der Abgabe einer falschen Steuererklärung[913] – für den bzw. die nicht-wissenden Steuererfüllungsverpflichteten verneint werden.

b) Fazit

Die teleologische Auslegung des wissenskontextualen Begriffs des Unternehmers verlangt somit, dass hierunter nicht nur der Einzelunternehmer im

---

909 S.o. D. II. 2. b) bb) (3) (c) (ii).

910 *Seidel*, AG 2019, 492 (499).

911 *Reuter*, ZIP 2017, 310 (314); *Seidel*, AG 2019, 492 (499).

912 *Loose*, in Tipke/Kruse, AO/FGO, § 69 AO Rz. 12 (Aug. 2024).

913 Etwas anderes mag gelten, wenn die Steuererfüllungsverpflichteten ihrer „Wissensorganisationspflicht" nicht nachgekommen sind. Hierzu noch unter D. III.

Sinne von § 2 UStG als natürliche Person zu fassen ist, sondern daneben auch jeder Steuererfüllungsverpflichtete des Unternehmens. Ihr Wissen bzw. ihre fahrlässige Unkenntnis ist daher zwingend und in jedem Falle das Wissen bzw. die fahrlässige Unkenntnis „des Unternehmens".

c) Zivilrechtliche Problemfälle – übertragen auf das Umsatzsteuerrecht

Angesichts der Heranziehung zivilrechtlicher Grundsätze der Wissenszurechnung durch die umsatzsteuerrechtliche Rechtsprechung, soll im Folgenden in aller Kürze die „Praxistauglichkeit" dieser Auslegung erprobt werden, indem sie auf zwei Problemfälle angewandt wird, die einen festen Platz im zivilrechtlichen Diskurs zur Wissenszurechnung inne haben:

aa) Kenntnis des am Rechtsgeschäft nicht beteiligten Organmitglieds

Dabei handelt es sich zum einen um die Problematik, wie bzw. ob eine Wissenszurechnung erfolgen darf, wenn das wissende Organmitglied am konkreten Rechtsgeschäft – also der „Handlung" – nicht beteiligt ist.[914]

Unter Zugrundelegung des bisher erarbeiteten Auslegungsergebnisses des wissenskontextualen Begriffs des Unternehmers, stellt diese zivilrechtliche Problematik für das Umsatzsteuerrecht jedoch kein Problem mehr dar. Denn gerade durch die Anknüpfung an den „Steuererfüllungsverpflichteten" und der Tatsache, dass er – unabhängig von etwaigen Geschäftsverteilungsabreden – gesetzlich dazu verpflichtet ist, die steuerlichen Pflichten zu erfüllen, *muss* er sein umsatzsteuerrechtlich relevantes Wissen dabei verwerten. Übertragen auf die zivilrechtliche Situation könnte man daher formulieren, dass es unbeachtlich ist, wenn das Organmitglied – bzw. eben der Steuererfüllungsverpflichtete – an der Handlung nicht beteiligt ist, weil es jedenfalls (gesetzlich) dazu verpflichtet wäre, sich zu beteiligen. Selbst die Behauptung, dass eine Beteiligung nur deswegen unterlassen wurde, weil von der umsatzsteuerrechtlichen Relevanz des Wissens keine Kenntnis vorlag, ist dabei unerheblich, weil Steuererfüllungsverpflichtete die zu beachtenden steuerrechtlichen Vorschriften zu kennen haben.[915]

---

914 Z.B. *Buck*, Wissen und juristische Person, 2001, S. 382 ff.; *Jung*, Wissenszurechnung und Wissensverantwortung bei juristischen Personen, 2017, S. 203 ff.

915 *Jatzke*, in Gosch, AO/FGO, § 69 AO Rz. 25 ff. (Dez. 2018).

bb) Kenntnis des ausgeschiedenen Organmitglieds

Die andere zivilrechtliche Problematik betrifft die Frage nach einer Wissenszurechnung, wenn das wissende Organmitglied bereits aus der Gesellschaft ausgeschieden ist.[916]

Auch diese Frage wirft rein rechtlich – schwieriger mag womöglich die praktische Umsetzung im Unternehmen sein – keine für das Umsatzsteuerrecht gleichsam schwerwiegende Problematik auf. Denn im Umsatzsteuerrecht ist mittlerweile durchaus geklärt, auf welchen Zeitpunkt es für die Frage der Kenntnis bzw. fahrlässigen Unkenntnis ankommt.[917] Verfügt ein Steuererfüllungsverpflichteter in diesem Zeitpunkt über relevante Kenntnisse, muss er dafür Sorge tragen, dass dieses Wissen verwertet wird bzw. zumindest verwertet werden kann. Scheidet er im Anschluss aus dem Unternehmen im Sinne von § 2 UStG aus, ändert dies nichts an seiner Stellung als wissender Steuererfüllungsverpflichteter im relevanten Zeitpunkt. Selbst wenn der ausscheidende Steuererfüllungsverpflichtete die Kenntnis-Weitergabe bewusst unterlässt, ändert sich an dieser Beurteilung nichts. Denn sowohl für die Kenntnis im relevanten Zeitpunkt als auch für die anschließende Verwertung dieser Kenntnis ist es unerheblich, ob der „verschweigende" Steuererfüllungsverpflichtete noch im Unternehmen ist oder – im Anschluss an den relevanten Zeitpunkt – aus dem Unternehmen ausgeschieden ist: In beiden Fällen kann eine Verwertung nicht erfolgen. Auch in diesem Fall können sich die verbleibenden Steuererfüllungsverpflichteten darauf berufen, dass sie keine schuldhafte Pflichtverletzung begangen hätten,[918] wobei die Haftung des ausgeschiedenen Steuererfüllungsverpflichteten gleichwohl erfolgen könnte, weil er die ihm während seiner Tätigkeit obliegende Erfüllung steuerlicher Pflichten – die Verwertung des Wissens durch Weitergabe seiner Kenntnis – schuldhaft nicht erfüllt hat.[919]

Insoweit zeigt das bislang erarbeitete Auslegungsergebnis durchaus seine Praxistauglichkeit und Brauchbarkeit.

---

916 Vgl. z.B. BGH, Urteil v. 23.10.1958 – II ZR 127/57, WM 1959, 81 (84); *Baumann*, ZGR 1973, 284 ff.; *Buck*, Wissen und juristische Person, 2001, S. 239 ff.

917 S.o. A. V.

918 S.o. D. II. 3. a).

919 BFH, Beschluss v. 25.4.2013 – VII B 245/12, BFH/NV 2013, 1063, Rz. 16; BFH, Urteil v. 20.5.2014 – VII R 12/12, BB 2014, 2470, Rz. 11.

4. Wissen sonstiger Mitarbeiter (Nicht-Steuererfüllungsverpflichteter)

Im Rahmen der letzten Fallgruppe stellt sich die Frage, ob eine Auslegung des Begriffs „Unternehmer" im wissenskontextualen Sinn auch sonstige Mitarbeiter des Unternehmens – also entsprechend der bereits vorgenommenen Abgrenzung all jene Mitarbeiter, die nicht per Gesetz die steuerlichen Pflichten des Unternehmens zu erfüllen verpflichtet sind – umfassen kann. Auch hierbei wäre die Konsequenz, dass das Wissen eines solchen Mitarbeiters automatisch und ohne weitere Einschränkung als das Wissen des Unternehmens gälte.

In Anbetracht des EuGH-Urteils *Aquila Part Prod Com*[920] ist zudem zu berücksichtigen, dass im Folgenden von einem „weiten" Verständnis des Begriffs „Mitarbeiter" bzw. „sonstige Mitarbeiter" ausgegangen wird. Dies bedeutet, dass keine Anknüpfung an die arbeitsrechtliche oder ertragsteuerrechtliche Einordnung als „Arbeitnehmer" erfolgt, sondern auch Personen als „Mitarbeiter" anzusehen sind, die arbeits- oder ertragsteuerrechtlich beispielsweise als selbständig eingestuft werden, sowie ganz allgemein beauftragte Dritte. Unabhängig von einer arbeits- oder ertragsteuerrechtlichen Bewertung kommt es für die Einordnung als „Mitarbeiter" im oben genannten Sinn somit nur darauf an, dass die Person für das Unternehmen tätig wird.

a) Grammatische Auslegung

Den „Startpunkt" der Auslegung des Unternehmerbegriffs bei dieser Fallgruppe bildet wiederum die grammatische Auslegung. In deren Rahmen ist zu bedenken, dass – zugegebenermaßen wohl maßgeblich aufgrund der gesetzlichen Festlegung der Steuererfüllungspflicht – steuerrechtliche Handlungen des Unternehmens stets eine Ausführung durch den bzw. die Steuererfüllungsverpflichteten implizieren. Wird also beispielsweise gefordert, dass „der Unternehmer" eine Steuererklärung einzureichen hat, ist sofort klar, dass dies durch den bzw. die Steuererfüllungsverpflichteten erfolgt, ohne dass es einer weiteren Erwähnung beispielsweise der §§ 34, 35 AO bedarf. Sie werden heute automatisch als die „Hände" des Unternehmens betrachtet. Dies gilt jedoch nicht gleichermaßen für sonstige Mitarbeiter. Ihr Handeln

[920] EuGH, Urteil v. 1.12.2022 – C-512/21, *Aquila Part Prod Com*, UR 2023, 166 ff.

wird im Sprachgebrauch – vor allem im Steuerrecht – nicht automatisch als Handlung des Unternehmens bezeichnet und betrachtet. Während es also nur angebracht erscheint, Steuererfüllungsverpflichtete auch als „Kopf" des Unternehmens zu verstehen und sie insoweit auch als „den Unternehmer" wahrzunehmen, erscheint eine solche Auslegung bezüglich „einfacher" Mitarbeiter zu weit und vom Wortsinn des Begriffs nicht mehr umfasst.

b) Teleologische Auslegung

Diese Einschätzung bestätigt sich auch im Rahmen der teleologischen Auslegung.

aa) Verbrauchsteuercharakter

So ist zunächst der Verbrauchsteuercharakter[921] der Umsatz- bzw. Mehrwertsteuer zu berücksichtigen. Der Unternehmer soll lediglich als „Steuereinnehmer für Rechnung des Staates und im Interesse der Staatskasse"[922] agieren, wobei der Staat „dem so beauftragten Unternehmer seine Aufgabe weder unnötig erschweren noch unmöglich machen"[923] darf. Damit geht – zumindest in gewissen Grenzen – einher, „dass der Unternehmer durch die Umsatzsteuer in seiner unternehmerischen Tätigkeit grundsätzlich nicht belastet werden soll."[924]

Eine Auslegung des Begriffs „Unternehmer" im wissenskontextualen Sinn in der Weise, dass hierunter auch alle sonstigen Mitarbeiter zu fassen sind, würde jedoch einen enormen Informationsbeschaffungsaufwand für das Unternehmen bedeuten. So müsste sichergestellt werden, dass jegliches umsatzsteuerrechtlich relevante Wissen eines jeden Mitarbeiters bei der entsprechenden Stelle – beispielsweise in der Steuerabteilung – ankommt, so dass es berücksichtigt und verwertet werden kann. Hierbei müsste jedoch nicht nur etwaiges Wissen abgefragt werden, sondern zuvor müsste umfassend darüber aufgeklärt werden, welche Umstände ein solch

921 S. schon unter D. II. 2. b) bb) (3) (c) (i).

922 EuGH, Urteil v. 21.2.2008 – C-271/06, *Netto Supermarkt*, DStR 2008, 450, Rz. 21; *Ehrke-Rabel*, in Festschrift für den BFH, 2018, S. 1529 (1542).

923 BFH, Urteil v. 23.2.2017 – V R 16/16, V R 24/16, BStBl. II 2017, 760 (763).

924 *Ehrke-Rabel*, in Festschrift für den BFH, 2018, S. 1529 (1539).

umsatzsteuerrechtlich relevantes Wissen darstellen. Denn es besteht die – aufgrund der enormen Komplexität des Umsatzsteuerrechts durchaus naheliegende – Möglichkeit, dass der Mitarbeiter im Einkauf, Vertrieb oder in der Disposition um die umsatzsteuerrechtliche Relevanz seiner Kenntnis nicht im Bilde ist. Dies gilt umso mehr, wenn der Mitarbeiter rein zufällig Kenntnis erlangt und seine eigentliche Tätigkeit keinerlei Berührung mit steuerlich relevanten Umständen hat. Daneben müssten alle Mitarbeiter über jegliche Geschäftsbeziehungen aufgeklärt werden. Dem können jedoch beispielsweise unternehmensinterne Gründe der Geheimhaltung entgegenstehen. Eine solche Obliegenheit ginge daher über das hinaus, was ein Unternehmen zumutbar leisten kann, um als Steuereinnehmer für Rechnung des Staates zu agieren. Dies gilt insbesondere, als eine solche Obliegenheit auch mit erheblichem finanziellen Aufwand verbunden wäre. Diese Aufwendungen monetärer Art würden jedoch wohl kaum von den Unternehmen selbst getragen, sondern schlussendlich an die Kunden – und damit letztendlich an die Endverbraucher – weitergegeben. Dies wiederum steht in Konflikt zum tragenden Gedanken der Wettbewerbsneutralität.

bb) Grundsatz der Belastungsneutralität

Dem kann natürlich entgegengehalten werden, dass sodann eine erneute Abgrenzung der sonstigen Mitarbeiter vorgenommen werden könnte, so dass z.B. lediglich jene sonstigen Mitarbeiter als „der Unternehmer" im wissenskontextualen Sinn gelten, die im Rahmen ihrer Tätigkeit Berührung mit umsatzsteuerlich relevanten Umständen haben, wie beispielsweise die Mitarbeiter der Steuerabteilung, der Zoll-Abteilung oder der Dispositions-Abteilung. Bei ihnen darf umsatzsteuerliches Wissen vorausgesetzt werden bzw. diesen Personenkreis über umsatzsteuerrechtlich relevantes Wissen aufzuklären und ihr Wissen sodann abzufragen, würde erheblich weniger Aufwand bedeuten als bei Einbeziehung aller Mitarbeiter des Unternehmens.

(1) Synthese von Wissen und Handlung

Auch dem steht jedoch der Grundsatz der Belastungsneutralität als Ausprägung des Neutralitätsgrundsatzes entgegen. Wie schon ausgeführt, besagt der Neutralitätsgrundsatz, dass das Mehrwertsteuersystem die Neutralität hinsichtlich der steuerlichen Belastung aller wirtschaftlichen Tätigkeiten gewährleiste, die selbst der Mehrwertsteuer unterliegen, unabhängig von ihrem Zweck oder ihrem Ergebnis.[925] Einer Versagung von Steuervergünstigungen steht dieser Grundsatz prinzipiell entgegen. Dies gilt jedoch unter anderem nicht bei Beteiligung an einer fremden Steuerhinterziehung durch Kenntnis einer solchen. Denn dies stellt eine missbräuchliche – und somit unerlaubte – Berufung auf das Unionsrecht dar.[926] Eine solch „missbräuchliche Praxis" verlangt jedoch – wie bereits erarbeitet wurde – ein Zusammentreffen von Handlung und Wissen.[927] Diese – steuerrechtlich relevante – Handlung zur Erlangung von Steuervorteilen ist die Einreichung der Voranmeldung, der Zusammenfassenden Meldung oder auch der Steuererklärung, die jedoch nur der Einzelunternehmer bzw. der oder die Steuererfüllungsverpflichtete(n) rechtserheblich vornehmen kann. Dem steht selbstredend der berechtigte Einwand gegenüber, dass weder die Umsatzsteuervoranmeldung im Sinne von § 18 Abs. 1 UStG noch die Zusammenfassende Meldung im Sinne von § 18a UStG einer eigenhändigen Unterschrift des Unternehmers bzw. Steuererfüllungsverpflichteten bedürfen,[928] sondern auch von einem „sonstigen" Mitarbeiter des Unternehmens rechtserheblich eingereicht werden können.[929] Insofern könnten auch bei ihm „Handlung und Wissen" zusammentreffen, so dass das Bedürfnis bestehen könnte, auch ihn in die Riege der, unter den wissenskontextualen Begriff des „Unternehmers" fallenden, natürlichen Personen aufzunehmen.

(2) Pflicht zur elektronischen Übermittlung von Erklärungen – Maßgeblichkeit der Handlungspflicht per legem

Dabei ist jedoch zu bedenken, dass heutzutage für die Abgabe sowohl der Umsatzsteuer-Jahreserklärung als auch von Umsatzsteuervoranmeldungen

---

925 S. schon unter A. II. 5. a); EuGH, Urteil v. 14.2.1985 – 268/83, *Rompelman*, UR 1985, 199 (200); EuGH, Urteil v. 6.12.2012 – C-285/11, *Bonik*, UR 2013, 195, Rz. 27; *Nieuwenhuis*, UR 2013, 663 (670).

926 S.o. D. II. 2. b) bb) (3) (c) (i).

927 S. schon oben D. I. 2. b) aa).

928 BFH, Urteil v. 4.7.2002 – V R 31/01, BStBl. II 2003, 45 (46); *Kraeusel*, in Reiß/Kraeusel/Langer, UStG, § 18a Rz. 9 (Okt. 2022); *Nieskens*, in Rau/Dürrwächter, UStG, § 18a Rz. A 6 (Okt. 2010); *Stadie*, in Rau/Dürrwächter, UStG, § 18 Rz. 227 (Sept. 2022).

929 *Stadie*, in Rau/Dürrwächter, UStG, § 18 Rz. 41, 227 (Sept. 2022).

und Zusammenfassenden Meldungen die elektronische Form im Sinne von § 150 Abs. 1 Satz 1 AO vorgeschrieben ist,[930] während die Abgabe mittels amtlich vorgeschriebenem Vordruck und mit Unterschrift[931] nach § 18 Abs. 1 Satz 2, § 18 Abs. 3 Satz 3 bzw. § 18a Abs. 5 Satz 1 UStG i.V.m. § 150 Abs. 8 AO nur noch ausnahmsweise „zur Vermeidung unbilliger Härten" und aufgrund ausdrücklicher Genehmigung des Finanzamts zulässig ist. Bei dieser „Datenfernübertragung" „nach amtlich vorgeschriebenem Datensatz"[932] ersetzt die Authentifizierung des Datenübermittlers die (eigenhändige) Unterschrift auf der Steuererklärung.[933] Insoweit ist zwar einzugestehen, dass der eigenhändigen Unterschrift auf der Steuererklärung neben der Identifikationsfunktion auch eine Autorisierungs- und Warnfunktion zukommt,[934] während die Authentifizierung lediglich denjenigen identifiziert, der die Steuererklärung an die Finanzbehörde übermittelt, nicht aber denjenigen, „der die Steuererklärung inhaltlich verantworten möchte".[935] Gleichwohl ist zu konstatieren, dass das Gesetz von der Vermutung ausgehen darf, „dass eine Steuererklärung, die über ein vom Stpfl. eingerichtetes und mit dessen PIN geschütztes Benutzerkonto unter Verwendung einer ihm speziell zur Verfügung gestellten Zertifikatsdatei versendet wird, auch von

---

930 *Schindler*, in Gosch, AO/FGO, § 150 AO Rz. 17 (Mai 2023).

931 Die Notwendigkeit der eigenhändigen Unterschrift des Unternehmers ergibt sich für die Umsatzsteuer-Jahreserklärung bereits aus dem Gesetz, § 18 Abs. 3 Satz 3 Halbsatz 2 UStG; die Voranmeldung bedarf zwar keiner eigenhändigen Unterschrift des Unternehmers (s. schon Fn. 928), durchaus aber einer Unterschrift – z.B. des bevollmächtigten Vertreters, vgl. BFH, Urteil v. 4.7.2002 – V R 31/01, BStBl. II 2003, 45 (46 f.) und *Hildesheim*, in Offerhaus/Söhn/Lange, UStG, § 18 Rz. 70 (Juli 2025); ebenso bei der Zusammenfassenden Meldung, für welche sich dies jedenfalls aufgrund des Vordruckmusters des BZSt (abrufbar unter: https://www.bzst.de/DE/Unternehmen/Umsatzsteuer/ZusammenfassendeMeldung/Downloadbereich/downloadbereich_node.html [zuletzt abgerufen am 30.9.2025]) ergibt.

932 So die gängige Formulierung für die elektronische Einreichung der Erklärung, z.B. in §§ 18, 18a UStG.

933 *Ortwald*, StuW 2021, 351 (360); *Seer*, in Tipke/Kruse, AO/FGO, § 150 AO Rz. 27 ff. (Sept. 2022).

934 *Ortwald*, StuW 2021, 351 (360); *Schindler*, in Gosch, AO/FGO, § 150 AO Rz. 37 (Mai 2023); *Seer*, in Tipke/Kruse, AO/FGO, § 150 AO Rz. 12 (Sept. 2022).

935 *Ortwald*, StuW 2021, 351 (361).

ihm stammt (*Identitätsvermutung*)“[936] und ein Unterschied hinsichtlich der Authentifizierung oder Autorisierung der Umsatzsteuer-Jahreserklärung beispielsweise zur Umsatzsteuervoranmeldung – ähnlich der Notwendigkeit einer eigenhändigen Unterschrift des Steuererfüllungsverpflichteten auf der Jahreserklärung im Gegensatz zur Unterschrift lediglich des hierfür beauftragten „sonstigen Mitarbeiters“ auf der Voranmeldung – hierbei aber gerade nicht besteht. Der „tatsächlich“ Handelnde ist daher gegebenenfalls gar nicht feststellbar bzw. sein Handeln wird als Handlung des Steuerpflichtigen erachtet.

Doch selbst wenn der Erklärende nicht das Benutzerkonto des Steuerpflichtigen verwendet, sondern mittels eigenem Benutzerkonto als beauftragter Dritter im Sinne von § 87d AO als (lediglich) Datenübermittler authentifiziert werden kann, ist zu beachten, dass er seinem Auftraggeber nach § 87d Abs. 3 Satz 1 AO „die Daten in leicht nachprüfbarer Form zur Zustimmung zur Verfügung zu stellen“ hat und der auftraggebende Steuerpflichtige nach § 87d Abs. 3 Satz 2 AO „die ihm zur Verfügung gestellten Daten unverzüglich auf Vollständigkeit und Richtigkeit zu überprüfen“ hat. Diese Überwachungs- bzw. Überprüfungspflicht – die ohnehin bereits aufgrund der Stellung als „Steuererfüllungsverpflichteter“ besteht[937] – soll nach der Intention des Gesetzgebers „die Zurechnung von Erklärungsdaten ermöglichen“,[938] wodurch der Dritte wiederum lediglich als „verlängerter Arm“ bei der Erfüllung der steuerlichen Pflichten des Auftraggebers angesehen werden kann.[939]

Nach alledem muss im Rahmen der elektronischen Übermittlung die tatsächliche Vornahme der Datenübermittlung als weit weniger relevant erachtet werden, als prinzipiell von einer Zurechnung ausgegangen wird. In Anbetracht der Tatsache, dass 99 % der deutschen Unternehmen ihre Steuererklärungen elektronisch übermitteln,[940] sollte somit auch für die erwähnte „Handlung“ nicht an die tatsächliche Vornahme geknüpft werden, sondern an die Handlungspflicht per legem.

---

936 *Seer*, in Tipke/Kruse, AO/FGO, § 150 AO Rz. 27a (Sept. 2022), Hervorhebung im Original.

937 S.o. D. I. 2. c) bb).

938 *Ortwald*, StuW 2021, 351 (361) unter Verweis auf BT-Drs. 18/7457, S. 67.

939 S. schon oben D. I. 2. b) bb).

940 *Ortwald*, StuW 2021, 351 (352).

cc) EuGH: Eingeschränkte Zurechnung von Mitarbeiter-Handlungen

Die Notwendigkeit einer solch einschränkenden Auslegung wird nunmehr auch durch das EuGH-Urteil *P sp. z o.o.*[941] bestätigt, wonach das Verhalten eines Arbeitnehmers dem Arbeitgeber nur dann zuzurechnen ist, wenn dieser seine Sorgfaltspflichten verletzt. Diese Überlegungen sind jedoch nicht neu, sondern finden sich bereits in den Schlussanträgen des Generalanwalts *Wahl* aus dem Jahr 2016 zu einer zollrechtlichen Fragestellung.[942] Diese beiden genannten Verfahren betrafen zwar Handlungen von Mitarbeitern, sind – wie bereits ausgeführt[943] – in ihrem Grundgedanken jedoch durchaus auf Kenntnisse übertragbar.

So stellt beispielsweise der Generalanwalt *Wahl* explizit klar, dass es „keiner weiteren Erläuterung [bedarf], dass es für die Haftung eines Arbeitgebers für das Handeln seines Mitarbeiters eine Grenze geben muss".[944] Eine Einbeziehung sonstiger Mitarbeiter in den Begriff „Unternehmer" im Wege der Auslegung, die eben gerade die Konsequenz hätte, dass das Wissen eines solchen Mitarbeiters automatisch und ohne weitere Einschränkung als das Wissen des Unternehmens gälte, würde diese „Grenze" jedoch sofort sprengen. Dabei ist einzugestehen, dass es sich – mit Ausnahme der Haftungsnorm des § 25e UStG – bei der vorliegenden Problematik natürlich um keine Haftung handelt – die Versagung von Rechten hat jedoch zumindest eine ähnliche Wirkung.

Auch die Tatsache, dass „ein Arbeitgeber in Fällen, in denen ein Mitarbeiter am Schmuggeln von Waren beteiligt ist, regelmäßig nicht Zollschuldner im Sinne von Art. 202 Abs. 3 erster Gedankenstrich des Zollkodex [wird], es sei denn, dass die Waren nachweislich im Auftrag des Arbeitgebers geschmuggelt wurden",[945] zeigt deutlich, dass ein uneingeschränktes Einstehen des Arbeitgebers, also des Unternehmens, für das Handeln – und daher wohl auch für Kenntnisse – seiner Mitarbeiter nicht gewollt ist. Diesen Grundgedanken

---

941 EuGH, Urteil v. 30.1.2024 – C-442/22, *P sp. z o.o.*, DStR 2024, 238 ff.; s. schon unter C. I. 1. b).

942 Schlussanträge des Generalanwalts *Wahl* v. 26.10.2016 – C-679/15, *Ultra-Brag AG*.

943 S.o. C. I. 1. b).

944 Schlussanträge des Generalanwalts *Wahl* v. 26.10.2016 – C-679/15, *Ultra-Brag AG*, Rz. 35.

945 Schlussanträge des Generalanwalts *Wahl* v. 26.10.2016 – C-679/15, *Ultra-Brag AG*, Rz. 36.

hat der EuGH in seinem Urteil *P sp. z o.o.*[946] für den Bereich des Mehrwertsteuerrechts nun ausdrücklich bestätigt.

c) Fazit

Damit verbleibt es bei der bislang erarbeiteten Auslegung des Begriffs „Unternehmer" im wissenskontextualen Sinn: Während sowohl der Einzelunternehmer im Sinne von § 2 UStG als natürliche Person, als auch jeder Steuererfüllungsverpflichtete des Unternehmens darunter zu fassen ist, fallen „sonstige Mitarbeiter" nicht darunter.

5. Vereinbarkeit des gewonnenen Auslegungsergebnisses mit Unionsrecht

Wenngleich das soeben gewonnene Auslegungsergebnis des „Unternehmers" im wissenskontextualen Sinn maßgeblich unter Heranziehung unionsrechtlicher Grundsätze, wie Art. 20 GrCh oder der Belastungsneutralität, gewonnen wurde, so ist doch zu bedenken, dass es auch nationale Vorschriften, wie §§ 34, 35 und § 69 AO, berücksichtigt. Die nahezu umfassende Harmonisierung der Mehrwertsteuer, die für die Errichtung und das Funktionieren des Binnenmarkts sowie insbesondere auch die Vermeidung von Wettbewerbsverzerrungen notwendig ist,[947] soll jedoch einen weitestgehenden Gleichlauf des Umsatz- bzw. Mehrwertsteuerrechts der Mitgliedstaaten bewirken. Gleichzeitig gilt es zu beachten, dass sich beispielsweise manche Gutglaubensschutzvorschriften aus der MwStVO ergeben und § 25f UStG ein Resultat der Missbrauchsrechtsprechung des EuGH ist, die jeweils an den unionalen Begriff des „Steuerpflichtigen" anknüpfen. Gerade zur Wahrung der Wettbewerbsneutralität, insbesondere aber auch zur Gewährleistung von Rechtssicherheit für die Unternehmen – sowohl in räumlicher, soll heißen grenzüberschreitender, Hinsicht als auch im Hinblick auf die Anwendung der verschiedenen wissenskontextualen Normen –, bedarf es daher einer übereinstimmenden Auslegung des unionalen Begriffs des „Steuerpflichtigen"

[946] S.o. Fn. 941.

[947] *Dobratz*, in Schaumburg/Englisch/Dobratz, Europäisches Steuerrecht, 3. Aufl. 2025, Rz. 20.1 ff.; *Fehling*, in Schaumburg/Englisch/Dobratz, Europäisches Steuerrecht, 3. Aufl. 2025, Rz. 11.10 ff.

sowie des nationalen Begriffs des „Unternehmers“,[948] insgesamt also einer unionsautonomen, mitgliedstaaten-übergreifend einheitlichen Auslegung.[949] Angesichts der ohnehin erfolgten Zugrundelegung unionsrechtlicher Grundsätze zur Auslegung, sind daher im Wesentlichen zwei Merkmale auf ihre Vereinbarkeit mit Unionsrecht bzw. ihre Tauglichkeit als mitgliedstaaten-übergreifend maßgeblicher Anknüpfungspunkt zu prüfen:

a) Inanspruchnahme anderer Steuererfüllungsverpflichteter nur bei Verschulden

Als erstes Merkmal sei dabei die Möglichkeit einer haftungs- bzw. strafrechtlichen Inanspruchnahme des bzw. der anderen, nicht-wissenden Steuererfüllungsverpflichteten im Fall der Existenz mehrerer Steuererfüllungsverpflichteter genannt. Nachdem eine solche nach deutschem Recht ausschließlich in Betracht kommt, wenn dem jeweiligen einzelnen Steuererfüllungsverpflichteten ein Verschulden zukommt, bestehen keinerlei Bedenken, das Wissen eines jeden Steuererfüllungsverpflichteten als das Wissen des Unternehmens zu behandeln.[950] Gleiches gilt jedoch auf unionaler Ebene: So haben die Mitgliedstaaten der Europäischen Union nicht nur den strafrechtlichen Grundsatz des persönlichen Schuldvorwurfs zwingend zu beachten.[951] Auch darf die gesamtschuldnerische Inanspruchnahme einer anderen Person als des Steuerschuldners für dessen Mehrwertsteuerschulden nur unter der Bedingung erfolgen, dass diese Haftung verschuldensabhängig ist,[952] wie es sowohl § 69 AO als auch z.B. § 9 Abs. 1

948 Beispielsweise auch in Österreich wird im Umsatzsteuerrecht an den Begriff des „Unternehmers“ angeknüpft, vgl. nur § 2 des österreichischen UStG.

949 Dass die Zugrundelegung nationaler Verfahrensvorschriften, wie §§ 34, 35 AO, dieser unionsautonomen Auslegung nicht entgegensteht, s. bereits oben D. II. 2. b) bb) (1) (d).

950 S. hierzu ausführlich D. II. 3. a).

951 Schlussanträge der Generalanwältin *Kokott* v. 28.2.2013 – C-681/11, *Schenker & Co. AG u.a.*, Rz. 40 f.; Schlussanträge der Generalanwältin *Kokott* v. 18.4.2013 – C-501/11, *Schindler Holding Ltd. u.a.*, Rz. 114 f.

952 EuGH, Urteil v. 21.12.2011 – C-499/10, *Vlaamse Oliemaatschappij*, UR 2012, 160 (162); EuGH, Urteil v. 13.10.2022 – C-1/21, *Direktor na Direktsia „Obzhalvane i danachno-osiguritelna praktika“*, UR 2023, 450 (456).

der österreichischen BAO[953] oder § 109 Abs. 1 des luxemburgischen „Loi générale des impôts du 22 mai 1931“[954] fordern.

b) Zur Erfüllung der steuerlichen Pflichten des Unternehmens verpflichtet

Als Zweites sei die Abgrenzung der relevanten Personen durch die Frage nach der „Verpflichtung zur Erfüllung der steuerlichen Pflichten“ des Unternehmens bzw. des Steuerpflichtigen genannt. Würde es sich hierbei um ein ausschließlich spezifisch-deutsches Merkmal handeln, könnten andere Mitgliedstaaten hieran gerade nicht anknüpfen und eine einheitliche Auslegung wäre aussichtslos. Zudem existiert zwar – soweit ersichtlich – keine auf Unionsebene einheitliche Definition des bzw. der zur Erfüllung der steuerlichen Pflichten Verpflichteten, weil es sich hierbei um eine Frage des Verfahrensrechts handelt, für welches zwar „in Teilbereichen unionsrechtliche Regelungen bestehen“,[955] das (bislang) aber nicht harmonisiert ist und dem Grundsatz der Verfahrensautonomie der Mitgliedstaaten unterliegt.[956] Gleichwohl dürfte wohl jeder der europäischen Mitgliedstaaten über eine Regelung – oder zumindest Rechtsprechung – verfügen, welche festlegt, wer bei Personenzusammenschlüssen zur Erfüllung deren steuerlicher Pflichten verpflichtet ist. Als Beispiele für entsprechende Regelungen in anderen Mitgliedstaaten seien – aus Sprachgründen – vor allem Österreich mit §§ 80, 81 BAO[957]

953 § 9 Abs. 1 BAO lautet: „Die in den §§ 80 ff. bezeichneten Vertreter haften neben den durch sie vertretenen Abgabepflichtigen für die diese treffenden Abgaben insoweit, als die Abgaben infolge schuldhafter Verletzung der den Vertretern auferlegten Pflichten nicht eingebracht werden können“.

954 § 109 Abs. 1 lautet: „Die Vertreter und die übrigen in den §§ 103 bis 108 bezeichneten Personen haften insoweit persönlich neben dem Steuerpflichtigen, als durch schuldhafte Verletzung der ihnen in den §§ 103 bis 108 auferlegten Pflichten Steueransprüche verkürzt oder Erstattungen oder Vergütungen zu Unrecht gewährt worden sind“.

955 *Dobratz*, in Schaumburg/Englisch/Dobratz, Europäisches Steuerrecht, 3. Aufl. 2025, Rz. 20.1.

956 EuGH, Urteil v. 19.9.2006 – C-392/04, C-422/04, *i-21 Germany GmbH und Arcor AG & Co. KG*, NVwZ 2006, 1277, Rz. 57; EuGH, Urteil v. 15.3.2007 – C-35/05, *Reemtsma Cigarettenfabriken*, UR 2007, 343, Rz. 40; *Kokott*, Das Steuerrecht der Europäischen Union, 2018, § 10 Rz. 3 f.

957 § 80 BAO: „(1) Die zur Vertretung juristischer Personen berufenen Personen und die gesetzlichen Vertreter natürlicher Personen haben alle Pflichten zu erfüllen, die den von ihnen Vertretenen obliegen, und sind befugt, die diesen zustehenden

---

Rechte wahrzunehmen. Sie haben insbesondere dafür zu sorgen, daß die Abgaben aus den Mitteln, die sie verwalten, entrichtet werden.
(2) Steht eine Vermögensverwaltung anderen Personen als den Eigentümern des Vermögens oder deren gesetzlichen Vertretern zu, so haben die Vermögensverwalter, soweit ihre Verwaltung reicht, die im Abs. 1 bezeichneten Pflichten und Befugnisse.
(3) Vertreter (Abs. 1) der aufgelösten Gesellschaft mit beschränkter Haftung oder Flexiblen Kapitalgesellschaft nach Beendigung der Liquidation ist, wer nach § 93 Abs. 3 GmbHG zur Aufbewahrung der Bücher und Schriften der aufgelösten Gesellschaft verpflichtet ist oder zuletzt verpflichtet war.";
§ 81 BAO: „(1) Abgabenrechtliche Pflichten einer Personenvereinigung (Personengemeinschaft) ohne eigene Rechtspersönlichkeit sind von den zur Führung der Geschäfte bestellten Personen und, wenn solche nicht vorhanden sind, von den Gesellschaftern (Mitgliedern) zu erfüllen.
(2) Kommen zur Erfüllung der im Abs. 1 umschriebenen Pflichten mehrere Personen in Betracht, so haben diese hie[r]für eine Person aus ihrer Mitte oder einen gemeinsamen Bevollmächtigten der Abgabenbehörde gegenüber als vertretungsbefugte Person namhaft zu machen; diese Person gilt solange als zur Empfangnahme von Schriftstücken der Abgabenbehörde ermächtigt, als nicht eine andere Person als Zustellungsbevollmächtigter namhaft gemacht wird. Solange und soweit eine Namhaftmachung im Sinn des ersten Satzes nicht erfolgt, kann die Abgabenbehörde eine der zur Erfüllung der im Abs. 1 umschriebenen Pflichten in Betracht kommenden mehreren Personen als Vertreter mit Wirkung für die Gesamtheit bestellen. Die übrigen Personen, die im Inland Wohnsitz, Geschäftsleitung oder Sitz haben, sind hie[r]von zu verständigen.
(3) [...]
(4) Für Personen, denen gemäß Abs. 1 oder 2 die Erfüllung abgabenrechtlicher Pflichten von Personenvereinigungen (Personengemeinschaften) ohne eigene Rechtspersönlichkeit obliegt, gilt § 80 Abs. 1 sinngemäß.
(5) Die sich auf Grund der Abs. 1, 2 oder 4 ergebenden Pflichten und Befugnisse werden durch den Eintritt eines neuen Gesellschafters (Mitglieds) in die Personenvereinigung (Personengemeinschaft) nicht berührt.
(6) In den Fällen des § 19 Abs. 2 sind die Abs. 1, 2 und 4 auf die zuletzt beteiligt gewesenen Gesellschafter (Mitglieder) sinngemäß anzuwenden. Die bei Beendigung der Personenvereinigung (Personengemeinschaft) bestehende Vertretungsbefugnis bleibt, sofern dem nicht andere Rechtsvorschriften entgegenstehen, insoweit und solange aufrecht, als nicht von einem der zuletzt beteiligt gewesenen Gesellschafter (Mitglieder) oder der vertretungsbefugten Person dagegen Widerspruch erhoben wird.
(7) [...]
(8) Vertretungsbefugnisse nach den vorstehenden Absätzen bleiben auch für ausgeschiedene Gesellschafter (Mitglieder) von Personenvereinigungen (Personengemeinschaften) ohne eigene Rechtspersönlichkeit hinsichtlich der vor dem Ausscheiden gelegene Zeiträume und Zeitpunkte betreffenden Maßnahmen

sowie Luxemburg mit §§ 103–105, 108 des Loi générale des impôts[958] genannt, die den deutschen Regelungen weitestgehend entsprechen oder zumindest ähneln.

Auf diese Weise entsteht ein einheitlicher Anknüpfungspunkt, welcher von Mitgliedstaat zu Mitgliedstaat individuell, gleichzeitig aber sehr ähnlich und daher weitestgehend wettbewerbsneutral, und damit für die Unternehmen auch rechtssicher und ohne große Schwierigkeiten gehandhabt werden kann.

---

bestehen, solange dem nicht von Seiten des ausgeschiedenen Gesellschafters (Mitglieds) oder der vertretungsbefugten Person widersprochen wird.
(9) Die Abs. 1 bis 4 gelten sinngemäß für Vermögensmassen, die als solche der Besteuerung unterliegen.
(10) […]".

958 § 103: „Die gesetzlichen Vertreter juristischer Personen und solcher Personen, die geschäftsunfähig oder in der Geschäftsfähigkeit beschränkt sind, haben alle Pflichten zu erfüllen, die den Personen, die sie vertreten, obliegen; insbesondere haben sie dafür zu sorgen, dass die Steuern aus den Mitteln, die sie verwalten, entrichtet werden. Für Zwangsgeldstrafen und Sicherungsgelder, die gegen sie erkannt, und für Kosten von Zwangsmitteln, die gegen sie festgesetzt werden, haften neben ihnen die von ihnen vertretenen Personen.";
§ 104: „Steht eine Vermögensverwaltung nach Gesetz, Anordnung der Behörde oder letztwilliger Verfügung anderen Personen zu als den Eigentümern oder deren gesetzlichen Vertretern, so haben sie, soweit ihre Verwaltung reicht, die gleiche Pflicht (§ 103).";
§ 105: „(1) Bei Personenvereinigungen, die als solche steuerpflichtig sind, aber keine eigene Rechtspersönlichkeit besitzen, haben die Vorstände oder Geschäftsführer und, soweit solche nicht vorhanden sind, die Mitglieder die Pflichten zu erfüllen, die den Personenvereinigungen wegen der Besteuerung auferlegt sind. Die §§ 103 und 104 gelten entsprechend.
(2) Das gleiche gilt für Zweckvermögen und sonstige einer juristischen Person ähnliche Gebilde, die als solche der Besteuerung unterliegen.
(3) Entstehen dadurch Schwierigkeiten, dass es in den Fällen der ersten beiden Absätze an Vorständen oder Geschäftsführern fehlt und Beteiligte in grösserer Zahl vorhanden sind, so haben die Beteiligten einen oder mehrere Bevollmächtigte im Inland zu stellen. Unterlassen sie dies, so kann die Steuerkontrollstelle einen oder einzelne Beteiligte als Bevollmächtigte mit Wirkung für die Gesamtheit behandeln.";
§ 108: „Wer als Bevollmächtigter oder als Verfügungsberechtigter auftritt, hat die Pflichten eines gesetzlichen Vertreters (§ 103). Für Zwangsgeldstrafen und Sicherungsgelder, die gegen ihn erkannt, und für Kosten von Zwangsmitteln, die gegen ihn festgesetzt werden, haftet neben ihm der Vertretene".

III. Mitarbeiterwissen als fahrlässige Unkenntnis von Einzelunternehmer und Steuererfüllungsverpflichteten

Mit der soeben erarbeiteten Auslegung des wissenskontextualen Begriffs des „Unternehmers" gilt – wie bereits beschrieben – das Wissen eines jeden Einzelunternehmers (natürliche Person) sowie eines jeden Steuererfüllungsverpflichteten automatisch und ohne jegliche Einschränkung als das Wissen „des Unternehmens". Dies bedeutet jedoch nicht, dass das Wissen sonstiger Mitarbeiter des Unternehmens umsatzsteuerrechtlich gänzlich unbeachtlich ist. Eine Berücksichtigung ihres Wissens bedarf eines anderen „Angriffspunktes". Doch auch hier erscheint ein Rückgriff auf die Zurechnung mittels § 166 BGB analog nicht als der geeignete Weg. Vielmehr ist in Erwägung zu ziehen, die Kenntnis sonstiger Mitarbeiter unter gewissen Umständen als fahrlässige Unkenntnis des Einzelunternehmers bzw. der/des Steuererfüllungsverpflichteten – und damit des Unternehmens – zu erfassen. Auch wenn es sich dabei nicht um eine „Zurechnung" im eigentlichen Sinne handelt, soll sie im Folgenden doch als solche bezeichnet werden.

1. Fahrlässige Unkenntnis als hinreichendes Tatbestandsmerkmal

Eine Berücksichtigung des Wissens sonstiger Mitarbeiter als fahrlässige Unkenntnis von Einzelunternehmer bzw. Steuererfüllungsverpflichteten kann selbstredend nur dann sinnvoll erfolgen, wenn die Regelungsbereiche des materiellen Umsatzsteuerrechts, die an ein subjektives Merkmal anknüpfen, bereits fahrlässige Unkenntnis genügen lassen. Dies ist – wie bereits festgestellt wurde[959] – der Fall. Von der Frage, inwiefern die Kenntnis eines Mitarbeiters dem Unternehmen als positive Kenntnis zugerechnet werden kann bzw. muss, kann daher abgesehen werden. Vielmehr genügt die Fragestellung, inwieweit der Einzelunternehmer bzw. der/die Steuererfüllungsverpflichtete(n) – deren Kenntnis bzw. fahrlässige Unkenntnis in jedem Fall als Kenntnis bzw. fahrlässige Unkenntnis des Unternehmens gilt[960] – aufgrund der Kenntnis eines sonstigen Mitarbeiters von den umsatzsteuerrechtlich relevanten Umständen hätte wissen müssen bzw. können.

---

959 S.o. A. VI. 3. b) aa).
960 S.o. D. II.

2. Relevanz fahrlässiger Unkenntnis des Mitarbeiters?

Daneben stellt sich jedoch auch die Frage, ob lediglich positive Kenntnis eines Mitarbeiters als fahrlässige Unkenntnis des Unternehmens gewertet werden kann oder ob hierfür bereits fahrlässige Unkenntnis eines Mitarbeiters genügt. Hierbei ist sich zu vergegenwärtigen, dass auch die Fahrlässigkeit der Unkenntnis eines Mitarbeiters auf der Kenntnis gewisser Umstände beruht, die beispielsweise auf einen Betrug des Vertragspartners hindeuten. Hat der Mitarbeiter keinerlei Anzeichen für einen Betrug, so ist seine Unkenntnis auch nicht fahrlässig. Dementsprechend kann[961] eine Nicht-Beachtung dieser Anzeichen – als eine Art „positive Kenntnis des Mitarbeiters von auf einen Betrug des Vertragspartners hindeutenden Umständen" – durch den Einzelunternehmer bzw. den/die Steuererfüllungsverpflichteten auch als fahrlässige Unkenntnis des Unternehmens gewertet werden.

3. „Rechtsgrundlage" und Reichweite der fahrlässigen Unkenntnis

Die Annahme, dass die Kenntnis eines sonstigen Mitarbeiters – zumindest unter gewissen Voraussetzungen – als fahrlässige Unkenntnis des Einzelunternehmers bzw. der/des Steuererfüllungsverpflichteten anzusehen ist bzw. angesehen werden darf, bedarf zunächst einer rechtlichen Begründung. Gleichzeitig setzt diese rechtliche Begründung die Grenzen für diese Art der „Zurechnung". Hierfür wird zunächst ermittelt, ob die im Zivilrecht aufgeworfenen Begründungsansätze der Zurechnung von Mitarbeiterwissen auch für das Umsatzsteuerrecht fruchtbar gemacht werden können, um sodann eine durch die Grundsätze des Mehrwertsteuerrechts geprägte Begründung aufzuzeigen.

a) Zivilrechtliche Begründungsansätze

aa) Vertrauensschutzprinzip

Der im Rahmen der zivilrechtlichen Wissenszurechnung angewandte Gedanke des Vertrauensschutzes beruht – ähnlich dem Verkehrsschutzgedanken hinsichtlich des zu schützenden Rechtsverkehrs – auf dem Konzept, dass der konkret gegenüberstehende Dritte – der Vertragspartner – darauf

---

961 Zur Frage, unter welchen Voraussetzungen eine solche „Zurechnung" m.E. zu erfolgen hat, s. sogleich.

vertrauen darf, dass das von einer im Unternehmen agierenden Person erlangte Wissen auch an anderen Stellen zur Verfügung steht bzw. zur Kenntnis genommen und beachtet wird.[962]

Dieser Begründungsansatz ist für das Umsatzsteuerrecht kaum fruchtbar zu machen. So stellt sich zunächst die Frage, wer denn überhaupt der „konkret gegenüberstehende Dritte" ist. Ist es der betrügerische Vertragspartner des Unternehmens, der darauf vertrauen darf, dass sein „Mitwisser" sein Wissen nicht preisgibt? Eine solche Handhabung könnte jedenfalls keine fahrlässige Unkenntnis des Steuererfüllungsverpflichteten begründen und würde stattdessen einen – gerade nicht schutzwürdigen – Betrüger und Auslöser der umsatzsteuerlichen Problematik schützen. Ein solcher Lösungsansatz ist daher nicht brauchbar.

So könnte allenfalls die Finanzbehörde als zu schützender „Vertragspartner" einzuordnen sein. Eine solche Einordnung hinkt jedoch ebenfalls aus mehreren Gründen. Zwar ist richtig, dass die Versagung der oben dargestellten Rechte des Unternehmens bei Kenntnis gewisser Umstände die Steueransprüche des Fiskus, der insoweit durch die Finanzbehörde „vertreten" wird, schützen soll.[963] Jedoch stehen die Finanzbehörde und das Unternehmen zum einen nicht in einem Verhältnis des gegenseitigen Leistungsaustauschs. Ein auf dem Prinzip „do ut des" basierender Gedanke existiert gerade nicht. Zum anderen bestehen zwar nach §§ 90 ff. AO auch für das Unternehmen gewisse Mitwirkungspflichten. Die Finanzbehörde darf jedoch umgekehrt nicht einfach auf Angaben vertrauen, sondern muss entsprechend des Untersuchungs- bzw. Amtsermittlungsgrundsatzes im Sinne von § 88 AO selbst erforschen[964] und hat hierzu – im Unterschied zum zu schützenden Vertragspartner im Sinne des Zivilrechts – vor allem auch die nötigen Mittel.

---

962 *Grunewald*, in Festschrift Beusch, 1993, S. 301 (304 ff.); *Taupitz*, Karlsruher Forum 1994, S. 16 (26).

963 So die ständige Rspr. des EuGH, z.B. EuGH, Urteil v. 21.6.2012 – C-80/11, C-142/11, *Mahagében und Dávid*, UR 2012, 591, Rz. 48; EuGH, Urteil v. 6.12.2012 – C-285/11, *Bonik*, UR 2013, 195, Rz. 42; EuGH, Urteil v. 24.11.2022 – C-596/21, *Finanzamt M*, UR 2022, 942, Rz. 26, jeweils im Umkehrschluss.

964 Zu dieser Verfahrensmaxime z.B. *Drüen*, in Hübschmann/Hepp/Spitaler, AO/FGO, § 88 AO Rz. 11, 60 ff. u.a. (Juni 2021); *Roser*, in Gosch, AO/FGO, § 88 AO Rz. 16 ff. (Juli 2021).

Das Vertrauensschutzprinzip ist somit nicht geeignet, zu begründen, warum die positive Kenntnis eines sonstigen Mitarbeiters als fahrlässige Unkenntnis des Einzelunternehmers bzw. der/des Steuererfüllungsverpflichteten zu werten ist.

bb) Gleichstellungsargument

Als weiteres aus dem Zivilrecht entnommenes Prinzip könnte das Gleichstellungsargument herangezogen werden. Dieses beruht – wie bereits erläutert – auf dem Gedanken, dass der Vertragspartner weder schlechter noch besser gestellt werden darf, als wenn er mit einer einzelnen natürlichen Person kontrahiert hätte.[965] Es besteht somit die gleiche Problematik wie im Rahmen des Vertrauensschutzprinzips: das Bedürfnis eines (zu schützenden) Vertragspartners. Als solcher kann jedoch, wie bereits erörtert, weder der betrügerisch handelnde Vertragspartner des Unternehmens noch die Finanzbehörde angesehen werden.[966] Das „Gleichstellungsargument" kann daher ebenfalls nicht als Begründung zum Tragen kommen.

b) Grundsatz der Gleichbehandlung

Da die zivilrechtlichen Begründungsansätze somit keine Früchte tragen, ist vielmehr wiederum der in Art. 20 GrCh normierte Grundsatz der Gleichbehandlung[967] heranzuziehen, der sowohl die rechtliche Begründung bildet als auch die Grenzen absteckt, inwieweit das Wissen sonstiger Mitarbeiter als fahrlässige Unkenntnis von Einzelunternehmer bzw. Steuererfüllungsverpflichteten zu beurteilen ist.

aa) Gleichstellung der umsatzsteuerlichen Unternehmen durch Zurechnung

Um dem Grundsatz der Gleichbehandlung, wonach „vergleichbare Sachverhalte nicht unterschiedlich und unterschiedliche Sachverhalte nicht gleichbehandelt werden [dürfen], es sei denn, dass eine solche Behandlung objektiv gerechtfertigt ist"[968] möglichst gerecht zu werden, sollte primär – im Rahmen

---

[965] Vgl. schon B. I. 2. a) aa) (2) (b).

[966] S. soeben D. III. 3. a) aa).

[967] Zur Anwendbarkeit s. bereits unter D. II. 2. b) bb) (1).

[968] EuGH, Urteil v. 21.7.2011 – C-21/10, *Nagy*, Slg. 2011, I-6769, Rz. 47 m.w.N.

der hier möglichen Gestaltung – ermittelt werden, inwiefern eine möglichst weitgehende Gleichbehandlung der umsatzsteuerlichen Unternehmen im Hinblick auf die Frage der Relevanz von Mitarbeiterwissen erreicht werden kann.

Dabei ist zu berücksichtigen, dass es nicht nur der Gleichbehandlung von Unternehmen mit Mitarbeitern – sei es von zehn oder von 10.000 Mitarbeitern – bedarf, sondern auch der Gleichbehandlung von Unternehmen mit Mitarbeitern einerseits und von alleine agierenden Einzelunternehmern andererseits.

Insoweit wurde bereits erarbeitet, dass eine Berücksichtigung des Wissens sonstiger Mitarbeiter ohne jegliche Einschränkungen nicht gerechtfertigt werden kann.[969] Gleichzeitig würde auch der umgekehrte Extremfall – dass das Wissen der sonstigen Mitarbeiter niemals als das Wissen des Unternehmens berücksichtigt werden könnte, die Kenntnis eines sonstigen Mitarbeiters also in keinem Fall als fahrlässige Unkenntnis des Einzelunternehmers bzw. der/des Steuererfüllungsverpflichteten zu werten wäre – keine Gleichbehandlung der umsatzsteuerlichen Unternehmen erreichen. Dies zeigt beispielsweise bereits der vergleichende Blick auf einerseits den Einzelunternehmer, der alle Handlungen sein Unternehmen betreffend selbst vornimmt und daher in jedem Fall nur selbst Kenntnis von relevanten Umständen haben kann sowie andererseits auf das Großunternehmen, bei welchem die Steuererfüllungsverpflichteten nicht die originär ausführenden Glieder des Unternehmens darstellen, sondern die „sonstigen“ Mitarbeiter. Letztere sind unmittelbar in das Tagesgeschäft involviert und erhalten daher wesentlich leichter und häufiger Kenntnis von relevanten Umständen als die Steuererfüllungsverpflichteten.[970] Erfolgte keine Weiterleitung dieses Wissens, wären die an subjektive Merkmale anknüpfenden negativen Rechtsfolgen aus Rechtsprechung und Gesetzen auf derlei Großunternehmen faktisch[971] nie bzw. zumindest sehr selten anwendbar, auf den alleine agierenden Einzelunternehmer dagegen

---

969 S.o. D. II. 4.

970 So sieht es auch *Seidel*, ZIP 2020, 1506 (1509 f.).

971 Eine Ungleichbehandlung ist nicht nur dann relevant, wenn sie rechtlich erfolgt, sondern bereits, wenn sie tatsächlich erfolgt, vgl. *Heselhaus*, in Pechstein/Nowak/Häde, Frankfurter Kommentar EUV/GRC/AEUV, Bd. 1, 2. Aufl. 2023, Art. 20 GRC Rz. 17.

stets, obwohl eine Kenntnis in beiden Fällen zumindest „irgendwo" im Betrieb tatsächlich vorhanden ist.

Dass eine solche Ungleichbehandlung auch nicht gerechtfertigt wäre, zeigt sich umso deutlicher, wenn tatsächlich vorhandenes Wissen ohne größere Probleme an die entsprechenden Stellen weitergeleitet und dort berücksichtigt werden kann oder Wissen bereits an Stellen vorhanden ist, an denen es verwertet werden kann – z.B. in der Steuerabteilung. Dies gälte umso mehr, wenn der Einzelunternehmer bzw. der/die Steuererfüllungsverpflichtete(n) seine/ihre Augen vor dem Wissen der Mitarbeiter bewusst verschließen würde. Denn der Unternehmer, der sich der Arbeitsteilung durch Mitarbeiter bedient, darf sich durch diese Arbeits- und Wissensverteilung gerade nicht aus seiner mangelnden Kenntnis „herausreden" können – der aus ihr erwachsende Vorteil ist vielmehr auszugleichen, indem das Wissen gewisser Mitarbeiter als relevant einzuordnen ist und weitergeleitet werden muss.

Damit zeigt sich, dass eine „Zurechnung" von Mitarbeiterwissen zwar durchaus erfolgen darf und muss, gleichzeitig aber auch nur eingeschränkt[972] – also unter gewissen Voraussetzungen.

bb) Grenzen der Zurechnung

Diese Voraussetzungen sind so zu gestalten, dass sie eine möglichst umfassende Gleichbehandlung der umsatzsteuerlichen Unternehmen bewirken. Hierbei sind zwei Aspekte besonders zu berücksichtigen: Zum einen ist zu bedenken, dass dem Unternehmen mit wachsender Mitarbeiterzahl ein zunehmender – insbesondere auch finanzieller – Aufwand entsteht, die umsatzsteuerrechtlich relevanten Informationen zu beschaffen, also an die relevanten Stellen zu leiten. Um hierbei auch die Grenzen des Verbrauchsteuercharakters der Umsatzsteuer, wonach „der Unternehmer durch die Umsatzsteuer in seiner unternehmerischen Tätigkeit grundsätzlich nicht belastet werden soll",[973] nicht zu sehr zu strapazieren, bedarf es einer personellen Eingrenzung der für eine „Zurechnung" von Wissen in Betracht kommenden Mitarbeiter.[974] Zum anderen ist zu beachten, dass jeder Einzelunternehmer mit Personal

---

[972] So zur Zurechnung von Mitarbeiter-Handlungen EuGH, Urteil v. 30.1.2024 – C-442/22, *P sp. z o.o.*, DStR 2024, 238 ff.; s.o. C. I. 1. b).

[973] *Ehrke-Rabel*, in Festschrift für den BFH, 2018, S. 1529 (1539).

[974] Hierzu sogleich.

bzw. jeder Steuererfüllungsverpflichtete der Gefahr des bewussten Vorenthaltens relevanter Informationen und damit der unbewussten und unbeabsichtigten Fehlbeurteilung unterliegt – eine Gefahr, die der allein agierende Einzelunternehmer nicht zu tragen hat. Zur Wahrung der Gleichbehandlung der umsatzsteuerlichen Unternehmen muss daher dem Einzelunternehmer bzw. dem/den Steuererfüllungsverpflichteten die Möglichkeit zukommen, Maßnahmen zu ergreifen, um sicherzustellen, dass umsatzsteuerrechtlich relevantes Wissen bei den entsprechenden Stellen ankommt und dort verwertet werden kann. Werden solche Maßnahmen ergriffen, darf die Unkenntnis des Einzelunternehmers bzw. der/des Steuererfüllungsverpflichteten dagegen nicht als fahrlässig erachtet werden – selbst, wenn das Wissen nicht ankommt. Ausschließlich eine solche Handhabung ist konsistent mit dem Missbrauchsbegriff, der ein Zusammentreffen von Handlung und – in diesem Fall und noch einmal explizit benannt – fahrlässiger Unkenntnis erfordert.[975] Welche Maßnahmen dabei erforderlich sind, damit die Unkenntnis des Einzelunternehmers bzw. der/des Steuererfüllungsverpflichteten gerade nicht mehr als fahrlässig zu werten ist, soll in einem zweiten Schritt herausgearbeitet werden.[976]

(1) Personelle Eingrenzung

Der Grundsatz der Gleichbehandlung gebietet meines Erachtens eine personelle Eingrenzung der für eine „Zurechnung" von Wissen in Betracht kommenden sonstigen Mitarbeiter. Denn der Unternehmer, der sich zur Erledigung bestimmter Angelegenheiten der Mithilfe Dritter bedient, darf in den rechtlichen Konsequenzen dieser Einschaltung nicht besser[977] – ebenso wenig aber schlechter – stehen, als der Unternehmer, der diese Angelegenheiten selbst erfüllt. Insoweit ist der durch eine Arbeitsteilung erwachsende Vorteil zwar durch eine „Zurechnung" von Wissen auszugleichen. Sie muss jedoch gewisse Grenzen wahren, um nicht in einen Nachteil umzuschlagen sowie den Verbrauchsteuercharakter der Umsatzsteuer zu wahren.

---

975 S.o. D. I. 2. b) aa).

976 Hierzu im Folgenden unter D. III. 3. b) bb) (2).

977 So auch explizit die Aussage des BFH zur Zurechnung von Wissen im Rahmen der Gutglaubensschutzregelung des § 10b Abs. 4 EStG, s.o. B. II. 1. c), Fn. 517.

Auch im Zivilrecht existiert eine solche personelle Eingrenzung des für eine Zurechnung von Wissen in Betracht kommenden Mitarbeiters. Er wird bezeichnet als „Wissensvertreter".[978] Die insoweit wohl überwiegende Ansicht sieht die rechtliche Grundlage dieses Konstruktes in § 166 BGB, weil „§ 166 Abs. 1 BGB den allgemeinen Rechtsgrundsatz enthält, wonach sich – unabhängig von einem Vertretungsverhältnis – derjenige, der einen anderen mit der Erledigung bestimmter Angelegenheiten *in eigener Verantwortung betraut*, das in diesem Rahmen erlangte Wissen des anderen zurechnen lassen muß."[979]

Aufgrund der bereits langen Historie[980] dieses zivilrechtlichen Konstrukts und der umfassenden Auseinandersetzung in Literatur und Rechtsprechung,[981] sollen im Folgenden die im Zivilrecht an den „Wissensvertreter" gestellten Anforderungen aufgegriffen und erörtert werden, ob sie auch für das Umsatzsteuerrecht fruchtbar gemacht werden können. Es handelt sich dabei um die Merkmale „Betrauung mit der Erledigung einer Aufgabe durch den Geschäftsherrn", „Außenkontakt" sowie „Eigenverantwortlichkeit",[982] wobei teils lediglich ein oder zwei dieser Merkmale gefordert werden.[983]

(a) Betrauung mit der Erledigung einer Aufgabe

Im Zivilrecht fordern sowohl Rechtsprechung als auch die fast ganz herrschende Meinung[984] im Schrifttum, dass der Geschäftsherr den – als „Wissensvertreter" in Betracht kommenden – Mitarbeiter mit der Erledigung einer Aufgabe betraut haben muss.[985] „Der Geschäftsherr muß eine Person durch

---

978 Vgl. B. I.

979 *Buck*, Wissen und juristische Person, 2001, S. 157 (Hervorhebung im Original) unter Verweis auf die inzwischen „ständige Rechtsprechung", wie BGH, Urteil v. 25.3.1982 – VII ZR 60/81, BGHZ 83, 293 (296); BGH, Urteil v. 24.1.1992 – V ZR 262/90, NJW 1992, 1099 (1100).

980 „Eingeführt" durch das RG im Urteil v. 8.3.1921 – VII 330/20, RGZ 101, 402 (403).

981 Z.B. BGH, Urteil v. 24.1.1992 – V ZR 262/90, NJW 1992, 1099 (1100); BGH, Urteil v. 1.6.2005 – VIII ZR 234/04, NJW-RR 2005, 1421 (1422); BGH, Urteil v. 25.10.2018 – IX ZR 168/17, NJW-RR 2019, 116 (117); *Armbrüster/Kosich*, ZIP 2020, 1494 ff.; *Harke*, Wissen und Wissensnormen, 2017, S. 33 ff.; *Richardi*, AcP 169 (1969), 385 ff.

982 Vgl. schon B. I. 1.

983 Z.B. *Buck*, Wissen und juristische Person, 2001, S. 160 ff., 171.

984 A.A. *Hoffmann*, JR 1969, 372 (374).

985 Vgl. z.B. BFH, Urteil v. 21.4.2010 – VI R 29/08, BStBl. II 2010, 833, Rz. 15; BGH, Urteil v. 15.3.2011 – VI ZR 162/10, NJW 2011, 1799 (1800); *Buck*, Wissen und juristische

Übertragung der Aufgabe eingeschaltet haben, die nun mit seinem Wissen und Wollen statt seiner handelt, ohne daß sie aber zum rechtsgeschäftlichen Vertreter bestellt wurde."[986]

(i) Ausgleich des Vorteils der Arbeitsteilung

Dass der Geschäftsherr sich das Wissen von Personen, denen er keinerlei Aufgabe in seinem Unternehmen zugewiesen hat, nicht vorzuhalten lassen braucht und insoweit auch keinerlei Nachforschungspflichten unterliegt, ist augenscheinlich. Für das Zivilrecht soll sich diese Voraussetzung aus § 166 BGB ergeben: „Wenn die durch die direkte Anwendung des § 166 Abs. 1 BGB erfolgende Wissenszurechnung eine Konsequenz des Einsatzes eines Zuordnungsmittlers ist und sie einen Ausgleich für die aus diesem arbeitsteiligen Einsatz erlangte Erleichterung darstellt, das Geschäft nicht selbst abschließen zu müssen, muss auch die Zurechnung von Hilfspersonenwissen mithilfe einer Analogie deshalb zugelassen werden können, weil der Geschäftsherr durch den Einsatz der Hilfspersonen beispielsweise ein Geschäft nicht selbst vorbereiten bzw. abwickeln muss."[987] Im Umsatzsteuerrecht ergibt sich dieser Aspekt meines Erachtens bereits unmittelbar aus dem Gleichbehandlungsgrundsatz. Denn nur der Vorteil einer tatsächlichen Arbeitsteilung kann den Nachteil einer „Zurechnung" von Wissen aufwiegen, um so eine „Gleichstellung" mit dem allein agierenden Unternehmer zu erreichen. Das Gleiche muss für Personen gelten, die eine gewisse Tätigkeit in seinem Unternehmen ausüben, ohne dass der Geschäftsherr hiervon weiß. Denn insoweit geht der Geschäftsherr noch nicht einmal von einer Arbeitsteilung aus, deren Vorteil im soeben genannten Sinne „aufgewogen" werden könnte.

(ii) Einschränkung: typischerweise umsatzsteuerlicher Bezug der Tätigkeit

Es könnte sich jedoch die Frage stellen, ob das Merkmal der „Betrauung mit der Erledigung einer Aufgabe" im Übrigen nicht überflüssig ist, weil der Geschäftsherr doch jeden seiner Mitarbeiter mit der Erledigung einer

---

Person, 2001, S. 160 f.; *Richardi*, AcP 169 (1969), 385 (403); *Schilken*, Wissenszurechnung im Zivilrecht, 1983, S. 225 f.

986 *Buck*, Wissen und juristische Person, 2001, S. 160.

987 *Jung*, Wissenszurechnung und Wissensverantwortung bei juristischen Personen, 2017, S. 113.

gewissen Aufgabe betraut. In Anbetracht der Tatsache, dass hier ein weites Begriffsverständnis des „Mitarbeiters" zugrunde gelegt wird – also unabhängig von einer arbeits- oder ertragsteuerrechtlichen Bewertung –,[988] kann mit diesem Merkmal jedoch zunächst überhaupt erst einmal der „Bezug" zum Unternehmen hergestellt werden, in dem Sinne, dass der „Mitarbeiter" in jedem Fall im Sinne des Unternehmers für das Unternehmen tätig sein muss.

Im Zivilrecht wird zudem eine „Einschränkung" dergestalt vorgenommen, dass „der betreffende Sachbearbeiter mit der *Vorbereitung oder Abwicklung* des Rechtsgeschäfts so betraut ist, daß ihm dabei die Überprüfung rechtlich bedeutsamer Umstände zufällt".[989] Da es auch im Umsatzsteuerrecht um die Kenntnis von Umständen des Vertragspartners geht, könnte diese Einschränkung auch hier anwendbar sein. Allerdings dürfte die Überprüfung umsatzsteuerlich bedeutsamer Umstände in der Regel nicht für jene Mitarbeiter von Relevanz sein, die die Vertragsabwicklung und -durchführung betrauen, sondern für die Mitarbeiter der Steuerabteilung und der Buchhaltung, um so eine mehrwertsteuerrechtlich korrekte Rechnungsstellung und Besteuerung zu erreichen. So dürfte es wohl beispielsweise dem Vertriebs- oder Dispositions-Mitarbeiter relativ gleichgültig sein, ob das Produkt nach Weil am Rhein (Baden-Württemberg), Basel (Schweiz) oder Saint-Louis (Frankreich) transportiert wird. Für die Mitarbeiter der Steuerabteilung und der Buchhaltung dagegen, die die Rechnung mehrwertsteuerrechtlich korrekt ausgestellt und die Steueranmeldung ordnungsgemäß abgegeben haben möchten, ist diese Frage maßgeblich. Die Möglichkeit zur Überprüfung dieser Tatsache bzw. der „zufälligen" Kenntnis des tatsächlichen Zielorts wird aber wohl eher den erstgenannten Mitarbeitern möglich sein. Geht es dagegen beispielsweise um die Überprüfung der umsatzsteuerlichen Unternehmereigenschaft eines Vertragspartners durch Prüfung der Umsatzsteuer-Identifikationsnummer – die beispielsweise für die Frage der Steuerfreiheit der innergemeinschaftlichen Lieferung nach § 4 Nr. 1 Buchst. b) i.V.m. § 6a UStG relevant ist – wird diese Aufgabe wohl eher dem Mitarbeiter der Steuerabteilung obliegen. Für umsatzsteuerliche Zwecke erscheint es daher angebracht, eine Einschränkung der relevanten Mitarbeiter derart vorzunehmen, dass sie – in einem ersten Schritt – nur dann in den für die „Wissenszurechnung" relevanten

---

988 S. schon oben D. II. 4.

989 *Buck*, Wissen und juristische Person, 2001, S. 161 (Hervorhebung im Original).

Personenkreis fallen, wenn es sich um eine Tätigkeit handelt, bei welcher umsatzsteuerrechtlich relevantes Wissen typischerweise erlangt wird.[990] So kann der Vorteil der Arbeitsteilung mit Hilfe genau jenes Mitarbeiters durch die Möglichkeit der „Wissenszurechnung" desselben ausgeglichen werden und so eine Gleichstellung gegenüber dem selbst agierenden Unternehmer erreicht werden. Nimmt der Einzelunternehmer bzw. ein Steuererfüllungsverpflichteter dagegen die maßgebliche Tätigkeit selbst vor, ist jedoch einer seiner – mit anderweitigen Tätigkeiten betrauten – Mitarbeiter rein zufällig im Besitz der hierfür relevanten Kenntnis, liegt bezüglich dieser Tätigkeit keine Arbeitsteilung vor, für welche es eine Gleichstellung mit anderen Unternehmen mittels „Wissenszurechnung" bedürfte.

(iii) Fazit

Die personelle Eingrenzung der für eine „Wissenszurechnung" in Betracht kommenden Mitarbeiter erfolgt somit zunächst anhand der Frage, ob der jeweilige Mitarbeiter mit der Erledigung einer Aufgabe betraut ist, bei welcher umsatzsteuerrechtlich relevantes Wissen typischerweise erlangt wird.

(b) Außenkontakt

Eine weitere, im Zivilrecht teils anzutreffende – gleichzeitig jedoch höchst umstrittene – Voraussetzung für die potentielle Einordnung eines Mitarbeiters als „Wissensvertreter", ist das Merkmal des Außenkontaktes. Unter Zugrundelegung von § 166 Abs. 1 BGB läge – für eine Analogie – nur in diesem Fall ein der Stellvertretung vergleichbarer bzw. ähnlicher Sachverhalt vor.[991] Zudem werde das Vertrauen des Geschäftspartners geschützt, weil dieser mit der nach außen auftretenden Person in Kontakt trete und sich auf diese einstelle.[992]

---

990 Dies dürften beispielsweise Mitarbeiter des Vertriebs, des Einkaufs oder der Steuerabteilung sein.

991 Vgl. aufzeigend *Buck*, Wissen und juristische Person, 2001, S. 165; *Jung*, Wissenszurechnung und Wissensverantwortung bei juristischen Personen, 2017, S. 111 f.

992 So *Buck*, Wissen und juristische Person, 2001, S. 165; *Jung*, Wissenszurechnung und Wissensverantwortung bei juristischen Personen, 2017, S. 111.

Während sich jedoch – wie bereits erwähnt – schon im Zivilrecht erhebliche Stimmen gegen diese Voraussetzung wenden,[993] lässt sie sich im Umsatzsteuerrecht gar nicht begründen. Da es hier zum einen keines Rückriffs auf § 166 BGB bedarf,[994] ist auch keine der Stellvertretung vergleichbare Lage notwendig. Zum anderen geht es im Umsatzsteuerrecht – wie bereits dargelegt[995] – gerade nicht darum, in irgendeiner Hinsicht das Vertrauen eines Vertragspartners zu schützen. Vielmehr geht es alleine darum, gleiche Verhältnisse für alle umsatzsteuerlichen Unternehmen zu schaffen – unabhängig davon, ob sie sich des Vorteils einer Arbeitsteilung bedienen oder nicht. Zwar mag das Merkmal des „Außenkontaktes" bei jenen Mitarbeitern, die umsatzsteuerrechtlich relevantes Wissen typischerweise erlangen, häufig erfüllt sein – zwingend notwendig ist es jedoch nicht, wie beispielsweise der rein intern agierende Mitarbeiter der Steuerabteilung, der für die Überprüfung der Umsatzsteuer-Identifikationsnummern zuständig ist, zeigt.

(c) Eigenverantwortlichkeit

Ergiebiger könnte hingegen das Merkmal der Eigenverantwortlichkeit sein. Auch im Zivilrecht finden sich hierzu zahlreiche unterschiedliche Ansichten. So ist der BGH der Ansicht, dass die Wissenszurechnung einer Hilfsperson nur dann in Betracht kommen dürfe, wenn diese „in eigener Verantwortung" mit der Erledigung bestimmter Angelegenheiten betraut ist.[996] Im Schrifttum wird das Merkmal der Eigenverantwortlichkeit hingegen differenziert betrachtet. So wird teils vertreten, dass sich das Merkmal der Eigenverantwortlichkeit nicht darauf beziehen dürfe, ob die Hilfsperson dazu befugt sei, aus der erlangten Kenntnis selbst Konsequenzen zu ziehen, sondern es sei allein maßgeblich, ob die Hilfsperson die Möglichkeit zur selbständigen Kenntnisnahme habe.[997] „Wer in eine bestimmte Funktion eingesetzt ist und etwas erfährt, das der Geschäftsherr erfahren würde, wenn er selbst handelte,

---

[993] So beispielsweise *Buck*, Wissen und juristische Person, 2001, S. 165; *Jung*, Wissenszurechnung und Wissensverantwortung bei juristischen Personen, 2017, S. 111 f.; *Schilken*, Wissenszurechnung im Zivilrecht, 1983, S. 226 f.

[994] S.o. D. III. 3. b) aa).

[995] Vgl. D. III. 3. a) aa).

[996] So z.B. BGH, Urteil v. 23.1.2014 – III ZR 436/12, NJW 2014, 1294 f.

[997] So *Buck*, Wissen und juristische Person, 2001, S. 163; *Schultz*, NJW 1990, 477 (479); *Waltermann*, AcP 192 (1992), 181 (199 f.).

vermittelt dem Geschäftsherrn sein Wissen. Darüber hinaus kommt den Begriffen der Selbständigkeit oder der Eigenverantwortung keine Bedeutung zu."[998] Begründet wird dies in erster Linie mit der Tatsache, dass auch der Stellvertreter im Sinne von § 166 BGB nicht eigenverantwortlich handle, weil er den Weisungen des Geschäftsherrn unterliege.[999] Hiergegen wird jedoch ebenso eingewendet, dass die Hilfsperson durchaus selbständig handle, weil sie ja gerade eine eigene Willenserklärung abgibt.[1000]

Für das Umsatzsteuerrecht kann alleine eine einschränkende Auslegung – bzw. vielmehr die Unerheblichkeit – dieser Eigenverantwortlichkeit in Betracht kommen. Denn hierbei liegt es oftmals in der Natur der Sache, dass der Kenntnisnehmer selbst keinerlei Konsequenzen ziehen kann, sondern die Informationen an die maßgeblichen Stellen weiterleiten muss, wo sie dann entsprechend verwertet werden. Beispielhaft sei hier eine Änderung des Orts der Lieferung genannt, deren Kenntnis ein Dispositionsmitarbeiter erlangt, die aber erst beispielsweise in der Buchhaltung bei der Rechnungserstellung sowie der Steuerabteilung bei der Erstellung der Umsatzsteuervoranmeldung umsatzsteuerrechtlich verwertet werden kann.

(d) Weitere Einschränkung aufgrund der Komplexität des Umsatzsteuerrechts

Somit wird weder die Voraussetzung des Außenkontakts noch der Eigenverantwortlichkeit aufgenommen, sondern „lediglich" eine personelle Eingrenzung dergestalt vorgenommen, dass nur solche Mitarbeiter erfasst werden, die mit der Erledigung einer Aufgabe betraut sind, bei welcher umsatzsteuerrechtlich relevantes Wissen typischerweise erlangt wird. Hierdurch wird der betroffene Personenkreis überschaubar und objektiv eingrenzbar.

In Anbetracht der Komplexität des Umsatzsteuerrechts[1001] und unter Berücksichtigung des Verbrauchsteuercharakters der Umsatzsteuer bzw. angesichts der Prämisse, dass der Vorteil der Arbeitsteilung nicht in einen Nachteil übermäßiger

---

998 *Waltermann*, AcP 192 (1992), 181 (200).

999 *Buck*, Wissen und juristische Person, 2001, S. 163; *Waltermann*, AcP 192 (1992), 181 (200).

1000 So *Jung*, Wissenszurechnung und Wissensverantwortung bei juristischen Personen, 2017, S. 116.

1001 So die allgemeine Ansicht zum derzeitigen Umsatzsteuersystem, s. z.B. FG Baden-Württemberg, Urteil v. 30.10.2019 – 4 K 1715/18, EFG 2020, 571, Rz. 134; *Basar*,

Wissens-„Zurechnung“ umschlagen darf, sollte zudem eine weitere Einschränkung dergestalt erfolgen, dass nur solches Wissen als „zurechenbar“ gilt, das beim jeweiligen Mitarbeiter auch typischerweise erlangt wird – so beispielsweise Kenntnisse zum Ort der Lieferung als in der Disposition typischerweise generiertes Wissen. Ausschließlich diese Mitarbeiter im Hinblick auf die für sie jeweils umsatzsteuerrechtlich relevanten Maßgaben zu unterrichten und zu schulen erscheint sowohl im Hinblick auf die Kapazitäten der Mitarbeiter als auch im Hinblick auf den damit finanziell verbundenen Aufwand vertretbar.

(e) Fazit

Damit ist festzuhalten, dass der Grundsatz der Gleichbehandlung nach Art. 20 GrCh eine personelle Eingrenzung der für eine „Zurechnung“ von Wissen in Betracht kommenden Mitarbeiter dergestalt erfordert, dass hiervon lediglich solche Mitarbeiter erfasst werden, die mit der Erledigung einer Aufgabe betraut sind, bei der umsatzsteuerlich relevantes Wissen typischerweise erlangt wird. Hierunter fallen beispielsweise Mitarbeiter der Steuerabteilung, des Einkaufs und Vertriebs oder der Disposition. Als „zurechenbar“ ist zudem nur solches Wissen zu erachten, das beim jeweiligen Mitarbeiter auch typischerweise erlangt wird.

(2) Exkulpationsmöglichkeit

Neben dieser personellen Eingrenzung muss dem Einzelunternehmer bzw. dem/den Steuererfüllungsverpflichteten zudem die Möglichkeit gegeben werden, die Fahrlässigkeit ihrer Unkenntnis aufgrund Kenntnis eines Mitarbeiters zu widerlegen – es bedarf der Möglichkeit zur Exkulpation.

(a) Keine „verschuldensunabhängige Zurechnung“

Müsste man den Begriff der „Exkulpationsmöglichkeit“ einem Rechtsbereich zuordnen, würde man wohl zuerst an das zivile Schadensersatzrecht[1002] denken. An das Steuerrecht, das prinzipiell an die Leistungsfähigkeit,[1003]

---

jurisPR-StrafR 10/2016 Anm. 1; *Heinrichshofen*, UStB 2021, 277 (279); *Kemper*, UR 2017, 169.

1002 So vor allem im Rahmen von § 831 BGB, beispielsweise aber auch bei Art. 82 DSGVO.

1003 Zur Leistungsfähigkeit als fundamentales Grundprinzip des Steuerrechts z.B. *Desens*, StuW 2016, 240 ff.; *Drüen*, in Tipke/Kruse, AO/FGO, § 3 AO Rz. 50 f. (Febr. 2022); *Kempny*, StuW 2021, 85 ff.

nicht aber an ein Verschulden anknüpft, und für welches der Begriff der Exkulpation daher wohl eher ein Fremdkörper zu sein scheint,[1004] würde man dagegen womöglich zuletzt denken. Wirft man jedoch einen Blick in steuerrechtliche Haftungsvorschriften wie § 44 Abs. 5 Satz 1 EStG oder die Verlängerung der Festsetzungsfrist nach § 169 Abs. 2 Sätze 2, 3 AO, begegnet man auch im Steuerrecht immer wieder dem Begriff der „Exkulpation".[1005] Dies ist nur konsequent, weil diese Vorschriften einen Schuldvorwurf voraussetzen, von welchem sich die Betroffenen befreien, also exkulpieren,[1006] können (müssen). Gleiches gilt für die Berücksichtigung von Mitarbeiterwissen als fahrlässige Unkenntnis des Steuererfüllungsverpflichteten bzw. des Einzelunternehmers. Bestünde eine solche Exkulpationsmöglichkeit nicht, käme es zu einer „verschuldensunabhängigen Zurechnung von Wissen", die über das zur Gleichbehandlung der umsatzsteuerlichen Unternehmen notwendige Maß hinausginge.[1007]

In diese Richtung gehend können – wenn man den wollte – auch die Ausführungen der Finanzverwaltung zu § 25f UStG verstanden werden. So soll ein „Unternehmer, der alle Maßnahmen getroffen hat, die vernünftigerweise von ihm verlangt werden können, um sicherzustellen, dass seine Umsätze nicht in eine Umsatzsteuerhinterziehung und nicht in eine Schädigung des Umsatzsteueraufkommens einbezogen sind, [...] grundsätzlich auf die zutreffende steuerrechtliche Behandlung dieser Umsätze vertrauen [können], ohne Gefahr zu laufen, sein Recht auf Vorsteuerabzug oder auf Steuerbefreiung zu verlieren".[1008] Auch der EuGH kann dahingehend verstanden werden, dass dem Unternehmer die Möglichkeit zuzugestehen ist, seine Schuld an einer fahrlässigen Unkenntnis zu widerlegen, wenn er ausführt, dass die „Verteilung des Risikos zwischen diesen [(den Unternehmen)] und der Finanzverwaltung

---

1004 So jedenfalls die Einschätzung von *Heinrichs*, Fremdbestimmte Steuerwirkungen, 2020, S. 322.

1005 Z.B. bei BFH, Urteil v. 13.9.2000 – I R 61/99, BStBl. II 2001, 67 (69); BFH, Urteil v. 29.8.2017 – VIII R 32/15, BStBl. II 2018, 223 (226); *Jachmann-Michel*, in Brandis/Heuermann, Ertragsteuerrecht, § 44 EStG Rz. 64, 68 (Febr. 2023); *Paetsch*, in Gosch, AO/FGO, § 169 AO Rz. 53 f. (Nov. 2023).

1006 Der Begriff „Exkulpation" leitet sich vom lateinischen Begriff „exculpatio" (Schuldbefreiung) bzw. „culpa" (Schuld) ab, s. https://www.duden.de/rechtschreibung/Exkulpation (zuletzt abgerufen am 30.9.2025).

1007 S.o. D. III. 3. b) bb).

1008 Abschn. 25f.1 Abs. 4 Satz 1 UStAE.

aufgrund eines von einem Dritten begangenen Betrugs [...] jedoch mit dem Grundsatz der Verhältnismäßigkeit vereinbar sein" muss.[1009] Das Bedürfnis einer solchen Exkulpationsmöglichkeit bestätigt er auch in seinem neuen Urteil vom 30.1.2024, indem er ausführt, dass der Arbeitgeber nur dann „nicht als gutgläubig angesehen werden [kann], wenn er nicht die zumutbare Sorgfalt an den Tag gelegt hat, um das Handeln seines Arbeitnehmers zu überwachen",[1010] er also seine Sorgfaltspflichten verletzt hat.

(b) Keine isolierte Einzelfallbetrachtung

Auf einem anderen Blatt steht natürlich die Frage, wie eine solche Möglichkeit der Exkulpation auszugestalten ist. Da die Anwendungsbereiche der Beachtlichkeit von Wissen im Umsatzsteuerrecht stetig zunehmen[1011] und die Gefahr einer potentiellen Berücksichtigung von (Mitarbeiter-)Wissen in aller Regel nicht nur einmalig, sondern permanent besteht, erscheint es unzureichend, die Frage der schuldhaften Unkenntnis einer Tatsache aufgrund Kenntnis eines Mitarbeiters bei jedem Mal neu und isoliert zu betrachten. Vielmehr ist es aufgrund von Rechtssicherheit, Vorhersehbarkeit und Praktikabilität für die Unternehmen geboten, die Fahrlässigkeit bzw. gar Absichtlichkeit der Unkenntnis des Einzelunternehmers bzw. des/der Steuererfüllungsverpflichteten – ähnlich dem im Zivilrecht aufzufindenden Gedanken der „Pflicht zur ordnungsgemäßen Organisation der internen Kommunikation"[1012] – durch den generellen Einsatz von Maßnahmen zu widerlegen, die sicherstellen, dass umsatzsteuerlich relevantes Wissen bei den entsprechenden Stellen ankommt und dort verwertet werden kann. Hierfür kommt der Einsatz eines bzw. die Einbindung in ein bestehendes Tax Compliance Management System (Tax CMS) in Betracht.

1009 EuGH, Urteil v. 21.2.2008 – C-271/06, *Netto Supermarkt*, DStR 2008, 450, Rz. 22; in diesem Sinne auch EuGH, Urteil v. 27.9.2007 – C-409/04, *Teleos*, BStBl. II 2009, 70, Rz. 58.

1010 EuGH, Urteil v. 30.1.2024 – C-442/22, *P sp. z o.o.*, DStR 2024, 238, Rz. 35.

1011 Dies zeigt beispielsweise die sich auf immer mehr Bereiche ausbreitende „Missbrauchsrechtsprechung" des EuGH sowie die Tatsache, dass auch im Bereich des Gutglaubensschutzes in den letzten Jahren eine Expansion stattgefunden hat, vgl. A. II, III.

1012 S.o. B. I. 2. a) aa) (2) (b).

(c) Zweck des Tax Compliance Management Systems

Als „Compliance“ wird im Allgemeinen die „Einhaltung aller das Unternehmen […] betreffenden Gesetze und Regularien sowie unternehmensinterner Richtlinien“[1013] verstanden. So umschreibt beispielsweise auch der Deutsche Corporate Governance Kodex[1014] den Begriff Compliance: „Der Vorstand hat für die Einhaltung der gesetzlichen Bestimmungen und der internen Richtlinien zu sorgen und wirkt auf deren Beachtung im Unternehmen hin (Compliance).“[1015] Auch der für Compliance Management Systeme vorherrschende[1016] Prüfungsstandard „Grundsätze ordnungsgemäßer Prüfung von Compliance Management Systemen“ (IDW PS 980) des Instituts der Wirtschaftsprüfer in Deutschland e.V. (IDW) beschreibt Compliance als die „Einhaltung von Regeln (gesetzliche Bestimmungen und unternehmensinterne Richtlinien)“.[1017] Der Begriff der „Tax Compliance“ als ein Unterbegriff zur Compliance[1018] zielt dabei speziell auf die Einhaltung steuerlicher Gesetze und Verordnungen wie auch unternehmensinterner Richtlinien.[1019] Unter einem Compliance Management System wiederum sind „die auf der Grundlage der von den gesetzlichen Vertretern festgelegten Ziele eingeführten Regelungen eines Unternehmens [zu verstehen], die auf ein regelkonformes Verhalten der gesetzlichen Vertreter und der Mitarbeiter des Unternehmens sowie ggf. von Dritten abzielen, d.h. auf die Einhaltung bestimmter Regeln und damit auf die Verhinderung von wesentlichen Verstößen (Regelverstöße)“,[1020] wobei sich

---

1013 *Reischl*, in van Kann, Vorstand der AG, 3. Aufl. 2021, Kapitel IX Rz. 1.

1014 Der Deutsche Corporate Governance Kodex richtet sich an börsennotierte Gesellschaften und Gesellschaften mit Kapitalmarktzugang i.S.v. § 161 Abs. 1 Satz 2 AktG und enthält Grundsätze, Empfehlungen und Anregungen für Vorstand und Aufsichtsrat zur Leitung und Überwachung deutscher börsennotierter Gesellschaften, die national und international als Standards guter und verantwortungsvoller Unternehmensführung anerkannt sind, vgl. Präambel des Deutschen Corporate Governance Kodex in der Fassung v. 28.4.2022.

1015 Grundsatz 5 des Deutschen Corporate Governance Kodex in der Fassung v. 28.4.2022.

1016 *Hülsberg/Laue*, in Inderst/Bannenberg/Poppe, Compliance, 3. Aufl. 2017, Kapitel 3 Rz. 105 f.; *Pielke*, Tax Compliance, 2018, S. 8.

1017 IDW PS 980 (Stand: 28.9.2022), Tz. 13.

1018 *Müller/Fischer*, Tax Compliance, 2. Aufl. 2022, S. 30; *Streck/Binnewies*, DStR 2009, 229.

1019 *Müller/Fischer*, Tax Compliance, 2. Aufl. 2022, S. 30 f.

1020 IDW PS 980 (Stand: 28.9.2022), Tz. 13.

ein Tax CMS als abgegrenzter Teilbereich[1021] ausschließlich auf das Steuerrecht bezieht. Ziel eines Tax CMS ist es damit in erster Linie, die finanziellen Risiken des Unternehmens, die sich bei einem Verstoß gegen steuerliche Pflichten ergeben,[1022] sowie insbesondere die haftungs- und steuerstrafrechtlichen Risiken vor allem für die Unternehmensleitung zu minimieren.[1023]

Dass die Existenz eines funktionierenden CMS bei der Ahndung von Gesetzesverstößen eines Unternehmens durchaus zu beachten ist, wird bereits seit mehreren Jahren auch von BGH und Finanzverwaltung anerkannt. So hat das Bundesministerium der Finanzen bereits mit Schreiben vom 23.5.2016 den Anwendungserlass zur AO (AEAO) hinsichtlich § 153 AO, also der Pflicht zur Berichtigung von Erklärungen, und insbesondere zur Abgrenzung von der Selbstanzeige nach § 371 bzw. § 378 Abs. 3 AO, dahingehend ergänzt, dass die Einrichtung eines innerbetrieblichen Kontrollsystems, das der Erfüllung der steuerlichen Pflichten dient, gegebenenfalls ein Indiz darstellen kann, das gegen das Vorliegen eines Vorsatzes oder der Leichtfertigkeit sprechen kann, jedoch nicht von einer Prüfung des jeweiligen Einzelfalls befreien kann.[1024] Auch der BGH hat bereits in einem Urteil aus dem Jahr 2017[1025] darauf hingewiesen, dass die Errichtung eines effizienten CMS, das auf die Vermeidung von Rechtsverstößen ausgelegt ist, eine bußgeldmindernde Wirkung haben kann.[1026]

(d) Aufbau eines Tax Compliance Management Systems

Der Aufbau eines Tax CMS hängt zunächst vom gewählten Rahmenkonzept ab. So bietet nicht nur das Institut der Wirtschaftsprüfer in Deutschland mit seinem im Jahr 2011 erstmals veröffentlichten Prüfungsstandard 980 einen Einrichtungsstandard für CMS, sondern beispielsweise auch die ISO-Norm

---

1021 IDW PS 980 (Stand: 28.9.2022), Tz. 13.

1022 Dies umfasst nicht nur die Steuernachzahlung an sich, sondern auch etwaige steuerliche Nebenleistungen i.S.v. § 3 Abs. 4 AO. Als Beispiel seien hier nur die im Umsatzsteuerrecht nach wie vor stark in Kritik stehenden Zinsen nach §§ 233 ff. AO genannt, vgl. z.B. *Drüen*, UR 2023, 257 ff. und 305 ff.; *von Streit/Streit*, MwStR 2021, 595 ff.

1023 *Besch/Starck/Dippel-Nissen*, in Moosmayer/Lösler, Corporate Compliance, 4. Aufl. 2024, § 25 Rz. 18 ff.

1024 AEAO zu § 153, Nr. 2.6.

1025 BGH, Urteil v. 9.5.2017 – 1 StR 265/16, wistra 2017, 390 ff.

1026 BGH, Urteil v. 9.5.2017 – 1 StR 265/16, wistra 2017, 390, Rz. 118.

37301.[1027] Letztere wurde mit dem Ziel entwickelt, international einheitliche Standards für CMS zur Verfügung zu stellen[1028] und richtet sich daher wohl in erster Linie – aber nicht ausschließlich[1029] – an international agierende Unternehmen. Während der IDW PS 980 lediglich die Mindestanforderungen an ein wirksames CMS aufzeigt,[1030] geht die ISO-Norm 37301 über diese Mindestanforderungen hinaus, indem er „die Organisationen bei der Errichtung, Umsetzung, Verwaltung, Pflege, Überprüfung und kontinuierlichen Verbesserung eines Compliance Management Systems“ unterstützt.[1031] Die im IDW PS 980 aufgeführten Grundelemente als Mindestanforderungen an ein wirksames CMS „entsprechen weitgehend denjenigen Bestandteilen, die in Literatur und Rechtsprechung als Bestandteile eines wirksamen CMS gefordert werden“[1032] und finden sich auch an verschiedenen Stellen der ISO-Norm 37301.[1033]

Als Grundelemente eines wirksamen CMS, die miteinander in Wechselwirkung stehen und in die Geschäftsabläufe eingebunden sein müssen,[1034] finden sich die folgenden Bestandteile: Compliance-Kultur, Compliance-Ziele, Compliance-Risiken, Compliance-Programm, Compliance-Organisation, Compliance-Kommunikation sowie Compliance-Überwachung und -Verbesserung.[1035]

[1027] Daneben haben auch die Organisation für wirtschaftliche Zusammenarbeit und Entwicklung (OECD) sowie die Internationale Handelskammer (ICC) Leitfäden für die Gestaltung von Compliance Systemen veröffentlicht, vgl. *Müller/Fischer*, Tax Compliance, 2. Aufl. 2022, S. 59 f.

[1028] *Ruhmannseder*, in Ruhmannseder/Lehner/Beukelmann, Compliance aktuell, Fach 1001 Rz. 28 f. (Sept. 2023).

[1029] *Müller/Fischer*, Tax Compliance, 2. Aufl. 2022, S. 59, 93.

[1030] *von Busekist/Hein*, CCZ 2012, 41 (42, 45 ff.); *von Frantzki*, in Gedächtnisschrift Joecks, 2018, S. 417 (425 f.).

[1031] *Renz/Leibold*, BB 2022, 1943 (1949).

[1032] *Müller/Fischer*, Tax Compliance, 2. Aufl. 2022, S. 93; ähnlich *Ruhmannseder*, in Ruhmannseder/Lehner/Beukelmann, Compliance aktuell, Fach 1001 Rz. 27 f. (Sept. 2023).

[1033] *Müller/Fischer*, Tax Compliance, 2. Aufl. 2022, S. 93.

[1034] IDW PS 980 (Stand: 28.9.2022), Tz. 27.

[1035] Dies sind die Grundelemente, wie sie im IDW PS 980 (Stand: 28.9.2022), Tz. 27 genannt sind.

(e) Grundelemente des Tax CMS und Ausfüllungsmöglichkeiten

Da in dieser Arbeit keine detaillierte Ausgestaltung und Ausarbeitung eines Tax CMS im Hinblick auf die Organisation umsatzsteuerlichen Wissens geleistet werden soll und kann, werden im Folgenden lediglich diese Grundelemente eines CMS nach IDW PS 980 kurz[1036] dargestellt und – im Hinblick auf die hier relevante Thematik – mit Beispielen und Ansatzmöglichkeiten gefüllt.

Dabei ist jedoch zu beachten, dass die Ausgestaltung dieser Elemente höchst unterschiedlich ausfallen kann,[1037] weil sie von diversen Faktoren, wie der Unternehmensgröße, Art und Umfang der Geschäftstätigkeit des Unternehmens[1038] oder vom Grad der arbeitsteiligen Bearbeitung und der unternehmensinternen Delegation von Aufgaben[1039] abhängig ist.

(i) Compliance-Kultur

Basis und Grundvoraussetzung[1040] eines angemessenen und wirksamen CMS ist die im Unternehmen praktizierte Compliance-Kultur, also die prinzipielle Bereitschaft der Unternehmensleitung („tone at the top"),[1041] aber auch der Mitarbeiter, zu gesetzes- und regelkonformem Verhalten.[1042] Im Rahmen eines Tax CMS gilt es so, von Seiten der Unternehmensleitung die strikte Einhaltung steuerlicher Vorschriften gegenüber den Mitarbeitern stetig[1043] zu kommunizieren („tone from the top"),[1044] so dass die Akzeptanz und Bereitschaft zur Befolgung des Tax CMS auch auf Mitarbeiterebene gelebt

---

[1036] Eine ausführliche und detaillierte Darstellung sämtlicher Grundelemente nach IDW PS 980 findet sich z.B. in *Müller/Fischer*, Tax Compliance, 2. Aufl. 2022, S. 94 ff.; *Pielke*, Tax Compliance, 2018, S. 15 ff.

[1037] *Müller/Fischer*, Tax Compliance, 2. Aufl. 2022, S. 94.

[1038] IDW PS 980 (Stand: 28.9.2022), Tz. 27.

[1039] IDW Praxishinweis 1/2016 zur Ausgestaltung und Prüfung eines Tax Compliance Management Systems gemäß IDW PS 980 (Stand: 31.5.2017), Tz. 24 unter Nennung weiterer Beispiele.

[1040] *Besch/Starck/Dippel-Nissen*, in Moosmayer/Lösler, Corporate Compliance, 4. Aufl. 2024, § 25 Rz. 133.

[1041] IDW PS 980 (Stand: 28.9.2022), Tz. 27.

[1042] *Hülsberg/Laue*, in Inderst/Bannenberg/Poppe, Compliance, 3. Aufl. 2017, Kapitel 3 Rz. 151.

[1043] *Pielke*, Tax Compliance, 2018, S. 16.

[1044] IDW Praxishinweis 1/2016, Tz. 26; *Müller/Fischer*, Tax Compliance, 2. Aufl. 2022, S. 95; *Pielke*, Tax Compliance, 2018, S. 16.

wird.[1045] Dabei muss auch vermittelt werden, dass Verstöße – werden sie auch (vermeintlich) zum Wohle des Unternehmens begangen[1046] – unternehmensintern sanktioniert werden.[1047]

Als prinzipielles und – jedenfalls für den gesamten steuerrechtlichen Bereich – übergreifendes Element (Tax Compliance-Kultur), wird im Hinblick auf den hier relevanten Bereich der Organisation umsatzsteuerlichen Wissens auf dieses Grundelement nicht näher eingegangen.

(ii) Compliance-Ziele

Als zweites Grundelement eines wirksamen CMS nennt der IDW PS 980 die Benennung von Compliance-Zielen. Diese werden auf Grundlage der allgemeinen Unternehmensziele von der Unternehmensleitung festgelegt[1048] und umfassen insbesondere auch die Bestimmung der relevanten Teilbereiche und der in den einzelnen Bereichen einzuhaltenden Regeln.[1049] Prinzipielles Ziel eines Tax CMS ist dabei zunächst die „vollständige und rechtzeitige Erfüllung der steuerlichen Pflichten".[1050] Daneben können bzw. sollten – als eine Art „Konkretisierung" dieses Grundziels – weitere Ziele benannt werden, wie Haftungsreduzierung für Unternehmen und Management, Vermeidung strafrechtlicher Sanktionen[1051] oder Tax Planning[1052]. Die Tax Compliance-Ziele stellen sodann die Grundlage für die Beurteilung von Tax Compliance-Risiken dar.[1053]

1045 *Besch/Starck/Dippel-Nissen*, in Moosmayer/Lösler, Corporate Compliance, 4. Aufl. 2024, § 25 Rz. 133; *Hülsberg/Laue*, in Inderst/Bannenberg/Poppe, Compliance, 3. Aufl. 2017, Kapitel 3 Rz. 151; *Pielke*, Tax Compliance, 2018, S. 16.

1046 *Pielke*, Tax Compliance, 2018, S. 16.

1047 IDW PS 980 (Stand: 28.9.2022), Tz. A23; IDW Praxishinweis 1/2016, Tz. 28.

1048 IDW PS 980 (Stand: 28.9.2022), Tz. 27; IDW Praxishinweis 1/2016, Tz. 31, 33.

1049 IDW PS 980 (Stand: 28.9.2022), Tz. 27; *Hülsberg/Laue*, in Inderst/Bannenberg/Poppe, Compliance, 3. Aufl. 2017, Kapitel 3 Rz. 166.

1050 So *Pielke*, Tax Compliance, 2018, S. 19 unter Verweis auf den IDW Praxishinweis 1/2016.

1051 *Müller/Fischer*, Tax Compliance, 2. Aufl. 2022, S. 98.

1052 *Pielke*, Tax Compliance, 2018, S. 21: „Tax CMS kann dazu dienen, dem Unternehmen im Rahmen des gesetzlich Zulässigen steuerliche Gestaltungsspielräume aufzuzeigen und die Möglichkeit zu eröffnen, diese zu nutzen (Tax Planning)".

1053 IDW Praxishinweis 1/2016, Tz. 31; *Müller/Fischer*, Tax Compliance, 2. Aufl. 2022, S. 98.

Für den hier relevanten Bereich bietet sich beispielsweise die Aufnahme eines Tax Compliance-Ziels „Vermeidung von Sanktionen[1054] durch Organisation umsatzsteuerrechtlich relevanter Kenntnisse" an. Hierbei können die – insbesondere in Abhängigkeit vom Unternehmensgegenstand[1055] – relevanten Anwendungsfelder, in denen Kenntnisse umsatzsteuerrechtlich berücksichtigt werden, kurz dargestellt werden. Daneben sollte die Absicht zur Errichtung eines Schulungssystems für alle betroffenen Mitarbeiter – von der Unternehmensleitung bis hin zu Disposition, Einkauf, Vertrieb, Buchhaltung und Steuerabteilung – in die Zieldefinition mit aufgenommen werden.[1056]

(iii) Compliance-Risiken

Auch die Erfassung der Compliance-Risiken – also der Gefahr von Verstößen gegen einzuhaltende Regeln[1057] – gehört zu den Grundelementen eines angemessenen CMS. Diese sind unter Berücksichtigung der festgelegten Compliance-Ziele festzustellen[1058] und stellen die Grundlage bzw. den Ausgangspunkt für die Entwicklung eines angemessenen Compliance-Programms dar.[1059] Hierbei wird für die abgegrenzten relevanten Regelungsbereiche eines CMS[1060] – und damit auch im Rahmen eines Tax CMS – durch Auswertung

---

1054 Wenngleich der EuGH die Versagung von Steuervergünstigungen im Rahmen seiner Missbrauchsrechtsprechung ausdrücklich nicht als „Sanktion" – oder gar als „Strafe" – erachtet (vgl. EuGH, Urteil v. 18.12.2014 – C-131/13, C-163/13, C-164/13, *Italmoda*, UR 2015, 106, Rz. 61), sei dieser Begriff hier gewählt, um alle aus der Berücksichtigung umsatzsteuerrechtlich relevanten Wissens möglichen negativen Konsequenzen – von der Versagung von Steuervergünstigungen beispielsweise nach § 25f UStG bis hin zu darauf beruhenden strafrechtlichen Sanktionen – abzudecken.

1055 So dürfte beispielsweise die Versagung der Steuerbefreiung innergemeinschaftlicher Lieferungen nach § 25f Abs. 1 Nr. 1, § 4 Nr. 1 Buchst. b) i.V.m. § 6a UStG für ein rein national agierendes Unternehmen ohne Relevanz sein, so dass dieses Anwendungsfeld der Wissenszurechnung nicht im Rahmen der Zieldefinition dargestellt werden müsste.

1056 *Müller/Fischer*, Tax Compliance, 2. Aufl. 2022, S. 100.

1057 IDW Praxishinweis 1/2016, Tz. 41.

1058 IDW PS 980 (Stand: 28.9.2022), Tz. 27; *Besch/Starck/Dippel-Nissen*, in Moosmayer/Lösler, Corporate Compliance, 4. Aufl. 2024, § 25 Rz. 135.

1059 IDW PS 980 (Stand: 28.9.2022), Tz. A25; *Hülsberg/Laue*, in Inderst/Bannenberg/Poppe, Compliance, 3. Aufl. 2017, Kapitel 3 Rz. 158.

1060 IDW PS 980 (Stand: 28.9.2022), Tz. A25.

z.B. von Fragebögen oder verfügbaren Informationen im eigenen oder in anderen Unternehmen[1061] eine Risikoanalyse durchgeführt,[1062] in welcher unter anderem die Eintrittswahrscheinlichkeit sowie die möglichen Folgen des jeweiligen erkannten Risikos bewertet werden.[1063] Dabei sollte auch stets auf mögliche Rechtsprechungsänderungen sowie neue Steuergesetze geachtet werden, von denen ein erhöhtes Risiko ausgeht.[1064] Darüber hinaus trifft die Geschäftsleitung Entscheidungen „zum *Umgang mit identifizierten Risiken* (Risikovermeidung, -reduktion, -überwälzung, -akzeptanz)“.[1065] Zu beachten ist hierbei auch, dass die Risikoanalyse nicht nur einmalig stattzufinden hat, sondern als Regelprozess Teil der kontinuierlichen Weiterentwicklung und Verbesserung des CMS ist.[1066]

Ausgehend vom Tax Compliance-Ziel „Vermeidung von Sanktionen durch Organisation umsatzsteuerrechtlich relevanter Kenntnisse“ und den dort benannten Anwendungsfeldern, sind Risiko-Indikatoren zu benennen und zu bewerten, die ein Anzeichen für Umsatzsteuerbetrug von Vertragspartnern sein können. Solche Anzeichen sind beispielsweise Einkäufe zu nicht marktgerechten Preisen oder Hinweise zur Einbindung in ein Umsatzsteuerkarussell. Abhängig vom Unternehmensgegenstand können aber z.B. auch der Zielort des zu liefernden bzw. gelieferten Gegenstands oder diverse Angaben der Vertragspartner, wie Mehrwertsteuer-Identifikationsnummer, Unternehmereigenschaft oder Ansässigkeitsort ein Risiko darstellen. In jedem Fall sollten auch die von der Finanzverwaltung zu § 25f UStG beispielhaft aufgestellten Risiko-Indikatoren[1067] berücksichtigt werden.

1061 IDW PS 980 (Stand: 28.9.2022), Tz. A25; *Hülsberg/Laue*, in Inderst/Bannenberg/Poppe, Compliance, 3. Aufl. 2017, Kapitel 3 Rz. 159.

1062 Zum detaillierten Aufbau und Ablauf einer Compliance-Risikoanalyse s. *Müller/Fischer*, Tax Compliance, 2. Aufl. 2022, S. 107 ff.

1063 IDW Praxishinweis 1/2016, Tz. 41; *Hülsberg/Laue*, in Inderst/Bannenberg/Poppe, Compliance, 3. Aufl. 2017, Kapitel 3 Rz. 159; *Müller/Fischer*, Tax Compliance, 2. Aufl. 2022, S. 109.

1064 *Müller/Fischer*, Tax Compliance, 2. Aufl. 2022, S. 108 f.; *Pielke*, Tax Compliance, 2018, S. 26.

1065 *Hülsberg/Laue*, in Inderst/Bannenberg/Poppe, Compliance, 3. Aufl. 2017, Kapitel 3 Rz. 159 (Hervorhebung im Original).

1066 IDW PS 980 (Stand: 28.9.2022), Tz. A25; *Pielke*, Tax Compliance, 2018, S. 28.

1067 Abschn. 25f.1 Abs. 5 UStAE.

(iv) Compliance-Programm

Als Kernstück[1068] bei der Errichtung eines CMS gilt das Compliance-Programm, das als Bindeglied zwischen Compliance-Zielen und Compliance-Risiken dafür zu sorgen hat, dass die angestrebten Compliance-Ziele erreicht[1069] und die identifizierten Compliance-Risiken begrenzt werden.[1070] Dementsprechend umfasst das Compliance-Programm sowohl Grundsätze und Maßnahmen, die präventiv wirken[1071] – also Regel- bzw. Compliance-Verstöße von vornherein verhindern sollen – als auch solche, die Fehlverhalten aufdecken sollen[1072] und Maßnahmen, die bei festgestellten Compliance-Verstößen zu ergreifen sind.[1073] Aufgrund der Ausrichtung des Compliance-Programms an der Risikoanalyse, existieren hier – je nach Geschäftsfeld und Unternehmensgröße – erhebliche Unterschiede.[1074] In jedem Fall sollte es zweiteilig ausgestaltet sein, so dass auf der einen Seite alle übergreifenden Maßnahmen enthalten sind, die für den gesamten Unternehmensbereich relevant sind und auf der anderen Seite nur die für einzelne Fach- oder Rechtsbereiche erlassenen Maßnahmen, die nur in diesen Bereichen umzusetzen sind.[1075]

Als Maßnahmen zur (präventiven) Verhinderung von Regelverstößen – als wohl wichtigste Funktion eines Compliance-Programms[1076] – kommen dabei unter anderem die Erstellung und Vermittlung unternehmensinterner

---

1068 *Müller/Fischer*, Tax Compliance, 2. Aufl. 2022, S. 112; *Pielke*, Tax Compliance, 2018, S. 28.

1069 *Hülsberg/Laue*, in Inderst/Bannenberg/Poppe, Compliance, 3. Aufl. 2017, Kapitel 3 Rz. 170.

1070 IDW PS 980 (Stand: 28.9.2022), Tz. 27, A26; *Besch/Starck/Dippel-Nissen*, in Moosmayer/Lösler, Corporate Compliance, 4. Aufl. 2024, § 25 Rz. 136; *Müller/Fischer*, Tax Compliance, 2. Aufl. 2022, S. 112.

1071 IDW Praxishinweis 1/2016, Tz. 44; *Besch/Starck/Dippel-Nissen*, in Moosmayer/Lösler, Corporate Compliance, 4. Aufl. 2024, § 25 Rz. 136; *Hülsberg/Laue*, in Inderst/Bannenberg/Poppe, Compliance, 3. Aufl. 2017, Kapitel 3 Rz. 169.

1072 *Hülsberg/Laue*, in Inderst/Bannenberg/Poppe, Compliance, 3. Aufl. 2017, Kapitel 3 Rz. 169; *Pielke*, Tax Compliance, 2018, S. 29; der IDW Praxishinweis 1/2016 bezeichnet sie in Tz. 45 als „detektive Maßnahmen".

1073 IDW PS 980 (Stand: 28.9.2022), Tz. 27, A26; IDW Praxishinweis 1/2016, Tz. 43; *Besch/Starck/Dippel-Nissen*, in Moosmayer/Lösler, Corporate Compliance, 4. Aufl. 2024, § 25 Rz. 136; *Müller/Fischer*, Tax Compliance, 2. Aufl. 2022, S. 112.

1074 *Müller/Fischer*, Tax Compliance, 2. Aufl. 2022, S. 112.

1075 *Pielke*, Tax Compliance, 2018, S. 28.

1076 So auch *Pielke*, Tax Compliance, 2018, S. 28.

Richtlinien,[1077] Verfahrensanweisungen und Verhaltenskodizes,[1078] sowie Schulungen,[1079] Unterschriftsregelungen oder Berechtigungskonzepte[1080] in Betracht. Die Bereitstellung der Richtlinien kann dabei in Papierform, per E-Mail oder auch über ein Intranet erfolgen.[1081] Hierbei ist auch auf die regelmäßige Aktualisierung der Inhalte und deren Kommunikation zu achten.[1082] Im Rahmen eines Tax CMS bietet es sich aufgrund der enormen Komplexität an, für jede relevante Steuerart bzw. jedes relevante Steuerthema eigene Regelungen zu treffen. Diese umfassen jeweils unter anderem die Festlegung von Handlungsabläufen, die Bestimmung der jeweils Verantwortlichen oder eine Kontrollanweisung. Darüber hinaus können übergeordnete, den gesamten Steuerbereich umfassende Anweisungen erfolgen.[1083]

Da die gänzliche Vermeidung von Compliance-Verstößen zwar wünschenswert, aber wohl reine Utopie wäre – denn wo Menschen arbeiten, werden Fehler gemacht –, muss ein angemessenes Compliance-Programm auch Maßnahmen zur Aufdeckung solcher Verstöße bereithalten, um sie jedenfalls für die Zukunft zu verhindern.[1084] Dies beinhaltet Hinweisgebersysteme („whistle blowing")[1085] sowie diverse integrierte Kontrollen,[1086] „mit denen

---

1077 IDW Praxishinweis 1/2016, Tz. 44; *Hülsberg/Laue*, in Inderst/Bannenberg/Poppe, Compliance, 3. Aufl. 2017, Kapitel 3 Rz. 170 f.

1078 *Müller/Fischer*, Tax Compliance, 2. Aufl. 2022, S. 112; *Pielke*, Tax Compliance, 2018, S. 28.

1079 IDW Praxishinweis 1/2016, Tz. 44; *Pielke*, Tax Compliance, 2018, S. 28.

1080 IDW PS 980 (Stand: 28.9.2022), Tz. A26; IDW Praxishinweis 1/2016, Tz. 44; *Hülsberg/Laue*, in Inderst/Bannenberg/Poppe, Compliance, 3. Aufl. 2017, Kapitel 3 Rz. 170.

1081 *Hülsberg/Laue*, in Inderst/Bannenberg/Poppe, Compliance, 3. Aufl. 2017, Kapitel 3 Rz. 172.

1082 *Hülsberg/Laue*, in Inderst/Bannenberg/Poppe, Compliance, 3. Aufl. 2017, Kapitel 3 Rz. 172.

1083 *Besch/Starck/Dippel-Nissen*, in Moosmayer/Lösler, Corporate Compliance, 4. Aufl. 2024, § 25 Rz. 136; *Pielke*, Tax Compliance, 2018, S. 30.

1084 *Pielke*, Tax Compliance, 2018, S. 29.

1085 IDW PS 980 (Stand: 28.9.2022), Tz. A26; *Hülsberg/Laue*, in Inderst/Bannenberg/Poppe, Compliance, 3. Aufl. 2017, Kapitel 3 Rz. 169; *Müller/Fischer*, Tax Compliance, 2. Aufl. 2022, S. 112.

1086 IDW PS 980 (Stand: 28.9.2022), Tz. A26; IDW Praxishinweis 1/2016, Tz. 45; *Müller/Fischer*, Tax Compliance, 2. Aufl. 2022, S. 112.

die Einhaltung der Grundsätze und die Durchführung der Maßnahmen sichergestellt werden."[1087]

Für den Fall der Aufdeckung von Regelverstößen ist es schließlich unerlässlich für ein Compliance-Programm, dass es die zeitnahe Mitteilung des Vorfalls an die zuständigen Stellen und Organe im Unternehmen sowie gegebenenfalls an externe Stellen gewährleistet.[1088] Anschließend bedarf es einer Analyse der Ursachen für die Regelverstöße,[1089] verbunden mit der Erarbeitung von Verbesserungsvorschlägen für das CMS, wie beispielsweise einer Anpassung des Verhaltenskodex oder sonstiger interner Richtlinien.[1090] Aber auch die Möglichkeit arbeitsrechtlicher Konsequenzen – z.B. aufgrund vorsätzlichen regelwidrigen Verhaltens eines Mitarbeiters – kann Bestandteil der reaktiven Maßnahmen des Compliance-Programms sein.[1091]

Wie für alle Elemente eines angemessenen CMS,[1092] ist zudem auch für das Compliance-Programm eine schriftliche Dokumentation essenziell.[1093] Dies gilt zum einen im Hinblick auf die Sicherstellung einer unterbrechungsfreien und personenunabhängigen Anwendung,[1094] zum anderen in Anbetracht der Tatsache, dass es gerade die Dokumentation ist, die „einem externen Dritten glaubhaft machen kann, dass die Inhalte einer Tax Compliance vollumfänglich verstanden und umgesetzt wurden."[1095] Die Dokumentation kann dabei beispielsweise in Form einer sogenannten Risiko-Kontroll-Matrix vorgenommen werden, also „mittels einer Gegenüberstellung der Risiken für

---

1087 *Hülsberg/Laue*, in Inderst/Bannenberg/Poppe, Compliance, 3. Aufl. 2017, Kapitel 3 Rz. 169.

1088 IDW PS 980 (Stand: 28.9.2022), Tz. A26; *Müller/Fischer*, Tax Compliance, 2. Aufl. 2022, S. 112; *Pielke*, Tax Compliance, 2018, S. 29.

1089 IDW PS 980 (Stand: 28.9.2022), Tz. A26; *Müller/Fischer*, Tax Compliance, 2. Aufl. 2022, S. 112.

1090 *Pielke*, Tax Compliance, 2018, S. 29.

1091 *Pielke*, Tax Compliance, 2018, S. 29.

1092 *Pielke*, Tax Compliance, 2018, S. 12 f.

1093 IDW Praxishinweis 1/2016, Tz. 47; *Müller/Fischer*, Tax Compliance, 2. Aufl. 2022, S. 114.

1094 IDW PS 980 (Stand: 28.9.2022), Tz. 27; *Hülsberg/Laue*, in Inderst/Bannenberg/Poppe, Compliance, 3. Aufl. 2017, Kapitel 3 Rz. 169.

1095 *Pielke*, Tax Compliance, 2018, S. 30.

die Erreichung der Tax-Compliance Ziele und der im Hinblick darauf vom Unternehmen ergriffenen Maßnahmen".[1096]

Im Rahmen des hier relevanten Compliance-Programms würden sich wohl zunächst Schulungsmaßnahmen anbieten, die auf die Problematik der Kenntnis gewisser Umstände im Umsatzsteuerrecht rudimentär hinweisen und – abhängig vom jeweiligen Aufgabenbereich – die hierbei bestehenden Risikofelder aufzeigen, wie beispielsweise für die Mitarbeiter der Disposition die Problematik des tatsächlichen Lieferorts. Dementsprechend haben sodann z.B. die Mitarbeiter der Steuerabteilung die Umsatzsteuer-Identifikationsnummer des Vertragspartners in einer qualifizierten Bestätigungsabfrage zu prüfen und die dort erhaltenen Daten mit den vorliegenden abzugleichen, die Mitarbeiter der Disposition Abweichungen des tatsächlichen vom vorab vereinbarten Zielort und die Mitarbeiter des Einkaufs Hinweise zu nicht marktgerechten Preisen oder zu Zweifeln an der Unternehmereigenschaft von Vertragspartnern an eine vorab bestimmte Stelle – beispielsweise in der Steuer- oder der Compliance-Abteilung – weiterzuleiten. Auch die Überprüfung von Rechnungen muss zwingend beinhaltet sein. Daneben sollte den betroffenen Mitarbeitern im Rahmen von Schulungsmaßnahmen oder Leitlinien vermittelt werden, dass ganz allgemein Anzeichen für Unregelmäßigkeiten bei Vertragspartnern an die zuvor bestimmte Stelle mitzuteilen sind, damit dem dort nachgegangen werden kann.

Die Berücksichtigung dieser Hinweise und Mitteilungen hat sodann von den Steuerabteilungen in den Steueranmeldungen bzw. -erklärungen und gegebenenfalls von der Buchhaltung in den zu erstellenden Rechnungen zu erfolgen. Des Weiteren ist – in Anbetracht der Rechtsprechung des BGH[1097]

1096 IDW Praxishinweis 1/2016, Tz. 47; *Müller/Fischer*, Tax Compliance, 2. Aufl. 2022, S. 114.

1097 Z.B. BGH, Beschluss v. 29.1.2015 – 1 StR 216/14, wistra 2015, 189, Rz. 28: „Die Annahme, der Angeklagte habe die Steuerhinterziehung als mittelbarer Täter (vgl. § 25 Abs. 1 Alt. 2 StGB) begangen, wird von den Feststellungen getragen. Der Angeklagte hat durch seine Tatbeiträge – nämlich die Entscheidung, die Geschäftsbeziehung mit P. II fortzuführen bzw. Geschäftsbeziehungen zu C., B. und R. aufzunehmen – bewirkt, dass [...] in den [...] abgegebenen Umsatzsteuervoranmeldungen [...] die in den Gutschriften der P. II, C., B. und R. ausgewiesenen Umsatzsteuerbeträge zu Unrecht als Vorsteuer geltend gemacht wurde".

und auch der Ausführungen der Finanzverwaltung[1098] – die weitere Geschäftsbeziehung mit dem jeweiligen Vertragspartner umgehend zu unterbinden, um etwaigen Vorhaltungen des Finanzamts, man würde Umsatzsteuerbetrug bewusst fördern oder zumindest ermöglichen, zu entgehen. Sollten entsprechende Hinweise für einen Missbrauch eines Vertragspartners erst zu einem späteren Zeitpunkt bei der Steuer- oder Compliance-Abteilung auftreten bzw. eintreffen, sollte zudem zunächst überprüft werden, ob bereits zum relevanten Zeitpunkt Kenntnis bzw. fahrlässige Unkenntnis vorhanden war und dementsprechend Berichtigungen vorgenommen werden bzw. in Erwägung gezogen werden, die Finanzverwaltung über die erst spätere Kenntniserlangung in Kenntnis zu setzen. Schließlich sollten z.B. in Steuerrichtlinien auch arbeitsrechtliche Konsequenzen bei vorsätzlich regelwidrigem Verhalten eines Mitarbeiters definiert werden, beispielsweise bei der Annahme eines erheblich zu niedrigen Preises durch einen Mitarbeiter des Einkaufs, obwohl er weiß, dass ein solcher Preis nur aufgrund betrügerischer Machenschaften zustande kommen kann.

(v) Compliance-Organisation

Ein weiteres Grundelement eines wirksamen CMS stellt die Compliance-Organisation dar. In deren Rahmen werden – als integraler Bestandteil der Unternehmensorganisation[1099] – zum einen Rollen und Verantwortlichkeiten im CMS festgelegt,[1100] wie die Bestimmung eines Compliance-Beauftragten oder -Gremiums;[1101] zum anderen die Anforderungen an eine funktionierende Aufbau- und Ablauforganisation im CMS geregelt.[1102] Dabei müssen auch Aufgaben und hierarchische Stellung bzw. organisatorische Einordnung

---

1098 Vgl. Abschn. 25f.1 Abs. 4 Satz 4 UStAE: „Kommt der Unternehmer dem nicht nach oder kann vorliegende Zweifel durch die ergriffenen Maßnahmen nicht ausräumen, und geht die Geschäftsbeziehung dennoch ein oder führt diese fort, ist von einem Wissen oder Wissen müssen des Unternehmers auszugehen".

1099 IDW PS 980 (Stand: 28.9.2022), Tz. 27; IDW Praxishinweis 1/2016, Tz. 35; *Müller/Fischer*, Tax Compliance, 2. Aufl. 2022, S. 103.

1100 IDW PS 980 (Stand: 28.9.2022), Tz. 27, A27; IDW Praxishinweis 1/2016, Tz. 35; *Pielke*, Tax Compliance, 2018, S. 31.

1101 IDW PS 980 (Stand: 28.9.2022), Tz. A27; *Hülsberg/Laue*, in Inderst/Bannenberg/Poppe, Compliance, 3. Aufl. 2017, Kapitel 3 Rz. 181.

1102 IDW PS 980 (Stand: 28.9.2022), Tz. 27; *Müller/Fischer*, Tax Compliance, 2. Aufl. 2022, S. 103.

bestimmt werden.[1103] Abhängig von Unternehmensgröße, Art und Komplexität der Geschäftstätigkeit[1104] kann beispielsweise sowohl die Implementierung einer eigenständigen Compliance-Abteilung als auch die Übertragung von Compliance-Aufgaben auf die jeweiligen Compliance-Verantwortlichen in den Fachabteilungen in Betracht kommen.[1105] Die Gesamtverantwortung für das CMS sollte[1106] jedoch möglichst durch ein Vorstandsmitglied wahrgenommen werden, um so die Vorbildfunktion des Vorstands im Hinblick auf eine gelebte Compliance-Kultur („tone from the top")[1107] zu unterstreichen.[1108]

Zudem hat die Unternehmensleitung dafür Sorge zu tragen, dass die im Hinblick auf die Compliance-Ziele und -Risiken notwendigen Ressourcen zur Konzeption, Einführung, Durchsetzung, Überwachung und kontinuierlichen Verbesserung des CMS[1109] zur Verfügung gestellt werden,[1110] um die Wirksamkeit des CMS zu gewährleisten.[1111] Dies beinhaltet sowohl die personelle, als auch die sachliche Ressourcenausstattung,[1112] worunter z.B. die IT,[1113] aber auch ein angemessenes Budget für Schulungen, Fortbildungen oder Reisekosten[1114] fällt.

Hierbei ist in Anbetracht der umsatzsteuerrechtlichen Problematik insbesondere dafür Sorge zu tragen, dass der bzw. die gewählten Compliance-

---

1103 IDW PS 980 (Stand: 28.9.2022), Tz. A27; *Hülsberg/Laue*, in Inderst/Bannenberg/Poppe, Compliance, 3. Aufl. 2017, Kapitel 3 Rz. 181.

1104 IDW Praxishinweis 1/2016, Tz. 39; *Pielke*, Tax Compliance, 2018, S. 31.

1105 *Hülsberg/Laue*, in Inderst/Bannenberg/Poppe, Compliance, 3. Aufl. 2017, Kapitel 3 Rz. 183 f.; *Pielke*, Tax Compliance, 2018, S. 31 f.

1106 Eine vertikale Delegation, beispielsweise auf den Leiter der Steuerabteilung, ist natürlich ebenfalls möglich, s. *Besch/Starck/Dippel-Nissen*, in Moosmayer/Lösler, Corporate Compliance, 4. Aufl. 2024, § 25 Rz. 137; *Müller/Fischer*, Tax Compliance, 2. Aufl. 2022, S. 104 f.

1107 S.o. D. III. 3. b) bb) (2) (e) (i).

1108 *Müller/Fischer*, Tax Compliance, 2. Aufl. 2022, S. 104 f.

1109 IDW PS 980 (Stand: 28.9.2022), Tz. A27.

1110 IDW PS 980 (Stand: 28.9.2022), Tz. 27; *Müller/Fischer*, Tax Compliance, 2. Aufl. 2022, S. 103.

1111 IDW PS 980 (Stand: 28.9.2022), Tz. 27; *Hülsberg/Laue*, in Inderst/Bannenberg/Poppe, Compliance, 3. Aufl. 2017, Kapitel 3 Rz. 181.

1112 *Hülsberg/Laue*, in Inderst/Bannenberg/Poppe, Compliance, 3. Aufl. 2017, Kapitel 3 Rz. 182.

1113 IDW Praxishinweis 1/2016, Tz. 35.

1114 *Hülsberg/Laue*, in Inderst/Bannenberg/Poppe, Compliance, 3. Aufl. 2017, Kapitel 3 Rz. 187.

Beauftragte(n) hinreichend Fachexpertise mitbringen, um die komplexe Materie des Umsatzsteuerrechts mit den genannten Risikofeldern zu überblicken und den Mitarbeitern zu vermitteln.

(vi) Compliance-Kommunikation

Ein weiteres, alle anderen Grundelemente eines CMS umfassendes, Element ist die Compliance-Kommunikation, die ebenfalls – beispielsweise in einer Organisations- oder Steuerrichtlinie – dokumentiert werden sollte.[1115] Sie ist die Schnittstelle zwischen der Konzeption eines CMS und dessen Wirksamkeit[1116] und daher von entscheidender Bedeutung.[1117] Denn erst durch eine zeitnahe und vollständige Kommunikation an alle betroffenen Mitarbeiter[1118] können die Inhalte des entwickelten CMS wirksam umgesetzt werden.[1119] Es geht damit „um die Umsetzung des zuvor definierten und ausgearbeiteten Tax CMS in die tägliche Praxis".[1120]

Im Rahmen der Compliance-Kommunikation geht es so zum einen um die Information der Mitarbeiter und gegebenenfalls Dritter über die sie jeweils betreffenden Grundsätze und Maßnahmen des Compliance-Programms sowie die festgelegten Rollen und Verantwortlichkeiten, so dass diese ihre Aufgaben im CMS verstehen und sachgerecht erfüllen können.[1121] Die Vermittlung dieser Informationen kann beispielsweise durch Mitarbeiterbriefe, Intranet-Inhalte, Newsletter oder Schulungsmaßnahmen erfolgen.[1122]

1115 IDW Praxishinweis 1/2016, Tz. 51; *Müller/Fischer*, Tax Compliance, 2. Aufl. 2022, S. 118.

1116 *Hülsberg/Laue*, in Inderst/Bannenberg/Poppe, Compliance, 3. Aufl. 2017, Kapitel 3 Rz. 188.

1117 *Besch/Starck/Dippel-Nissen*, in Moosmayer/Lösler, Corporate Compliance, 4. Aufl. 2024, § 25 Rz. 138; *Hülsberg/Laue*, in Inderst/Bannenberg/Poppe, Compliance, 3. Aufl. 2017, Kapitel 3 Rz. 188.

1118 *Hülsberg/Laue*, in Inderst/Bannenberg/Poppe, Compliance, 3. Aufl. 2017, Kapitel 3 Rz. 189.

1119 *Müller/Fischer*, Tax Compliance, 2. Aufl. 2022, S. 114; *Pielke*, Tax Compliance, 2018, S. 34 f.

1120 *Pielke*, Tax Compliance, 2018, S. 34.

1121 IDW PS 980 (Stand: 28.9.2022), Tz. 27; IDW Praxishinweis 1/2016, Tz. 48; *Pielke*, Tax Compliance, 2018, S. 34 f.

1122 IDW PS 980 (Stand: 28.9.2022), Tz. A28; IDW Praxishinweis 1/2016, Tz. 49; *Besch/Starck/Dippel-Nissen*, in Moosmayer/Lösler, Corporate Compliance, 4. Aufl. 2024,

Zum anderen wird festgelegt, wie Compliance-Risiken sowie Hinweise auf vermutete oder festgestellte Regelverstöße an die zuständigen Stellen im Unternehmen berichtet werden.[1123] Diese festgelegten Berichtspflichten bzw. -anlässe und Berichtswege[1124] sind ebenfalls abhängig von der Größe und Komplexität des Unternehmens[1125] und sollten auch die Kommunikation von Verstößen und ihren Ursachen an potentiell betroffene Mitarbeiter beinhalten, um so künftige Verfehlungen möglichst zu vermeiden.[1126]

Daneben kann die Compliance-Kommunikation beispielsweise die Mitteilung der Ergebnisse von Überwachungsmaßnahmen zur Ursachenanalyse und Entwicklung von Maßnahmen zur Verbesserung des CMS[1127] und von Arbeitsanweisungen sowie die Festlegung der Verantwortlichkeiten für die Compliance-Kommunikation beinhalten.[1128]

Die konkrete Ausgestaltung der Compliance-Kommunikation hängt zudem von der jeweiligen Phase ab, in welchem sich das Unternehmen in Anbetracht des (Tax) CMS befindet. So spielt es sowohl bei der Etablierung als auch im Regelbetrieb des CMS eine entscheidende Rolle.[1129] Während es im Rahmen der Implementierung eines CMS noch gilt, sowohl die Kommunikationskanäle zu analysieren als auch die Grundsätze und Maßnahmen den betroffenen Mitarbeitern gegebenenfalls neu zu vermitteln,[1130] ist im Regelbetrieb besonderes Augenmerk auf die Aufrechterhaltung des

---

§ 25 Rz. 138; *Hülsberg/Laue*, in Inderst/Bannenberg/Poppe, Compliance, 3. Aufl. 2017, Kapitel 3 Rz. 189; *Müller/Fischer*, Tax Compliance, 2. Aufl. 2022, S. 115.

1123 IDW PS 980 (Stand: 28.9.2022), Tz. 27; IDW Praxishinweis 1/2016, Tz. 48; *Müller/Fischer*, Tax Compliance, 2. Aufl. 2022, S. 114 f.; *Pielke*, Tax Compliance, 2018, S. 34.

1124 IDW PS 980 (Stand: 28.9.2022), Tz. A28; *Besch/Starck/Dippel-Nissen*, in Moosmayer/Lösler, Corporate Compliance, 4. Aufl. 2024, § 25 Rz. 138; *Hülsberg/Laue*, in Inderst/Bannenberg/Poppe, Compliance, 3. Aufl. 2017, Kapitel 3 Rz. 188.

1125 IDW Praxishinweis 1/2016, Tz. 48 f.; *Müller/Fischer*, Tax Compliance, 2. Aufl. 2022, S. 116.

1126 *Pielke*, Tax Compliance, 2018, S. 36.

1127 IDW PS 980 (Stand: 28.9.2022), Tz. A28; *Hülsberg/Laue*, in Inderst/Bannenberg/Poppe, Compliance, 3. Aufl. 2017, Kapitel 3 Rz. 188.

1128 IDW Praxishinweis 1/2016, Tz. 49; *Müller/Fischer*, Tax Compliance, 2. Aufl. 2022, S. 116 f.

1129 *Müller/Fischer*, Tax Compliance, 2. Aufl. 2022, S. 117 f.; *Pielke*, Tax Compliance, 2018, S. 34 ff.

1130 *Müller/Fischer*, Tax Compliance, 2. Aufl. 2022, S. 117.

„Compliance-Bewusstseins“ zu legen[1131] sowie auf die – insbesondere im Rahmen eines Tax CMS – stetige Anpassung der Verhaltensrichtlinien, z.B. aufgrund sich ändernder Gesetze oder Rechtsprechung, und der entsprechenden Kommunikation.[1132] Daher muss die Kommunikationsarbeit – auch nach der Etablierung des CMS – „kontinuierlich und konsequent fortgesetzt werden“.[1133]

In Anbetracht der Tatsache, dass das Tax Compliance-Ziel der „Vermeidung von Sanktionen durch Organisation umsatzsteuerrechtlich relevanter Kenntnisse“[1134] lediglich einen kleinen Part des Tax CMS ausmachen dürfte, ist für die Compliance-Kommunikation auf die bewährten Mittel und Wege zurückzugreifen. Wird die Bereitschaft zur Compliance beispielsweise in der Regel durch ein „Quiz“ bei Einwahl in den Mitarbeiter-Account geprüft, können auch die umsatzsteuerrechtlichen Risikofelder und deren Handhabe in einem „Quiz“ überprüft werden. Maßgeblich ist zudem, dass durch Rechtsprechungsänderungen und -entwicklungen sowie durch Gesetzesänderungen auftretende neue Risikofelder zeitnah vermittelt und durch Festlegung der Berichtspflichten und -wege – möglichst entsprechend der bereits bestehenden Berichtswege – flankiert werden.

(vii) Compliance-Überwachung und -Verbesserung

Als letztes Grundelement eines CMS wird schließlich die Compliance-Überwachung und -Verbesserung aufgeführt. So ist ein CMS, zur Sicherstellung dessen dauerhafter Angemessenheit und Wirksamkeit, fortlaufend zu überwachen.[1135] Dies umfasst unter anderem die Überprüfung der Einhaltung der Maßnahmen des Compliance-Programms, der Wahrnehmung notwendiger Schulungs- und Fortbildungsmaßnahmen, aber auch der prozessintegrierten Kontrollen[1136] selbst.[1137] Wie bei allen anderen Grundelementen des

---

[1131] *Pielke*, Tax Compliance, 2018, S. 35.
[1132] *Müller/Fischer*, Tax Compliance, 2. Aufl. 2022, S. 118.
[1133] *Müller/Fischer*, Tax Compliance, 2. Aufl. 2022, S. 118.
[1134] S.o. D. III. 3. b) bb) (2) (e) (ii).
[1135] IDW PS 980 (Stand: 28.9.2022), Tz. 27; *Besch/Starck/Dippel-Nissen*, in Moosmayer/Lösler, Corporate Compliance, 4. Aufl. 2024, § 25 Rz. 139; *Pielke*, Tax Compliance, 2018, S. 37.
[1136] S.o. D. III. 3. b) bb) (2) (e) (iv).
[1137] IDW PS 980 (Stand: 28.9.2022), Tz. A29; IDW Praxishinweis 1/2016, Tz. 54; *Müller/Fischer*, Tax Compliance, 2. Aufl. 2022, S. 119.

CMS[1138] gibt es jedoch auch hier keine generellen Anforderungen an die Art und Weise der Überwachung. Vielmehr sind wiederum die individuellen Umstände des Unternehmens zu berücksichtigen.[1139]

In jedem Fall bedarf es zunächst der Festlegung der Zuständigkeiten für die Compliance-Überwachung.[1140] Um eine Selbstprüfungsgefahr zu vermeiden, sollte die Überwachung durch eine prozessunabhängige Stelle erfolgen, wie beispielsweise eine externe Gesellschaft oder die Interne Revision.[1141] Daneben umfasst die Compliance-Überwachung z.B. die Entwicklung eines Überwachungsplans, in welchem unter anderem die zeitlichen Phasen der Überprüfung festgelegt werden, sowie die Bereitstellung angemessener Ressourcen für die Durchführung der Überwachung.[1142]

Maßgeblich für eine wirksame Überwachung ist zudem, dass – sofern im CMS Schwachstellen bzw. Regelverstöße festgestellt werden – diese zunächst an die zuständigen Stellen berichtet werden. Anschließend sind Zuwiderhandlungen zu sanktionieren, beispielsweise durch Berücksichtigung im Rahmen von Beförderungen oder Gehaltsgesprächen bis hin zur Kündigung bei gravierenden Regelverstößen, und Maßnahmen zur Mängelbeseitigung bzw. Vermeidung künftiger Regelverstöße zu treffen, z.B. zusätzliche Kontrollen oder Schulungsmaßnahmen. Nur so kann die Wirksamkeit des CMS erhöht und das System verbessert werden.[1143]

All diese Schritte sind wiederum schriftlich und umfassend zu dokumentieren, um so den Nachweis der vollumfänglichen Sorgfaltspflicht der Unternehmensleitung erbringen zu können.[1144]

1138 S.o. D. III. 3. b) bb) (2) (e).

1139 *Müller/Fischer*, Tax Compliance, 2. Aufl. 2022, S. 119 f.

1140 IDW PS 980 (Stand: 28.9.2022), Tz. A29; IDW Praxishinweis 1/2016, Tz. 53; *Pielke*, Tax Compliance, 2018, S. 38.

1141 IDW PS 980 (Stand: 28.9.2022), Tz. A29; *Hülsberg/Laue*, in Inderst/Bannenberg/Poppe, Compliance, 3. Aufl. 2017, Kapitel 3 Rz. 195; *Müller/Fischer*, Tax Compliance, 2. Aufl. 2022, S. 119.

1142 IDW PS 980 (Stand: 28.9.2022), Tz. A29; IDW Praxishinweis 1/2016, Tz. 53; *Hülsberg/Laue*, in Inderst/Bannenberg/Poppe, Compliance, 3. Aufl. 2017, Kapitel 3 Rz. 195.

1143 IDW PS 980 (Stand: 28.9.2022), Tz. 27, A29; IDW Praxishinweis 1/2016, Tz. 55; *Müller/Fischer*, Tax Compliance, 2. Aufl. 2022, S. 122 f.

1144 *Besch/Starck/Dippel-Nissen*, in Moosmayer/Lösler, Corporate Compliance, 4. Aufl. 2024, § 25 Rz. 139; *Müller/Fischer*, Tax Compliance, 2. Aufl. 2022, S. 112.

Als lediglich kleiner Teil des Tax CMS würde die Überwachung des hier relevanten Compliance-Bereichs wohl im Rahmen der Überwachung des gesamten Tax CMS oder zumindest des gesamten umsatzsteuerrechtlichen Teilbereichs des Tax CMS stattfinden. Insoweit sind wohl keine über die generellen Anforderungen an eine Tax CMS-Überwachung hinausgehenden Punkte zu beachten. Hierbei ist – wie ganz generell beim Tax CMS – auf die Aktualität des Tax CMS sowie darauf zu achten, „dass die Person, die die Prüfung durchführt, über eine große Sachkunde im materiellen aber auch formellen Steuerrecht verfügt."[1145] Daneben muss die unabdingbare, regelmäßige Fortbildung der Mitarbeiter der Steuerabteilung – entsprechend der hier relevanten Thematik gerade auch im Umsatzsteuerrecht – überprüft werden.[1146]

(f) Resultat: Exkulpation durch Nachweis eines angemessenen und wirksamen Tax Compliance Management Systems

Sofern der Einzelunternehmer bzw. der/die Steuererfüllungsverpflichtete(n) die Angemessenheit – insbesondere auch unter Beachtung der jeweiligen Unternehmensgröße[1147] – und Wirksamkeit eines solchen Tax CMS im Hinblick auf die hier relevanten umsatzsteuerrechtlichen Problemkreise nachweisen können, besteht meines Erachtens – abgesehen von etwaigen nachgewiesenen vorsätzlichen Verstößen im Einzelfall – keinerlei Berechtigung mehr, ihre Unkenntnis als „fahrlässig" zu erachten. Vielmehr kann bzw. muss sodann unterstellt werden, dass sie alle Maßnahmen getroffen haben, „die vernünftigerweise von ihnen verlangt werden können, um sicherzustellen, dass ihre Umsätze nicht in einen Betrug – sei es eine Mehrwertsteuerhinterziehung oder ein sonstiger Betrug – einbezogen sind",[1148] womit die dem Unternehmen zustehenden umsatzsteuerlichen Rechte nicht verwehrt werden dürfen.

1145 *Müller/Fischer*, Tax Compliance, 2. Aufl. 2022, S. 121.
1146 *Müller/Fischer*, Tax Compliance, 2. Aufl. 2022, S. 122.
1147 S.o. D. III. 3. b) bb) (2) (e).
1148 EuGH, Urteil v. 21.6.2012 – C-80/11, C-142/11, *Mahagében und Dávid*, UR 2012, 591, Rz. 53; EuGH, Urteil v. 3.10.2019 – C-329/18, *Altic*, MwStR 2019, 943, Rz. 32.

4. Fazit

Somit ist zu konstatieren, dass der Grundsatz der Gleichbehandlung nach Art. 20 GrCh eine Berücksichtigung des Wissens „sonstiger" Mitarbeiter des Unternehmens zwar durchaus verlangt – dies jedoch nur eingeschränkt bzw. unter gewissen Voraussetzungen: So kann lediglich das Wissen derjenigen Mitarbeiter als „fahrlässige Unkenntnis" des Einzelunternehmers bzw. des/der Steuererfüllungsverpflichteten Berücksichtigung finden, die mit der Erledigung einer Aufgabe betraut sind, bei der umsatzsteuerrechtlich relevantes Wissen typischerweise erlangt wird, wobei es sich um Kenntnisse handeln muss, die beim jeweiligen Mitarbeiter auch typischerweise erlangt werden. Ist dies der Fall, muss gleichwohl die Möglichkeit bestehen, die „Fahrlässigkeit" der damit gleichzeitig bestehenden Unkenntnis des Einzelunternehmers bzw. des/der Steuererfüllungsverpflichteten zu widerlegen. Dies kann mittels eines entsprechend eingerichteten und gelebten Tax CMS gelingen.

E. Zusammenfassung der wesentlichen Ergebnisse

Zu A. Anwendungsfelder der Wissenszurechnung im Umsatzsteuerrecht

- Obwohl das Umsatzsteuerrecht prinzipiell an objektive Umstände anknüpft, findet das subjektive Merkmal der „Kenntnis" des umsatzsteuerlichen Unternehmers vermehrt Einzug und führt so zu einer steigenden Relevanz der Thematik der Wissenszurechnung auch in diesem Rechtsgebiet.
- Einen maßgeblichen Anwendungsbereich der Wissenszurechnung im Umsatzsteuerrecht bietet dabei der Themenkomplex des Gutglaubensschutzes, der – im Gegensatz zum gegebenenfalls übergreifend zu verstehenden Vertrauensschutzprinzip – ausschließlich an die Kenntnis des Unternehmers betreffend etwaige Falschangaben eines Geschäftspartners und nicht an Zusicherungen einer Verwaltungsbehörde knüpft.
- Die einzige Kodifizierung dieses Gutglaubensschutzes im deutschen Umsatzsteuergesetz findet sich im Rahmen der innergemeinschaftlichen Lieferung nach § 6a Abs. 4 UStG, wonach – obwohl die Voraussetzungen der Steuerfreiheit der innergemeinschaftlichen Lieferung objektiv nicht vorliegen – die Steuerbefreiung dennoch gewährt wird, wenn der Unternehmer die Unrichtigkeit der Angaben seines Abnehmers auch bei Beachtung der Sorgfalt eines ordentlichen Kaufmanns nicht erkennen konnte.
- Unabhängig von einer solchen Kodifizierung ist jedoch seit dem richtungsweisenden EuGH-Urteil *Netto Supermarkt* ganz allgemein anerkannt, dass insbesondere aufgrund der Grundsätze der Rechtssicherheit und der Verhältnismäßigkeit auch hinsichtlich der Frage der Steuerfreiheit von

Ausfuhrlieferungen gleichermaßen die Möglichkeit des Gutglaubensschutzes als Grundsatz des primären Unionsrechts in Betracht kommen muss.

- Dementsprechend gewährt der EuGH auch im Rahmen der Differenzbesteuerung nach § 25a UStG bzw. Art. 311 ff. MwStSystRL Gutglaubensschutz, weil die Anwendbarkeit der Differenzbesteuerung – also die korrekte rechtliche Ausgestaltung des Ausgangsumsatzes des Unternehmers – von den Gegebenheiten des Vorlieferanten abhängt, bezüglich derer er wiederum auf dessen Angaben angewiesen ist.
- Daneben gewährt der BFH Gutglaubensschutz im Rahmen des Vorsteuerabzugs nach § 15 UStG im Falle fehlerhafter Rechnungsangaben, wobei ebenso hinsichtlich der Unternehmereigenschaft des Leistenden die Möglichkeit des Gutglaubensschutzes ernsthaft in Betracht gezogen werden sollte.
- Eine weitere Gutglaubensschutz-Kodifikation findet sich in Art. 5c und Art. 5d MwStVO, die dem Schnittstellenbetreiber im Rahmen der Lieferkettenfiktion nach § 3 Abs. 3a UStG einen gewissen Schutz vor Falschangaben des Lieferers oder des Abnehmers – beispielsweise hinsichtlich deren Steuerstatus oder Transportbeginn und -ende – verschaffen.
- Darüber hinaus enthält die MwStVO in Art. 18 ff. für den Erbringer sonstiger Leistungen im Sinne von § 3 Abs. 9 UStG einige Gutglaubensschutzvorschriften in Form von Vermutungsregelungen, weil auch dieser für die korrekte Einordnung des Ortes der von ihm erbrachten sonstigen Leistung – und damit des Ortes der Steuerbarkeit – auf die Angaben des Leistungsempfängers hinsichtlich Steuerstatus und Empfängerort angewiesen ist.
- Wenngleich eine diesbezügliche gesetzliche Normierung fehlt und eine höchstrichterliche Entscheidung hierzu bislang ebenfalls aussteht, erscheint schließlich auch im Reverse-Charge-Verfahren nach § 13b UStG ein Schutz des guten Glaubens des Leistenden – insbesondere hinsichtlich der Abnehmerangaben zu dessen Unternehmereigenschaft – durchaus geboten, während ein Gutglaubensschutz für den Leistungsempfänger nicht notwendig ist.
- Die Frage, ob die vom BFH bislang praktizierte Gewährung des Gutglaubensschutzes ausschließlich im Billigkeitsverfahren – abgesehen von der Verortung im Festsetzungsverfahren bei der innergemeinschaftlichen

Lieferung – mit Unionsrecht im Einklang steht, ist vom EuGH bzw. EuG nach wie vor unbeantwortet, wird jedoch zu Recht bezweifelt.

- Einen weiteren wichtigen Anwendungsbereich der Wissenszurechnung bietet die Versagung umsatzsteuerlicher Rechte wegen Bösgläubigkeit entsprechend der sogenannten Missbrauchsrechtsprechung des EuGH bzw. des – diese Rechtsprechung in nationales Recht umsetzenden – § 25f UStG.
- Demnach ist dem Unternehmer die Steuerbefreiung der innergemeinschaftlichen Lieferung bzw. der Vorsteuerabzug zu versagen, wenn er wusste oder hätte wissen müssen, dass er sich mit der von ihm erbrachten Leistung oder seinem Leistungsbezug an einem Umsatz beteiligt, bei dem der Leistende oder ein anderer Beteiligter auf einer vorhergehenden oder nachfolgenden Umsatzstufe in eine begangene Steuerhinterziehung einbezogen war.
- Sofern die – hinsichtlich der Rechteversagung bei eigener Steuerhinterziehung des Steuerpflichtigen unvollkommene – Kodifizierung in § 25f Abs. 1 UStG dabei einen Rechtsverlust selbst für die Fälle der bloßen Nichtentrichtung einer erklärten Umsatzsteuer im Sinne von § 26a Abs. 1 UStG anordnet, bedarf es jedoch einer unionsrechtskonformen Auslegung der Norm, als dies gerade keinen Mehrwertsteuerbetrug im Sinne der Missbrauchsrechtsprechung darstellt.
- Dass § 25f UStG eine Versagung der Steuerfreiheit der Ausfuhrlieferung bei Bösgläubigkeit nicht umfasst, wenn „lediglich" die Kenntnis um eine Steuerhinterziehung zu Lasten des Steueraufkommens eines Drittstaates im Raum steht, ist hingegen durchaus im Einklang mit der Rechtsprechung des EuGH.
- Einen weiteren Anwendungsbereich der Wissenszurechnung bietet schließlich die Haftungsnorm des § 25e UStG für Betreiber elektronischer Schnittstellen, wonach die Inhaftungnahme des Schnittstellenbetreibers wieder auflebt, wenn dieser von der Nicht-Erfüllung der steuerlichen Pflichten bzw. der tatsächlichen Unternehmerstellung des Lieferanten Kenntnis hatte oder nach der Sorgfalt eines ordentlichen Kaufmanns hätte haben müssen.
- Hinsichtlich der Frage, zu welchem Zeitpunkt die vorgenannten Kenntnisse bzw. Bös- oder Gutgläubigkeit als Ausgangspunkt der Frage der

Wissenszurechnung vorliegen müssen, ist prinzipiell auf den Zeitpunkt der Lieferung bzw. sonstigen Leistung abzustellen, so dass beispielsweise Erkenntnisse aus im späteren Verlauf erfolgten Kontrollen unerheblich sind.

- Besonderheiten bestehen hierbei bei der Differenzbesteuerung, für welche es auf den Zeitpunkt des Ausgangsumsatzes ankommt, bei § 25e UStG – für welchen der Zeitpunkt des Abschlusses des Rechtsgeschäfts als maßgeblich erachtet werden muss – sowie für Angaben, die dem Unternehmer erst nach der Ausführung der Leistung vorliegen, für welche erst der Zeitpunkt der Geltendmachung der Steuerbefreiung als ausschlaggebend angesehen werden kann.
- Während allen aufgeführten Regelungsbereichen des materiellen Umsatzsteuerrechts, die an das subjektive Merkmal der Kenntnis anknüpfen, die Tatsache gemein ist, dass nicht nur positive Kenntnis schadet, sondern bereits fahrlässige Unkenntnis und dabei stets der erhöhte Sorgfaltsmaßstab eines „ordentlichen Unternehmers" zu wahren ist, greifen sowohl § 25f UStG als auch die verschuldensabhängige Haftung in § 25e UStG erst bei grober Fahrlässigkeit, während dem Schutz guten Glaubens bereits einfache Fahrlässigkeit entgegensteht.

Zu B. Umgang mit der Zurechnung von Wissen in anderen (Teil-)Rechtsgebieten

- Als Vorbild für die Lösung der Frage der Wissenszurechnung vor allem in der umsatzsteuerrechtlichen Rechtsprechung fungiert das Zivilrecht, in welchem diese Thematik bereits seit Jahrzehnten zum Kreis der Grundlagenthemen gehört.
- In dieser Zeit haben sich diverse Grundsätze und Konstrukte entwickelt, wie die Anknüpfung an den sogenannten Wissensvertreter oder die Wissensorganisationspflicht, die heute weitestgehend anerkannt sind, deren Rechtsgrundlagen aber nach wie vor ungeklärt sind.
- Auch im Steuerverfahrensrecht wird die Thematik der Wissenszurechnung – neben der ausführlicheren Behandlung im Rahmen von § 173 AO, also auf Seiten der Finanzverwaltung – hinsichtlich Normen, die an die Kenntnis des Steuerpflichtigen anknüpfen, kaum bzw. allenfalls unter Heranziehung zivilrechtlicher Prinzipien gelöst.

- Für das materielle Ertragsteuerrecht ist die Frage der Wissenszurechnung dagegen soweit ersichtlich bislang kaum von Relevanz und wird daher auch kaum thematisiert.
- Wie im Steuerverfahrensrecht wird sich auch im allgemeinen Verwaltungsrecht in erster Linie mit der Frage der Zurechnung von Wissen auf Seiten der Verwaltung befasst, während die Frage nach der Wissenszurechnung bei Privatrechtssubjekten – wenn überhaupt – nur rudimentär und unter Verweis auf die zivilrechtliche Handhabung thematisiert wird.
- Anders hingegen wird die Zurechnungsfrage im Bereich des Parteienrechts gelöst, als hier das Aufgreifen zivilrechtlicher Grundsätze gänzlich vermieden, sondern anhand und unter Berücksichtigung des konkreten Gesetzeszwecks vorgegangen wird.
- Ebenso wie im Zivilrecht liegt auch im Verwaltungsrecht mittlerweile ein Schwerpunkt auf der Frage, ob bzw. inwieweit Informationen, die gegebenenfalls nur als Daten oder in Akten vorhanden sind, als „Kenntnis" zu werten sind.
- Auch das Kartellrecht, welches dem Umsatzsteuerrecht hinsichtlich seiner unionsrechtlichen Prägung und zunehmenden Harmonisierung ähnlich ist, knüpft – bedenklicherweise ohne jegliche Rechtsgrundlage – im Rahmen seiner unionsrechtlichen Sanktionsnormen an das Konzept des Organisationsverschuldens an und rechnet so nicht nur das Wissen natürlicher Personen zu, sondern berücksichtigt auch Organisations- und Aufsichtspflichtverletzungen als Verschulden.
- Mittels §§ 130, 30 OWiG besteht auch im deutschen Kartellrecht die Möglichkeit der Berücksichtigung einer Art Organisationsverschuldens, als hierdurch die Verantwortlichkeit von Leitungspersonen für Zuwiderhandlungen von Mitarbeitern aufgrund einer Aufsichtspflichtverletzung begründet wird.

Zu C. Bestandsaufnahme zur Wissenszurechnung im Umsatzsteuerrecht

- Im Unterschied zum Zivilrecht wurde sich im Umsatzsteuerrecht bislang sowohl von Seiten der Rechtsprechung als auch im Schrifttum noch kaum mit der Thematik der Wissenszurechnung beschäftigt.
- So musste sich der EuGH erst im Jahr 2022 mit der Frage der Wissenszurechnung im Umsatzsteuerrecht befassen und rechnete in diesem

Spezialfall – ohne Benennung einer Rechtsgrundlage – die Kenntnis eines beauftragten, vom Steuerpflichtigen verschiedenen rechtlich selbständigen Dritten zu.

- Der BFH hingegen – der sowohl dem BGH als auch den Finanzgerichten als Grundlage ihrer Begründungen zur Wissenszurechnung dient – greift maßgeblich auf die vom BGH für das Zivilrecht entwickelten Grundsätze der Wissenszurechnung – insbesondere § 166 BGB analog – zurück, die vor allem vom Gedanken des Verkehrsschutzes und der Gleichstellung juristischer und natürlicher Personen geleitet werden.
- Auch in der Literatur wird diese Rechtsprechung überwiegend schlichtweg aufgegriffen, wobei nur vereinzelt die Zugrundelegung zivilrechtlicher Begründungsansätze kritisiert und für eine eingeschränkte Zurechnung von Wissen unter Berücksichtigung der Einhaltung von Organisationspflichten plädiert wird.
- Diese unreflektierte – also begründungslose – Übernahme zivilrechtlicher Wertungen lässt jedoch außer Acht, dass Zivilrecht und Steuerrecht gleichrangige, nebengeordnete Rechtsgebiete sind, so dass eine solche Anwendung auf das Steuerrecht einer besonderen Untersuchung und Begründung bedarf.
- Dem kann selbst der Grundsatz der „Einheit der Rechtsordnung“ nicht entgegengehalten werden, weil auch dieser die unterschiedlichen Regelungsmodalitäten der einzelnen Teilrechtsordnungen nicht in Frage stellen darf.
- Schließlich ist zu bedenken, dass eine solche Übertragung von Begründungsmustern aus anderen Teilrechtsordnungen eine Form ergänzender Rechtsfortbildung – die Ausfüllung einer im Gesetz vorhandenen Regelungslücke – darstellt, die lediglich dann vonnöten ist, wenn eine primär vorzunehmende Auslegung nicht zielführend ist.
- Diese primär vorzunehmende Auslegung betrifft den wissenskontextualen Begriff des „Unternehmers“.

Zu D. Dogmatische Grundlagen und Einzelfragen der Wissenszurechnung im Umsatzsteuerrecht

- Der umsatzsteuerrechtliche Begriff des Unternehmers stellt einen auslegungsfähigen, unbestimmten Rechtsbegriff dar, der zwar prinzipiell für das komplette Umsatzsteuerrecht einheitlich in § 2 UStG legaldefiniert sein mag, im wissensrelevanten Kontext jedoch aufgrund des anderweitigen Normzwecks von dieser Legaldefinition losgelöst und differenziert auszulegen ist.

- Hierbei ist auf die im Unternehmen agierenden natürlichen Personen zurückzugreifen, die – entsprechend derjenigen umsatzsteuerrechtlichen Vorschriften, die eine aktive Handlung vom Unternehmen erfordern – anhand des Merkmals der Verpflichtung zur Erfüllung der steuerlichen Pflichten des Unternehmens nach §§ 34, 35 AO voneinander abzugrenzen sind.
- Im Rahmen einer sich fortentwickelnden Auslegung bildet dabei der „wissende" Einzelunternehmer den Ausgangspunkt zur Definition des wissenskontextualen Unternehmerbegriffs, dessen Wissen automatisch und ohne weitere Einschränkung als das Wissen des Unternehmens zu behandeln ist.
- In der ähnlich gelagerten zweiten Fallgruppe – das Unternehmen ist ein Personenzusammenschluss, welcher über lediglich einen Steuererfüllungsverpflichteten im Sinne von § 34 AO verfügt – ist der wissenskontextuale Unternehmerbegriff vor allem unter Zugrundelegung der teleologischen Auslegung zu ermitteln, wobei dem Prinzip der Rechtsformneutralität als Ausprägung des Neutralitätsgrundsatzes keine Bedeutung zukommt, weil dessen Anwendbarkeit ein Konkurrenzverhältnis voraussetzt, das für die Frage der Wissenszurechnung jedoch nicht von Relevanz ist.
- Stattdessen ist der in Art. 20 GrCh normierte Grundsatz der Gleichbehandlung heranzuziehen, der – in Anbetracht der einheitlichen Definition des wissenskontextualen Begriffs des „Unternehmers" und im Fall der Anwendung der Vorschriften der MwStVO des „Steuerpflichtigen" aus Gründen der Rechtssicherheit – durchaus den richtigen Maßstab für die Gleichheitsprüfung darstellt.
- Im Rahmen dieser Gleichheitsprüfung wäre die, aus der Auslegung des Begriffs „Unternehmer" entsprechend der Legaldefinition des § 2 UStG, resultierende Ungleichbehandlung dieses Personenzusammenschlusses im Vergleich zum Einzelunternehmer weder durch den Grundsatz der Belastungsneutralität noch durch die Haftung des Steuererfüllungsverpflichteten nach § 69 AO zu rechtfertigen.
- Dementsprechend ist der wissenskontextuale Begriff des „Unternehmers" derart auszulegen, dass hierunter nicht nur der Einzelunternehmer im

Sinne von § 2 UStG als natürliche Person zu verstehen ist, sondern daneben auch der einzige Steuererfüllungsverpflichtete eines Personenzusammenschlusses.

- Dies fortführend, ist – sofern das Unternehmen über mehrere Steuererfüllungsverpflichtete verfügt – auch jeder dieser Steuererfüllungsverpflichteten als Unternehmer im wissenskontextualen Sinn zu fassen, als ihnen allen per legem die gleiche steuerliche Verpflichtung zukommt und einer eventuellen haftungs- bzw. strafrechtlichen Inanspruchnahme des bzw. der anderen, nicht-wissenden Steuererfüllungsverpflichteten der Grundsatz des persönlichen Schuldvorwurfs entgegensteht.
- Mitarbeiter hingegen, die nicht nach §§ 34, 35 AO zur Erfüllung der steuerlichen Pflichten verpflichtet sind, können nicht unter den wissenskontextualen Unternehmerbegriff gefasst werden, was sowohl im Rahmen der grammatischen als auch der teleologischen Auslegung – insbesondere unter Berücksichtigung des Verbrauchsteuercharakters der Umsatzsteuer sowie des Grundsatzes der Belastungsneutralität – deutlich zum Ausdruck kommt.
- Damit bleibt festzuhalten, dass der Begriff „Unternehmer" im wissensrelevanten Kontext derart auszulegen ist, dass sowohl der Einzelunternehmer im Sinne von § 2 UStG als natürliche Person, als auch jeder Steuererfüllungsverpflichtete des Unternehmens darunter zu fassen ist, mit der Konsequenz, dass ihr Wissen bzw. ihre fahrlässige Unkenntnis automatisch und ohne jegliche Einschränkung das Wissen bzw. die fahrlässige Unkenntnis „des Unternehmens" ist, während „sonstige Mitarbeiter" nicht darunter fallen.
- Dieses Auslegungsergebnis ist – in Anbetracht der Notwendigkeit einer unionsautonomen, mitgliedstaaten-übergreifend einheitlichen Auslegung – auch vereinbar mit Unionsrecht, insbesondere als die Möglichkeit einer haftungs- bzw. strafrechtlichen Inanspruchnahme des bzw. der anderen, nicht-wissenden Steuererfüllungsverpflichteten auch auf unionaler Ebene die persönliche Verschuldensabhängigkeit voraussetzt.
- Da die Regelungsbereiche des materiellen Umsatzsteuerrechts, die an ein subjektives Merkmal anknüpfen, bereits fahrlässige Unkenntnis genügen lassen, besteht gleichzeitig die Möglichkeit, die positive Kenntnis – wie auch die fahrlässige Unkenntnis – „sonstiger" Mitarbeiter unter gewissen Umständen als fahrlässige Unkenntnis des Einzelunternehmers bzw. der/

des Steuererfüllungsverpflichteten – und damit des Unternehmens – zu erfassen, um auch die umsatzsteuerrechtliche Beachtlichkeit dieser Kenntnisse zu bewirken.

- Diese Berücksichtigung von Mitarbeiterwissen als fahrlässige Unkenntnis von Einzelunternehmer bzw. Steuererfüllungsverpflichteten bedarf einer rechtlichen Begründung, die wiederum im Grundsatz der Gleichbehandlung nach Art. 20 GrCh zu finden ist und gleichzeitig die Grenzen dieser Art der „Zurechnung" absteckt, um so eine möglichst weitgehende Gleichbehandlung der umsatzsteuerlichen Unternehmen im Hinblick auf die Frage der Relevanz von Mitarbeiterwissen zu erreichen.
- Hierfür bedarf es zum einen einer personellen Eingrenzung der für eine „Zurechnung" von Wissen in Betracht kommenden Mitarbeiter dergestalt, dass hiervon – in Anlehnung an das zivilrechtliche Konstrukt des „Wissensvertreters" – nur solche Mitarbeiter erfasst werden, die mit der Erledigung einer Aufgabe betraut sind, bei der umsatzsteuerrechtlich relevantes Wissen typischerweise erlangt wird, wobei als „zurechenbar" nur solches Wissen zu erachten ist, das beim jeweiligen Mitarbeiter auch typischerweise erlangt wird.
- Daneben muss dem Einzelunternehmer bzw. dem/den Steuererfüllungsverpflichteten die Möglichkeit zukommen, die Fahrlässigkeit ihrer Unkenntnis aufgrund Kenntnis eines Mitarbeiters durch den generellen Einsatz von Maßnahmen zu widerlegen, die sicherstellen, dass umsatzsteuerrechtlich relevantes Wissen bei den entsprechenden Stellen ankommt und dort verwertet werden kann.
- Dies kann mittels eines entsprechend eingerichteten und gelebten Tax Compliance Management Systems gelingen, das die Thematik der Organisation umsatzsteuerlichen Wissens in dessen sämtlichen Grundelementen – Compliance-Kultur, Compliance-Ziele, Compliance-Risiken, Compliance-Programm, Compliance-Organisation, Compliance-Kommunikation sowie Compliance-Überwachung und -Verbesserung – auszugestalten hat.
- Abgesehen von etwaigen nachgewiesenen vorsätzlichen Verstößen im Einzelfall, muss ein solch angemessenes und wirksames Tax CMS im Hinblick auf die hier relevanten umsatzsteuerrechtlichen Problemkreise somit die Möglichkeit zur Exkulpation bieten.

Literaturverzeichnis

Achatz, Markus, Formale Voraussetzungen, materielle Berechtigung und Gutglaubensschutz, in: Seer, Roman (Hrsg.), Umsatzsteuer im Europäischen Binnenmarkt, DStJG Band 32, Köln 2009, S. 461–488.

Aden, Menno, Wissenszurechnung in der Körperschaft, NJW 1999, 3098–3099.

Adick, Markus / Linke, Leonie, Versagung von Vorsteuerabzug und Steuerbefreiungen nach § 25f UStG, ZWH 2020, 290–295.

Armbrüster, Christian / Kosich, Maximilian, Wissenszurechnung in Unternehmen, ZIP 2020, 1494–1505.

Bader, Johann / Ronellenfitsch, Michael (Hrsg.), Beck'scher Online-Kommentar zum Verwaltungsverfahrensgesetz, München (Stand: Juli 2025).

Basar, Eren, Entscheidungsanmerkung, jurisPR-StrafR 10/2016, Anm. 1.

Baum, Marcus, Die Wissenszurechnung, Dissertation, Berlin 1999.

Baum, Michael / Buse, Johannes W. / Brandl, Harald / Szymczak, Manfred (Hrsg.), 360° AO eKommentar, Bonn (Stand: 2025).

Baumann, Horst, Die Kenntnis juristischer Personen des Privatrechts von rechtserheblichen Umständen, ZGR 1973, 284–299.

Becker, Felix, Neue Durchführungsverordnung zur Mehrwertsteuer-Systemrichtlinie ab 1.7.2011 (Teil I), UStB 2011, 144–157.

Becker, Stefanie, Erfordernis eines allgemeinen Gutglaubensschutzes im Umsatzsteuerrecht, UR 2009, 664–672.

Beisse, Heinrich, Die wirtschaftliche Betrachtungsweise bei der Auslegung der Steuergesetze in der neueren deutschen Rechtsprechung, StuW 1981, 1–14.

Bergkemper, Winfried, Anmerkung zu BFH, Urteil v. 21.4.2010 – VI R 29/08, FR 2010, 952.

Beyer, Dirk, „Wissenmüssen" von Steuerbetrug – Vorsteuerausschluss erst bei Eventualvorsatz?, NWB 2020, 970–976.

Biermann, Friedrich G., Wissenszurechnung und Künstliche Intelligenz – KI-Systeme als Zurechnungsausgangssubjekte für zivilrechtliches Wissen im Rahmen der klassischen und wertenden Wissenszurechnung, Dissertation, Baden-Baden 2022.

Birkenfeld, Wolfram / Wäger, Christoph, Das große Umsatzsteuer-Handbuch, Loseblatt, Köln (Stand: Juni 2025).

Bodden, Guido, Der Steuerstreit im Einkommensteuerrecht – Methodische Leitlinien für die steuerrechtliche Argumentation, FR 2014, 1053–1064.

Bordewin, Arno (Begr.) / *Brandt, Jürgen*, Einkommensteuergesetz, Kommentar, Loseblatt, Heidelberg (Stand: September 2025).

Bork, Reinhard, Zurechnung im Konzern, ZGR 1994, 237–265.

Brandis, Peter / Heuermann, Bernd (Hrsg.), Ertragsteuerrecht, Kommentar zum Einkommensteuergesetz, Körperschaftsteuergesetz, Gewerbesteuergesetz, Außensteuergesetz, Investmentsteuergesetz, Umwandlungsteuergesetz und Nebengesetze, Loseblatt, München (Stand: Juni 2025).

Bruns, Christina, Voraussetzungen und Auswirkungen der Zurechnung von Wissen und Wissenserklärungen im allgemeinen Privatrecht und im Privatversicherungsrecht – Eine Untersuchung von Zurechnungsmechanismen außerhalb des unmittelbaren Anwendungsbereichs von Zurechnungsnormen, Dissertation, Karlsruhe 2007.

Buck, Petra, Wissen und juristische Person – Wissenszurechnung und Herausbildung zivilrechtlicher Organisationspflichten, Habilitation, Tübingen 2001.

Bunjes, Johann (Begr.), Umsatzsteuergesetz, Kommentar, 24. Aufl., München 2025.

von Busekist, Konstantin / Hein, Oliver, Der IDW PS 980 und die allgemeinen rechtlichen Mindestanforderungen an ein wirksames Compliance Management System (1) – Grundlagen, Kultur und Ziele, CCZ 2012, 41–48.

Calliess, Christian / Ruffert, Matthias (Hrsg.), EUV/AEUV, Das Verfassungsrecht der Europäischen Union mit Europäischer Grundrechtecharta, Kommentar, 6. Aufl., München 2022.

Canaris, Claus-Wilhelm, Systemdenken und Systembegriff in der Jurisprudenz – entwickelt am Beispiel des deutschen Privatrechts, Berlin 1969.

Canaris, Claus-Wilhelm, Bankvertragsrecht, 3. Aufl., Berlin/New York 1988.

Canaris, Claus-Wilhelm, Diskussionsbeitrag, Sonderheft VersR, Karlsruher Forum 1994 – Möglichkeiten der Wissenszurechnung, S. 33–35.

Cepl, Philipp / Rüting, Kai, Kartellrechtliche Zulässigkeit von Nichtangriffsabreden und ihre Prüfung im Patentnichtigkeitsverfahren, WRP 2013, 305–311.

Crezelius, Georg, Besteuerung aus Drittverhalten? – Überlegungen zu sog. Behaltefristen, FR 2002, 805–811.

Damm, Reinhard, Risikosteuerung im Zivilrecht – Privatrecht und öffentliches Recht im Risikodiskurs, in: Hoffmann-Riem, Wolfgang / Schmidt-Aßmann, Eberhard (Hrsg.), Öffentliches Recht und Privatrecht als wechselseitige Auffangordnungen, Baden-Baden 1996, S. 85–142.

Desens, Marc, Die Verwirklichung des Leistungsfähigkeitsprinzips als Maßstab der Steuernormen in der Rechtsprechung des BVerfG, StuW 2016, 240–255.

Dietlein, Johannes, Anmerkung zu BFH, Beschluss v. 6.5.2004 – V B 101/03, UR 2004, 531–532.

Dietlein, Johannes / Drüen, Klaus-Dieter, Grundlagen und Reichweite des Vertrauensschutzes bei Ausfuhrlieferungen im nichtkommerziellen Reiseverkehr, Baden-Baden 2010.

Dietlein, Johannes / Mehrbrey, Kim L., Grenzen der Umsatzbesteuerung bei Manipulationsfällen im Rahmen des sog. ‚Exports über den Ladentisch', BB 2001, 446–451.

Dobratz, Lars, EU-Grundrechte und Umsatzsteuerrecht – Zum Diskussionsbeitrag von Werner Widmann, UR 2014, 425–428.

Dötsch, Franz, Subjektive Tatbestandsmerkmale und innere Tatsachen im Rahmen der Einkunftsermittlung, FR 2007, 589–597.

Drüen, Klaus-Dieter, Zum Gutglaubensschutz im Umsatzsteuerrecht, DB 2010, 1847–1850.

Drüen, Klaus-Dieter, Haftungsausschluss nach § 25d UStG nach Versagung des Vorsteuerabzuges bei betrugsbehafteten Umsätzen, UR 2016, 777–784.

Drüen, Klaus-Dieter, Eigenständigkeit und Methodik des Steuerrechts, in: Droege, Michael / Seiler, Christian (Hrsg.), Eigenständigkeit des Steuerrechts, Tübingen 2019, S. 95–113.

Drüen, Klaus-Dieter, Ein neuer Missbrauchsbegriff im deutschen Internationalen Steuerrecht?, ISR 2020, 98–108.

Drüen, Klaus-Dieter, Verschränkungen öffentlich-rechtlicher und privatrechtlicher Regime im Verwaltungsrecht – 1. Referat, VVDStRL Band 79 (2020), 127–168.

Drüen, Klaus-Dieter, Unionsrechtliche Vorgaben für die Verzinsung von Umsatzsteuer – Teil 1 und 2, UR 2023, 257–269 und 305–318.

Dürig, Günter (Begr). / *Herzog, Roman / Scholz, Rupert* (geschäftsführende Hrsg.: Herdegen, Matthias / Klein, Hans H.), Grundgesetz, Kommentar, Loseblatt, München (Stand: März 2025).

Ebenroth, Carsten Thomas / Boujong, Karlheinz (Begr.), Handelsgesetzbuch, Band 2 – §§ 343–475h, Transportrecht, Bank- und Kapitalmarktrecht, 5. Aufl., München 2024.

Ehlers, Dirk / Germelmann, Claas Friedrich (Hrsg.), Europäische Grundrechte und Grundfreiheiten, 5. Aufl., Berlin 2023.

Ehrke-Rabel, Tina, Umsatzsteuer als Verbrauchsteuer in der Rechtsprechung, in: Drüen, Klaus-Dieter / Hey, Johanna / Mellinghoff, Rudolf (Hrsg.), 100 Jahre Steuerrechtsprechung in Deutschland 1918–2018 – Festschrift für den Bundesfinanzhof, Band 2, Köln 2018, S. 1529–1549.

Eibelshäuser, Manfred, Wirtschaftliche Betrachtungsweise im Steuerrecht – Herkunft und Bedeutung, DStR 2002, 1426–1432.

Engelhardt, Lisa, Wissensverschulden – Eine Systematisierung und Begrenzung der Wissenszurechnung im Unternehmen, Dissertation, Köln 2019.

Engels, Hartmut, Unternehmensvorsatz und Unternehmensfahrlässigkeit im Europäischen Kartellrecht, Dissertation, Berlin 2002.

Englisch, Joachim, Nachweispflichten und Vertrauensschutz bei innergemeinschaftlichen Lieferungen, UR 2008, 481–494.

Englisch, Joachim, Nichterhebung von Umsatzsteuer für kommunale Tätigkeiten – § 2b UStG und Alternativen – Teil 1, UR 2021, 338–348.

Erbs, Georg / Kohlhaas, Max (Hrsg.: Häberle, Peter), Strafrechtliche Nebengesetze, Kommentar, Loseblatt, München (Stand: April 2025).

Erman, Walter (Hrsg.: Westermann, Peter / Grunewald, Barbara / Maier-Reimer, Georg), Bürgerliches Gesetzbuch, Kommentar, 17. Aufl., Köln 2023.

Esser, Robert / Rübenstahl, Markus / Saliger, Frank / Tsambikakis, Michael (Hrsg.), Wirtschaftsstrafrecht, Kommentar mit Steuerstrafrecht und Verfahrensrecht, Köln 2017.

Faßbender, Christian / Neuhaus, Heiner, Zum aktuellen Stand der Diskussion in der Frage der Wissenszurechnung, WM 2002, 1253–1259.

Filtzinger, Stephan, Der Kampf gegen die Steuerhinterziehung auf neuer Grundlage: Reichweite und Anwendungsgrenzen von § 25f UStG und § 27a Abs. 1a UStG, in: Drüen, Klaus-Dieter (Hrsg.), Jahrbuch der Fachanwälte für Steuerrecht 2021, Herne 2021, S. 692–724.

Flume, Werner, Allgemeiner Teil des Bürgerlichen Rechts, Band 1, Teil 2 – Die juristische Person, Berlin u.a. 1983.

von Frantzki, Harald, Verantwortlichkeit in Unternehmen im Lichte von Tax Compliance, in: Dünkel, Frieder / Fahl, Christian / Hardtke, Frank / Harrendorf, Stefan / Regge, Jürgen / Sowada, Christoph (Hrsg.), Strafrecht, Wirtschaftsstrafrecht, Steuerrecht – Gedächtnisschrift für Wolfgang Joecks, München 2018, S. 417–431.

Gasteyer, Thomas / Goldschmidt, Christof-Ulrich, Wissenszurechnung bei juristischen Personen und im Konzern, AG 2016, 116–125.

Geist, Reinhold, Besondere Probleme des geplanten Umsatzsteuergesetzes 1979, in: Steuerberaterkongreß-Report 1979 – Ansprachen, Referate, Diskussionen, München 1979, S. 129–152.

Geserich, Stephan, Auslegung und Rechtsfortbildung, DStR-Beih. 2011, 59–66.

von Gierke, Otto, Die Genossenschaftstheorie und die Deutsche Rechtsprechung, Berlin 1887.

Glanemann, Michael, Anmerkung zu BFH, Urteil v. 21.4.2010 – VI R 29/08, AO-StB 2010, 267–268.

Gloy, Wolfgang (Begr.) / *Loschelder, Michael / Danckwerts, Rolf* (Hrsg.), Handbuch des Wettbewerbsrechts, 5. Aufl., München 2019.

Gosch, Dietmar (MitHrsg.: Hoyer, Andreas), Abgabenordnung / Finanzgerichtsordnung, Kommentar, Loseblatt, Bonn (Stand: August 2025).

Grabitz, Eberhard / Hilf, Meinhard / Nettesheim, Martin, Das Recht der Europäischen Union, Kommentar, Loseblatt, München (Stand: Mai 2025).

Grigoleit, Hans Christoph, Zivilrechtliche Grundlagen der Wissenszurechnung, ZHR 181 (2017), 160–202.

von der Groeben, Hans / Schwarze, Jürgen / Hatje, Armin, Europäisches Unionsrecht, Kommentar, 7. Aufl., Baden-Baden 2015.

Grommes, Sabine, Die Einführung des § 25f UStG aus steuerstrafrechtlicher Sicht, UR 2020, 135–140.

Grommes, Sabine, Der Tatbestand der Missbrauchsrechtsprechung, UR 2023, 433–437.

Grünwald, Ulrich, Umsetzungsdefizite des nationalen Rechts – Fehlende Steuerfreiheit für Kooperationen, in: Drüen, Klaus-Dieter (Hrsg.), Jahrbuch der Fachanwälte für Steuerrecht 2019/2020, Herne 2019, S. 645–655.

Grunewald, Barbara, Wissenszurechnung bei juristischen Personen, in: Beisse, Heinrich / Lutter, Marcus / Närger, Heribald (Hrsg.), Festschrift für Karl Beusch zum 68. Geburtstag am 31. Oktober 1993, Berlin u.a. 1993, S. 301–320.

Gsell, Beate / Krüger, Wolfgang / Lorenz, Stephan / Reymann, Christoph (GesamtHrsg.), beck-online.Grosskommentar zum Zivilrecht, München (Stand: März 2025).

Günther, Katarina, Vertrauensschutz bei Angaben Dritter im Umsatzsteuerrecht, Dissertation, Frankfurt am Main u.a. 2013.

Habersack, Mathias / Mülbert, Peter O. / Schlitt, Michael, Unternehmensfinanzierung am Kapitalmarkt, 5. Aufl., Köln 2025.

Häberle, Peter, Grundrechtsgeltung und Grundrechtsinterpretation im Verfassungsstaat – Zugleich zur Rechtsvergleichung als „fünfter“ Auslegungsmethode, JZ 1989, 913–919.

Härtwig, Sven, Gesetzliche Neuregelung zur Haftung von Handelsplattformen – Eine kritische Analyse des Gesetzentwurfs der Bundesregierung vom 10.8.2018 unter Berücksichtigung der Stellungnahme des Bundesrates vom 21.9.2018, UR 2018, 777–782.

Hallerbach, Dorothee, Der Einfluß des Zivilrechts auf das Steuerrecht, DStR 1999, 2125–2130.

Harke, Jan Dirk, Wissen und Wissensnormen – Zur Behandlung von Organisationswissen im Bürgerlichen Recht, Berlin 2017.

Hassa, Markus, Vertrauensschutz im Mehrwertsteuerrecht, UR 2015, 809–821.

Hau, Wolfgang / Poseck, Roman (Hrsg.), Beck`scher Online-Kommentar zum Bürgerlichen Gesetzbuch, München (Stand: August 2025).

Heber, Caroline, Kooperationen als Teil der nichtwirtschaftlichen Sphäre, UR 2014, 957–969.

Heinrichs, Sebastian, Fremdbestimmte Steuerwirkungen – Systematische und verfassungsrechtliche Vorgaben aus dem Subjektsteuerprinzip und dem Rechtsstaatsprinzip, Dissertation, Köln 2020.

Heinrichshofen, Stefan, Vorsteuerabzug ist kein unverdienter Zufallsgewinn, UStB 2021, 277–279.

Henning, Brita, Wissenszurechnung im Verwaltungsrecht – am Beispiel der verwaltungsverfahrensrechtlichen Regelungen der Ausschlußfristen bei der Rücknahme und dem Widerruf von Verwaltungsakten, Dissertation, Baden-Baden 2003.

Henze, Thomas, Grundsatz der steuerlichen Neutralität im gemeinsamen Mehrwertsteuersystem – Eine Bestandsaufnahme der Rechtsprechung des EuGH, in: Englisch, Joachim / Nieskens, Hans (Hrsg.), Umsatzsteuer-Kongress-Bericht 2010, Köln 2011, S. 7–24.

Herrmann, Carl / Heuer, Gerhard / Raupach, Arndt (Hrsg.: Hey, Johanna / Klein, Martin / Wendt, Michael), Kommentar zum Einkommen- und Körperschaftsteuergesetz, Loseblatt, Köln (Stand: August 2025).

Heselhaus, Sebastian / Nowak, Carsten, Handbuch der Europäischen Grundrechte, 2. Aufl., München 2020.

Hess, Dieter, Analogieverbot und Steuerrecht – ein methodologischer und rechtlicher Beitrag zu den Grenzen der Lückenausfüllung im Steuerrecht dargestellt am Beispiel der Analogie, Dissertation, Köln 1974.

Heuermann, Bernd, Probleme des Vorsteuerabzugsrechts, MwStR 2017, 729–739.

Höink, Carsten / Lüger, Britta, Umsatzsteuerrecht ist nicht allgemeines Sanktionsrecht – Anmerkungen zu BFH v. 12.3.2020 – V R 20/19 und V R 24/19, MwStR 2020, 913–923.

Hoffmann, Hans-Joachim, Arglist des Unternehmers aus der Sicht für ihn tätiger Personen, JR 1969, 372–374.

Hoffmann-Riem, Wolfgang, Öffentliches Recht und Privatrecht als wechselseitige Auffangordnungen – Systematisierung und Entwicklungsperspektiven, in: Hoffmann-Riem, Wolfgang / Schmidt-Aßmann, Eberhard (Hrsg.), Öffentliches Recht und Privatrecht als wechselseitige Auffangordnungen, Baden-Baden 1996, S. 261–336.

Hornig, Marcus, Selbstanzeigenberatung: Die Unverzüglichkeit einer Berichtigung nach § 153 AO als High-Risk-Area, PStR 2019, 291–299.

Huber, Peter M., Auslegung und Anwendung der Charta der Grundrechte, NJW 2011, 2385–2390.

Hübschmann, Walter / Hepp, Ernst / Spitaler, Armin (Begr.), Abgabenordnung / Finanzgerichtsordnung, Kommentar, Loseblatt, Köln (Stand: September 2025).

Hummel, David, Umgang mit „betrugsbehafteten Umsätzen" im Umsatzsteuerrecht – Zu den aktuellen Versuchen der Finanzverwaltung, das Umsatzsteueraufkommen nach einem Betrugsfall nicht nur zu sichern, sondern zu vervielfachen, UR 2014, 256–264.

Immenga, Ulrich / Mestmäcker, Ernst-Joachim (Begr.), Wettbewerbsrecht,

Band 1 – Kommentar zum Europäischen Kartellrecht, 7. Aufl., München 2025.

Band 2 – Kommentar zum Deutschen Kartellrecht, 7. Aufl., München 2024.

Inderst, Cornelia / Bannenberg, Britta / Poppe, Sina (Hrsg.), Compliance – Aufbau – Management – Risikobereiche, 3. Aufl., Heidelberg 2017.

Ipsen, Jörn, Parteiengesetz, Kommentar, 2. Aufl., München 2018.

Ismer, Roland / Artinger, Katharina, Verhältnismäßigkeit statt Gutglaubensschutz im Mehrwertsteuerrecht: Kohärenz der Rechtsprechung des Europäischen Gerichtshofs, MwStR 2019, 56–65.

Ismer, Roland / Schwarz, Magdalena, Betrugsbekämpfung und Schutz des ehrlichen Unternehmers im Umsatzsteuerrecht: Ein Reformvorschlag, MwStR 2019, 348–355.

Jaeger, Wolfgang / Kokott, Juliane / Pohlmann, Petra / Schroeder, Dirk / Seeliger, Daniela (Hrsg.), Frankfurter Kommentar zum Kartellrecht, Loseblatt, Köln (Stand: Juni 2025).

Jansen, Axel, § 25f UStG – Auswirkungen bei Beteiligung an einer Umsatzsteuerhinterziehung, UStB 2023, 55–65.

Jansen, Axel, EuGH erinnert die Finanzbehörde an ihre Amtsermittlungspflicht – Urteilsanmerkung zum EuGH-Urt. v. 1.12.2022 – C-512/21 – „Aquila", UStB 2023, 186–190.

Jarass, Hans D., Charta der Grundrechte der Europäischen Union, Kommentar, 4. Aufl., München 2021.

Jauernig, Othmar (Hrsg.: Stürner, Rolf), Bürgerliches Gesetzbuch, Kommentar, 19. Aufl., München 2023.

Jochum, Heike, Grundfragen des Steuerrechts – Eine verfassungsrechtliche und methodische Einführung für Lehre und Praxis, Tübingen 2012.

Joost, Leonard / Oldenburg, Nadine, Umsetzung des Digitalpakets zum 1.7.2021 – Teil 1: Materielle Regelungen, MwStR 2020, 773–783.

Jung, Shindong, Wissenszurechnung und Wissensverantwortung bei juristischen Personen – Mit rechtsvergleichenden Hinweisen zum koreanischen Recht, Dissertation, Baden-Baden 2017.

van Kann, Jürgen (Hrsg.), Vorstand der AG – Corporate Governance, Compliance, Haftungsvermeidung, 3. Aufl., Berlin 2021.

Karaosmanoğlu, Cem / Ebert, Björn P., Einzelfallbezogener Grundrechtsschutz gegen EU-Akte – Abkehr von der Solange-Rechtsprechung?, DVBl. 2016, 875–881.

Kemper, Martin, Das Internet als „Steueroase" bei digitalen Dienstleistungen? – Die Durchsetzung der Umsatzbesteuerung bei grenzüberschreitenden digitalen Dienstleistungen, UR 2017, 169–174.

Kemper, Martin, Der „Missbrauch" und die Steuerhinterziehung bei der Umsatzsteuer – Die Umsetzung der „Missbrauchsrechtsprechung" des EuGH in Deutschland, UR 2017, 449–455.

Kemper, Martin, EuGH: Bei Betrug oder Missbrauch ist die Versagung aller Rechte geboten – Anmerkung zu EuGH, Urt. v. 24.11.2022 – C-596/21, UStB 2023, 28–30.

Kempny, Simon, Gedanken zum „Leistungsfähigkeitsprinzip" – Rekonstruktion eines Schlüsselbegriffs als Beitrag zur Rationalisierung des Diskurses über Steuergerechtigkeit, StuW 2021, 85–110.

Kersting, Christian / Meyer-Lindemann, Hans Jürgen / Podszun, Rupprecht (Hrsg.), Kartellrecht, Kommentar zum Deutschen und Europäischen Recht, 5. Aufl., München 2025.

Kirchhof, Paul / Kube, Hanno / Mellinghoff, Rudolf, Einkommensteuergesetz, Kommentar, Loseblatt, Heidelberg (Stand: August 2025).

Klein, Franz, Abgabenordnung, Kommentar, 18. Aufl., München 2024.

Klose, Christoph, Die Begriffe des Unternehmers und des Steuerpflichtigen im deutschen und europäischen Umsatzsteuerrecht – Abgrenzung des Unternehmers vom Nichtunternehmer, Dissertation, Frankfurt am Main u.a. 2000.

Köhler, Helmut / Feddersen, Jörn, Gesetz gegen den unlauteren Wettbewerb, Kommentar, 43. Aufl., München 2025.

Koenig, Ulrich (Hrsg.), Abgabenordnung, Kommentar, 5. Aufl., München 2024.

Kokott, Juliane, Das Steuerrecht der Europäischen Union, München 2018.

Koller, Ingo, Wissenszurechnung, Kosten und Risiken, JZ 1998, 75–85.

Kopp, Ferdinand O. (Begr.) / *Ramsauer, Ulrich* (Hrsg.), Verwaltungsverfahrensgesetz, Kommentar, 26. Aufl., München 2025.

Korn, Christian, Seminar J: Erhebung der Mehrwertsteuer auf grenzüberschreitende Lieferungen und Dienstleistungen in bestimmungslandbasierten Mehrwertsteuersystemen, IStR 2018, 643–648.

Kraeusel, Jörg, Die Zukunft der Umsatzsteuer aus deutscher Sicht – Risiken, Chancen und Perspektiven, in: Kirchhof, Paul / Nieskens, Hans (Hrsg.), Festschrift für Wolfram Reiß zum 65. Geburtstag, Köln 2008, S. 297–320.

Krieger, Gerd / Schneider, Uwe H., Handbuch Managerhaftung – Vorstand, Geschäftsführer, Aufsichtsrat, Pflichten und Haftungsfolgen, Typische Risikobereiche, 4. Aufl., Köln 2023.

Küffner, Thomas / Zugmaier, Oliver, Umsatzsteuer Kommentar, Loseblatt, Herne (Stand: August 2025).

Lackner, Karl / Kühl, Kristian / Heger, Martin, Strafgesetzbuch, Kommentar, 31. Aufl., München 2025.

Ladiges, Manuel, Anmerkung zu BGH, Urteil v. 15.5.2018 – 1 StR 159/17, WuB 2019, 48–52.

Lange, Friederike, Verschiebungen im europäischen Grundrechtssystem?, NVwZ 2014, 169–174.

Lange, Hans-Friedrich, Gewährung des Vorsteuerabzugs aufgrund von Vertrauensschutz nur im Billigkeitsverfahren?, UR 2020, 595–601.

Langer, Ronny / Zugmaier, Oliver, Anmerkung zu EuGH, Urteil v. 21.2.2008 – C-271/06, DStR 2008, 453.

Linke, Christian, Digitale Wissensorganisation – Wissenszurechnung beim Einsatz autonomer Systeme, Dissertation, Baden-Baden 2021.

Lippross, Otto-Gerd, Umsatzsteuer, 25. Aufl., Achim 2022.

Lippross, Otto-Gerd / Seibel, Wolfgang, Basiskommentar Steuerrecht, Loseblatt, Köln (Stand: August 2025).

Lohse, Christian / Spilker, Bettina / Zitzl, Alexander, Parallelen der Besteuerung von innergemeinschaftlichen Dienstleistungen und Lieferungen, UR 2010, 633–642.

Madauß, Norbert, Fragestellungen im Zusammenhang mit § 25f UStG, NZWiSt 2020, 235–241.

Mann, Peter, Gutgläubigkeit beim Vorsteuerabzug nach § 15 Abs. 1 S. 1 Nr. 1 UStG, UStB 2011, 216–223.

Mann, Peter, Der Schutz des guten Glaubens im Umsatzsteuerrecht im Spannungsfeld des Umsatzsteuerbetrugs, Dissertation, Lohmar/Köln 2017.

Mann, Thomas / Sennekamp, Christoph / Uechtritz, Michael (Hrsg.), Verwaltungsverfahrensgesetz, Großkommentar, 3. Aufl., Baden-Baden 2025.

Martini, Mario, Die Aufhebung von Verwaltungsakten nach §§ 48 ff. VwVfG – Rücknahmefrist (§ 48 IV VwVfG), JA 2017, 838–841.

Matz-Lück, Nele, Europäische Rechtsakte und nationaler Grundrechtsschutz, in: Matz-Lück, Nele / Hong, Mathias (Hrsg.),

Grundrechte und Grundfreiheiten im Mehrebenensystem – Konkurrenzen und Interferenzen, Heidelberg 2012, S. 161–201.

Maurer, Hartmut / Waldhoff, Christian, Allgemeines Verwaltungsrecht, 21. Aufl., München 2024.

Medicus, Dieter, Probleme der Wissenszurechnung, Sonderheft VersR, Karlsruher Forum 1994 – Möglichkeiten der Wissenszurechnung, S. 4–16.

Meyer, Jürgen / Hölscheidt, Sven (Hrsg.), Charta der Grundrechte der Europäischen Union, Kommentar, 6. Aufl., Baden-Baden 2024.

Meyer-Burow, Jochen / Connemann, Michael, JStG 2019: Die Verwendung der USt-IdNr. und die Abgabe der ZM als verschärfte Voraussetzungen der Steuerbefreiung für innergemeinschaftliche Lieferungen – Kritische Betrachtung und Lösungsvorschläge, MwStR 2020, 106–116.

Mittler, Gernot, Die Mehrwertsteuer wird zur Achillesferse der Staatseinnahmen in Europa, UR 2004, 1–6.

Mössner, Manfred / Lampert, Steffen u.a., Steuerrecht international tätiger Unternehmen, 6. Aufl., Köln 2023.

Moosmayer, Klaus / Lösler, Thomas, Corporate Compliance – Handbuch der Haftungsvermeidung im Unternehmen, 4. Aufl., München 2024.

Müller, Jürgen R. / Fischer, Christian, Tax Compliance – Steuerstrafrechtliche Verantwortung im Unternehmen, 2. Aufl., Berlin 2022.

Münchener Kommentar zum Aktiengesetz (Hrsg.: Goette, Wulf / Habersack, Mathias / Kalss, Susanne), Band 2 – §§ 76–117, MitbestG, DrittelbG, 6. Aufl., München 2023.

Münchener Kommentar zum Bürgerlichen Gesetzbuch (Hrsg.: Säcker, Franz Jürgen / Rixecker, Roland / Oetker, Hartmut / Limperg, Bettina / Schubert, Claudia),

Band 1 – Allgemeiner Teil, §§ 1–240, AllgPersönlR, StiftRG, ProstG, AGG, 10. Aufl., München 2025.

Band 3 – Schuldrecht – Allgemeiner Teil II, 10. Aufl., München 2025.

Band 7 – Schuldrecht – Besonderer Teil IV, §§ 705–853, Partnerschaftsgesellschaftsgesetz, Produkthaftungsgesetz, 9. Aufl., München 2024.

Münchener Kommentar zum Gesetz betreffend die Gesellschaften mit beschränkter Haftung (Hrsg.: Fleischer, Holger / Goette, Wulf), Band 2 – §§ 35–52, 4. Aufl., München 2023.

Neeser, Alexander, Grenzüberschreitende Lieferungen, in: Drüen, Klaus-Dieter (Hrsg.), Jahrbuch der Fachanwälte für Steuerrecht 2023, Herne 2023, S. 736–754.

Nieskens, Hans, Gutglaubensschutz bei nachträglich ungültiger Umsatzsteuer-Identifikationsnummer, UR 2008, 812–815.

Nieskens, Hans, Status, Eigenschaft und Ort des Dienstleistungsempfängers – Ein Beitrag zur Anwendung der VO (EU) 282/2011 vom 15.3.2011 (ABl EU Nr. L 2011/77 S. 1) und zum BMF-Schreiben vom 10.6.2011 (DB0423378) zum 1.7.2011, DB 2011, 1470–1477.

Nieskoven, Georg, Digitalpaket II: USt-Schuldnerschaft für Verkaufsportale: Die „Schnittstellen-Regelung“ des § 3 Abs. 3a UStG, GStB 2022, 28–36.

Nietsch, Michael, Die Zurechnung von Aufsichtsratswissen – Grundlagen des Informationsmanagements im Überwachungsorgan der AG, ZGR 2020, 923–960.

Nieuwenhuis, Helmut, Grundsatz der Neutralität der Umsatzsteuer in der Rechtsprechung des EuGH, UR 2013, 663–672.

Nobbe, Gerd, Die Wissenszurechnung in der Rechtsprechung des Bundesgerichtshofs, in: Hadding, Walther / Hopt, Klaus J. / Schimansky, Herbert (Hrsg.), Neues Schuldrecht und Bankgeschäfte, Wissenszurechnung bei Kreditinstituten – Bankrechtstag 2002, Berlin 2003, S. 121–162.

Offerhaus, Klaus / Söhn, Hartmut / Lange, Hans-Friedrich, Kommentar zur Umsatzsteuer, Loseblatt, Heidelberg (Stand: September 2025).

Oldenbourg, Hans, Die Wissenszurechnung – Die Lehre vom Wissensgehilfen, zugleich ein Beitrag zur Lehre von der sogenannten Empfangsvertretung, Dissertation, Mannheim/Berlin/Leipzig 1934.

Oldiges, Matthias, Vorsteuerabzug und umsatzsteuerlicher Eigenverbrauch bei gemischter Verwendung von Eingangsleistungen teils für steuerbare Ausgangsumsätze, teils für nicht wirtschaftliche oder private Zwecke, Dissertation, Hamburg 2016.

Oldiges, Matthias, „VAT in the Digital Age“ – Richtlinienentwurf mit weitreichenden Änderungen für digitale Plattformen, DStR 2023, 874–877.

Oppenländer, Frank / Trölitzsch, Thomas, Praxishandbuch der GmbH-Geschäftsführung, 4. Aufl., München 2025.

Ortwald, Dominik, Die Steuererklärung im modernisierten Besteuerungsverfahren, StuW 2021, 351–366.

Pautsch, Arne / Hoffmann, Lutz (Hrsg.), Verwaltungsverfahrensgesetz, Kommentar, 2. Aufl., Berlin 2021.

Pechstein, Matthias / Nowak, Carsten / Häde, Ulrich (Hrsg.), Frankfurter Kommentar zu EUV, GRC und AEUV, Band 1 – EUV und GRC, 2. Aufl., Tübingen 2023.

Pflaum, Ulrich, Das unionsrechtliche Missbrauchsverbot und die steuerstrafrechtliche Haftung in arbeitsteiligen Unternehmen, UR 2019, 63–69.

Pflaum, Ulrich, Versagung von Rechten (§ 25f UStG) und Haftung des Steuerhinterziehers (§ 71 AO) bei Steuerhinterziehung in der Leistungskette, UR 2021, 453–460.

Pflaum, Ulrich, Folgen steuerlicher Pflichtverletzungen des Insolvenzverwalters, wistra 2021, 269–271.

Pielke, Walther, Tax Compliance – Effektive Organisation der Einhaltung steuerlicher Pflichten, Wiesbaden 2018.

Pieroth, Bodo, Interpretationsproblem § 48 IV VwVfG, NVwZ 1984, 681–687.

Pleuß, Philipp / Zawodsky, Florian S., Plattformen im Mehrwertsteuerrecht der Europäischen Union, UR 2023, 505–514.

Prölss, Jürgen, Wissenszurechnung im Zivilrecht unter besonderer Berücksichtigung einer Zurechnung zu Lasten des Versicherungsnehmers, in: Häublein, Martin / Utz, Stephen (Hrsg.), Rechtsgeschäft, Methodenlehre und darüber hinaus – Liber Amicorum für Detlef Leenen zum 70. Geburtstag am 4. August 2012, Berlin 2012, S. 229–260.

Rau, Günter, Die Umsatzsteuer bei Unternehmensverbindungen, Verbänden und Kooperationen – Gleichzeitig ein Beitrag zum Unternehmerbegriff, UR 1987, 121–128.

Rau, Günter / Dürrwächter, Erich, Umsatzsteuergesetz, Kommentar, Loseblatt, Köln (Stand: September 2025).

Raum, Rolf, Paradigmenwechsel bei Geldbußen gegen Unternehmen – Betrachtungen zur 10. GWB-Novelle und zum Verbandssanktionengesetz, CCZ 2020, 245–250.

Reinhardt, Markus, Wissen und Wissenszurechnung im öffentlichen Recht – unter besonderer Berücksichtigung von Anforderungen an die Organisation und Folgen ihrer Verletzung im Rahmen öffentlich-rechtlicher Verwaltungstätigkeit, Dissertation, Berlin 2010.

Reiß, Wolfram, Vorsteuerabzug – Achillesferse der Mehrwertsteuer?, UR 2002, 561–576.

Reiß, Wolfram, Subjektive Elemente in verkehr- und verbrauchsteuerlichen Tatbeständen, DStR-Beih. zu Heft 39/2007, 27–34.

Reiß, Wolfram, Vorsteuerabzug und Steuerschuld aus (An-)Zahlungen an Betrüger für nicht erbrachte Lieferungen – Zu zwei (unvollkommenen) BFH-Vorlagen an den EuGH, MwStR 2017, 444–459.

Reiß, Wolfram, Differenzbesteuerung bei Gebrauchtwagenlieferungen und Steuerbefreiung bei Neuwagenlieferungen in grenzüberschreitenden Fällen, UR 2017, 565–579.

Reiß, Wolfram, Das Kreuz mit dem Reihengeschäft und dem Glauben und den Absichten der Beteiligten – Der EuGH zu innergemeinschaftlicher Lieferung und zum Vorsteuerabzug beim grenzüberschreitenden Reihengeschäft innerhalb der Union, MwStR 2018, 296–307.

Reiß, Wolfram (MitBegr.) / *Kraeusel, Jörg / Langer, Michael* (Hrsg.) (MitHrsg.: Friedrich-Vache, Heidi), Umsatzsteuergesetz, Kommentar, Loseblatt, Bonn (Stand: Juli 2025).

Renz, Hartmut T. / Leibold, Tanja, Maßstäbe für ein effektives und ganzheitliches Compliance Management System unter Einbeziehung der Tax Compliance, BB 2022, 1943–1950.

Reuter, Alexander, Wissenszurechnung in Unternehmen, ZIP 2017, 310–317.

Richardi, Reinhard, Die Wissensvertretung, AcP 169 (1969), 385–403.

Riesenhuber, Karl (Hrsg.), Europäische Methodenlehre, 4. Aufl., Berlin 2021.

Röhricht, Volker / Graf von Westphalen, Friedrich / Haas, Ulrich / Mock, Sebastian / Wöstmann, Heinz, Handelsgesetzbuch, Kommentar, 6. Aufl., Köln 2023.

Römmer-Collmann, Carsten, Wissenszurechnung innerhalb juristischer Personen, Dissertation, Frankfurt am Main u.a. 1998.

Rokos, Volker, Die Übergangsregelung bei der Umsatzsteuer für grenzüberschreitende Umsätze im Europäischen Binnenmarkt ab 1993 – Änderung der 6. EG-Richtlinie – Innergemeinschaftlicher Erwerb, steuerfreie innergemeinschaftliche Lieferung und EDV-gestützter Informationsaustausch, UR 1992, 89–107.

Rossi, Matthias, Föderale Vielfalt im Spannungsverhältnis zur postulierten Einheit der Rechtsordnung, in: Hellwege, Phillip / Soniewicka, Marta (Hrsg.), Die Einheit der Rechtsordnung – Annäherungen – Bestandsaufnahmen – Reflexionen, Tübingen 2020, S. 107–124.

Rüthers, Bernd / Fischer, Christian / Birk, Axel, Rechtstheorie und Juristische Methodenlehre, 12. Aufl., München 2022.

Ruhmannseder, Felix / Lehner, Dieter / Beukelmann, Stephan, Compliance aktuell, Loseblatt, Heidelberg (Stand: September 2025).

Ruß, Julia / Ismer, Roland / Margolf, Juliane, Digitalisierung des Steuerrechts: Eine Herausforderung für die Ausgestaltung von materiellen Steuergesetzen, DStR 2019, 409–418.

von Sanden, Philipp, Der Vertrauensschutz des gutgläubigen Unternehmers im harmonisierten Umsatzsteuerrecht, Dissertation, Berlin 2021.

von Savigny, Friedrich Carl, System des heutigen Römischen Rechts, Band 2, Berlin 1840.

Schaumburg, Harald / Englisch, Joachim / Dobratz, Lars, Europäisches Steuerrecht, 3. Aufl., Köln 2025.

Schaumburg, Harald / Peters, Sebastian, Internationales Steuerstrafrecht, 2. Aufl., Köln 2021.

Schilken, Eberhard, Wissenszurechnung im Zivilrecht – Eine Untersuchung zum Anwendungsbereich des § 166 BGB innerhalb und außerhalb der Stellvertretung, Habilitation, Bielefeld 1983.

Schmidt, Karsten / Lutter, Marcus, Aktiengesetz, Kommentar, 5. Aufl., Köln 2024.

Schmidt-Bleibtreu, Bruno (Begr.) / *Hofmann, Hans / Henneke, Hans-Günter* (Hrsg.), Grundgesetz, Kommentar, 15. Aufl., Hürth 2022.

Schoch, Friedrich K., Die Frist zur Rücknahme begünstigender Verwaltungsakte nach § 48 IV 1 VwVfG, NVwZ 1985, 880–885.

Schoch, Friedrich / Schneider, Jens-Peter, Verwaltungsrecht, Bände III und IV – Kommentar zum VwVfG, Loseblatt, München (Stand: November 2024).

Schön, Wolfgang, Die zivilrechtlichen Voraussetzungen steuerlicher Leistungsfähigkeit, StuW 2005, 247–255.

Schroeder, Ulrich, Die Kontrolle des Aktionärskreises in der REIT-Aktiengesellschaft, AG 2007, 531–540.

Schultz, Michael, Zur Vertretung im Wissen, NJW 1990, 477–481.

Schulze, Reiner (Schriftleitung), Bürgerliches Gesetzbuch, Handkommentar, 12. Aufl., Baden-Baden 2024.

Schulze-Osterloh, Joachim, Zivilrecht und Steuerrecht, AcP 190 (1990), 139–164.

Schuska, Frederek, Die gesamtschuldnerische Haftung nach § 25d UStG, MwStR 2015, 323–329.

Seidel, Andreas, Die Kontextabhängigkeit der wertenden Wissenszurechnung, AG 2019, 492–501.

Seidel, Andreas, Die Wissenszurechnung im einzelkaufmännischen Unternehmen – Zugleich ein Beitrag zur vertikalen Wissenszurechnung, ZIP 2020, 1506–1514.

Sölch, Otto / Ringleb, Karl, Umsatzsteuergesetz, Kommentar, Loseblatt, München (Stand: Juni 2025).

Spindler, Gerald / Seidel, Andreas, Digitale Wissensorganisation – Der Wissensbegriff und die Grenzen der Wissenszurechnung im Lichte der Digitalisierung, ZIP 2022, 1521–1528.

Stadie, Holger, Umsatzsteuergesetz, Kommentar, 3. Aufl., Köln 2015.

Stapperfend, Thomas, Schutz des guten Glaubens im Umsatzsteuerrecht, UR 2013, 321–327.

von Staudinger, Julius (Begr.), Kommentar zum Bürgerlichen Gesetzbuch,

Buch 1 – Allgemeiner Teil, §§ 21–79a, Neubearbeitung, Berlin 2023.

Buch 1 – Allgemeiner Teil, §§ 164–240, Neubearbeitung, Berlin 2024.

Stelkens, Paul / Bonk, Heinz Joachim / Sachs, Michael, Verwaltungsverfahrensgesetz, Kommentar, 10. Aufl., München 2023.

Sterzinger, Christian, Gutgläubiger Vorsteuerabzug bei Leistungsbezügen von Scheinunternehmen?, UStB 2015, 78–84.

Sterzinger, Christian, Änderungen des UStG durch das Gesetz zur Vermeidung von Umsatzsteuerausfällen beim Handel mit Waren im Internet, UR 2019, 1–14.

Sterzinger, Christian, Umsetzung der zweiten Stufe des MwSt-Digitalpakets, UStB 2020, 288–298.

Streck, Michael / Binnewies, Burkhard, Tax Compliance, DStR 2009, 229–234.

Streinz, Rudolf (Hrsg.), EUV/AEUV – Vertrag über die Europäische Union, Vertrag über die Arbeitsweise der Europäischen Union, Charta der Grundrechte der Europäischen Union, Kommentar, 3. Aufl., München 2018.

von Streit, Georg / Streit, Thomas, Unionsrechtswidrigkeit der Zinsen: Überfällige Reform der Verzinsung nach § 233a AO im Bereich der Mehrwertsteuer, MwStR 2021, 595–606.

Streit, Thomas, Steuerschuld durch Steuerausweis: Die Berichtigungsverfahren nach § 14c Abs. 1 und Abs. 2 UStG unter dem Einfluss unionsrechtlicher Prinzipien, Dissertation, Hamburg 2017.

Streit, Thomas / Echterfeld, Kristina, Kriterienkatalog zur Versagung von Vorsteuerabzug und Steuerbefreiung bei Beteiligung an einer Steuerhinterziehung (§ 25f UStG) – BMF-Schreiben im Lichte der aktuellen EuGH-Missbrauchsrechtsprechung, DStR 2023, 1978–1984.

Striegel, Andreas, REITG – Gesetz über deutsche Immobilien-Aktiengesellschaften mit börsennotierten Anteilen mit weiterführenden Vorschriften, Kommentar, Berlin 2007.

Taupitz, Jochen, Wissenszurechnung nach englischem und deutschem Recht, Sonderheft VersR, Karlsruher Forum 1994 – Möglichkeiten der Wissenszurechnung, S. 16–30.

Tintelnot, Albrecht, Gläubigeranfechtung kraft Wissenszurechnung – insbesondere zu Lasten Minderjähriger, JZ 1987, 795–803.

Tipke, Klaus, Über teleologische Auslegung, Lückenfeststellung und Lückenausfüllung, in: Klein, Franz / Vogel, Klaus (Hrsg.), Der

Bundesfinanzhof und seine Rechtsprechung – Grundfragen – Grundlagen – Festschrift für Hugo von Wallis zum 75. Geburtstag am 12. April 1985, Bonn 1985, S. 133–150.

Tipke, Klaus / Kruse, Heinrich Wilhelm (Begr.), Abgabenordnung / Finanzgerichtsordnung, Kommentar, Loseblatt, Köln (Stand: September 2025).

Treiber, Andreas, Die Bekämpfung von Steuerhinterziehungen als Rechtfertigungsgrund für die Einschränkung nationaler umsatzsteuerrechtlicher Vorschriften, MwStR 2015, 626–635.

Vellen, Michael, Neue bzw. geplante Richtlinien und Verordnungen, EU-UStB 2017, 41–46.

Vobbe, Rainald / Pötters, Charlotte, Die Einschränkungen des Neutralitätsprinzips im Lichte der aktuellen Missbrauchsrechtsprechung, UR 2023, 777–786.

Volmar, Max / Kranz, Jonas, Einführung ins Kartellrecht – unter Berücksichtigung der 9. GWB-Novelle, JuS 2018, 14–17.

Wäger, Christoph, Gutglaubensschutz im Umsatzsteuerrecht, in: Drüen, Klaus-Dieter / Hey, Johanna / Mellinghoff, Rudolf (Hrsg.), 100 Jahre Steuerrechtsprechung in Deutschland 1918–2018 – Festschrift für den Bundesfinanzhof, Band 2, Köln 2018, S. 1591–1610.

Wäger, Christoph, Abzugs- und Befreiungsversagung nach Unionsrecht und § 25f Abs. 1 UStG, UR 2020, 45–55.

Wäger, Christoph, Digitalpaket – Neuregelungen zum 1.7.2021 für den Bereich der Lieferungen – Besondere Besteuerungsverfahren und Änderungen des materiellen Rechts, UStB 2021, 76–89.

Wäger, Christoph, Umsatzsteuergesetz, Kommentar, 3. Aufl., Köln 2024.

de Wall, Heinrich, Die Anwendbarkeit privatrechtlicher Vorschriften im Verwaltungsrecht – dargestellt anhand der privatrechtlichen Regeln über Rechtsgeschäfte und anhand des allgemeinen Schuldrechts, Habilitation, Tübingen 1999.

von Wallis, Hugo, Zur Selbständigkeit der Begriffsbildung im Steuerrecht, in: Thoma, Gerhard / Niemann, Ursula (Hrsg.), Die Auslegung der Steuergesetze in Wissenschaft und Praxis – Gedenkschrift für Armin Spitaler, Köln 1965, S. 207–222.

Waltermann, Raimund, Zur Wissenszurechnung – am Beispiel der juristischen Personen des privaten und des öffentlichen Rechts, AcP 192 (1992), 181–226.

Widmann, Werner, § 25f UStG als Produkt kodifizierter Rechtsprechung, UR 2020, 633–637.

Wiedemann, Gerhard, Handbuch des Kartellrechts, 4. Aufl., München 2020.

Wollenschläger, Ferdinand, Anwendbarkeit der EU-Grundrechte im Rahmen einer Beschränkung von Grundfreiheiten – Bestätigung der ERT-Rechtsprechung durch den EuGH auch unter der Grundrechtecharta, EuZW 2014, 577–580.

Zippelius, Reinhold (Hrsg.: Würtenberger, Thomas), Juristische Methodenlehre, 12. Aufl., München 2021.

Zirkl, Cornelia, Die Neutralität der Umsatzsteuer als europäisches Besteuerungsprinzip – Inhalt, Herleitung und der Umgang mit Neutralitätsverletzungen, Dissertation, Frankfurt am Main u.a. 2015.

Zugmaier, Oliver / Oldiges, Matthias, Elektronische Marktplätze haften für Umsatzsteuerausfälle – Rechtliche Beurteilung der Neuregelungen und Rechtsschutz des Onlinehändlers, DStR 2019, 15–22.

Finanz- und Steuerrecht in Deutschland und Europa

Herausgegeben von Klaus-Dieter Drüen, Hanno Kube
und Rainer Wernsmann

Band 1 Gordon Dreher: Das Alterseinkünftegesetz. Systematische Darstellung und verfassungsrechtliche Zweifelsfragen. 2007.

Band 2 Nils Meyer-Sandberg: Die Duale Einkommensteuer als Modell ungleicher Besteuerung von Arbeit und Kapital. 2008.

Band 3 Alexander Pfab: Die Behandlung von Bildungsaufwendungen im deutschen Einkommensteuerrecht. 2008.

Band 4 Christian Johannes Müller: Einnahmeverzicht im Einkommensteuerrecht – insbesondere durch verbilligte Wohnungsüberlassung an nahe Angehörige. 2009.

Band 5 Melanie Falkner: Die Einkunftserzielungsabsicht als subjektives Besteuerungsmerkmal. Eine Analyse subjektiver Tatbestandsmerkmale im Steuerrecht. Zugleich ein Beitrag zur Liebhaberei im Steuerrecht. 2009.

Band 6 Steffen Ott: Die Vertreterbetriebsstätte nach OECD-MA. 2009.

Band 7 Christoph Wagner: Steuergleichheit unter Standortvorbehalt? Verfassungsrechtliche Grenzen einer ungleichen Einkommensbesteuerung von Kapital und Arbeit. 2010.

Band 8 Andreas Goetze: Die Ersetzung der sieben Einkunftsarten des EStG durch eine einzige. Zur Gleichheit aller Erwerbsgrundlagen in einem vereinfachten Steuerrecht. 2010.

Band 9 Hanno Kube: Der bundesstaatliche Finanzausgleich. Verfassungsrechtlicher Rahmen, aktuelle Ausgestaltung, Entwicklungsperspektiven. 2011.

Band 10 Katharina Brauer: Abgrenzung der Lebensmittellieferung von der Restaurationsdienstleistung im Umsatzsteuerrecht. 2011.

Band 11 Marc Schubert: Die Verfassungswidrigkeit der Erbschaft- und Schenkungsteuer und die verfassungsrechtlichen Anforderungen an eine Neuregelung. 2011.

Band 12 Martin Rehberg: Der Zuzug und Wegzug von Kapitalgesellschaften in gesellschafts- und steuerrechtlicher Hinsicht. 2011.

Band 13 Dirk Wünschig: Perspektiven eines europarechtskonformen Gemeinnützigkeits- und Zuwendungsrechts. Eine Untersuchung nach „Stauffer" und „Persche" bei gleichzeitiger Kritik an der Neufassung des Gemeinnützigkeitsrechts nach dem Jahressteuergesetz 2009. 2011.

Band 14 Sebastian Grimm: Die negative Konkurrentenklage im Steuerrecht. 2011.

Band 15 Arne von Freeden: Minder- und Mehrabführungen nach § 14 Abs. 4, § 27 Abs. 6 KStG. Ausgleichspostenlösung und Einlagelösung. 2011.

Band 16 Anne Keller: Rechtsschutz gegen Maßnahmen der steuerlichen Außenprüfung. 2011.

Band 17 Larissa Maier-Bledjian: Sondervermögen des Bundes. 2011.

Band 18 Philipp Riedl: Die internationale Doppelbesteuerung im EU-Binnenmarkt. 2012.

Band 19 Anna Schwarz: Die Pensionszusage an den Mitunternehmer der Personengesellschaft im Einkommensteuerrecht. 2012.

Band 20 Carsten Höink: Nichtsteuerbare Vermögensübertragungen im Umsatzsteuerrecht. Eine rechtssystematische Analyse der Entwicklung des Rechtsinstituts der Geschäftsveräußerung im Ganzen. 2013.

Band 21 Christian Kniese: Europarechtlicher Rahmen einer steuerlichen Förderung von Forschung und Entwicklung. 2013.

Band 22 Katarina Günther: Vertrauensschutz bei Angaben Dritter im Umsatzsteuerrecht. 2013.

Band 23 Andreas Königer: Ertragsteuerrechtliche Behandlung grenzüberschreitender Spaltungen von Rechtsträgern. Unter besonderer Beachtung der Vorgaben des Unionsrechts. 2014.

Band 24 Matthias Diete: Das obligatorische Schiedsverfahren in der deutschen DBA-Praxis. Erweiterung des zwischenstaatlichen Rechtsschutzes bei Doppelbesteuerungskonflikten. 2014.

Band 25 Friederike Grube: Der Einfluss des unionsrechtlichen Beihilfenverbots auf das deutsche Steuerrecht. Dargestellt an den Beispielen der sogenannten Sanierungsklausel und der Steuervergünstigungen für gemeinnützige Unternehmen. 2014.

Band 26 Tobias Loscher: Präventive Aufsicht der Europäischen Union über den Bundeshaushalt. 2014.

Band 27 Jochen Lutz Tillmanns: Divergenz und Konvergenz von Umsatzsteuer und Einkommensteuer. Zur problematischen Verwendung ertragsteuerlicher Konzepte und Begriffe im Umsatzsteuerrecht. 2015.

Band 28 Cornelia Zirkl: Die Neutralität der Umsatzsteuer als europäisches Besteuerungsprinzip. Inhalt, Herleitung und der Umgang mit Neutralitätsverletzungen. 2015.

Band 29 Matthias Ernst: Die Dienstleistungsbetriebsstätte im Abkommensrecht. Begriffsbestimmung, Abgrenzung und Analyse eines alternativen Betriebsstättentatbestands. 2015.

Band 30 Michael Brandl: Mehrfachansässigkeit im Ertragsteuerrecht. 2016.

Band 31 Stephanie Krebbers-van Heek: Die mitunternehmerische Besteuerung der Komplementäre der Kommanditgesellschaft auf Aktien. 2016.

Band 32 Felix Klemt: Körperschaftsteuerliche Verluste junger innovativer Unternehmen. Rechtliche und wirtschaftliche Analyse, Alternativen de lege ferenda. 2016.

Band 33 Nina Erm: Personengesellschaften in Steuerverfahren. Verfahrensklarheit trotz Einheit und Vielheit. 2016.

Band 34 Christian Erich Rödel: Der Teilbetriebsbegriff in den Einbringungstatbeständen des Umwandlungssteuergesetzes. 2016.

Band 35 Florian Wenk: Einkünfte aus Leistungen nach § 22 Nr. 3 EStG. Eine Untersuchung zum Belastungsgrund der Einkommensteuer. 2017.

Band 36 Ralf Haendel: Treaty Overriding im Internationalen Steuerrecht als Verfassungsproblem. Insbesondere zur Reichweite der Völkerrechtsfreundlichkeit des Grundgesetzes. 2017.

Band 37 Nadine Schader: Fiskalische Immunität internationaler Organisationen und ihres Personals in der Bundesrepublik Deutschland. 2018.

Band 38 Sebastian Cloppenburg: Eine Finanztransaktionssteuer im „kleinen Kreis“. Unionsrechtliche Zulässigkeit der Durchführung einer Verstärkten Zusammenarbeit im Bereich der Finanztransaktionsbesteuerung. 2018.

Band 39 Volodymyr Izrailevych: Der Begriff der Betriebsstätte im deutschen und im russischen Ertragsteuerrecht und im deutsch-russischen Doppelbesteuerungsabkommen. Ein Rechtsvergleich. 2018.

Band 40 Jan Popel: Das vorgeprägte und intendierte Ermessen im Steuerrecht. 2018.

Band 41 Marcel Sandberg: Internationale Vollstreckungshilfe im Besteuerungsverfahren. Insbesondere zum EU-Beitreibungsgesetz und zu Doppelbesteuerungsabkommen nach Art des Artikels 27 OECD-Musterabkommen. 2019.

Band 42 Sven Sobanski: Die Rechtsbeständigkeit von Steuerverwaltungsakten und finanzgericht-lichen Urteilen bei Verstößen gegen Unionsrecht. 2019.

Band 43 Delia Maria Palenker: Die Bindung der gesonderten Verlustfeststellung an den Einkommensteuerbescheid. Eine Rechtsprechungsanalyse zu § 10d Abs. 4 EStG vor und nach Inkrafttreten des JStG 2010 und ihre Folgen für den Rechtsschutz. 2020.

Band 44 Theresa Siebing: Wohnsitz und gewöhnlicher Aufenthalt als nationale Anknüpfungsmerkmale der Besteuerung. 2020.

Band 45 Julian Siller: Steuerliche Amtshilfe nach dem Übereinkommen über die gegenseitige Amtshilfe in Steuersachen vom 25.01.1988 im System der internationalen steuerlichen Amtshilfe. 2020.

Band 46 Sebastian Fernkorn: Verfassungsrechtliche Anforderungen an nichtsteuerliche Umweltabgaben am Beispiel des Brennstoffemissionshandels. Eine finanzverfassungsrechtliche Untersuchung der nationalen CO2-Zertifikate. 2022.

Band 47 Hanna Brentrup: Methoden der Einkunftsartenabgrenzung sowie der Bestimmung des steuerbaren Bereichs im Einkommensteuerrecht. 2023.

Band 48 Elisabeth Catherine Wöhrle: Der finanzgerichtliche Prozessvergleich. 2024.

Band 49 Jan Luis Lemli: Das Multilaterale Instrument im System des internationalen Steuerrechts. 2024.

Band 50 Michael Szymczak: Nachversteuerung als Rechtsfolge des Verstoßes gegen das unionsrechtliche Beihilfenverbot. 2024.

Band 51 Anna Viktoria Wilhelmine Karg: Wissenszurechnung im Umsatzsteuerrecht. 2026.

www.peterlang.com